第 34 辑

（2018年·秋）

中文社会科学引文索引(CSSCI)来源集刊

文化研究

广 州 大 学 人 文 学 院
南京大学人文社会科学高级研究院　主　办

陶东风（执行）　周　宪　主　编
胡疆锋　　　　　周计武　副主编
陈国战　　　　　　　　　编　辑

社会科学文献出版社
SSAP
SOCIAL SCIENCES ACADEMIC PRESS (CHINA)

主编的话

陶东风

　　动手写《文化研究》秋季卷（三十四辑）"主编的话"已经是冬天，此时此刻，即使是以温暖著称的南国广州，也已明显有些寒意了。

　　今年是改革开放四十年，各界都在举行各种形式纪念活动。作为国内唯一一家文化研究类专业丛刊，本刊郑重推出"当代中国大众文化的发生"专题，以纪念这个伟大的历史转变。大众文化本是改革开放的伴生物，它们都出现于 20 世纪 70 年代末 80 年代初。可以说，没有改革开放就没有当代中国的大众文化，而不讲述大众文化的发生，关于改革开放的故事就是不完整的。如此，这辑《文化研究》就具有了多重纪念意义。

　　众所周知，在大陆大众文化的发生过程中，广东沿海和港台地区具有特别重要的意义，因为最早源自港台的大众文化——邓丽君的流行歌曲，连同双卡录放机、太阳镜、喇叭裤、电子表、长头发等一整套时尚生活用品、生活方式，一起通过走私从广东福建浙江等地进入大陆。这是大陆大众文化发生的独特性所在。流行歌曲是如此，通俗电视剧也一样。

　　谈到中国通俗电视剧的发生，不可能不提及由香港丽的电视（香港亚洲电视台前身）制作的 20 集电视连续剧《霍元甲》。该剧 1983 年在广东电视台首播，是内地公开播出的第一部香港电视剧，也是"文革"后第一部通俗意义上的电视剧，属于真正意义上的大众文化。笔者还清楚地记得，1984 年 5 月该剧在中央电视台每周日晚上黄金时段播出时那万人空巷的收视盛况。笔者本人当时正值大学毕业不久，家里还没有电视剧，是站在邻居家门口守着一部十二寸黑白电视看的。《霍元甲》的主题歌"万里长城永不倒"也风靡一时。

　　说到这里，就不能不着重讲讲盖琪的《香港影视中的"近代功夫英雄"及其内地传播》。从大众文化发生的角度来看，近代功夫英雄是改革开放之初出现在内地官方媒体上的香港影视艺术形象，对内地大众文化的生成具有启蒙意义。这篇文章从《霍元甲》开始梳理了 1980 年代以来以霍元甲、陈真、黄飞鸿、叶问等为主人公的香港影视在内地的传播，而这些所谓"近代功夫英雄"，一方面是民族英雄，另一方面又是广粤地区的本土豪杰。因此，近代功夫英雄形象对于香港和内地而言就如同一个文化中介符码，把广粤地区的历史记忆与现代中国的国族文化认同加以接通（盖琪用的词是"复调语码"），它指向的是内地和香港之间最便于共享的、最富于现实指涉性的文化记忆。特别是考虑到《霍元甲》在内地的正式播出恰逢中英两国就香港问题进行了一段正式会谈，香港的主权归属和驻军等框架性问题已经商定。在这一政治语境下，先从通俗话语和民间视角切入，对香港的国族文化身份进行软性论证，就具有了特殊的意义。

　　发生学的研究当然还涉及大众文化的重要门类武侠小说。康凌的《国家政策、学术出版与市场策略——1980 年代武侠小说的出版状况》从传统旧武侠的重新出版和港台新武侠的引进切入了这个问题。就前者而言，1980 年代管理方与出版方通过博弈与协商找到了一个曲线方案，这就是通过"学术出版"这一"中间地带"逐步放开旧武侠小说市场；而就后者而言，出版者则试图通过对出版政策乃至国家导向的重新阐释，来为自己的市场行为寻找合法性依据。两者之间的拉锯，显示了出版管理者在转型时期自我定位上的两难。正如作者说的，本文为我们观察 1980 年代出版政策提供了一个新鲜的视角。因为对新旧武侠小说的出版管理始终是这一时期的政策制定和执行者的关注重点之一，一面是管理部门的三令五申，一面是出版界的屡教不改，其中的困难，不仅源自市场利益与宏观管理之间的斗争，更源自管理者自身在尺度把握上的为难。相比"性爱作品"，武侠小说所涉及的是一片更为暧昧不明的空间，它一方面多少包含着暴力、凶杀的成分，另一方面又满足了读者对阅读趣味的需求，乃至对某种正面的家国大义的宣扬。在出版市场化的过程中，对这样的处于灰色地带的作品要不要管，如何管，成为摆在出版管理者面前的难题。对这样一种特定文类的出版史的追溯，由此可以在阅读流行文化的文本之外，帮助我们理解是哪些历史力量在左右着这些文本的生产与流通。

　　这个专题的其他几篇文章，也都有自己的可圈可点之处，在此不一一赘述。

第二个我要郑重向读者推荐的，是"中国传媒大学崔永元口述史中心专栏"该专栏的《创作人谈伤痕电影》选取了由崔永元口述史中心采访、收集、整理的谢晋、吴贻弓、吴天忍、黄健中四位导演讲述《天云山传奇》《巴山夜雨》《小街》《如意》等伤痕电影的拍摄过程。与访谈配合，我们还发表了王宇英的文章《转折年代的和声与沉声——新时期之初的伤痕电影》。

伤痕电影（如1980年的《戴手铐的旅客》《元帅之死》《天云山传奇》《他爱谁》《枫》《庐山恋》《巴山夜雨》《405谋杀案》，1981年的《小街》，1982年的《飞来的仙鹤》《大地之子》《他们并不陌生》《如意》等）是中国电影人在"新时期"初期对历史问题进行反思的产物（与伤痕文学相呼应），它一方面标志着电影人主体意识的觉醒和电影管理体制一定程度的变革；但另一方面，伤痕电影自生产之日起就面临如何处理创痛与信心、个体与集体、人性与党性等的关系问题。正如王宇英指出的，以往对于伤痕电影的研究或集中于对电影文本或其创作手法、表现主题的分析，或注重大时代背景的影响研究，着眼点往往较为宏观，而对当时电影创作和批评的特殊语境关注不够。王宇英的文章致力于在具体的时空坐标中把握伤痕电影在新时期之初变与不变、能与不能的问题。一方面，个体和社会的创伤经历是不可否认的真实经历，这需要在对历史的控诉与批判中得到确认和反思；但另一方面，新中国电影合法性的来源一开始就奠基于与主流意识形态的同构性，这就要求电影作品尽快实现与现实政治的和解，并为其合理性提供积极主动的注脚。这种矛盾纠结更内化并体现于电影人的自我审查及把关过程中。因此，细致还原与探讨此期电影人的自我反思与批评，将有助于更为清晰地认识伤痕电影基于时代条件及自身特点的价值与局限。可以说，专栏收入的口述文献正好具体细致地呈现了那个时期的乍暖还寒的历史语境。谢晋的《天云山传奇》，吴贻弓的《巴山夜雨》等，都是80年代初的影响很大的伤痕电影。访谈通过这些当事人披露了很多鲜为人知的历史细节：吴贻弓谈到《巴山夜雨》为什么没有坏人，吴天忍谈到《小街》为什么选择两个小人物孩子作为主人公，而没有一个人是大人。黄健中谈到《如意》的公映风波。所有这些都让我们回到历史现场。这种特殊的历史语境决定了伤痕电影的双重面向：其表现内容紧扣时代痛点，表现手法极富感染力，吸引了众多观众，参与塑造了共和国历史的集体记忆。

但在记录、反思社会历史的规律性问题之时，往往流于个体控诉和情感宣泄，影响了反思的深刻性。

　　本期的"粉丝文化研究"专题以及其他文章，都从不同角度切入了文化研究的不同主题，都有作者自己的发现，限于篇幅，在此不一一介绍。

陶东风

2018/11/27

目 录

当代中国大众文化的发生

粉丝文化研究

中国传媒大学崔永元口述史中心专栏

其他论文

Contents

The Occurrence of Popular Culture in Modern China

Fan Culture Studies

Column of Cui Yongyuan's Center for Oral History Research in Communication University of China

Other Articles

当代中国大众文化的发生

The Occurrence of Popular Culture in
Modern China

发生期的大众文化图景

——香港视角及书写尝试

摘要 大众文化的生成与发展对当代中国社会变迁具有重要意义，但大众文化史的整体性建构尚未真正开始。现有的叙述多为亲历者的回忆，较为零散且受到选择性记忆的影响。内地媒体对大众文化发生的具体情形的描述，呈现出丑化、简化、漫画化、符号化等特征。同一时期的香港报刊出于对内地政治社会动向的关注，发表了大量对内地大众文化发生状况的观察。其作者群体由报刊记者、文化人、海外游子和观光客等构成，这些人既是历史现场的旁观者，也是大众文化发生期的重要活体信源。这一双重身份使得他们的记录成为宝贵的史料库，从中可以提炼出书写当代大众文化史的别样视角。从这一视角既可以看到发生期大众文化的具体情态，也能从中提炼出大众文化发生中的联动机制、阶层区隔、文化区划、主体身份之类从别的视角不易觉察的议题。

关键词 大众文化史 发生期 香港视角 书证

Abstract The generation and development of popular culture is of great significance to the social change of contemporary China, but the history of popular culture has not begun its entire construction. The current narratives are mainly composed of witnesses' memories, scattered and strongly influ-

---

* 李建立，广州大学人文学院教授。

enced by selected memories. The description of the development of popular culture portrays vilification, simplification, caricature and symbolization. Meanwhile the Hong Kong press has published a large amount of observation of Mainland popular culture, out of concern of the political and social development of Mainland China. Such authors include journalists, intellectuals, overseas tourists and tourists, who are not only the bystanders of the historical scenes, but also the important living source of popular culture during its occurrence. Their dual identities make their records become valuable historical resource, from which various perspectives can be generated to write the history of contemporary popular culture. This perspective not only sheds lights on the specific circumstances of popular culture, but also generates productive topics including institution, class division, cultural distinctions, subject identities.

Key Words　Popular Cultural History; Occurrence; Hong Kong perspectives

发端于 1970 年代末到 1980 年代初、勃兴于整个 1980 年代中后期并绵延至今的内地大众文化①，对于四十年来中国社会变迁的重大意义，是无须多费口舌的；尽管围绕大众文化的争议以及正负面评价，始终与之发生发展过程并行。无论认为大众文化是社会灾难后的感性启蒙，还是将世道人心受到的腐蚀尽皆归因为大众文化，其立论都应以史实层面尽可能全面、准确的勘察为前提。或者说，价值层面的判断应当建基于对基本史实的整理和确认，由此得出的评价才更有历史感，也能给共识的形成提供坚实的基础和起点。在大众文化研究领域，"以史为鉴"之所以显得这么重要，除

① 对这一时期的"大众文化"下一个面面俱到的定义是很困难的。尽管本文借助这一概念讨论的文化形式与文化活动和一般意义上的"大众文化"一样，具有娱乐性、文本的模式化和复制性等特点，但它和基于现代大众社会的"大众文化"有很多不同：这一时期整个社会的传媒系统由国家统管，不同于一般的"大众传媒"；当时的大众文化产品虽然实际数量惊人，但未必是工业化批量生产；"商品经济"属性的争论尚在进行（1979～1984），大众文化能否具备商业性存疑。因此，笔者参照"新葛兰西主义"理论，权且将这里的大众文化理解为日常生活领域中的新兴文化形式，社会中从属群体的抵抗力量通过对这些形式的使用和传播，与统治群体的整合力量之间就意义、空间、权利和正当性展开争夺和周旋。请参看〔英〕约翰·斯道雷《文化理论与通俗文化导论》，杨竹山等译，南京大学出版社，2011，第 15～17 页。

了与大众文化自身的复杂性密切相关，还与其发生发展中处于动态的语境条件密切相关：在某些历史时刻有着解放意涵的大众文化，可能在语境转换之后变成了压抑性的力量；同样，此一时空中作为抵抗的大众文化，经常在彼一时空中成为犬儒的麻醉剂。

目前看，对这一长达 40 年的大众文化史的整体性书写尚未真正开始。现有的相关叙述，大多还存在于感性回忆和印象批评的阶段。散落在文学作品、个人口述、纪念性畅销书中的回忆，大都存在浪漫化、模糊化和碎片化等问题①，但对于未来大众文化史的建构具有特殊的作用——这些文本化的"人证"既可以构成相对独立的大众文化史，也可以与"物证"（实物）相互补充、互为佐证，让彼此以更为丰富、鲜活的方式出现在历史叙述中。不过，"人证"往往带有很强选择性②，"物证"常常无法自我表述，在这种情况下，取自历史现场的"书证"③ 即文本材料，就有着极为重要的意义。就当代大众文化史研究来说，"书证"指的是文本化的大众文化形式，以及与大众文化活动（行动）相关的记录、报道、评论等，其来源主要是同一时期的报刊、书籍、照片、广播、电影、电视片、录像，等等。④当然，这并不是说取自现场的"书证"本身没有选择性，使用"书证"时也应提防现场史料"只缘身在此山中"的拘囿和成见。不过，和"人证"被记忆附加的选择性相比，"书证"里的拘囿和成见是与当时的大众文化形式、大众文化活动相伴而生的，是后者发生发展中产生的胎记和印痕。进一步说，"人证"的选择性是后天的，对其选择性的辨析有助于理解"讲述话语的年代"，而对认识"话语讲述的年代"往往会有干扰；"书证"里的拘囿和成见则有着特殊的价值，它们是当事人在历史现场对大众文化的观察或评论，尽管在拥有时间后发优势的人看来，其中偏颇与缺陷在所难免，

---

① 陶东风曾对回忆性文本中存在的此类问题作过精彩的个案分析，请参看《"七十年代"的碎片化、审美化与去政治化——评北岛、李陀主编的〈七十年代〉》，《文艺研究》2010 年第 4 期。

② 有关记忆的选择性和建构性的讨论请参看〔法〕哈布瓦赫《论集体记忆》一书，毕然、郭金华译，上海人民出版社，2002。

③ 为了方便讨论，本文所谓的"书证"严格限定为来自历史现场的文本化记录，以与个人回忆性文字即"人证"相区分。

④ 近年出现过多次以 1970~1980 年代社会生活为主题的摄影展，其中蕴藏着不少珍贵的大众文化史料，如李晓斌个人摄影回顾展（1976-1989）（北京宋庄美术馆，2006 年）、任曙林《八十年代中学生》（798 映艺术中心/映画廊，2011 年）和施翰涛策展的摄影展《上海祭忆 1980s》（刘海粟美术馆，2013 年）。

但这都是历史的组成部分，就连偏颇和缺陷本身都是真切的观念史实，需要小心辨析却值得认真对待。

一　作为"书证"：来自香港的观察群体和视角

有意思的是，在大众传媒逐步发达的 20 世纪，上述三类历史证据中看似最为牢靠和杂多的"书证"有时却是匮乏的。比如本文拟讨论的当代中国内地大众文化的发生期——1978 年到 1983 年①，这种看似不可能的"书证"匮乏就不可思议地发生了。"书证"出现的场所是同时期的传播载体，就大众文化来说，堪为"书证"的大众文化文本和文化活动记录应该在大众文化媒体中俯拾皆是，而在这一时期的中国内地却属例外。当时，几乎所有有影响力的传播媒介（报刊、书籍、广播、电视、电影等）都由国家掌控，包括刚刚创刊的为数甚少的大众文化媒体亦是如此。这意味着，几乎所有大众文化活动记录的公开发表都需要经过国家的媒体系统。而在这一时期，国家尚未形成较为持续稳定的文化政策——可能整个 1980 年代的文化政策都说不上持续稳定：一方面意识形态领域的"姓资姓社"话语框架依然在发挥作用，对有"资产阶级"嫌疑的大众文化还抱有敌视和歧视的态度；另一方面，对内改革和对外开放的国家方略以及"有计划的商品经济"、"人民日益增长的物质文化需要"之类关键表述在接下来的数年中陆续出现②，其中自然蕴含着活跃社会生活和发展大众文化的承诺。这一政策上的悖论造成的结果是，日常生活中的大众文化在活泼泼地快速发展，而在公开的传播媒介中却经常被视为洪水猛兽，偶尔还会引发激烈的论战。虽然今天看，为大众文化辩护的力量更具优势，历史的结果也是大众文化的日渐壮大，但在当时的媒体上随处可见的，是对于大众文化的批评以及所谓"一分为二"的警惕。虽然除了极端条件下（比如"严打"），以劝导、告诫为主的批评并未对大众文化的参与者造成大面积的伤害性后果，

---

① 目前对当代大众文化史的分期还没有稳定的共识，本文暂将大众文化的"发生期"暂定为 1978 年到 1983 年。对于将 1978 年作为起点的原因，下文有所论述；将 1983 年设为"发生期"的终点，是青年学者吕鹤颖的建议。她认为，台湾歌手张明敏在央视春晚演唱流行歌曲《我的中国心》、香港电视剧《霍元甲》和《射雕英雄传》在大陆热播等一系列发生在 1984 年的事件，可以看做当代大众文化进入新阶段的标志性事件。

② 这些方略和表述先后出现于中国共产党"十一届三中全会"到"十三大"的官方文件中，时间从 1978 年到 1987 年。

但这种状况造成了在发生期的公开媒体上，大众文化更多地是以负面的形象出现的，对之的描述和记录也多以丑化、简化和漫画化、符号化为主。①

之所以出现这样的描述和记录，可能和批评者对大众文化了解不够（不了解导致不理解是很多批评产生的直接原因）有关，也可能是担心过多的描述和记录引起更多人效尤，有时批评者自身的反对态度也会影响他们周详记录的耐心。大众文化的积极倡导者由于常常置身于为大众文化的辩护之中，他们深知对大众文化现场的细致描述可能引来更大的争议，还有可能引发批评者更大的反感，因此出现在他们笔下的，多是对大众文化的正面评价和宽容呼求。同时，这种可能也是存在的：双方在论辩时，大众文化现场的情景描述尽管重要，但对身处同一时空中的他们来说，这一现场是不言自明的，毋需详加记录。

今天来看，这些缺乏细节的论辩文章仍然有其解读价值，比如可以从批评者对某种大众文化形式（比如流行歌曲）告警的严厉程度，来揣测此种文化形式的流传广度和影响力，比如批评者和倡导者对大众文化的态度以及他们对大众文化的描述方式本身就是研究大众文化生态的重要史料，但相对于当时如果不是风起云涌但也算是此起彼伏的大众文化的发生场景来说，仅靠这些材料显然是远远不够的。

我要在这里特别提出的是，同时期的香港报刊有关内地大众文化的报道和记录，可以作为建构发生期的当代内地大众文化史的特殊"书证"。香港报刊可以作为"书证"，是因为当时的香港报刊普遍对社会灾难后的内地动向非常关注，刊载了大量有关内地同时期在政治、经济、文化、社会等方面的信息，甚至和内地此类新鲜信息的大量涌现，以及香港民众对这些信息的强烈需求有关，在此前后香港新创刊了多种以报道内地资讯为主的报刊。香港报刊之所以如此关注内地，一方面是香港报刊的很多读者

---

① 1982 年，《人民音乐》编辑部编选了一本书名为《怎样鉴别黄色歌曲》的文集。该书开篇即提出"黄色歌曲，和各种黄色文艺一样，对人民群众是一种精神腐蚀剂"，而"黄色歌曲的制造者和推销者们，都避而不用这个名称，因为这个名称终究不很光彩。他们使用的是'流行歌曲'这个名称"。另一篇专门讨论港台流行歌曲的文章认为，港台流行音乐的大多数是"低级污秽的歌曲"和"所谓纯爱情"的歌曲，而即便是其中为数不多的"一般题材的小曲"也"'合法'不得"。参见《怎样鉴别黄色歌曲》，人民音乐出版社，1982，第 1、8、11、25 页。有趣的是，在该书发行 20 多年后，这本书在文化类网站"豆瓣"上"沉渣泛起，暴得大名"，书中丑化"流行歌曲"的语句在互联网上被大量复制。严锋《黄色狂想曲》，见 https://book.douban.com/review/1487584/，2018 年 05 月 26 日搜索。

出于家（对居住在内地的亲友的感情）国（对祖国的感情）情怀，他们对内地"究竟向何处去"极为关心；另一方面，中英两国对"三个条约"的态度尚未明朗，香港"究竟向何处去"亦为香港民众急于破解的谜团，很可能会在十几年内恢复行使主权的中国内地在政治社会方面的重要消息，他们自然不愿错过。如果说普通民众的资讯需求已经足够强烈的话，计划在内地社会重建之际寻找机会的香港商人则有着更为迫切的关注愿望。

今天很多人对海外中文报刊印象不佳，是因为不少海外中文报刊常常报道一些不可靠的"小道消息"，甚至是谣言。造成这种状况的原因比较复杂，一般是由于采访条件的所限，这些中文报刊发表言论时无充足可用的一手消息而只好"捕风捉影"，有的时候则是根据自身政治立场或幕后赞助人的要求，以造谣传谣的方式达到某些目的，当然也不排除发表某些不可靠的消息只是为了制造噱头、吸引眼球。当时的香港报刊也存在类似的问题。稍稍不同的是，这一时期香港报刊的政治立场并不是都很明确，个别有政治背景的报刊出于掩饰报刊真实赞助人的需要，经常以中立的姿态示人；而且，由于当时内地的政治走向尚不明晰，不少有左翼倾向的报刊还在揣摩形势，相对客观的资讯有利于他们自己判断政治走向以及建立媒体信誉。更关键的是，相对于当时内地的政治新闻，大众文化方面的资讯的敏感度要低不少。尽管在实际翻阅资料的过程中，笔者还是从当时发表的一些评论中能读出作者或编辑部别有寄寓，但这种情况比较少见，更多的内地大众文化资讯保留着相对客观也较为可观的事实描述。至于"小道消息"和"谣言"之类问题，在大众文化报道的研究中并非有价值的议题。当时的大众文化报道大多来自小道消息，因为不少消息不是由记者采写的，而是由去往内地探亲或观光的香港人提供的，提供这些消息的人并无就此"造假"或"造谣"的动机，因此即便是"小道消息"，仍然可以在辨识之后作为建构大众文化史的材料。

当时在香港报刊上记写内地大众文化发生现场的人，主要来自三个群体：第一个群体是这些报刊派往内地采访的记者和回内地访问的文化人。职责之故，记者和文化人在内地一般都很活跃，加之内地的政府机关和人员不再将他们普遍视为刺探情报的"敌特"，经常还对他们另眼看待，他们有时会获得本地记者所不能取得的"特权"，比如可以到某些特定场合采访（也有不能到某些特定场合采访的限制），可以在采访中提出某些本地记者无法提出的问题，有机会得到某些知名人士的接见①，受访对象可以说出一些不方便在内地发表的看法等。相应地，在观察、收集和发表社会灾难之后普通人的生活变化的讯息时，他们也拥有内地媒体所没有的优势。和大众文化相关的讯息是其中极为重要的部分，也是香港报刊读者别有兴味的题材。

第二个群体是到内地探亲的"海外游子"。这些人原本就与内地有着紧密的关系，其中绝大多数人是过去到海外谋生的华人。他们中有的人多年未回内地，有的人则是在若干年前回过一两次，其中还有人曾在"文革"中成功探亲；"文革"之后这样的探亲机会陡然增多，而在他们探亲前后，很多人会以信件、汇款、寄物等方式和家中亲友有所沟通，或者借助海外媒体和亲友对内地及故乡的状况有一定的了解。不论是哪种情况，这些人心目中普遍有一种或多种关于故乡及内地的往日印象。在他们探访内地时，很多人会在往日印象和实际观感之间产生较为强烈的落差感，其中有能力有意愿写作的人将自己的观察和感受行诸文字，并投寄到香港的报刊发表。"回乡偶书"的作者既以私人身份"深入"了内地居民的日常生活，也在不经意间引领了故乡生活的新风尚。他们在写作时会出于对发表的考虑，而有意淡化探亲旅行中的私人情感部分，转而用公共的眼光代替香港报刊的读者观察内地正在时兴的人和事。因此，这些"回乡偶书"里留下了不少有关大众文化活动描述。

第三个群体是来自香港的观光客。这个群体和上述两个群体有所重合，但也有不少专门的观光客。对他们来说，即将前往的内地既熟悉又陌生。在中国近代史上有特殊地位的香港是华人文化圈的一部分，中国传统文化在香港不绝于缕，日常生活习惯一直在香港得以保留；即便在"文革"期间，内地的一举一动也经常在香港引起反响，受殖民统治的经验也会促使一些人主动了解甚至向往内地的革命文化，所以在一些人眼里，内地似乎

---

① 香港诗人何达1978年底访问北京前，就"提出要求，希望北京的作家们，给我开一个朗诵会"，结果真的在他下榻的饭店给他开了一个朗诵会，到场的诗人有张光年、臧克家、黄秋耘、邹荻帆、毕朔望、柯岩，以及患有严重冠心病而带药参加的李季等。除此之外，他在北京期间"跟艾青吃了两次晚饭，还有他的夫人女诗人高瑛，还有他的好友诗人蔡启矫"，费孝通也登门拜访了他。何达：《和谐·舒畅·欢乐》，《周末报》1978年第40期（9月30日）。

一直是熟悉的。① 与此同时，由于缺乏身临其境、亲眼目睹的机会，很多香港人对中国传统文化和民间文化中涉及的名山大川、古都旧址、日常风物都抱有好奇，特别是，刚刚经历了"文革"的内地，是一个不同于新闻中的、图片中的、教科书中的、传言中的、宣传材料中的活生生的内地，让他们感到似曾相识但实际上又相当陌生。无论是探访的冲动，还是与未曾见识过"文革"后内地的人分享观感的意愿，对他们来说都很强烈，香港报刊中的大部分内地"纪行"来自这个群体。

还有一点要提及的是，第一个群体的主要观测点是大都市，特别是北京，因为这是政治新闻发生的最重要现场；第二个群体的主要观测点是侨乡，集中于在广东、福建等省份的城乡，以及"海外游子"回乡时奔波的沿途；第三个群体的主要观测点除了大城市（主要是北京、上海、广州和西安、杭州），还有庐山、黄山、五台山等风景名胜区及沿途。相对来说，大城市和侨乡的内地居民对来自香港的观看者——大多身着"奇装异服"——并不十分地好奇，可能是"见怪不怪"，也可能是出于礼貌在看到观光客时有意作"司空见惯"状；而在风景名胜区，由于多年几乎没有什么真正的旅游业，突然间涌进境外的观光团体，很难不让当地人"少见多怪"。在观光客的内地纪行中，我读到过很多观光客在风景区或车站被一二百人围观以至交通堵塞，最后不得不请警察疏散围观人群的经历。而在内地居民围观观光客时，前者又成为后者的观察对象，他们对内地居民的衣着、表情、服务态度以及喜好有比较表面但相对广泛的记录。②

对于内地居民来说，这三个群体都会让他们产生一些共同的兴趣。在过去的意识形态宣传话语中，生活在另一"世界"的香港民众，要么是过着纸醉金迷、无聊空虚生活的资产阶级买办，要么是被残酷剥削、生活无着的城市贫民；当真实的香港来客出现在面前时，有人竟至无言以对，③ 一

---

① 在 1978 年底的香港《周末报》上登载着由本地唱片公司发行的《鲜花献给敬爱的周总理》（王昆、王玉珍、郭兰英等演唱）、《大庆战歌》（独唱、合唱）、《绣金匾》（郭兰英独唱歌曲选及中国民歌二十首）等"最新出品盒式录音带"的广告，见《周末报》1978 年第 47 期。

② "我们去庐山路经一小县城，虽然我们有些人穿'奇装异服'，长头发，你在旁'冷笑'一番可也，何必围睹……弄得水泄不通，要工作同志开路才能'解围'。就是在省会的南昌，也是如此。有次，我们到瓷器店买特产，门口堆上一二百人，指手画脚地看我们，弄得我们很难为情，也不敢上街去了。"莫以：《未享庐山真乐趣》，《镜报》1979 年 1 月号。

③ "作为一个普通游客，走到街上，竟有过百人追看，可以说是世界上罕有的。在德安县时，那景象更是令人吃惊：挤得水泄不通的围观的人面无表情，目光呆滞，既不表示欢迎，又不似有恶意，但却叫人难受。"洁蒂：《江西行脚》，《镜报》1979 年 1 月号。

些人内地民众甚至搞不清他们究竟是不是"外国人"。① 这些观光客看上去比他们想象中的要富有得多，服装及发型方面的差异自不必说，观光客携带和使用的尽是让内地居民很有兴趣的"稀罕物"与"奢侈品"，如计算器、小型照相机、录音机、手表、化妆品、蛤蟆镜之类用品。现在有越来越多的证据表明，发生期大众文化中常见的很多用品包括一些"起源"文本（比如流行歌曲翻录时所用的母带），是由这三个群体捎带入境的。这些香港来客，以及他们的衣着打扮，他们所讲述的香港及欧美日常生活方式，以及他们用以礼物交换的电子产品，在得以接触到他们的内地居民眼里构成了一个个非常刺激想象力的互文性文本。可以说，记者、"海外游子"和观光客是大众文化发生期的重要活体信源。

事实上，1970 年代末到 1980 年代初的大多数大众文化形式的生成即是源于对港台文化的模仿，既有早期在外形（服装、发型）上的模仿，也有后来在文化产品方面（歌曲、舞蹈）的复制，以及更多在模仿和复制基础上的创造及再生产。部分较早投身大众文化的内地青年就是因为有香港亲友之便，获赠了或者向亲友索要了他们带自境外的大众文化产品，才有了最初的大众文化装备或者瞬间提升了他们先前的时髦配置。② 同时，在很多内地居民眼里，与香港来客的相识本身即是一种惹人艳羡的时尚行为，内地的大众文化爱好者对这样的来往比较主动，他们既可以从中增长见识，还可以借机向香港朋友展示他们在大众文化方面的探索，以获得他们肯定性的评价或者提高的建议。在这样的以大众文化用品和活动为中心的交往中，双方极大地满足了对彼此的好奇心，香港来客则额外获得物质和精神上的双重优越感。因此，他们对这些交往场景的记录比较详细。这些旁观者拥有与当局者所不同的眼光，可以从一些当事人熟视无睹的事物中看到有记录价值的素材，这使得他们在香港报刊上发表的相关文字，成为展现

---

① "我离开重庆时，亲属送到飞机场，其中两个已成年而且曾进过大学者来告我，有几个外国人（西洋人）在那里，要我去同他们讲英文。我看去原来是几个中国青年，因头发较长，穿着短裤，就被认为是外国人。我想他们是香港去的。重庆算是大城，但门户关闭甚紧，以至已经成年的青年，还没看见过外国人。"董时进：《故园留待梦中看——大陆之行》，《中国人月刊》1979 年第 8 期。

② "我有一个日本制的小照相机，在北京携带出门时，也有不少人掉头注视，带到重庆更新奇了。两个侄外孙女太喜欢那照相机，要我给她们，我不好悭吝，只好给她们。"董时进：《故园留待梦中看——大陆之行》，《中国人月刊》1979 年第 8 期。

发生期大众文化图景的很有价值也很特殊的"书证"和旁证。①

二　恍若香港：一个发生期大众文化的样本

从总数超百种、历时达五年（1978～1983）的香港报刊中，寻找和梳理内地大众文化的踪迹，不是短时间可以完成的工作。笔者在翻阅了十几种报刊之后，决定先期拿出一则有典型性的史料做些勾连和解读，将之作为样本来呈现一个具体场所的大众文化发生情境。这只是一个初步的尝试，盼望用这样的方式引起大众文化史的研究者对香港报刊重视，以邀集更多的同好对这一史料"富矿"② 进行考掘和整理，借助这一新的视角参与到大众文化史的书写与建构之中。

这则史料是一篇短文。文章题目是《我在广州参加了一次"派对"》，发表于香港《镜报》1979 年 2 月号。《镜报》是一份综合性月刊，创刊于1977 年 8 月 1 日。1977 年一个颇为微妙的年头，处于粉碎四人帮和改革开放正式启动之间，当时的中国内地正在"乘胜前进"③。《镜报》在此时创刊，已经很能看出这一刊物与上文提到过的香港居民对内地社情民意的关注有内在联系。《镜报》创刊之初，就专设"大陆动向"栏目，栏目中发表的很多文章经常被内地的《人民日报》《参考消息》转载。刊物的创办人是徐四民，系缅甸华侨，是内地认可的爱国人士。④ "爱国人士"的身份保证了这份刊物不会和内地的主流话语偏离很远，而且在某些时候还会有一些前瞻性的"吹风"。《我在广州参加了一次"派对"》中出现了不少大众文化发生时期的场景，但基本是中立描述的态度，评价性措辞极少；不过，中立描述的态度，实际上就多少有一点不必明示的鼓励意味。下文会提到，这与大众文化的发生方式之间有着象征性联系。

---

① 当然，作为旁观者，香港报刊可以呈现内地居民不易觉察的或不方便记录的大众文化面向，但也会因自己的前见产生难以避免的错位和误读。限于篇幅，以香港报刊为视角书写发生期内地大众文化图景可能产生的洞见与盲视，我将另外撰文讨论。
② 在当时的香港报刊上，内地大众文化发生情况的报道和记录只占部分版面；相对来说，与当时内地社会史、政治史、文学史相关的内容所占版面更多，只是这些史料的存在以及这一视角的价值尚未被这些领域的学者所知。
③ 这是 1977 年 1 月 1 日《人民日报》、《红旗》和《解放军报》发表的"元旦社论"的题目。
④ 徐四民曾在 1954 年当选第一届全国人大代表，是第一至第七届全国政协委员，第八、九届全国政协常委。

　　文章作者名叫陈村仲，身份不详。从文中他自香港访问内地的频次看，应是内地的常客，特别是经常到访广州，并且他有一位正在广州某大学法文系二年级就读的表弟。他对广州的市民生活相当熟络，对生活中的新变观察得很仔细，比如在乘坐公交车的时候，他会注意到有中学生在读《李自成》，在理发的时候以主动攀谈的方式采访本地市民。"观光常客"和"海外游子"的二重身份，以及他对内地在"文革"后日常生活变化的积极关注，给我们提供了一种可能：是否可以从他的敏锐观察中窥得内地大众文化发生的时间节点？换句话说，能否从他多次访问内地的记录中看到内地大众文化究竟是在什么时间发生的？借助一份个人观察来讨论这一大众文化史的大问题，看上去有点不相称，但考虑到大众文化在当时的发生不会是来源于一纸公文，而更可能是在日常生活中隐微显现并逐步扩张，这则民间史料的价值就弥足珍贵了——如果在不同地域找到更多类似的观测，相互参照比对，再由点及面进行勾勒，一幅清晰形象的发生期大众文化图景就是可能和可期的：

　　　　"香港西装流行什么款式？我身上这套还过得去吧？"我看看他那套藏青色哔叽西装，笔挺煌然，不禁掩嘴轻笑——因为几个月前他仍是死硬的"绿军装党"，以为非一身绿军服不足以表现他的高干子弟气派。
　　　　啊啊，士别三月，果真要刮目相看了。①

　　文章的一开头就是对观看的邀约，来自内地大众文化最重要输入地的香港客人被赋予了本地时尚的评判者的角色。在文章中，他没有立即对邀约者的西装是否接近香港的流行款式做出回答，而是在心里将之与邀约者"几个月前"的"绿军装"进行了对比，并为此发出感叹。在香港来客的眼里，与穗港两处空间在服装新款的差异相比，广州本地服装在时间里的"突变"更值得"凝视"。请注意这里提到的"士别三月"，结合文中的其他信息以及作者访问内地的频次，这并不是一个随口一说的虚指。文章刊载的这期《镜报》出刊日期是1979年2月10日，"三月"前是1978年11月。考虑到作者撰文和杂志的编印过程，陈村仲所谓的三月前大致应是

———————————

　　①　陈村仲：《我在广州参加了一次"派对"》，《镜报》1979年2月号。

1978 年 10 月。这个说法并非孤证，该文提到了 1978 年 10 月发生在北京的一件事：

> 去年底共青团第十次全国代表大会在京召开，胡耀邦提倡青年人跳交际舞，与会者少不得亲做示范。据在广州收看彩色电视机转播的人说，众团干部不穿外衣，只穿各色毛衣，手挽手，团团转，大跳苏式集体舞。美中不足的是大家脸孔绷得太紧，目不斜视，恍如柳下惠在世！①

共青团第十次全国代表大会在北京召开的具体时间是 1978 年 10 月 16 日到 26 日。虽然"众团干部"跳的仍是"苏式集体舞"，而且跳得非常拘谨，却并不影响这条信息的重要性：发生期的大众文化肯定有自下而上的要求和争取，但从上而下的鼓励始终是重要因素；这种上下之间的联动尚需机制的调整来加以连接，而合力的信号这个时候已经出现了。这信号以"电视转播"的方式被上层有意公开，传播力很强，以至于一位境外来客都能捕捉到；民间对这个信号反应的热烈程度也让人吃惊，他们不仅看到了作为示范的"跳舞"之"美"，也看到了"不足"，并且在效仿中还出现了这样的"不满足"：据说"广州大学也提倡跳集体舞，却被有些学生斥之为幼稚、没劲"——在迪斯科和霹雳舞的热潮出现于内地之前，能让学生觉得不幼稚和有劲的舞蹈只有交际舞（或"交谊舞"），这和领导人一开始的提倡竟然是一致的。

陈村仲提到的"西装"是当代大众文化在服装方面的重要形式之一。据学者金大陆对 1960～1970 年代社会文化史的研究，青年人的"一身军装"和全社会的"千人一面"始于 1966 年，但早在 1967 年，"三包一尖"② 就已经在上海"故态复萌"，当时一些被称为"流氓阿飞"的青年人"叼着香烟、哼着小调、穿着怪装"开始三三两两地招摇过市。之后在 1970 年代初，诸如"大尖领""喇叭裤""火箭皮鞋"之类风潮更是不断"抬头"。

---

① 陈村仲：《我在广州参加了一次"派对"》，《镜报》1979 年 2 月号。

② "三包一尖"是"文革"中对一些较为另类的衣着打扮的称呼。当时的革命群众认为，这样的穿衣打扮是脑子里有资产阶级思想，经常有人有组织地上街"革'三包一尖'的命"，即"革命群众看见有梳着油光光的大包头的就剪，有穿包屁股裤子的就勒令不准穿，穿裤子包在腿上的小脚裤子就将裤子从裤脚管下面剪开，一直剪到大腿处，对穿尖头皮鞋的，就让其脱鞋，将鞋提在手上，打赤脚走路"。请参见行者家《革"三包一尖"的命》，http://blog.sina.com.cn/s/blog_4b10c50201000bhb.html，2018 年 05 月 24 日搜索。

但由此说大众文化已经在这一时期持续存在，恐怕会有争议。这些苗头出现伊始，就被认为是"阶级斗争新动向"、"资产阶级歪风邪气"，并以"专题学习班"、"现场批斗会"、"红哨兵活动"等形式进行遏制和禁止。① 因此，这一时期的"奇装异服"多为改装或自制，即对现有的服装进行创造性\反抗性地使用，不可能有机会公开生产。与这种小范围内的改装自制不同，大众文化发生期的"西装"一开始就可以复制。陈村仲发现，在1978年末到1979年初，广州就已经开始流行穿西装，并且流行到了服装店歧视旧式中山装的程度："广州的服装店，声明惠顾做西装者一律优先，做新款时装者也如是。'歧视'旧式中山装而独青睐于洋装，显见中共有心在人民中推行多样化的时装。"②

不过，这位敏感的香港来客也注意到，在服装店里，男性西装最便宜的也要四十多元，较贵的要七十多元。他还引用了当时一位老行家的说法，四十元一套的西装"穿起来岂不是像旧日上海的小流氓？比较像样的西装起码也得两百大元呐！"为此，陈村仲感慨道："两百大元？一个十级干部（如一个中央轻工业部司长），在当时一个月的工资收入才不过两百来块。试问一般月收入四十至六十的青年，要捱多久才能赚得一套西装"。与此类似的感慨还有：

> 大厅中最触目的是架二十吋日立牌彩色电视。"你爸爸是高级干部，所以才有彩色电视吧？"我大着胆子问。
> "不，彩色电视在广州很多呢！"③

是否会有青年肯花两百多块做西服不得而知，但说这样的"彩色电视在广州很多"明显是搪塞之词。一个月前（1979年1月），《镜报》曾经发表过一位署名"上海佬"的香港来客的上海纪行，其中描述上海市民看黑白电视的情景时，顺带提到了与陈村仲看到的同款彩色电视机：

---

① 金大陆：《陪我走过那个年代——崇"武"的审美及其蜕变》，《社会观察》2006年第5期
② 据说在1960～1970年代，仅外交人员出外访问时可以穿着"西装"，行政机关公开提倡穿着西服要到1983年，当时国家领导人在深圳考察时，提出行政人员要"敢于穿西装"，以展现政府工作人员的开放意识。参见何云华《1983年，胡耀邦在深圳》，《同舟共济》2010年第8期。
③ 陈村仲：《我在广州参加了一次"派对"》。

彩色电视机不是没有，而是买不起。据知全上海市绝不会超过十架。专供侨眷购买高级物品的华侨商店里面，就有一个特大玻璃橱窗，陈列着一架日立牌二十吋的彩色电视机，围观者如堵。看他们眉飞色舞，指手画脚，似乎比参观出土文物更感兴味无穷。这架日立牌二十吋彩色电视机，价为人民币二千九百元（约合港币九千元），还需要侨汇票四百二十张，这四百二十张侨汇票，即等于要有五千元人民币的汇款才能取得。[①]

"上海佬"非常清楚，能购买电视机的人不仅要足够富有，还要能支配数目惊人的"侨汇票"，有如此实力的绝不会是一般人物。与之类似，1978年圣诞节时，有人在北京专门组织过舞会，舞会上不但有圣诞树，居然还播放了当年才在香港发行的徐小凤的录音带《誓要入刀山》。更让人觉得不可思议的是，这次圣诞舞会名为"油脂舞会"[②]。要知道"油脂"的说法来自美国电影《油脂》（GREASE），这是一部产自好莱坞的歌舞片，演员在影片中大跳风行欧美的"迪斯科"（DISCO），该片于 1978 年 6 月 16 日在美国上映，距离北京圣诞舞会的时间仅仅六个月。

这些情形以及陈村仲的感慨提醒我们，在大众文化的发生期，是否在大众文化的"消费"中存在阶层的区隔？如果存在，可以在多大程度上对本文所使用的"大众文化"的概念提出质疑？在这一时期引领文化风尚的，究竟是些什么人？这些人的社会资本是如何转化为大众文化资本的？除了阶层所造成的区隔外，不同地域的大众文化形式或活动之间的差异有多大？大众文化在传播和流动中，是否跨越了阶层区隔和地理区划，是怎样跨越的，跨越中其意义有没有产生变化，以及跨越之后是否又生成了新的阶层区隔与文化区划？仅凭这则史料，当然无法回答这些问题，但它能蕴含着这些问题或者说能从中提炼出类似问题，已经足见其价值了。

有趣的是，这位香港来客已经在观看中"发现"了当时大众文化的弄潮儿。但他的"发现"和过去对这个群体的刻板成见很不一样。这些人既不是流里流气的流氓一样的人物，也非世俗眼光中完全特立独行的个体，甚至扮演了重要角色的"官二代"也非骄横之徒："房子主人是某干部之

---

① 上海佬：《游上海一月记》，《镜报》1979 年 1 月号。
② 陈村仲：《我在广州参加了一次"派对"》。

子，跟阿昭是同学。跟"文革"时期广州的'毛泽东主义红卫兵'不同，这一批年少英俊的大学生，并无杀气煞气，也不算油气，倒是谈吐斯文，颇有礼貌"；"起码我接触的这几个大学生，都是正正派派的。非但不是浮浪少年，相反读书都极用功，是'咪家'型。"另外，在当时常被内地报刊上斥为"腐化堕落"的舞会上，"最煞风景的是全场清一色男子汉，只好男的跟男的跳'斋舞'"，并且，有"油脂舞会"的北京竟然有这样的情况："有红绿变幻灯光，十分正规。无奈场内阳盛阴衰，本来就怯怯地不大敢来的几个大姑娘，一看全场尽皆须眉，唯独她们几位是梳辫子的，吓得一溜烟逃掉了！"①

在本文结束之前，我还想借助这则史料提供的其他散碎的信息，勾连和组合出一幅大众文化发生的图景。目前所能呈现的当然只是这一图景的缩微版本，甚至很难说会有多大的代表性，但是它是生动的，也是真实的，更是观察者离现场最为切近的——无论空间，还是时间：

时间是 1979 年初，地点是广州市越秀区中山五路。

电车上，有位 30 多岁的工人，"旁若无人地看一份香港报纸的体育版。原来《大公》《新晚》这些香港左派报纸，近几个月来统统准许原装进口，娱乐版体育版也一视同仁"；在理发店，有"等候电发的本地女士，正津津有味地欣赏一本"香港的《镜报》，这位女士是位医生，她委托亲戚在香港付钱订阅了一年杂志，在她供职的中山二院，同事们经常会收到香港的亲戚寄来的杂志；在电影院门口，人们排着长龙去观看电影《生死搏斗》，这部港产影片在香港反应平平，"可是在内地的轰动程度，简直叫香港人看傻了眼"，虽然当时的观众并非没有电影可看——在中山五路的电影院，张贴着《巴黎圣母院》意大利籍女主角"肉弹罗璐宝烈吉坦的低胸装海报"，旁边则是苏联片《玛丽黛传》的广告，印着穿立陶宛民族服装的女英雄，而正在影院中放映的是匈牙利片《废品的报复》。"同样是在中山五路，无牌小贩在地摊上卖丝带、表带、粤剧唱词、瓷佛像……。而最'爆棚'者，是一个摆卖自晒②美人照片的地摊，堆满了书签大小的黑白照片，灰灰黄黄，技术粗劣。一看：哇，其中赫然有本届台湾'金马奖'最佳女主角、玉女红星恬姐小姐！此外还有香港红星狄波拉小姐。有个长发女郎则像是

① 陈村仲：《我在广州参加了一次"派对"》。
② 自晒，指自己洗印（照片）。

台湾溜冰皇后黄屏小姐看不清楚，因为旁边三个穿蓝厚绒军服的海军士兵，低头看得热闹把我挤开了。"

观看者不忘提醒我们，这里距广州市公安局仅仅一箭之遥。这个机构对在近在咫尺的"敌情"（特别是和台湾相关的情况）不仅视而不见，而且听而不闻：晚上在石板路小巷中散步时，"总听到一阵阵熟悉的粤语时代曲声，什么罗文薰妃，都超越空间地在娱乐着广州人"，而在普通家庭的"原子粒收音机"① 里，"还清楚玲珑地收听到台湾电台。女广播员那腻人的腔调，以前在中共戏剧中总以反面姿态出现，如今却可以大模大样地穿堂入室了"。据当地人说，"近几个月来，当局对外台的干扰是明显地减少了，对香港英文台尤为放松"。

观看者还记录了自己身在广州却沉浸于香港大众文化时的一次恍惚："星期日晚十时到十一时，我都会习惯收听香港电台英文台的'打破常规'节目。在广州，我依时扭开收音机，沉醉在我心爱的法文轻歌剧、法兰仙纳杜拉的爵士风味情歌中……，忽然感到港穗之间的距离已拉得很近了！"②

虽然我手头有不少资料表明，香港大众文化以或明或暗的方式在短短几年间迅速涌入内地，在至少两代人的青春记忆里铭写出难以磨灭的经验，但我仍然想在此处保持足够的冷静：既不能将中山五路上的情景看成当时整个广州市的大众文化状况，也不能将北京、广州的舞会故事夸大成辽阔的内地城乡的大众文化图景。在这里，"窥一斑而知全豹"在空间上是不可取的，而且大众文化在空间上的传播流变本身就是很有价值的议题；但这并不意味着，不能在时间序列上借助本文呈现的缩微图景展开想象，因为之后至少十数年的大众文化发展都可以在这一图景中找到先兆。当然，在接下来大众文化变迁中，那些舒展中还略带拘谨的身体，借径港台流行音乐才能表达的情感，以及在舞池彩灯下聚拢但又被吓得遁逃的男女，还要在时松时紧的社会氛围中经受各种社会力量之间的此消彼长以及角力合力还有待展开。

现在已经可以看得很清楚，后来的广州也并没有如那位港客一时的幻觉那样，在之后的四十年中成为香港；香港的大众文化虽然深深地嵌入了内地大众文化的发生与发展，但在不同的语境条件下，内地的大众文化一

---

① 原子粒收音机，指半导体收音机。
② 陈村仲：《我在广州参加了一次"派对"》。

直以有别于香港的形式与方式在日常生活中迅猛地扩张，它与主流观念、商业文化之间的博弈、合谋与妥协更为复杂暧昧。但这后来的纷繁杂多的一切，并不能成为覆盖本文所描述的发生期大众文化图景的理由，因为这是后面所有故事的开端，它蕴藏着当时的人们所不能预知也无法想象的种种可能性。

香港影视中的"近代功夫英雄"
及其内地传播

盖　琪*

摘要　1980 年代以来，以霍元甲、陈真、黄飞鸿、叶问为代表的"近代功夫英雄"通过香港影视在内地广泛传播，构成了一个有意味的形象谱系。而这个形象谱系在内地的盛行不衰，一方面折射出香港与内地之间曲折的历史指认与文化观望方式；另一方面也反映出内地改革开放以来不同阶段的情感结构与集体无意识。

关键词　香港影视　近代功夫英雄　形象谱系　身体民族主义　现代性

Abstract　The Modern Kungfu Heroes in Hong Kong films and teleplays, such as Huo Yuanjia, Chen Zhen, Huang Feihong and Ye Wen, have been broadly communicating in mainland China since 1980s, which have constituted a significant image pedigree. And this prosperous image pedigree refracts the zigzag ways of historical identification and cultural observation between Hong Kong and mainland China on one hand, and on the other hand, it also reflects the structure of feeling and the collective unawareness of different phrases in the forty years' Reform and Open in mainland China.

Key Words　Hong Kong films and teleplays　The Modern Kungfu Heroes　image pedigree　Body Nationalism　Modernity

---

＊　盖琪，广州大学人文学院副教授。

1980年代以来,香港影视作品通过官方的、商业的、民间的各种渠道在内地广泛传播,深刻影响了内地大众文化乃至整个社会文化场域的重构过程。而在近40年的传播过程中,有一个形象谱系可以称得上是长盛不衰且别有意味的,这就是包括霍元甲、陈真、黄飞鸿、叶问等典型人物在内的近代功夫英雄形象谱系。该形象谱系的时代意义在于:它既逐渐成为"九七情结"乃至"后九七情结"之下的香港面对内地进行自我指涉的常用方式,也为改革开放以来的内地和香港提供了一种互相观照、互相表述的有效途径。质言之,正是借由对近(现)代社会的回望,两种政治制度、两种文化逻辑之间才得以建立起某种曲折而深邃的符号关联与价值关联。

一 "回到历史原点"

香港影视中的"近代功夫英雄"所刻画的主要是活跃于晚清民国历史语境之中、以习武济世为己任的英雄人物形象。而对近代功夫英雄进行商业化叙事,则可以说是香港影视场域的一个重要传统和特殊贡献。从1940年代末开始,黄飞鸿、霍元甲、陈真、苏灿、叶问等民间武师就陆续成为香港影视反复讲述的对象。1960年代末到1970年代初,以近代功夫英雄叙事为重心的李小龙电影已经蜚声东南亚乃至全世界。到了1980年代初,香港影视作品开始向内地进行传播时,它在有关近代功夫英雄的类型叙事方面已经具备了相当成熟的积累,所以能很好地餍足内地受众对通俗视听产品的饥渴。

1980年代中期以来,随着香港影视越来越多地进入内地,香港的影视创作者们从开拓市场的角度出发,开始更大限度地将内地观众内化为自己作品的目标受众;而如果扩展到文化身份的角度来看,则是由于1984年《中英联合声明》的签署,进一步加深了香港影视创作者面对内地接受语境时的自我指涉欲望——而这一点十分突出地表现在有关近代功夫英雄的影视叙事之中。与此同时,对内地观众来说,观看来自香港的近代功夫英雄故事,也越来越多地具有了一种对双方的历史文化关联共同进行追溯乃至建构的意涵。可以说,最近40年,近代功夫英雄形象对于香港和内地而言如同一个文化中介场域,它既灵活地承担起了香港面对内地时的自况需要,也很好地转换了香港与内地之间的互述诉求。

为什么"近代功夫英雄"会被赋予这种文化中介职能？这主要是由功夫在广粤文化体系中的重要地位决定的。可以说，功夫，也就是武术，是立足广粤文化背景对家国天下进行想象的最好切入点。① 历史上，广粤地区的尚武文化在明末清初之际就已经发展成型。到了晚清民国时期，广粤民间的习武风潮更炽，广州、佛山、肇庆、新会、江门等地均是武馆遍布，武社云集，且普遍热心时政，积极介入社会变革，显示出较为浓烈的民族自觉意识与家国天下情怀。因此，广粤地区的武术馆社是比较深刻地介入到了中国近（现）代史的许多重要事件之中的。不夸张地说，广粤武术文化与中国近（现）代历史的走势之间具有深远的互动关系：从鸦片战争时期的三元里抗英斗争和太平天国运动，一直到辛亥革命和大革命时期的历次武装起义，其中都有广粤地区的武术馆社发挥着重要的民间基础性作用。②

基于上述背景，功夫对于以广粤文化为根底的香港而言，除了视觉观赏性之外，在很大程度上其实也可以看作一个能够指代包括香港在内的整个广粤地区在中国近（现）代史上的作用和地位的符号系统；而对近代功夫英雄形象的塑造，也就变相成为了香港建构其市场主体性和文化主体性的上佳途径。就市场主体性而言，如前所述，早在1940年代末，香港电影几乎是在甫一获得有别于内地电影的制作力量和文化身份的年代，就自觉不自觉地选择了近代功夫英雄作为它艺术灵感的核心来源之一。导致这种选择的直接原因在于：1940年代末1950年代初，整个广粤地区的民间武术力量在短时间内大批迁入香港，由此影响了香港电影产业的人力资源储备和文化类型偏好。1949年，香港拍摄了中国电影史上第一部黄飞鸿电影，也正是从这部电影开始，中国电影第一次将"武打设计"确立为武侠功夫类电影制作团队中的固定职务。自此，香港的功夫电影才逐渐发展出了有别于中国早期武侠电影的独特美学品格，即以对真实武术动作的呈现，取代戏曲化、写意化的武舞表演。③ 时至今日，香港的武术指导和动作导演仍然是享誉全球的电影制作力量。

就文化主体性而言，香港影视中的近代功夫英雄更类似于一种能够糅

---

① 事实上，"功夫"一词本身就体现了广粤地域文化，它是粤语中对"武力制胜"的表达；而普通话中的"武术"一词则更接近于"武打艺术"之意。参见〔英〕里昂·汉特《功夫偶像：从李小龙到〈卧虎藏龙〉》，余琼译，北京大学出版社，2010，第2页。
② 参见郭裔《晚清民国时期的广东武术》，华南理工大学出版社，2013，第4～5页。
③ 贾磊磊：《中国武侠电影史》，文化艺术出版社，2005，第79页。

合不同文化身份的"整合机制",而最典型的就是其对地域文化身份的整合。因为从地域背景上来看,香港影视反复征引的近代功夫英雄形象其实可以大致分为两类:一类出身于北方,比如霍元甲和陈真,但其生平事迹和江湖传说与近代南派武林的发展亦具有深厚渊源——对其事迹和传说的讲述,其意义更多在于开辟出一种符合广粤文化情感结构的国族认同叙事方位;另一类是土生土长的广东人,比如黄飞鸿和叶问,其生平事迹和江湖传说呈现出更鲜明的地方性,对其事迹和传说的讲述,其意义则更多在于标示出广粤文化主体在中国近(现)代历史上的身份与价值。所以我们看到,在近代功夫英雄的影视形象框架下,上述两种基于不同地域背景的类型叙事,呈现出的是同质的家国视角和历史逻辑,即通过对"功夫叙事"中"南与北""新与旧""江湖与庙堂"等多重关系的呈现,同现实语境中的地缘政治文化关系形成借喻。

总之,在作为文化标示物的意义上,香港影视中的近代功夫英雄无论出身何处,都是一手建构广粤历史文化认同;另一手建构国族历史文化认同的复调符码。进言之,因为以鸦片战争为起点的中国近代史,也正是香港一步步走向殖民化、一步步成长为介乎东西方之间的政治/经济/文化"飞地"和"缓冲区"的地方史①,所以对于"九七"与"后九七"语境中的内地和香港来说,对"近代"的回望其实在很大程度上蕴含着一种"回到历史原点"的意味,它指向的是内地和香港之间最便于共享的、最富于现实指涉性的文化记忆。今天来看,香港影视中的近代功夫英雄作为一个形象谱系,其所蕴涵的意识形态的丰富性,以及其在内地传播过程中所生成的多义性,都超出了我们的常规认知。

二 "无功夫,不家国"

从大众文化发生的角度来看,近代功夫英雄是改革开放之初最早出现在内地官方媒体上的香港影视艺术形象,因此也可以看作是对内地大众文化场域的生成具有启蒙意义的因素之一。1983 年,由香港丽的电视(香港亚洲电视台前身)制作的 20 集电视连续剧《霍元甲》在广东电视台首播,

---

① 香港的英属殖民化在 19 世纪后半期经历了半个世纪的过程:清政府 1842 年《南京条约》割让港岛,1860 年《北京条约》割让九龙,1898 年《展拓香港界址专条》割让新界。

成为内地公开播出的第一部香港电视剧。1984 年 5 月，该剧开始在中央电视台每周日晚上的黄金时段播出，而其收视盛况用万人空巷来形容亦毫不过分。此后几年间，《陈真》《再向虎山行》等典型的功夫英雄剧，连同《万水千山总是情》《上海滩》等江湖传奇剧一道，将内地受众对以晚清民国为背景的香港通俗剧的狂热推到了顶峰。

今天看来，丽的版《霍元甲》之所以能够成为第一部在内地官方媒体上正式播出的香港电视剧，并且获得了登陆央视周末黄金时段的殊荣，与当时的政治语境是分不开的。丽的版《霍元甲》在央视播出的时间，已经是中英两国就香港问题展开正式会谈的后半程——香港的主权归属和驻军等大的框架性问题已经商定，只剩下过渡时期安排等一些细节性问题尚待讨论。在这一政治语境下，先从通俗话语和民间视角切入，对香港的国族文化身份进行软性论证，为内地和香港之间即将大规模展开的互述行为进行路径铺垫，就成为官方媒体平台的职责所在。而丽的版《霍元甲》的优势也恰在于此。如前所述，功夫对于香港而言，联结着地域文化的精神内核；而其对于当代中华民族而言，其在国际上的知名度同样能够指向一种"全球华人认同"。因此，近代功夫英雄就自然成为重建国族认同的优秀"代言人"。

而如果从大众文艺发展的角度去看丽的版《霍元甲》，以及以其为开端进入内地的第一批"近代功夫英雄"影视作品的话，其总体上的影响更在于——开辟了"身体民族主义"的叙事视角：在这一视角下，古典的"功夫身体"成为建构现代国族认同的最主要载体，而前现代的肉搏（主要是对敌人的肉体惩戒场面）成为宣泄民族情绪、实现民族尊严的最有效手段。在改革开放初期，这样一个看似颇为"反现代"的"现代性视角"恰恰呼应了主导意识形态的重塑需求。

改革开放以来，随着革命话语和阶级话语的淡化，主导意识形态迫切需要新的核心话语，担负起凝聚社会共识的任务。这正是民族主义话语越来越受到重视的时代背景。而在这种时代背景下，香港影视中的近代功夫英雄叙事以身体承载民族话语的倾向，就成为了深受内地欢迎的"政治正确"的选择，而且长期影响了内地影视在民族主义叙事上的基本修辞方式。这种修辞方式在丽的版《霍元甲》中已经十分明显，即在近代严酷的生存竞争中，中华民族由于落入以西方现代性为标准的劣势境地，所以丧权辱国、饱受欺凌，而功夫英雄在这种境地下出场的意义则在于，可以暂时抛开现代性的发展逻辑，以前现代的肉搏争回片刻的尊严。从彼时响彻内地大江南北的主题曲《万里长城永不倒》中，我们也可以了解到这种修辞所诉诸的情感结构：

> 昏睡百年，国人渐已醒。睁开眼吧，小心看吧，哪个愿臣虏自认。因为畏缩与忍让，人家骄气日盛。
>
> 开口叫吧，高声叫吧，这里是全国皆兵！历来强盗要侵入，最终必送命！
>
> 万里长城永不倒，千里黄河水滔滔，江山秀丽叠翠峰岭，问我国家哪像染病！
>
> 冲开血路，挥手上吧，要致力国家中兴！岂让国土再遭践踏，个个负起使命！……

可以看到，在歌词中，通过"长城""黄河"等典型意象，国族的身体与个体的身体被等同起来，早发现代性的西方国家被建构为他者，而世界则被论述为"落后就要挨打"的零和场域。对于内地而言，这种从历史遭遇中引申而来的、以国家利益为第一要义的生存竞争心态，同样是改革开放初期后发现代性建设所亟须的心理动因。焦虑与渴望之下，"痛"与"快"必须是切肤的、身体性的才是"够劲"的——这确实是"身体民族主义"话语内在的背反性。而正是这样一种充满背反性的家国话语在很大程度上形塑了中国内地至少两代人，直到2017年的《战狼2》，我们仍然可以看到它在起着主导作用。

除了霍元甲之外，另一个被香港影视场域反复征引的北方近代功夫英雄形象是作为霍元甲徒弟的陈真。陈真虽然是一个虚构人物，但其文化影响力却并不在霍元甲之下，这当然首先要归功于1972年嘉禾电影《精武门》的主演李小龙。李小龙版的陈真是"身体民族主义"修辞的登峰造极之作，但其局限性却也正在于此：在《精武门》中，承载了仇恨与苦难的身体成为绝对的主角，与之相关的历史却反而成为拼贴性的，甚至完全是悬置的。① 不过，《精武门》并未在李小龙生前及时传播到内地。所以对于

---

① 例如，在《精武门》中，我们可以看到，1910年的精武会馆墙上挂着1923年才出现的孙中山题词中的"革命尚未成功，同志仍需努力"的字幅，以及其他若干非历史化的细节。

内地来说，最有影响的陈真是由出身内地的功夫明星李连杰塑造的。1994年，李连杰在出演由陈嘉上导演的电影《精武英雄》时正值盛年，意气风发，因此从身体修辞的角度来说，李连杰版的陈真所呈现出的是"功夫身体"颇为昂扬上进的面向，而由他所创造的一些姿势和场景，也跟李小龙的标志性表情和动作一样，进入了国族认同的符号系统。

而且，与《精武门》相比，《精武英雄》在价值上有明显的发展，突出表现为它在呈现近代中日两国关系复杂性方面所做出的努力：相对于《精武门》将日本人彻底丑角化的表达，《精武英雄》中的日本人形象更加丰富立体；而且相对于李小龙版陈真的执拗鲁莽，李连杰版的陈真也更加理性智慧。影片从日本国内针对军国主义的抗议活动开篇，而陈真则以日本留学生的身份出场，呈现为一个接受了现代教育的新式青年的形象——他不仅与日本女性山田光子建立起了正式的恋爱关系，而且还在很大程度上受到了日本武术高手船越武夫的提点。在影片中，这位船越武夫对日本军国主义始终表现出拒绝的态度，他特别提到了他所属的日本武术社团黑龙会曾经与孙中山之间有过深厚的友谊，但这种友谊随着黑龙会的军国主义化而中断了。

有意味的是，整部电影中最具"题眼"性质的一句话就出自船越武夫之口："要击倒对方，最好的方法就是用手枪，练武的目标，是要将人的体能推到最高极限，如果你想达到这种境界，就必须要了解宇宙苍生。"我们可以看到，这句话对于"功夫身体"与现代性之间的关系有了新的理解：民族主义是一个现代性的概念，它如同手枪一样，充满了现代性的效用能量与潜在危险；只有将"功夫身体"从现代性的重负中解放出来，重新安置到关注"天下价值"的中华文明传统框架之中，才能回归功夫的本来境界。

所以，在《精武英雄》中，近代日本并没有完全被建构为一个"他者"，而是呈现出作为中国现代化道路上的"老师""朋友""恋人""敌人"的复杂性与多面性。身处这种复杂性与多面性中的陈真，虽仍以报仇雪耻为己任，但却已经能与狭隘的民族主义行为划清界限。更重要的是，在《精武英雄》中，陈真虽然在外形气质（身体）上常被误会为日本人，但在技术和品行上却仍然能够作为精武文化的最佳传承者——这种对于杂糅性的积极指认，放在影片上映的1994年来看，在很大程度上其实联结着"九七情结"之下的香港对自身位置的想象性确认：一个身处两种文化之间的协商者,同样可以成为一个优秀的民族文化扬弃者,这代表了九七将至的香港的一种积极声音。

九七之后,对于"身体民族主义"的重新思考在香港影视中延续,但其调性则随着时代重心的变迁发生了某种程度的变奏。2006年,香港导演于仁泰创作了另一部以李连杰为主演的近代功夫英雄电影《霍元甲》。虽然影片开篇的黑白历史镜头和第三人称字幕旁白似乎依然处于"雪耻型民族主义"的旧框架下,但有趣的是,其主题曲歌词显示出的却是与丽的版迥然有别的国家关系观念,以及与《精武英雄》的基本调性差异明显的自况方式:

> 吓!命有几回合,擂台等着。生死状,赢了什么,冷笑着。天下谁的,第一又如何,止干戈,我辈尚武德。我的拳脚了得,却奈何,徒增虚名一个,江湖难测,谁是强者,谁争一统武林的资格……

从这篇融合了美式饶舌曲风的歌词中,不难体会到一种近于历史虚无主义的态度,以及一种偏向于个体化的身份认同方位——这不能不说是非常具有"后九七"时代的"香港性"的。在于仁泰版《霍元甲》中,大约有2/3的篇幅讲述的并非家国大义,而是霍元甲如何超越自己、获得心灵救赎的个人成长故事。影片中,霍元甲在年少时期就聆听过母亲"以德服人"的教诲,诸如"武术最厉害的地方不是要打倒别人,而是要克制自己的好胜心,无论如何,仁义道德不可丧","别人怕你,跟敬重你是两回事","最大的对手就是你自己,你真正要战胜的也只是你自己",等等。但他开始并没有领悟这些"止戈为武"的道理,而是执迷地生活在争强好胜和阿谀奉承之中,以至于害死家人,流落异乡,遁世偷生。而在影片的后1/3,参透了人生真谛的霍元甲重新回到江湖之中,他在上海创办了精武体操会,以强大的国族认同逻辑,与来自各强国的武功高手进行对抗并最终悲壮献身。

在身体修辞的层面上,主演李连杰在拍摄于仁泰版《霍元甲》时已到中年,《精武英雄》时期的少年英姿已经被中年沧桑感所取代,因此文本也自然多了一重韶华不再的冷峻意味。而且我们可以看到的是,尽管文本前2/3看起来非常像一个后工业社会中常见的鸡汤故事:旨在劝说都市中产阶级放下功名利禄之心、归隐田园、寻回自我等,但究其深层,它却更近乎于一次基于香港视角和香港经验的"现代性反思"：可以指向内地改革开放以来的发展主义话语和新世纪以来的"大国崛起"话语，道出"争第一没有意义"，有意义的是"以德服人"等反进化论劝诫。在这个意义上，影片中反复出现数次的、由疯子喊出的那句"霍元甲，你嘛时候是津门第一啊？就在今天！就在今天！"则更可以看作是一句象征着现代性荒诞的谶言。在某种程度上，它甚至消解了文本后 1/3 再次将格斗胜利与国族尊严关联起来的修辞。而从"现代性追赶"、"现代性学习"到"现代性反思"，时隔 20 年，围绕霍元甲、陈真展开的家国叙事所流露出的深层价值嬗变对于内地和香港而言都是值得记录与读解的。

三 "无广粤，不历史"

如前所述，1980 年代以前的香港电影在很大程度上是很缺乏时间感和历史感的。殖民经验如同某种时间的"死结"：宗主国的历史不是自身的历史，而故国的历史又丧失了现实合法性，叙事由此常常呈现为一种"时间感丧失"的状态。所以在 1980 年代之前的香港电影中，即使是历史情境也往往会呈现出高度的非历史化倾向。但 1984 年之后，在"九七"刻度之下，香港社会多了一重面对时间的危机意识，而香港电影也多了一种"重新进入历史"的文化责任感与社会心理担当。就本文主题而言，我们看到，以近代功夫英雄叙事为代表的香港功夫电影在很多时候是尝试以回望广粤社会的方式"重返历史现场"，为自身独特的文化身份把古梳今。而广粤地区在中国近（现）代历史叙事和中国现代性溯源叙事上的优势，则也在这种动机下凸显出来。

历史地看，广粤地区既是近代中国民间商贸的生长地，也是近代中国资产阶级革命的策源地，更是近代中国新派知识分子的啸聚乡。鸦片战争之后率先开埠的广粤地区，是中国最早接受西方文化的地域，所以在很大程度上，它也可以被看作是中国现代性（包括各种思想和实践）获得多方位培育的第一块试验田。可以说，广粤地区特殊的历史地位和贡献，使得它具有了某种"中国现代商业文明根系"和"中国现代性根系"的象征性。这种象征性如果放到内地改革开放的语境下来看，可以很自然地穿透百年历史，指向内地重启现代化进程、重回全球政治经济体系的现实冲动；而如果放到香港"九七"和"后九七"的语境下来看，也可以变相佐证香港对于内地现代化进程而言的潜在价值。

由此,从 1980 年代以来香港功夫影视在内地的传播来看,如果说"北方英雄"主要指向一种国族认同叙事的话,那么"广东英雄"则更多地指向一种历史主体性叙事。进言之,1980 年代以来,围绕着"广东英雄"及其所依托的辛亥革命语境,香港功夫影视帮助新兴资本话语,以一种较为隐晦的方式,在内地的大众文化场域中建立起了亟须的历史主体性,甚至逐渐获得了足以与现实遥相呼应的"克里斯玛"。

而且,相比"北方英雄"而言,"广东英雄"联结着更为丰富的地方知识系统。这其实也是香港影视对内地影视的另一个重要影响,即向内地影视示范了"市场/市民社会"的叙事视角与策略。改革开放之初,内地影视场域刚刚从新中国前 30 年居于宰制性地位的革命话语和国家话语中脱胎而出,更习惯于宏大叙事与阶级论述,缺乏与新建立起来的市场经济意识形态相匹配的通俗叙事能力。而香港影视的意义就在于,为内地影视场域更多地注入了民间生活话语与社会话语。在近(现)代功夫英雄的影视叙事中,围绕着"广东英雄",晚清民国转型期社会上的三教九流、五行八作一一显影,既补足了内地影视所欠缺的人间烟火气息,也联结着中国历史走向的多元性。

就上述两方面——历史主体性的建构和地方知识系统的开拓——来看,1990 年代初期由香港嘉禾电影公司制作的《黄飞鸿》系列电影是值得首先分析的优秀作品。① 这是一个难得的有关古老中国遭遇西方现代性的系列故事。正如这个系列的英文名字 *Once Upon A Time in China*(《中国往事》)所透露出的,时间/历史在这个系列中不再仅仅是停留在景深处的画片,而是成为推动文本叙事进程的关键元素。在香港影视史上,黄飞鸿是被讲述次数最多的人物,1990 年代之前以黄飞鸿为主人公的电影就已经拍摄过上百部。但是在嘉禾版的系列电影之前,黄飞鸿更多地是被塑造成一个传统的慈父严师形象,而直到嘉禾版的系列电影,黄飞鸿才由器物而精神地一步步建立起现代观念——从一个力图守护传统秩序的人物形象,逐渐转型为一个拥护现代化进程,同时又具有民族文化反思气度的人物形象。这样一

---

① 1990 年代初期的嘉禾版《黄飞鸿》系列电影共有五部,分别是《黄飞鸿之壮志凌云》(1991)、《黄飞鸿之男儿当自强》(1992)、《黄飞鸿之狮王争霸》(1993)、《黄飞鸿之王者之风》(1993)、《黄飞鸿之龙城歼霸》(1994)。其中第一、二、三、五部为徐克导演,第四部为元彬导演。

个人物形象其实与内地 1980 年代以来的民族性反思潮流是声气相通的，所以放在 1990 年代内地的接受语境中来看，他就不仅仅是单纯的大众文化符号，而是同时也蕴含着精英文化的因子。

在第一部《壮志凌云》中，黄飞鸿受到十三姨启发，承认"唐山应该要变，拳脚是打不过枪炮的"；而在第二部《男儿当自强》中，黄飞鸿更是受到孙中山影响，慨叹"我们从来没有想过时间是这么宝贵"，"要看时间做人"；而到了在内地影响最大的第三部《狮王争霸》中，黄飞鸿已经具有了输出现代价值观的能力，面对李鸿章直接谏言，"依小民之见，我们不只要练武强身、以抗外敌，最重要还是广开民智、智武合一，那才是国富民强之道。区区一个牌子，能否改变国运？还请李大人三思。"将这句话放在内地 1990 年代初的语境下来看，其现实劝谏之意与国族主体意识，对香港这样一片彼时主权尚未回归的"飞地"来说其实颇为难能可贵。总的来看，身处千年大变革前夜的功夫英雄黄飞鸿，呈现出清醒的历史自觉：他在频繁地与现代性发生碰撞的过程中，意识到了"身体民族主义"的虚妄，承认了现代化进程的不可逆转，更看清了古老中国在当今世界格局中的真正位置——而所有这些正是香港对于广粤地区以及自身在中国历史上重要作用的确认，它同样指向内地改革开放语境下的现实与未来。

除了黄飞鸿之外，香港影视作品中的另一个被反复塑形的广东近（现）代功夫英雄是叶问。尤其是 21 世纪以来，叶问在内地影视场域中的声名日显——从 2008 年到 2016 年，由叶伟信执导的《叶问》系列电影已经拍了三部，且都在内地取得了票房佳绩，第四部也于 2018 年 4 月宣告开机。而另外两部同在 2013 年上映的叶问电影——由王家卫执导、梁朝伟主演的《一代宗师》和由邱礼涛执导、黄秋生主演的《叶问：终极一战》——均在内地乃至整个华语地区引发较大反响。

叶问在 21 世纪以来的流行不是偶然的。与其他功夫英雄相比，叶问是一个更为晚近的真实人物。他出生于 19 世纪末，中年之前生活在佛山，1940 年代末迁居香港，其后专门教授咏春拳法，影响甚广，其弟子就包括后来成为功夫巨星的李小龙。对于香港来说，叶问这个人物的意义在于：他不仅凭着自身的生命轨迹将内地的国族史引向了香港的地方史，而且与功夫和香港电影的国际化都有着深刻渊源。所以香港影视的近（现）代功夫英雄故事讲到叶问这里，似乎在时空上和意义上都找到了一个足以自我确认的完美"落点"。但事实上，我们可以看到，21 世纪以来（尤其是在

2010 年之后）具有较大影响力的几部叶问电影所呈现出的都是更具有复调性的叙述状态，这种复调性一方面更加贴合内地新兴中产阶级的现实经验；另一方面也折射出香港内部对自身发展路径的争论与思考。

我们先来看一下叶伟信执导的《叶问》系列电影。从表层上看，该系列已经问世的三部都延续了对抗外侮的民族主义叙事框架，但从深层来看，它们却共同指向 21 世纪以来逐渐在内地扩散的中产阶层情感结构——在前面提到的于仁泰版的《霍元甲》中，这种阶层话语就已初见端倪，而到了叶伟信版的《叶问》系列则一部比一部愈加凸显。而相比 1990 年代的《黄飞鸿》系列，2010 年代的《叶问》系列的基调则明显更加沉郁隐忍。质言之，《叶问》系列中的叶问所呈现出的其实是一个典型的中产阶层中年男性的状态：肩负家庭生计，时常要向生活低头；而他不得不面对的对抗力量，与其说是特殊意义上的侵略者和压迫者，不如说是普遍意义上的、充满变数的生存本身。《叶问》系列所诉诸的受众，不再是大多数功夫影片通常所诉诸的豪情万丈的少年郎，而是在全球资本主义体系中左奔右突、腹背受敌的中年人。而叶问这个人物所格外看重的"一粥一饭"的日常伦理，也正是支撑当下内地新兴中产阶级自我认同的核心维度——尽管这一维度无论在历史语境中还是在现实语境中都是异常脆弱的。

而在对造成这种脆弱的历史原因进行阐释时，叶伟信版的《叶问》系列显示出了其暧昧性。尤其在第二、三部中，沙文主义的英国警督只被界定为殖民系统中的个别坏分子，最终受到了"系统"的清理和惩处，而英国人整体上还是呈现为文明知礼的群体形象；美国富商与叶问之间的身体格斗虽然激烈，却也能做到遵守既定规则，时间到了就立即收手，不需要再拼出你死我活——而其对中国太太和养女充满尊重和疼爱之情的若干闲笔，似乎就更使其在伦理上认同了叶问。应该说，这些对于全球权贵形象的刻画方式都非常具有阶层症候性，而且也能在很大程度上表明香港与内地的中产阶层已经越来越具有了某些政治经济共性。

我们最后再从历史介入的角度来看一下王家卫的《一代宗师》。在叶问影视中，如果从视觉效果来看，《叶问》系列中的第二、三部和《叶问：终极一战》都是真切还原 1950 年代香港市井情态的优秀影片；但是如果从政治隐喻的深度——包括对香港历史、当下及未来政治正当性的思索——来看的话，王家卫的《一代宗师》则是迄今为止走得最远的作品。相对于叶伟信版《叶问》系列"中产化"的历史叙述视角和策略，《一代宗师》则显示出更强的公共言说意识，以及更为开阔的历史叙述格局。这部电影的贡献在于：不仅超越了功夫影视"身体民族主义"的叙述定势，将重心真正转回中国历史文化的内在逻辑；而且对内地与香港之间关系的断裂、凝固、接续与融通都做了建设性的表达。

《一代宗师》选择 1936 年所谓的"陈济棠时代"开篇，并引入"两广事变"① 作为大背景，本身就具有历史文化的借喻性。以影片中最重要的"掰饼"比武段落来看，北方武林宗师宫宝森在南北对峙的形势下率众南下，其实是希望提携新人，以武术交流为契机，促进南北政治上的统一。所以他以"饼不可掰"隐喻国家形式上的完整，并借南拳前辈的话发问："拳有南北，国有南北吗？"而叶问则在通过太极推手的角力，从容将饼掰下一角，并且回应："其实天下之大，又何止南北。勉强求全等于固步自封。在你眼中这块饼是一个武林，对我来讲是一个世界。所谓大成若缺，有缺憾才能有进步。真管用的话，南拳又何止北传呐？"比武结束，叶问身后背景中的"共和"二字熠熠生辉。

这个段落的深意正如李智星所分析的："显然叶问的视野看得比宫宝森要开阔。宫宝森只看到南北构成的一国，叶问却已看到了'世界'与'天下'，他决心把拳术传播到全世界，而并不满足于'北传'……叶问的'天下'构想为他赢得了在饼上掰开一个残缺之缺口的高远理由，宫宝森手中的饼最后也被掰开了一个小口。从叶问日后的人生轨迹来看，不难想见，这一块被掰分出来的小饼块，最终就隐喻着香港。"② 叶问从一个"小缺口"走出，将中华武术和尚武精神推向了全世界。而这应该正是《一代宗师》的创作者们借由叶问形象所要着重表达的：在民族主义的家国之外，还有世界主义的天下；在一时一处的政治、经济、文化、思想一统之外，还有无远弗届的苍生与多元认同的可能性。所以对话交流之上，如果更能施以宽容，留以余地，香港也就能有更大进步，而香港经验也就更能具有世界性的示范价值，最终为中国价值的"大成"做出贡献。从作为西方现代性

---

① "两广事变"：以陈济棠为首领的粤系和以李宗仁、白崇禧为首领的新桂系军阀从 1931 年开始就基本处于独立状态，与以蒋介石为首领的南京中央政府相对峙。1936 年 6 月，两广军阀利用抗日形势，意图反抗蒋氏政权，内战几乎一触即发。但事态发展到 9 月中旬，两方经调停后，在广州进行和平治谈，结束对抗，从而也结束了两广地方政权与中央政府的对峙状态。

② 李智星：《〈一代宗师〉里的香港问题》，《热风》学术网刊 2018 年第 3 期，第 125 页。

的"展示橱窗"到作为东方现代性的"探索先驱",这是《一代宗师》对香港在中国未来格局中应有位置的暗示。应该说,这样一种立意体现出香港电影难得的大国视野与气度,它是非常香港的,同时又是非常中国的。

　　总之,40年来,香港影视作品中的近代功夫英雄通过在内地的广泛传播,为香港和内地之间提供了一个融合了地方性、国族性和世界性的文化场域——通过这个中介场域,无论是香港还是内地,都得以对秩序变革作出敏锐而丰富的回应。因此面向未来,在香港影视制作力量与内地深度合流,以及粤港澳湾区深度互融的形势下,有关近代功夫英雄形象的建构与传播案例值得我们以文化研究的跨学科思维予以持续考察。

"欲望香港"与后革命转移：
流行文化的视角

周云龙[*]

摘要 香港流行文化作为"后革命"时代中国内地的欲望，与全球资本主义意识形态和中国内地现代化论述之间，既是一种合作，又是一种潜在的颠覆关系。它在看似僵硬的"内部"结构了一个抗衡主流话语的空间，映现出中国内地社会文化的异质互动，并参与了"后革命"时代中国内地文化社会的转型。此时期中国内地民众对北上的香港流行文化的想象和重组，构成了一个文化协商的过程。这个过程赋予玛丽·路易斯·普拉特意义上的"文化交汇"以别样的内涵。

关键词 香港形象 后革命 流行文化 文化交汇

Abstract The relation between the popular culture of Hongkong as the desire of mainland, the global capitalism ideology and the discourse of official modernization of China in the post-revolutionary age is not only cooperative, but also subversive. It constructs a space that countervails the mainstream discourses in the seemingly orderly inner, reflects the interaction of the multiple social cultures in China, and joined the transform process of social cultures in China. The imagination and reconstruction of the northward popular culture of Hongkong by the people in China are a process of cultural negotiation that entrusts a different meaning to the concept of transculturation of M. L. Pratt's

---

* 周云龙，福建师范大学文学院副教授。

sense.

Key Words　images of Hongkong post-revolution popular culture transculturation

一

香港作为国际化的大都会和贸易港，位于"祖国"与英国之间，是多重历史经验、文化流脉、身份意识的交汇之地，任何有关本土主义的陈词滥调在此都将噤声；或者说，香港是一个"后殖民的反常体"①。因此，"香港（文化）研究"可能是当代最具挑战性、也最能激发人文想象力的思想场域之一。后结构主义哲学提示的反本质主义认知路径，为我们重新思考处于"全球流体"② 中的区域间文化关系带来了新的思想范式。鉴于此，讨论香港时惯常使用的参照框架，诸如"中国（内地）""西方""东方""中原""南亚/印度""东南亚"等，甚至也包括"香港"在内的区域符指，在"延异"（différance）的运作前提下，也许都必须要被打上问号。然而，这些文化、政治的地理区域/参照框架依然（暂时）有效。首先因为"'本土'的观念必须被疑问化"③，香港的文化、社会不是同质的，其意义亦无法自足、自明，它必须依赖"他者"的构建才能重返自身。与此同时，这些文化、政治的地理区域/参照框架作为"香港"意义的"替/补"（supplementary），也将使其自身（所假定的）自足、同构型（比如"大中华主义"）受到有力的质询。

想象"他者"是构建"自我"的有效方法；反之亦然，认知"自我"必须通过研究"他者"达成。中国内地是香港研究中出现频率相对较高的文化、政治、地理区域/参照框架之一。本文仍然把中国内地作为理解香港的一个参照框架，将在香港与中国内地漫长而错综的关系中，截取一段特殊的历史时期，探讨香港多元多姿而又生机盎然的大众娱乐文化，在1980年代中后期"北上"以后，对中国内地而言，究竟意味着什么，借此回应"谁的香港"④ 问题。但本文不再简单地把中国内地与香港设定为印证彼此

① 周蕾：《写在家国以外》，香港牛津大学出版社，1995，第94~95页。
② John Urry, "Mobile Sociology", *British Journal of Sociology*, 2000, Volume 51, Issue 1.
③ 朱耀伟：《本土神话：全球化年代的论述生产》，台湾学生出版社，2002，第250页。
④ 朱耀伟：《引言》，朱耀伟主编《香港研究作为方法》，香港中华书局，2016年，第37页。

身份的"他者"，而是要避开这一二元对立的操作，把香港作为"欲望香港"的中国内地的自反性"他者"。"欲望香港"是本文对 1980 年代中后期，中国内地通过挪用香港娱乐文化，实现自我转型的文化实践的理论化表述（将在后文具体展开）。而这个"欲望香港"的"他者"维度，恰恰在诸多香港"自我"身份构建/解构中遭到排斥。这一"排斥"的文化实践背后的政治无意识，正是周蕾所批评的那种执迷——本土人天然地拥有某种"内在的真实"与"'确真的'形象"①。该"排斥"的文化实践的后果之一是：很多学院文化批评工作者在把中国内地作为香港的参照框架时，竟与其批评对象共谋合作，被再度引诱至另一种二元对立的论述陷阱中。比如，对有关香港资本、香港流行文化在 1980 年代中后期"北进"的相关研究中，很多学者视其为对中国内地的"殖民"②。此中香港与中国内地被重构为剥削与被剥削、殖民与被殖民的关系，这无非是在政治经济层面颠倒地复制了"大中华主义"之类的"宏大叙述"（grand narrative）所内涵的逻辑，而"香港在族群文化上不够纯粹，中国内地在政治经济上不够现代"的刻板形象（stereotype）/"内在真实"竟依然稳如磐石。更为吊诡的是，有学者从其他层面就上述二元对立论调做出商榷性回应时，仍在重蹈覆辙。香港资本和娱乐文化的"北进"，即使是"资本主义全球化浪潮之下的一个愿打、一个愿挨"③，"资本主义世界"的"'市场经济'与'物质生活'领域逐渐延展至大陆"④，亦或是"附和了官方现代化大论述的目的"⑤，均在殖民与被殖民或者把"他者"同质化的大前提下讨论问题。本文的工作是要对既往遭到排斥的历史经验加以描述并解析，探讨香港娱乐文化"北上"后，参与中国内地文化转型时生成的解放性意义，从而呈示另一种更为复

---

① Rey Chow, *Writing Diaspora: Tactics of Intervention in Contemporary Cultural Studies.* Bloomington: Indiana UP, 1993, pp. 29 - 30.

② 这是叶荫聪在《边缘与混杂的幽灵：谈文化评论中的"香港身份"》、孔诰烽在《初探北进殖民主义：从梁凤仪现象看香港夹缝论》、谭万基在《没有陌生人的世界：佐丹奴的世界地图》中共享的观点，三篇论文均收入陈清侨编《文化想象与意识形态：当代香港文化政治论评》，香港牛津大学出版社，1997，第 31 ~ 52、53 ~ 88、89 ~ 102 页。

③ 李小良：《"北进想象"断想》，陈清侨《文化想象与意识形态：当代香港文化政治论评》，香港牛津大学出版社，1997，第 103 ~ 114 页。

④ 许宝强：《世界资本主义下的"北进想象"》，陈清侨编《文化想象与意识形态：当代香港文化政治论评》，香港牛津大学出版社，1997，第 115 ~ 126 页。

⑤ 史书美：《"北进想象"的问题：香港文化认同政治》，陈清侨《文化想象与意识形态：当代香港文化政治论评》，香港牛津大学出版社，1997，第 151 ~ 158 页。

杂的阐释脉络。

　　香港娱乐文化与中国内地之间，果真是主动地征服与消费，或被动地引进与抵制吗？它与当代中国内地社会变迁之间有何微妙的关联？大众娱乐文化中的"香港"在中国内地社会、文化大转型中，被勾画为何种形象？扮演了何种角色？这些问题的提出与思考，将丰富既往研究所倚重的单向的"他者"再现（representation）模式。有望把印证"自我"的"他者"转换为有具体历史经验支撑的、有意义的（互为）"他者"。既往"自我（香港/内地）——他者（内地/香港）"间的二元对立叙事，在此前提下亦可能转化为玛丽·路易斯·普拉特所阐发的"文化交汇"（transculturation）理论图式。① 本文拟在此思路中，揭示香港文化与中国内地的政治、经济、社会、历史、文化的转型之间，常常为人漠视却又充满意义的复杂关系向度。同时，本文也试图把这段"香港—中国内地"文化互动的历史，视为全球化的一个缩影，或者说是一个"全球/在地化"的过程，进而凸显这段历史的全球性意义。这对我们理解既有的香港、中国内地和其他区域间的历史性互动及其相关论述，应是一个必要而有益的补充。

二

　　这段"欲望香港"的"他者"历史至少要追溯到 1970 年代末期。

　　1978 年 12 月，十一届三中全会召开，会议提出"拨乱反正"，决心把工作重点从阶级斗争转移到经济建设上来，并坚定不移地实施"改革开放"政策。该政治背景直接促生了形形色色的、令中国内地民众暌违已久又兴奋不已的事物：现代主义文学、流行音乐、情爱功夫影视片、"奇装异服"……诸如此类的"新"事物固然隶属于不同范畴、孕育于不同阶层，却共享着同一种文化政治实践指向——张扬"资产阶级情调"。这一指向显然依托了"拨乱反正"的政治气候，因为，再度兴起的"资产阶级情调"的核心，其实是对制定于 1940 年代初期并一直延续下来的农村文化生产模式的反拨。不同于学院知识精英倚重的西方学术、文学、文化经典，普通民众更倾向于在"大众流行文化"中宣泄或寄托其被压抑多年的情绪和情感，以达到

<hr>

① Mary Louis Pratt, *Imperial Eyes: Travel Writing and Transculturation*. London: Routledge, 2008, p. 7.

（可能是无意识的）疗治创伤与政治实践的双重效果。因此，1980 年代以来，中国内地流行的大众文化在情感政治实践中，曾扮演过举足轻重的角色。

琼瑶、邓丽君、金庸、崔健、电影《少林寺》（1982）、费翔、高仓健、席慕蓉、汪国真、山口百惠等，也许是 1980 年代初期中国内地青年一代经验地图上最为显著的地标。然而，这些流行一时的文化偶像及产品，在文化生活极度单调匮乏的年代，限于其昂贵的传播媒介（纸媒、电影和录音卡带），远没能构成大批量生产的样态，其影响力在深度、广度和持续性上，均不及稍后借助电视机在中国内地的普及。而且，名义上的"俗文化"彻底遁形 30 多年后，这些文化符号并未真正使其在中国内地重焕生机。最终完成这项使命的还是香港娱乐文化。

亚视 1981 年出品的《大侠霍元甲》两年后更名《霍元甲》登上内地荧屏。"十七年"和"文革"期间文艺创作的最高美学原则是"革命浪漫/现实主义"，长期浸淫其中的中国内地大众，突然面对一部集紧凑的剧情编排、凌厉的打斗动作、悱恻的儿女情长于一体的电视剧，审美惯性在遭遇巨大挑战的同时，长期自我压抑的情绪也从中找到了宣泄的出口，于是出现了《霍元甲》一旦播映即万人空巷的现象。其主演黄元申、梁小龙和米雪也成为中国内地观众最早熟悉并热爱的香港艺人。《霍元甲》主题曲《万里长城永不倒》一夜间响彻大江南北的同时，更是在粤语区以外的内地观众中普及了另一种发音和句法，并获得了一种相对汉语普通话的"陌生化"效果。其实，大部分观众并不真正明白这是粤语发音和句法，仅在一种神秘、好奇中广为模仿、传唱，而这种发音也成为当时中国内地想象、辨识"香港"的一个标识。在《霍元甲》构成的审美期待中，《上海滩》（1980）、《射雕英雄传》（1983）被陆续引进中国内地。这两部电视剧真正孕育了中国内地 1980 年代以来的"粉丝文化"。内地街头在农历春节开始出现一种新商品：明星贴画（比如影片《秋菊打官司》中的街景所暗示的时代背景）。周润发、赵雅芝、黄日华、翁美玲和苗侨伟成为青年男女追捧的艺人。特别是周润发的许文强造型中的那条白围巾，一度成为当时大学校园男生争相效仿的"时尚"。彼时的信息渠道还很单一，"追星"的常见方式就是搜集心仪的明星剪报，购买地摊上的明星贴画，再粘贴做成影集，在那时的小学到中学、大学生中，几乎人手一册。自制的明星影集成为学生逃避威严的教育制度的精神乌托邦。

与此同时，中国内地的影像消费市场上出现了一个独特而热门的类型——"香港武打片"，它几乎就是高质量影视的代名词和收视率的保证。当时中国内地电影业还是一片荒芜，拜金主义风潮中，精明的内地商人迅速发现新的商机：廉价购买盗版香港电影录像带，以电影院的营销模式经营"录像厅"，攫取惊人的高额利润。于是，不满足于追守断断续续的电视剧的年轻人，觅得了他们的新去处，在录像厅挥霍其青春激情和"力比多"，以躲避社会的无情压力，由此构成一种独特的青年"亚文化"类型："录像厅文化"。这里是"不良"青少年的聚居地，也是他们体验逃学、早恋、抽烟、打架等各种挑战社会禁忌的行为的"飞地"（enclave），而周润发、刘德华、万梓良、成龙和周星驰成为这一代青少年极力效仿的偶像（比如贾樟柯的《站台》《三峡好人》，以及王一淳的《黑处有什么》中就委婉地再现了这段岁月）。中国内地的录像厅在21世纪初计算机和互联网兴起后方告式微。

伴随着冷战终结，全球化进程再度全面启动，中国内地的改革开放政策推向深入，社会主义市场经济体制逐步确立，劳动就业开始由市场主导。1992年中共十四大报告明确指出，要"积极扩大我国企业的对外投资和跨国经营"，全球化意识形态成为主导，香港财团开始大规模北上，裹挟其中的娱乐业也积极开拓内地文化市场。此间，香港歌坛"四大天王"和演唱《潇洒走一回》的叶倩文成为全民偶像，他们的歌曲和影像几乎全面覆盖了中国内地，其仪态发型、衣饰风格、媒体访谈更是直接形塑了成长于这个时期的内地几代人的价值体系及生活方式。号称"文痞"的内地作家王朔，1999年在《中国青年报》上公开撰文批评所谓的"四大俗"，其中"四大天王"和成龙电影就在其中，① 这反证了香港娱乐文化在内地民众日常生活中的超常分量。

香港财团、制造业北上"珠三角"后，广州及其周边成为最"开放"的前沿城市以及内地和香港的过渡地带（比如影片《不朽的时光》中从未出现但一直在场的"广州"）。特别重要的是，香港影视和流行歌曲传递给内地民众的都市形象，是一个光鲜刺激、蓬勃富足、高端时尚的所在：那里满街都是刘德华、周慧敏般靓丽而深情的面孔，摩天写字楼，超级商场，海港倒映着霓虹，一掷千金的大富豪，身手敏捷的皇家警察，义薄云天的黑社会……当然，还有"勤力就能搵到食"的成功神话。当时，不仅仅对

---

① 王朔：《我看金庸》，《中国青年报》1999年11月1日。

1990 年代初因国企改革而失业的大批工人，连同有着稳定收入的体制内人员，还包括北方内地未能完成学业或家境贫穷的青年而言，"潇洒走一回""下海""去南方打工"已成为他们共同的集体无意识。1990 年代初期，去香港旅游对中国内地绝大多数人来说还相当困难，所以，彼时的"打工"一词的含义和当下不尽相同，而是有着特殊的经济地理学指向：它不仅是另谋生计、逃离乡村的一种出路，更多寄托着"走近香港"的浪漫想象（比如影片《三峡好人》《榴莲飘飘》中的内地乡村女孩对"南方"的渴念）。同时，在中国内地也逐渐形成南方对北方的地域优越意识：南方意味着活力、开放、富有、机会、精明、勤奋，北方则传达着停滞、闭塞、贫穷、僵化、木讷、怠惰的负面暗示。而这种浪漫的都市情结，既是 1980 年代初张扬"资产阶级情调"的情感递续，更是 1990 年代随着全球化和中国政府的改革进程而北上的香港娱乐文化形塑的后果之一。

三

这幅由香港娱乐文化碎片拼起来的活色生香的香港形象，事实上是文化社会大转型时期的中国内地的欲望的自我"扭曲呈现"（anamorphosis）。拉康在讨论"凝视"的运作机制时，以汉斯·荷尔拜因（Hans Holbein）的画作为例指出，作为看画者的我们的凝视事实上是处于被诱捕的位置，画作折射了观看者自身的"欲望"，或者说"我看见正在看自己的自己"①。1980 年代以降的中国内地民众"看见"的香港形象，正是中国内地的欲望在"香港"的扭曲投射，这幅香港形象与香港的现实无关，在其中显影的是中国内地的理想化自我。中国内地在观看香港时，完成了对自我欲望的凝视，进而看到自我（的欲求），此时此地的香港是作为欲望而存在的。那么，香港何以成为此时期中国内地的欲望？"欲望香港"在全球化全面启动的历史脉络中，对中国内地而言，有何种意识形态意涵？

新中国成立之后，"冷战"的国际政治格局使"西方""资本主义"阵营的文化观念成为"社会主义"阵营必须防范、免疫、警惕的东西。1980 年代伊始，中国内地的社会文化结构发生变化，此后的历史时期被称为

---

① Jacques Lacan, *The Four Fundamental Concepts of Psycho-analysis*. New York：W. W. Norton & Company, 1998, pp. 80 - 92.

[""]

“新时期”。这一实践策略是：反思土黄色的大河文明，拥抱蔚蓝色的海洋文明，“西方”成为各种社会“场域”（field）中最关键的“象征资本”（symbolic capital）。在“实现四个现代化”的论述中，中国历史被横切为三段，晚清到1949年、1949到1976年、1976年之后。这样的历史切分与叙述，暗示了中国只有在与西方发生联系时才可能是“现代”的，或者说，“闭关锁国”的中国就是落后、蒙昧、非“现代”的。这种思维方式不仅继承了“五四”“反传统主义”的遗产，而且参与了自“新时期”就已经开始的“现代化”话语构建。如果过去的历史时期对应着“落后”，那么，“新时期”则毫无疑问地对应着“现代”。把这种论述放置在“后冷战”、“现代化”以及急速启动的“全球化”脉络中观察，不难发现其中与全球意识形态共谋的成分。这种“现代化”论述中暗含着一种“时间空间化”的逻辑，即“封建”与“中国”、“现代”与“西方”的一一对应，在价值上，则分别指涉“落后”与“进步”，这完全符合欧洲自近代以来确立的世界秩序观念。香港因其被殖民的历史与混杂而多元的文化，被理想化为一个被“中国”“媒介化的”“西方”，或者说是“中国化了的西方”，其大众文化对中国内地普通民众而言，有种难以言明的、既近且远的超凡魅力——它比真实的西方更亲切，又比中国内地更“西方”，因此，借助香港娱乐文化构建的香港形象，很容易被内地社会普遍想象为未来自我城市化以后的蓝图。在上述意义上，此时期的香港形象被整合到了全球主义和中国官方的现代化意识形态之中，并成为其中的一个组构部分而被论述利用，这是“扭曲呈现”的香港形象在当时中国内地履行的最为显著的意识形态功能之一。然而，问题远未如此简单，还存在另一种“欲望香港”的形式。

“新时期”更多是一种命名的策略和修辞的权宜，与过去决裂无法在“命名”的瞬间即刻实现。“新时期”的历史其实是新思潮与旧观念之间发生话语争夺的历史，而“建设有中国特色社会主义”作为施政纲领，其中巨大的弹性也为此类话语争夺提供了微妙的空间，这种新旧交替的话语争夺致使社会迅速分化。香港娱乐文化在此时期的中国内地，在被引进、利用的同时，其中的都市、暴力、色情和怪诞等“禁忌”元素，不期然间被普通民众从各个层面“挪用”（appropriated）为反官方、反正统、反权威、反主流的文化想象。社会主义话语实践对新进的香港娱乐文化始终怀着莫名的敌意和恐惧。1979年颁布的中国刑法第160条规定一种罪行叫“流氓罪”，公安部的多次“严打”中，行为上有自由主义作风（比如集体跳交际舞）的青年就可能被定罪、逮捕，该罪行直到 1997 年修订刑法时才取消并分解。甚至在 1999 年王朔还把所谓"四大俗"，即四大天王、成龙电影、琼瑶电视剧和金庸小说归于"中国资产阶级"艺术。在乍暖还寒的历史氛围中，香港娱乐文化最初是对"革命文艺"构建的美学趣味的翻转，它在普通民众中承担的疗治效应可能远远超越"伤痕文学"。稍后，香港娱乐文化中呈示的香港形象，更多的是对中国内地 1980 年代成长起来的民众的日常生活方式和价值系统的重塑，青年一代在衣饰发型与行为方式上开始背叛父辈话语的设计和预期。尤其在学校这个具有象征意味的权威机构，香港娱乐文化构建的"亚文化"，清晰映现并有力质疑了威严、僵化、同质的教育体制中存在的问题和裂痕。此时期中国内地青年的青春期压抑、创伤和躁动，均在香港娱乐文化中找到了寄托，或者说被欲望着的香港构成了他们自我救赎的想象空间。然而，这一文化实践恰似影片《无因的背叛》（Rebel without a Cause）中的红色夹克衫一样，在象征层面的意义远远大于现实层面，它毕竟与全球资本主义和官方的现代化论述有着共谋的一面，而且它的确也是未来的社会样态。1990 年代中国市场经济体制逐渐成熟，新富阶层开始出现，阶层分化带来的戾气和压抑，使香港娱乐文化中呈示的香港形象继续履行着某种意识形态功能。如果说有什么不同，那就是：1980 年代的香港形象反拨的是正统文化，而 1990 年代的香港形象更多地成为底层发泄其对冷冰冰的市场理性的不满的"误指"（catachresis）。

在上述历史经验中，香港娱乐文化作为中国内地的欲望，与全球资本主义意识形态和内地现代化论述之间，既是一种合作又是一种潜在的颠覆关系——它在看似僵硬的"内部"结构了一个抗衡主流话语的空间，映现出中国内地社会文化的异质互动，并参与了中国内地文化社会的转型。此时期中国内地民众对北上的香港娱乐文化的想象和重组，构成了一个文化协商的过程。这个过程正是一种"文化交汇"，可以"用来描述从属的或边缘的群体如何从支配的或大都市的文化传播过来的材料中进行选择和创制。虽然被征服者不能自如地控制统治者文化所施予他们的东西，但他们确实可以在不同程度上决定他们需要什么，他们如何应用，他们赋予这些东西以什么样的意义"①。香港娱乐文化与中国内地之间这段独特的历史关系，

---

① Mary Louis Pratt, *Imperial Eyes*: *Travel Writing and Transculturation*. London: Routledge, 2008, p. 7.

在全球（后）殖民时代的"殖民/被殖民"框架之外，为"文化交汇"提供了别样的内涵。

在世界范围内的"中国崛起/威胁"的喧嚣声中，香港于当下的中国内地而言，似乎已经成为诸多海港城市中并不那么瞩目的一座。香港娱乐文化和资本"九七"后再次"北上"，但与20世纪末期的"憧憬未来的人文愿景"的"北进"相比，如今更多是"只重眼前经济机会"① 的"融入"。当下中国内地的新生代已不再艳羡香港，他们的偶像是内地的"小鲜肉"或韩国"欧巴"，香港娱乐文化的光环在今天的内地已然消失。"他者"的意义不在于自我印证，而在于促使自我反思。曾经"欲望香港"的历史也许在"中国崛起"的潜意识中已被当事人遗忘、埋没，尽管如此，当我们思考目前中国内地相对成熟的文化市场时，那段"欲望香港"的历史便会再度浮出水面。同时，那段"欲望香港"的历史中显现的中国内地文化社会的异质性、多层次性，亦可以作为当下的"香港研究"更为有效的参照框架之一。

---

① 朱耀伟：《引言》，朱耀伟主编《香港研究作为方法》，香港中华书局，2016年，第33页。

"八十年代"忧郁

孙士聪[*]

摘要 关于"八十年代"的"告别说""重返说""重建说""延续说"等诸种面相,清晰勾勒出"八十年代"意味深长的当代凸显。然而,沉溺于"八十年代"怀想与哀悼可能陷于浪漫主义忧郁之中。"八十年代"是漫长的,透过纷繁复杂的"八十年代"修辞,从对象化中生发具有阐释效力的理论话语,在问题化中揭示现实文化真问题,从超越忧郁中审思当代文化可能的道路,由此穿越21世纪之初而抵达"八十年代"的目光就具有了征候意义。

关键词 "八十年代" 忧郁 "漫长的八十年代" "八十年代意识"

Abstract There are more than one 1980s by now from different perspective and multi – 1980s is significant academically from which was parted, to which returned, which was being reconstructed and resumed currently. To transcend symptomatically romantic melancholia on 1980s rather than in which indulge Mournfully and nostalgically is practical in contemporary research by deliberating on 1980s of which extract theories from the objectification, and reveal authentic question in the problematization.

Key Words 1980s melancholia the long 1980s consciousness of 1980s

在新时期以来文学理论与批评40年左右的发展演变历程中,20世纪80

---

* 孙士聪,首都师范大学文学院教授。

年代无疑享有特殊地位。它风云际会、影响深远,同时又纷繁复杂、歧论丛生,而随着21世纪的脚步渐行渐远,80年代原本愈益氤氲的背影却愈发凸显,俨然一个令人怀想、念兹在兹、乃至令后生小子根生不逢时的年代。① 事实上,自20世纪末提出"重返80年代"② 以来,80年代已被视为新的学术生长点与重要理论资源,以至于"八十年代学"都已被提出。③ 然而,稍加琢磨则会发现,"八十年代"并非一个清晰的自明所指。有观点将"八十年代"界定在1978年到1992年间,也有学者认为它并非确指,④ 其含混可见一斑。值得进一步追问的是,当我们说回顾和反思"八十年代"的时候,我们是在说什么呢?是在哀悼一个理想主义时代的逝去?是在续接那个时代的文学精神与文化精神?是在回顾与反思中展开当下的自我反思,抑或是在我们自己的历史中翻检、寻求某种理论资源?疑问并非无中生有。如果说"八十年代"作为"前史"而凸显,乃是植根于对90年代的当下性把握,那么,不仅80年代、90年代,而且它们的问题以及问题式,也都在21世纪以来的当下语境中被重新问题化了。因而,穿越21世纪之初与90年代而抵达"八十年代"的目光,某种程度上就具有了征候意义。

一 "八十年代"面相

"八十年代"被对象化远非肇始于20世纪90年代末"重返八十年代"的提出,而是在前此10年的80年代末就已发端,只是那时不是要"重

---

① 始于1980年代之初的"走向未来丛书"首批12本书中,就有著作以《激动人心的年代》为题,该书一版再版、短短5年内总印数达10余万册,可以视为时代性渴望、激动与兴奋的表征。参阅李醒民《激动人心的年代——世纪之交物理学革命的历史考察和哲学探讨》,四川人民出版社,1983,"引言"第2~8页。

② 该说最早出现在张旭东1997年出版的《幻想的秩序:批评理论与当代中国文学话语》"序言"中,随后题为《重返80年代》发表于《读书》,21世纪伊始收入《批评的踪迹:文化理论与文化批评》。参阅《幻想的秩序:批评理论与当代中国文学话语》,牛津大学出版社,1997,"序言"第 ix~xx 页;《重返80年代》,《读书》1998年第2期;《批评的踪迹:文化理论与文化批评》,三联书店,2003,第105~112页。

③ "李陀认为:八十年代问题之复杂、之重要,应该有一门'八十年代学'。"参见查建英《八十年代访谈录》,三联书店,2006,"写在前面"第9页。

④ 参阅程光炜《文学讲稿:"八十年代"作为方法》,北京大学出版社,2009,第77页;程光炜《八十年代文学的边界问题》,《文艺研究》2012年第2期;张旭东、徐勇《"重返八十年代"的限度及其可能》,《文艺争鸣》2012年第1期。

返"，而是要"告别"。彼时的"八十年代告别"，姿态实为滞缓，慢镜头般地摇过感伤与省醒。然而，告别的手势一旦举起，所告别对象之丰富复杂、告别之仓促匆忙，就立即凸显出来，仿佛它以前一直被湮没于历史的匆匆脚步中而杳然无存。在这里，告别本身被转化为再面对、"再阐释"，回望的目光甚至穿过"八十年代"而投往更远的来途，"八十年代"也在回望中获致种种不同话语形象。事实上，当80年代末"重返八十年代"时，关于"八十年代"的再叙述早已在其开端处展开。在21世纪10年后、从更长的时间距离之外回望，则80年代被认为既非一个意欲远之的对象，也非可以多样阐释的客体，毋宁说是一个连接我们的生命，并与之血肉相连的我们的一部分，或者反过来说，我们就生活在"八十年代"的延长线上。如今，原本远去的"八十年代"愈益占据反思的视野，其当下性意蕴多维展开，概括"八十年代"诸种面相，可约略分为四种："告别说""重返说""重建说""延续说"。

"告别说"明确提出要告别"八十年代"，最早的告别词写在80年代的大门尚未合拢之时，那时"八十年代"已被视为"新旧年代的交替点"，人们面对"历史性探索的往昔"，难免思绪万千，虽然往昔尚有余温，而新旧似已交替。进入90年代，即便"八十年代"的巨大身影依然过于切近地横亘于眼前，但某种理性反思已然出现。在这里，"八十年代"被认为赋予了"太多太过完美"的梦想与希望，因而也凸显出太多的遗憾；同时，它也是一面镜子，既照进"历史的残迹"与"现代性泡沫"，洞察"漫漫"前史与"浩浩未来"，确证我们"有过八十年代"；因而"艰难而尴尬的告别"被认为具有了某种历史必然性。至21世纪，告别的手势已显得缓滞而苍凉，但人们仍愿相信，"缓慢而坚定"的脚步终将走向一个自信的未来。①

"重返说"由张旭东在1997年从文化思想史的角度提出。②《重返80年代》一文中写道，90年代"新的政治经济现实曾是'80年代'中国人集体

---

① 资料来源：薛养玉《告别八十年代有感》，《新闻知识》1989 年第 12 期；李尧鹏《不要苛求——告别八十年代》，《社会》1990 年第 1 期；王干《告别八十年代的光荣与梦想——徐坤小说论》，《文学评论》1996 年第 5 期；张远山《艰难的反叛和漫长的告别》，《博览群书》2003 年第 8 期。

② 参阅《幻想的秩序：批评理论与当代中国文学话语》，"序言"第 ix～xx 页；《重返 80 年代》，《读书》1998 年第 2 期；《批评的踪迹：文化理论与文化批评》，第 105～112 页；罗长青《"重返八十年代"研究述评》，《海南师范大学学报》2010 年第 6 期。

移情的'彼岸'、知识分子'现代主义'快车的终点",而随着当代中国文化生产方式和日常生活领域发生戏剧性变化,"'80 年代'这个未完成的'现代性规则'已成为'后新时期'都市风景中无家可归的游魂",然而,"重返八十年代",乃是有一个信念:"90 年代学术思想不但是 80 年代'文化讨论'的发展,更包含着一个文化思想史上的未完成时代的自我救赎。"因为"告别 80 年代的姿态或许有助于中国知识思想界摆脱种种话语的桎梏和政治的阴影,从而积极地迎接 90 年代的课题;但它同时也容易使人有意无意地回避种种当代中国文化思想的与生俱来的立场困境与理论匮乏"①。在"重返说"视野中,"八十年代"基本可以视为 1990 年代乃至今天中国现状的"前史","在 90 年代里我批评的很多东西,我觉得在 80 年代还是隐含的,但在 90 年代却被明显化了、被零碎化了"②。除此之外,海外学者唐小兵立足于对现当代文学经典再解读,从更广阔的视野中来看,个中包含关于"八十年代"的文学与文化的敏锐观察与反思。③"重返说"对于"八十年代"的重返与重思,在当时"并没有引起人们足够的重视",有观点认为,个中原因,端在彼时文学体制、文学环境以及文学史识,均未提供"重返"的充分条件。④

"重建说"可以约略视为对于"八十年代"的知识化、历史化、系统化研究,⑤ 它与"重返说"互有交叠又各有侧重,"重返八十年代专栏"的解释是:"我们的栏目主要关注的,不是对上述文学历史的肯定式或怀旧式的

---

① 张旭东:《批评的踪迹:文化理论与文化批评》,第 105~108 页。
② 张旭东、徐勇:《"重返八十年代"的限度及其可能》,《文艺争鸣》2012 年第 1 期。
③ "1990 年代以来,一种以经典重读为主要方法,被宽泛地称为'再解读'的研究思路,最先由海外的中国学者实践,逐渐在现、当代文学研究领域引起广泛注意。……借助于理论自身'对语言或哲学再现性本质的越来越深、越来越系统化的怀疑',侧重探讨文学文本的结构方式、修辞特性和意识形态运作的轨迹,对于突破社会—历史—美学批评和'新批评'这种 80 年代'主流'批评样式,把文学研究推向更具体深入的层面,产生了较大影响。"也有学者指斥"他们往往对中国现当代文学的发展过程及作家的评价历史缺乏必要的了解,他们热衷于挖掘中国现当代文学中的'意识形态'",难免"有时候削足适履,有时候则'补'足适履"。资料来源:贺桂梅《"再解读"——文本分析和历史解构》,载唐小兵主编《再解读:大众文艺与意识形态》(增订版),北京大学出版社,2007,第 270 页;王彬彬《〈再解读:大众文艺与意识形态〉初解读——以唐小兵文章为例》,《文艺研究》2014 年第 6 期。
④ 程光炜:《文学讲稿:"八十年代"作为方法》,第 76 页注。
⑤ 孟繁华:《并未终结的八十年代——当下中国文学的一种潮流》,《文艺争鸣》2014 年第 7 期。

重温，也不是对文学史另辟蹊径的'重写'，而是试图从中引出一些值得讨论的话题，尤其是对八十年代以来人们新的文学观、历史观形成过程中那些至关重要的'影响'背后的'问题'，做一点由点到面、从自我反思出发到重返历史思想原点的清理性的工作。"① 对于文学与文化批评而言，重建的实质在于重述。一方面，随着历史距离的拉开，"八十年代"逐渐获致愈发色调斑驳的"文学记忆"②；另一方面，对于"八十年代"的叙述也进入学术视野，言说者既有莫言、余华等作家，也有钱理群、王晓明、赵园等理论家、批评家，他们以个体的方式重叙了"八十年代"的读书、日常生活与历史经验。③ 在这样的叙述与再叙述中，"八十年代"被染上斑驳的色彩。比如对于北京知识分子群体来说，20 世纪 80 年代是当代中国历史上一个短暂、脆弱却颇具特质、令人心动的浪漫年代，其"文化主调也是理想主义、激进的自我批判，以及向西方思想取经"，这与美国 20 世纪 60 年代颇为相似；④ 而《一个人的八十年代》⑤，正如其标题所着意强调的，首先是个人的视角，表面看来是对于逝去青春岁月的一个纪念，实际是学界知识分子对于 80 年代的一个极具个体化色彩的重建，这多少可以视为某种对于非个人化的历史叙事及其话语强权的一种批判性反思。

"延续说"则认为将"八十年代"对象化为时过早，它已然过去、却未结束，而且一直延续至今，无论对于文学创作与批评还是对于学术研究而言，"八十年代"都是一个关键词、一个学术生长点，乃至一门学问。有学者明确写道："'八十年代'，是当下中国文学研究和创作的一个重要的关键词。或者说，不仅研究者将'八十年代'逐渐做成了一门'显学'，成为当代中国文学研究新的学术生长点，而且在创作领域、特别是小说创作，'八十年代'的时代环境和场景，也越来越多地出现在不同作家作品中。无论是'重返'还是'再现'，'八十年代'又如千座高原般地伫立在我们面

---

① 程光炜：《主持人的话》，《当代作家评论》2017 年第 1 期。
② 这些著作以回忆录的形式审视 20 世纪 80 年代主流学界中的文化与文学事件，其间日常生活轶事与个人化故事构成了规范性历史叙事之外的另一种形式。参阅徐庆全《风雨送春归——新时期文坛思想解放运动记事》，河南大学出版社，2005；徐庆全《文坛拨乱反正实录》，浙江人民出版社，2004；刘锡诚《在文坛边缘上——编辑手记》，河南大学出版社，2004；陈为人《唐达成文坛风雨五十年》，香港溪流出版社，2005。
③ 吴亮：《日常中国》，江苏美术出版社，1999。
④ 查建英：《八十年代访谈录》，第 3、9 页。
⑤ 王尧：《一个人的八十年代》，华东师范大学出版社，2009。

前。这个现象提请我们注意的是：八十年代已经成为过去，但是，八十年代一直没有终结。"① 看起来，"八十年代"不仅没有结束，而且因为它如此复杂、意蕴如此突出，以至应该有一门"八十年代学"②。所谓没有终结，并非线性时间意义上的范畴，"八十年代"既非告别的对象，也不是重建、重返之地，而毋宁说是在文化历史意义上，更多地是或者应该是今天文化与文学实践的起点与延续；否则，即便是重建抑或重返，也难免某种意义上的博物馆化之虞，最终远离公共讨论的视域而去。

上述"告别说""重返说""重建说""延续说"等关于"八十年代"的四种面相，当然并不能涵盖当代文学与文化研究的全部视野，但是作为特定视角主义③的考量，诸种面相不同程度地呈现了面对"八十年代"的不同视角、色彩以及历史距离，同时他们分享了相对一致的共通性，比如都承认存在着一个纷繁复杂、意蕴丰富的"八十年代"，承认这一已经过去的时代对于当下文学与文化实践的重要意义。然而进一步琢磨，则可以感觉到在"八十年代"不同面相中隐含着微妙区别的复杂情感与情绪。

"告别说"横跨1990年代与21世纪最初10年，对于"八十年代"而言，两个10年的告别其实都努力将"八十年代"拖回新的在场，因而，该说本身就是某种无法告别的、不能告别的语义吊诡。如果说90年代的文化批评被指认为精致的话语游戏，漫无目的、无所适从④，恰是告别手势的意味之一；那么21世纪最初10年的告别话语中则固然同样难免艰难而尴尬，但不仅"八十年代"已经远远超出了作为时间长度的十年而变得"漫长"，而且告别本身也成为漫长的了，但即便如此，"八十年代"已经被对象化

① 孟繁华：《并未终结的八十年代——当下中国文学的一种潮流》，《文艺争鸣》2014年第7期。
② 查建英：《八十年代访谈录》，"写在前面"第9页。
③ 有学者（比如文森特·德贡布）将视角主义视为后现代主义思潮一脉，并指认它在1960年代中方法论上的统治地位，也有观点视为流于相对主义的多元论；但本文更多地将其作为一种面向对象的思维方式与方法论，在此意义上接近韦勒克所谓"透视主义"，以及福柯关于尼采的社会性的知识的理解，即历史感坦承视角性，同时"既知道它从哪里来，也知道它观察的是什么"。参阅〔法〕文森特·德贡布《当代法国哲学》，王寅丽译，新星出版社，2007，第191页；〔美〕韦勒克、沃伦《文学理论》，刘象愚等译，三联书店，1984，第36页；万象客《作为一种方法论思潮的视角主义》，《国外社会科学》1992年第8期；〔法〕福柯《尼采·谱系学·历史学》，载汪民安主编《尼采的幽灵》，社会科学出版社，2001，第131页。
④ 徐贲：《文化批评往何处去——八十年代末后的中国文化讨论》，吉林出版集团有限公司，2011，"再版序"第1～11页。

了，成为反观沉思的对象、成为学术研究的对象，或许，这在某种程度上颇为不祥地勾勒出某种将"八十年代"专业化，乃至仅仅专业化从而从公共领域退隐的种种路径。

"重返说"则将"八十年代"时空化，那里是一个有待返回和进入的历史语境，可以穿越 21 世纪的时空而进入。比如张旭东认为，与"八十年代"的忧患意识和开放心态不同，在更具保守性和封闭性的"九十年代"文化语境中，"我们失去的是一种知识学的激进性，是对真理的热爱，是对历史的无限可能性和开放性的活跃想象。是在时间的激流中领会有限'现在'之伟大意义的智慧和勇气。"而 90 年代后期"知识文化圈里流行的自恋、返祖和观念拜物教症候为回顾八十年代提供了背景，却不应让我们把那个十年简单地想象为一个天真的时代，甚至八十年代的方法论热或者观念热都不是一个文化怀旧的话题，而是当代思想史上有待澄清的一个问题。"①"八十年代"成为 90 年代有待澄清的问题，无疑是那个时代的问题意识与观念结构所呈现与决定的，在今天看来，不仅"八十年代"的问题、而且"九十年代对于八十年代问题的澄清"，也应该置于新的问题结构中予以审视。换言之，所谓"返回八十年代"的那个重返，已经是多次重返之后的再返了。

"重建说"则开启将"八十年代"历史化、知识化、个人化道路，如果说 90 年代"利益与立场的分化为重读'80 年代提供了绝佳背景'，""是我们能够开始把 80 年代视为一个自在的而非自为的感知、选择、认同和表达的过程"②，那么，相对来说，今天的语境无疑将比 80 年代、90 年代之间的变化更为巨大。正是在当下性的阐释以及对于当下现实的体验、审视、判断与选择的基本立场上，重建的"八十年代"才获得了当下性的鲜活意义。因而所谓重建，当是一个话语表达的当代姿态，那个所谓的"八十年代"，也绝非一个自在的所恋之物，反思"八十年代"也不是对于"八十年代"的哀悼，而毋宁说是对于当下文学与文化实践的自我反思。

"延续说"则将"八十年代"视为当下社会文化与文学生活的一个前史，因而不仅构成了当代视域的前史，也是当代视域的一个环节。"八十年代"作为"一个未完成的年代"，"这不仅指八十年代精神的一度中断，也

---

① 张旭东：《批评的踪迹：文化理论与文化批评》，第 108～110 页。
② 同上书，第 111 页。

意味着八十年代问题仍然在当下并持续到我们可以预测到的未来","90 年代以后文学的困境",一定程度上"是 80 年代问题的呈现"①。就此而言,无论重返、重建抑或重述,都可以视为延续说的不同表现形式。比如"重返说"也认为,"80 年代变成了 90 年代的感伤主义序幕",是"中国思想生活追求的一种世俗化、非政治化、反理想主义、反英雄主义的现代性文化",这种世俗化过程及其文化形态在 90 年代获得了贴切的表达。② 然而,稍加琢磨就可以发现,跨越 40 年的历史,"八十年代"即便作为这一历史行程中的一个环节,文化与文学诸层面在很大程度上早已发生根本性扭转,说它未完成与其说是一个实然的判断,毋宁说这一判断更具有某种应然的性质,也正是在此意义上,八十年代更像一个漫长的怀想乃至哀悼的对象。

综上所述,"八十年代"早已溢出了 20 世纪 90 年代、21 世纪初 10 年的视域,而日益漫漶进当下社会文化与文学研究之中,越来越清晰地展现在"八十年代"之后 30 多年的宽广视野中。这 30 多年,中国社会文化与文学生活发生了巨大变化,在似乎斗转星移的时空转换中,"八十年代"不同程度上成为万花筒中的凝视对象。就此而言,上述"八十年代"诸种面相已经不同程度上征候式地将八十年代问题化、历史化了,而这也许才是"八十年代"进入当代学术话语的真正意义之所在。套用雷蒙·威廉斯的话③来说:关于"八十年代"的最好描述也只是局部性的解释,它难以定义却日久弥新,以至我们很难不沉溺乃至迷失在其复杂性以及深长意味之中。

二 "八十年代忧郁"

"八十年代"怀旧情绪中日渐远去的时代光影里还能分辨那样一个时代吗?或者艺术精神早已伴踏着时代的节拍而走出了"八十年代"残存的悲

---

① 王尧:《一个人的八十年代》,第 260、47 页。

② 张旭东:《批评的踪迹:文化理论与文化批评》,第 111 页。

③ "我们就像是在经历一次漫长的革命,关于这场革命,我们最好的描述也只是局部性的解释。……这是一场难以定义的革命,波澜起伏,经久不息,以至我们很难不迷失在这个异常复杂的过程当中。"参阅〔英〕雷蒙德·威廉斯《漫长的革命》,倪伟译,上海人民出版社,2013,"导言"第 2 页。

观余音？抑或那种纯真素朴、充满青春的文化人时代，早已湮没于经济人的 90 年代、信息人的 21 世纪？① 对此见仁见智。就在文学界审思"八十年代"的同时，思想界却批评文学脱离现实、缺乏思想，指斥"中国作家已经日益丧失思考的能力和表达的勇气，丧失了对现实生活的敏感和对人性的关怀，文学已经逐渐沦落为与大多数人生存状态无关的小圈子游戏"②，而文学界对此并不以为然，尤其是对前者基于有限的文学阅读而做轻率判断嗤之以鼻。照直说来，文学与哲学之间，多半充满婆媳式日久弥新的新愁旧怨，但在 1980 年代，文学与哲学之间关系实属罕见的例外，当下的反目成仇更凸显彼时的相处和睦、合舟共济。③ 无论如何，"八十年代"及其问题标识出当下文学艺术与文化生态的自思省，而在"八十年代"的怀念中是否存在着知识分子的某种自恋自悼，似也不应被略过。本雅明曾提出一个范畴，他称之谓"左派忧郁症"，如何面对"八十年代"，西方左翼知识分子对于"1960 年代"的反思可兹镜鉴。

本雅明在对科斯特纳的诗歌进行批评时始创"左派忧郁"（Left Melancholia）一词，原本为贬义，意指某一种知识立场与政治倾向。有趣的是，张旭东也在讨论"重返 80 年代"文章中引用了本雅明纪念卡夫卡逝世十周年的文字。本雅明写道：卡夫卡笔下的人物"没有一个不是处于沉浮之中；没有一个不是与其他敌人或邻居互换的；没有一个不是耗尽了光阴，却还不成熟的；没有一个不是精疲力竭，却还在漫漫长路的开端的"。"卡夫卡没有被神话所诱惑"，"在卡夫卡的世界里，塞壬们沉默了。或许也是因为，对卡夫卡来说，音乐和歌声是逃遁的一种表达，或至少是一种抵押。"④ 对此，张旭东给予高度评价，但认为本雅明的卡夫卡阐释"强调失败时的狂热和强调对命运逆来顺受时的狂热都不过出自那种体味负罪感的狂热"，一

---

① 资料来源：李辉《绝响：八十年代亲历记》，三联书店，2013，"自序"；赵川《激进艺术小史：80 年代上海记事》，上海三联书店，2014，第 200 页；甘阳《八十年代文化意识》，上海人民出版社，2006，"再版前言"第 3～4 页；余潇枫、张彦《"信息人假说"的当代建构》，《学术月刊》2007 年第 2 期。
② 《思想界炮轰文学界——当代中国脱离现实，缺乏思想？》，《南都周刊》2006 年 5 月 12 日。
③ 也有学者指出，"80 年代历史"一是和文化意识的高度统一与 1990 年代以来共识上的分裂、评价上的紧张之间对比鲜明，这是一个值得关注的重要现象。参阅贺桂梅《"新启蒙"知识档案：80 年代中国文化研究》，北京大学出版社，2010，"绪论"第 5 页。
④ 〔德〕瓦尔特·本雅明：《弗兰茨·卡夫卡——纪念卡夫卡逝世十周年》，载《经验与贫乏》，王炳均等译，百花文艺出版社，1999，第 352～353 页。

种"近于自虐的负罪感"①。这可能并非本雅明意。本雅明对卡夫卡的看法至少出现在三个文本中，即1931年的《评弗朗兹·卡夫卡的〈建造中国长城时〉》、1934年的《弗朗兹·卡夫卡——纪念卡夫卡逝世十周年》和1938年的《致朔勒姆的信》，而最后一篇尤有结论式的意义。本雅明在1938年《致朔勒姆的信》中说自己对于卡夫卡已经有了"有别于以往观点的新角度"，概括来说，卡夫卡揭示了一个已经被摧枯拉朽的世界，卡夫卡用他的"无比欢快、遍布天使的世界"对"一个需要补充的世界"给予了"时代的补充"，然而"卡夫卡发现了补充物，却没有看到他周围的一切"，因而即使既在的希望属于我们，作为最后的解脱也只能是逃避。这就是为什么对于"卡夫卡执著地强调他的失败"的原因，本雅明认为这"很发人深思"②，却又不能接受卡夫卡的逃避。本雅明所谓卡夫卡执着于自己的失败，乃是说，卡夫卡所发现的那个破败的世界——"传统的疾患"，此即卡夫卡作品的"否定性特征"，而所谓"卡夫卡作品的否定特征恐怕会比肯定性特点更有价值"，正是本雅明对于卡夫卡考察的批判性之所在。

本雅明一方面将波德莱尔的忧郁视为一种创造性的源泉，同时以此"抨击某些左派人士的行为。这些左派人士不愿意抓住当下政治变革的诸多机遇，而情愿依附于某些弥久不散的情绪和对象之中"，"为了知识而背弃了全世界"。③《德国悲剧的起源》将忧郁症患者的忠诚，视为"物"化的内在机制，"在其顽固的全神倾注和偏执的自我沉溺中，忧郁在冥思里拥抱那已然逝去的对象"，忧郁忠诚于物的世界。④对此，布朗引申说，本雅明在此的暗示是，忧郁逻辑蕴含保守主义的因子，它从人与人的关系中撤出，而沉溺于物的世界中不能自拔。⑤本雅明非常清楚地意识到绝望、哀伤以及哀悼在政治和文化领域中的生产价值，他在1931年写道："'左派忧郁'不

① 张旭东：《性格与命运——本雅明与他的卡夫卡》，《读书》1989年第2期。
② 〔德〕瓦尔特·本雅明：《致朔勒姆的信》，载《经验与贫乏》，第384~385、387页。
③ 也有学者认为，"这一称谓意图十分明确，它指涉的是一些雇佣文人，他们依附于某种独特的政治纲领或政治理想（甚至是一个不可实现的理想），并没有抓住当前彻底变革的诸多机遇"。参阅〔美〕温迪·布朗《抵制左派忧郁》，庞红蕊译，见汪民安、郭晓彦主编《忧郁与哀悼》，《生产》第8辑，江苏人民出版社，2012，第81页。
④ Benjamin, *The Origin of German Tragic Drama*, trans. J. Osborne, London: Verso, 1977, pp. 156-157.
⑤ 〔美〕温迪·布朗：《抵制左派忧郁》，第82页。

仅表示他们拒绝接受当下的独特性，只从'空洞的时间'或者'进步'的角度来理解历史；它还表明对其过去之政治依附和身份认同有着某种程度的依恋，而这要胜过他们在政治动员、联盟或改革方面的任何投入。"① 按照《历史哲学纲要》的讲法，对于丧失后的残存的哀悼，是为了建立一种与历史积极、开放的关系："'重新生活在某个时代'并非把人们已知的'有关历史的后续进程全部抹掉'，而是要唤起对过去的记忆。从相反的方面来说，重新生活在某个时代就是将过去带入记忆中。是主动制造现代与过去、生者与死者的紧张关系。" "这种对残存的关注就产生了哀悼政治学——它是主动的而不是被动的，前瞻的而不是怀旧的，充裕的而不是匮乏的，社会的而不是唯我的，激进的而不是反动的。"②

概言之，本雅明的左派忧郁指向的，正是左派忧郁症患者沉溺于物的世界，又以拥有过往精神财富残存为豪。③ 而将该范畴延伸到政治领域，则主要来自霍尔对于左派失败的反思与分析。在霍尔看来，导致左派危机的根源"乃是因为他们未能把握时代的特征，不能相应地建构一种符合时代特征的政治批评，也不能开拓一种合乎时代要求的道德—政治视野。对霍尔来说，撒切尔—里根右派的崛起并不是左派失利的原因，而是这一失利的征兆。同样地，对于霍尔而言，左派对文化政治的轻蔑或质疑并不表示其立场有多么坚定不移，这恰恰表明左派的思维习惯落伍过时，表明他们对这些习惯的改变充满焦虑"④。一方面固执地遵守一种特定的正统分析方式，面对撒切尔主义现实而无动于衷；另一方面他们受到某种特定知识的束缚，拒绝主体能动性、拒绝探讨风格和语言，两个原因结合在一起对左派来说是致命的。⑤ 而依弗洛伊德之见，与失去的客体间情感联结的缓慢而渐进的消散过程，终会将客体理想化的形象逐渐整合入主体，仿佛在无意识中丧失了一个客体，而他对此客体有着的又爱又恨的矛盾情感随着整合进程，"客体的影子落在自我之上"，对逝去对象的爱恋将求助于自恋认同，

---

① Benjamin, *Philosophy, Aesthetics, History*, ed. By G. Smith, Chicago: University of Chicago Press, 1989, pp. 49 - 52.

② 〔美〕伍德尧、大卫·卡赞坚：《哀悼残存》，《生产》第 8 辑。

③ Benjamin. "Left-wing Melancholy", in *The Weimar Sourcebook*, ed. A. Kaes, M. Jay, and E. Dimenberg, Berkeley: University of California Press, 1994, P. 305.

④ 〔美〕温迪·布朗：《抵制左派忧郁》，第 80 ~ 82 页。

⑤ Stuart Hall. *The Hard Rood to Renewal: Thatcherism and the Crisis of the Left*, London: Verso, 1988, pp. 266 - 267.

同时又隐含了对于所丧失的客体的攻击意识。① 质言之，对于那些遭受忧郁折磨的人来说，自省变相为怨恨与敌意，关怀逝去对象本身就成为忧郁征候。②

毋庸讳言，忧郁话语并不涉及"八十年代"问题，但却具有方法论上的启发性。忧郁源自关注、反思，也难免某种自我投射与建构。比如在关于"八十年代"的回顾与反思中，有观点将"八十年代"视为一个理想主义的起点，而之后的经济社会文化巨变却野蛮阻断了这一逻辑进程；也有观点既是描述性地、也是判断性地指认理论的他者问题。任何关于"八十年代"的记忆与反思难免受到视角主义的局限，学理性的反思自有其思想史的价值，即便种种情感性、情绪性的勾勒，也绝非毫无意义。但无论如何，对于那样一个"充满激情"、极其"重要"而又"纷繁难解"的"八十年代"而言，沉溺于"八十年代"怀想与忧郁不仅可能将那一个浪漫主义的时代永久的浪漫主义化了，而且也将面临博物馆化、狭隘专业主义③的危险，除了上述对于思想理论的前提性反思，复杂化与平面化、问题化与固化、历史化与当代化等诸种张力，都意味着"八十年代"将处于理论、知识的生产与再生产之中。在此，詹姆逊在《后现代主义，或晚期资本主义的文化逻辑》开篇的话值得引述："在当今时代，把握后现代概念最保险的办法是首先尝试从历史角度来思考，而现在人们早已忘记了这一点。"④詹姆逊的提醒其有道理，然而，更为重要的也许不仅是从历史的角度，而且还包括"从历史的角度"中这个"从"字所蕴含的情绪指向与思想倾向。

回到本文一开头提出的问题，至此可以约略确认，作为问题和直面对

---

① 参阅〔奥〕弗洛伊德《哀悼与忧郁》，载《忧郁与哀悼》，《生产》第 8 辑，第 5 页。Sigmund Freud，"Mourning and Melancholy"，in *The Standard Edition of the Complete Psychological Works of Sigmund Freud*，Vol. 14，trans. And ed. by James Strachey，London：Hogarth Press，1957，P. 251。

② 参阅〔法〕朱莉娅·克里斯蒂娃《心理分析：消除抑郁的方法》，〔美〕朱迪丝·巴特勒《心灵的诞生：忧郁、矛盾、愤怒》，载《忧郁与哀悼》，《生产》第 8 辑。

③ 该范畴使用领域广泛，可约略概括其基本用法为褒义与贬义两种，本文聚焦于文学研究领域，用其贬义。参阅〔日〕大前研一《专业主义》，裴立杰译，中信出版社，2006；〔印〕苏布罗托·巴克奇《专业主义》，张岩等译，中华工商联合出版社，2012；郑永年《中国知识的重建》，东方出版社，2018，第 200～207 页；邵燕君《新世纪文学脉象》，安徽教育出版社，2011，第 12～16 页；〔法〕蒂博代《六说文学批评》，赵坚译，三联书店，2002，第 42 页；史亮《新批评》，四川文艺出版社，1989，第 1～2。

④ 〔美〕詹姆逊：《晚期资本主义的文化逻辑》，三联书店，2013，第 2 页。

象的"八十年代"，显然不应是在单纯怀想乃至哀悼一个激情逝去的时代，更非将其作为当代文学与文化生活的一个彼岸世界而安居其间，抑或是作为博物馆文物偶尔拂掸历史风尘、凭吊感喟。投向"八十年代"的目光是复杂的，但绝非滞留于忧郁之中；投向"八十年代"的眼光也是缠缚的，但绝非退回乃至退守"八十年代"的激情与理想；投向"八十年代"的目光是专业的，但也不应是某种专业主义的自我孤立。在此，萨义德关于"文学的马克思主义"的描述值得引述：他们"为文学的马克思主义者创作，他们从真正的政治敌对世界中选择了隐退，过着遁世的生活。因此'文学'和'马克思主义'被认为是他们著作中不涉政治的内容和方法：文学批评仍就'只是'文学批评，马克思主义只是马克思主义，政治主要是文学评论家们既渴望又夹杂着绝望的情绪所谈论的东西。……这是一种知识分子的团结一致，的确如此，但被视为主要属于知识话语的领域，只存在于一种学术圈子内，把学术的外部世界留给了新的右派集团和里根政府。……都生活在文学的圈子里，说着属于这个圈子的语言，面对同样的问题"。"他们的边缘性和奄奄一息的理想主义，也是使得他为他们松散的言论扼腕叹息的原因，与此同时，他也把它当成自己的东西了。现在类似的特殊群体的精神也被削弱了。"①

三 "漫长的八十年代"

如果说，"八十年代"可以约略类比美国的"六十年代"，那么，首先必须清醒认识的则是美国社会自身（尤其是保守主义思潮）关于"六十年代"享乐主义、新左派、革命激情、反文化运动的反思的特殊性："它的精神仍徘徊在我们心中"，"对于怀旧主义者来说，这些都是真实的。但实际上，它们恰恰是对那个年代的虚假回忆"。② 在提出"重返八十年代"之后，中国现当代文学研究将其延伸到文学史研究与文学批评研究，指出"所谓重返只是一种修辞性的说法，其遵循的是一种回到历史现场的情景再现主义逻辑，重在以历史的后见之明，展示那些曾经广为流行甚至被奉为圭臬

---

① 〔美〕爱德华·萨义德：《来自第三世界的痛苦报道：爱德华·萨义德文化随笔集》，陈文铁译，上海译文出版社，2013，第 227~228 页。
② 〔美〕彼得·科利尔、戴维霍洛维茨：《破坏性的一代——对六十年代的再思考》，文津出版社，2004，第 4 页。

的概念和范畴之所以成其所是的背景、条件和关系"。在此，颇具代表性的认识是："关注八十年代文学的人的确越来越多，但人们进入这个话题时的问题意识却并不相同。有的是为了'怀旧'，有的是为了'研究'，有的则是为了'反思'。就我自己的工作目标而言，应该说主要是在后一个层面，也就是在'反思'的意义上展开的。"所谓"重返"，"是为了与八十年代以来的主流文学史和文学批评观念对话，也是与主宰文学史写作和文学批评的哲学历史观念对话"，"是对八十年代文学史、文学批评的一些前提、一些理论预设进行反思"。① 而事实上，如果说1993 年的十四届三中全会使中国社会发展与经济改革逐渐进入快车道②，那么此前的社会诸层面在思想、理论、路径上的公开、半公开或未公开的分歧与制衡，却使得1980 年代的经济改革与社会发展略显谨慎、缓慢。缺失了对于"八十年代"思想前提、理论预设流变与演化的清理与反思，"八十年代"面相将是单面的、静态的，或陷于浪漫主义的虚假回忆与怀旧主义的感伤之中，或将八十年代休闲化、消费化：那些对1980 年代的人们来说曾经是非常艰难的思考、"丰富的痛苦"，会不会在"话题化"的过程中遭遇被稀释的命运？③ 这样的担心并非杞人忧天，严肃的公共话题的讨论或流星闪过，或被改造为休闲性、消费性话题，早已不止一次蔓延为当代学术研究的种种现实。比如，"重返八十年代"作为学术界少有的较大规模的集体行为，就曾在2006 年前后在甘阳《八十年代文化意识》、查建英《八十年代访谈录》等推动下，一度蔚为大观，然而，最终却流于"短促爆发"，又"很快趋于平静"④；于今看来，虽是短短10 余年，问题及其对象却早已淹没于层出不穷的话题海洋之中、了无痕迹，仿佛就未曾发生过。

"八十年代"是漫长的，不仅仅在于"八十年代"这一指称仅仅停留于时间意义上的10 年（虽然它极其重要且令人无限神往），也不仅仅在于"八十年代"与此前的50 年代、60 年代、70 年代紧密联系在一起，甚至可以说，没有这此前30 年就很难说如何面对并理解"八十年代"及其意义，而且更在于，"八十年代"的问题及其视野早已超越前此10 年而抵达更为

---

① 李扬：《重返八十年代：为何重返以及如何重返——就"八十年代文学研究"接受人大研究生访谈》，《当代作家评论》2007 年第1 期。
② 〔美〕巴里·诺顿：《中国经济：转型与增长》，安佳译，上海人民出版社，2010。
③ 程光炜：《文学讲稿："八十年代"作为方法》，第82 页。
④ 王尧：《作为问题的八十年代》，三联书店，2013，第19 页。

遥远的 20 世纪之初、抵达五四。① 比如，从文学话语美学风格角度来看，
1990 年代文学奇语喧哗新局面，既与文化语境压力与传统和西方新语言资
源，也与"八十年代"前期文学语言复归运动所奠定的坚实基础密不可分，
正是在此意义上，有学者认为，"80 年代后期至 90 年代前期的语言形象是
整个 80 年代文学的语言成就的总结性标志"；而理解"八十年代"前期
"渗透了浓重的精英人物语调的汉语形象不妨称作精英独白"的审美风格，
则又必须将思考触角伸向 80 年代之前，由此方可理解文学语言从高度官方
化到复归于自身的历史使命与时代担当。② 质言之，理解"八十年代"文学
语言审美风格无法割裂 90 年代乃至五六十年代的历史视野，只有在整体的
历史的视野中，研究对象自身的完整性与复杂性才可能更为清晰地呈现出
来。又如 20 世纪中国文学事实性的"转折""断裂"，并不是一刀两分、截
然对立，而应该主要被理解为结构、关系的重构；1980 年代的"新时期文
学"，也并不是全新的东西。③

　　事实上，"八十年代"是漫长的，在某种意义上来说它早已超越自身而
蔓延为 20 世纪百余年的长时段历史。有学者指出，"80 年代在当代乃至整
个 20 世纪中国，都处在一个特殊的历史位置。如何理解和评价这段历史中
发生的社会与文化变革，不仅关涉如何评价 80 年代迄今仍在进行中的'改
革开放'的历史意义，事实上也关涉如何理解 50～70 年代历史与当代中国
的现代化进程。而在这些理解及可能的分歧背后，则与人们如何理解 20 世
纪中国历史直接相关。因此，在某种意义上说，80 年代构成了一个连接当
下与历史、'新时期'与 50～70 年代、当代与 20 世纪的枢纽时段"④。至于
"八十年代"是否就是理解 20 世纪社会文化的一个"枢纽时段"，自可见仁
见智，然而，将"八十年代"置于整个百余年历史行程，并作为历史行程
中的重要环节来思考，当为敏锐洞见。如果说"八十年代"具有某种迥异
于任何时间段的独特性，那么，它最大的独特性似可在一定程度上归结为：

① 有观点认为，中国学者曾在 20 世纪 30 年代发现了"五四与晚明"、80 年代发现了"五四
与晚清"，21 世纪之初发现了"晚清与晚明"。参阅陈平原、王德威等编《晚明与晚清：
历史传承与文化创新》，湖北教育出版社，2002。
② 王一川：《汉语形象美学引论：20 世纪 80～90 年代中国文学新潮语言阐释》，广东人民出
版社，1999，第 42～48 页。
③ 洪子诚：《"转折""断裂"是二十世纪中国文学的事实》，澎湃新闻网 2018 年 2 月 26 日
10：31：26。
④ 贺桂梅：《"新启蒙"知识档案：80 年代中国文化研究》，第 1 页。

"八十年代"主题不仅遥遥呼应 20 世纪之初，而且延伸至 90 年代以至当下，因而也成为 20 世纪社会文化的核心主题。比如启蒙主题，八十年代及其知识生产与文化塑造，似乎更多地与知识分子联系在一起（文学少见地履行了思想的职能），然而从知识社会学角度来看，"八十年代"文化并不是知识分子的创造物，而应当说是 80 年代诸多文化和知识生产活动借助于特定的历史机制与社会结构关系，创造出了那个叫"知识分子"的社会群体——尤其是结构功能意义上的知识分子主体意识，进而创造的文化表述与历史意识，并且上升为 80 年代的普遍社会意识，与大众社会和国家政权之间形成紧密且良性的互动关联，在此意义上，"八十年代"基本可以自觉和明晰地将自身界定为"又一个五四时代"。① 扭转"八十年代"回首的目光，将其后四十年纳入视野，如果说"八十年代"是又一个五四时代，那么，在启蒙的视野中，又该如何描述当下这个时代呢？它依然是一个五四时代吗，抑或又一个"八十年代"，更或是一个只能哀悼怀旧的时代？

萨义德曾经为"文学的马克思主义者"开出药方：重新疏通被阻塞的社会进程，面向生存在社会中的活生生的群体，以世俗而不是神秘的方式看待社会现实，把更具有政治警觉的分析形式同正在进行的政治和社会实践相结合。② 萨义德的时代性诊治难免有些"饱汉不知饿汉饥"，在伊格尔顿看来，萨义德自己就不是一位理论家，而是一个无关现实痛痒的街头实践家，而所谓"闭关自守"也自非一无所是。③ 伊格尔顿基于英国马克思主义的经验、观察与思考诚然不是萨义德所能感同身受的，反之亦然，但即便如此，萨义德关于"文学的马克思主义""批评主义的理想主义"的批评，以及对于知识分子的社会使命与担当的要求仍然不失启示性。文化研究从来都是现实性、实践性的，其根本生命力源自对文化文艺实践的思考、剖析以及理论的应对、应答与建构。走出"八十年代"忧郁，首先意味着，承认"八十年代"的文学辉煌已经永远失去、无法召回；其次意味着，面对当下的文学实践，当下性地阐释激活"八十年代"的思想遗产；再次，当下文学批评立足的土壤是当下，而不是过去，是理论地面对当代并给予

① 贺桂梅：《"新启蒙"知识档案：80 年代中国文化研究》，第 7、12、20 页。
② 〔美〕爱德华·萨义德：《来自第三世界的痛苦报道：爱德华·萨义德文化随笔集》，第 242 ~ 44 页。
③ 〔英〕伊格尔顿：《批评家的任务：与特里伊格尔顿的对话》，王杰等译，北京大学出版社，2014，第 288 ~ 289 页。

有效阐释，质言之，是历史化、当代化、问题化。历史化的对立面之一是博物馆化，对于"八十年代"而言，博物馆化意指将其从原初的、整体的、历史的语境中割裂孤立出来，以碎片化的形式存在于当下生活中的某个严肃堂皇场所，任其枯萎成尘。① 历史化反对割裂历史与价值，指斥博物馆化将历史存在物处理为一个僵化的、没有过去与未来的存在物。与博物馆化相关的是典型化，对于"八十年代"来说，典型的历史并不等于真实的历史，前者将人类世界的秩序归结为一个外在于人、由神学保证的秩序，而不相信人自身就能安置自身与社会秩序，因而施特劳斯呼吁"我们无法满足于一个典型的历史，我们必须返回到真正的历史中去"，因为真正的历史能够"使人摆脱以往的全部历史重负的桎梏束缚，摆脱古代权威的桎梏束缚，摆脱偏见的桎梏束缚"②。就此而言，当代视野中的"八十年代"既非历史博物馆中的文物陈列，也不是 20 世纪历史中的十年典型，从某种意义上来说，永远历史化③似不失为面对"八十年代"的一种态度。历史化并不意味着否认存在一个具有同一性的"八十年代"，否认的是与过去和历史相割裂的"八十年代"、一个无前提条件而普适性的典型的"八十年代"。究其实质，一方面不能将"八十年代"视为特定认识体系与理论框架的现成对象，为此，要追究这一认识体系与理论框架本身的生成性，破掉其先验真理性、普适性魔咒；另一方面要反思在这一过程中的某种认识论迷雾，即执拗于追求某种现成存在的具有某种纯粹同一性的"八十年代"，而遗忘了认识新假设与前提，遗忘了问题化过程。需要警觉在遮蔽、去除自己"历史记忆"的前提下，把"八十年代"仅仅看成是一个"再叙述"的结果、一个"理所当然"的结论。④

---

① Roseph R. Levenson. *Confucian China and its Modern Fate*：*A Trilogy*. Berkeley：Univertisy of California Press，1965，pp. 113，115；Also see：Roseph R. Levenson. *Revolution and Cosmopolititanism*：*the Western Stage and the Chinese Stages*. Berkeley：Univertisy of California Press，1971，pp. xiv，xxviii.

② 〔美〕列奥·施特劳斯：《霍布斯的政治哲学：基础与起源》，沈彤译，译林出版社，2001，第 106～107、127～128 页。

③ 在伊格尔顿看来，詹姆逊"把历史化想象成一场理所当然的激进运动是个严重的错误"，它作为一个超历史的命令，同时又是一个历史行为，构成其内在矛盾性。参阅〔美〕詹姆逊《政治无意识》，中国社会科学出版社，1999，"序言"第 3 页；〔英〕伊格尔顿《批评家的任务：与特里伊格尔顿的对话》，第 109 页；〔英〕伊格尔顿《我们必须永远历史化吗》，《外国文学研究》2008 年第 6 期。

④ 程光炜：《文学讲稿："八十年代"作为方法》，第 83 页。

余论:"八十年代"意识

　　漫长的"八十年代"之谓并非仅仅是一个时间性、事实性描述,而是预设了某种关于"八十年代"的特定意识,否则就难以理解"八十年代"本身何以成了当代学术研究中的大词、热词。对"八十年代"意识的源流考察显然不是本文所能承担的,然而毋庸置疑的是,"八十年代"被纳入审思视野本身就意味着"八十年代"对象化逻辑的开端,而种种阐释则又将其文本化;"八十年代"作为文本①,则意味着它不仅已经具有了时空距离,而且已经不是直观就能够把握得了、因而有待阐释的对象了。就此而言,"八十年代"具有作品的性质——它开始于某个有始有终的时间段的社会生活,却又仿佛获得了独立的生命、某种程度上可以脱离那个时代而独立存在。但"八十年代"作为作品又不同于一般意义上的作品,因为后者需要文学创作意义上的种种技巧与方法(这正是文本的本意所在),而"八十年代"看起来似乎就不是这样,因为虽然理论主体或切身性或意识性经历了、参与了那个时代,却很难说是谁具体建构、创制了那个时代。然而,问题的另一面在于:种种关于"八十年代"的意识与审思,难道不正是在文本的意义上建构、创制的吗?不正是这诸种建构、创制赋予"八十年代"如此迷人的当代魅力吗?难道诸种阐释本身不也无法分割地与"八十年代"紧密结合在一起、成为那个年代的一部分?若诸种阐释正是为了寻求、建构某种"八十年代"传统,那阐释本身不也正成为这一传统的不可分割的一部分吗?

　　"八十年代"意识的产生、断裂与延续,与诸如新时期、新时期四十年、新中国七十年乃至20世纪以来等表述紧密联系在一起,如果说在作为新时期四十年起点的八十年代中凸显了其历史连续性,传达了某种同时代性,那么在所谓"八十年代学"等思考中则无疑强调了其复杂性、矛盾性、断裂性,揭示的是"八十年代"的异质性。在这里,"八十年代"似乎是一

---

① 关于文本与作品关系的当代理解繁多,这里参考的陈嘉映先生的看法,可以约略概括其特点为具有时空间隔、又非直观而至。参阅周启超《跨文化视界中的文学文本/作品理论》,中国社会科学出版社,2012,第二、三章;陈嘉映《从作品到文本》,载《无法还原的象》,华夏出版社,2016,第100~108页。

个独立而又充满复杂情绪的时代①，它被对象化、问题化乃至忧郁化，这当然并不能简单归结为某种自恋式的忧郁政治，而是透过纷繁复杂的八十年代修辞，从对象化中生发具有阐释效力的理论话语，在问题式中揭示现实文化真问题，从超越忧郁中审思当代文化可能的道路。"八十年代"意识远不止"关于八十年代""源自八十年代""阐释八十年代"，而是超越其对象化、问题化进而指向当代、阐释当代，就此而言，"八十年代"忧郁仅仅是流淌于"八十年代"修辞中的浪漫与悲观混杂，有待进一步审思的文化情绪与时代症候。

---

① 德国学者奥斯特哈默曾将 19 世纪称为"独立而难以命名的时代"。参阅〔德〕于尔根·奥斯特哈默《世界的演变》（Ⅰ），强朝晖等译，社会科学文献出版社，2016，第 103 页。

国家政策、学术出版与市场策略

——1980年代武侠小说的出版状况

康　凌[*]

摘要　1980年代，对新旧武侠小说的出版管理始终是政策制定和执行者的关注重点之一。在旧武侠方面，管理者与出版方的博弈与协商，最终导向了"学术出版"这一"中间地带"，它一方面使国家能更为便利地进行调控与管理；另一方面也为出版者的市场活动打开了转圜空间。而对港台新武侠而言，这一"中间地带"完全无法适用，其结果是管理者密集而直接的政策干预。同时，出版者则试图通过对出版政策乃至国家导向的重新阐释，来为自己的市场行为寻找合法性依据。两者之间的拉锯，显示了出版管理者在转型时期自我定位上的两难。

关键词　出版政策　武侠小说　图书市场　学术出版

Abstract　in the 1980s, the management of the publication of martial arts novels was one of the most important concerns of policy-makers. For traditional martial arts novels, the combat and negotiations between administrators and publishers led to the transformation of "academic publishing" as a "middle-ground" that contributed to both the more convenient administration by the state and the possibility for the more flexible market activities. However, for the new-style martial arts novels imported from Hong Kong and Taiwan,

---

* 康凌，圣路易斯华盛顿大学东亚语言与文化系博士候选人。

the lack of such middle-ground resulted to the state's extensive interven-
tion. The publishers, meanwhile, sought to legitimize their business through
their reinterpretation of the state's policy and principle. The negotiation be-
tween the two reveals the ambiguity of the administration's self-identification
in an era of rapid transformation.

Key Words　publishing policy, martial arts novel, book market, aca-
demic publishing

1989 年 2 月，赵清阁写信给远在美国的韩秀，抱怨国内出版界"很令
人恼火"，她所编的《现代女作家小说散文集》要重印，排版都排好了，却
被出版社搁置，因为不赚钱，"他们只着眼于经济效益，热衷于武侠、性爱
作品"①。

这样的抱怨，大概并非只此一家。在整个 1980 年代的出版市场中，武
侠小说的持续走红乃至泛滥，不仅使得出版社趋之若鹜，招致知识分子的
批评，同时也引来了文化宣传管理部门的关注与担忧，从 1981 年起，关于
控制旧侠义小说、新武侠与武打连环画的文件就不断见诸出版业，然而，
从赵清阁的信中可以看出，直至 1989 年，这一问题依旧没有得到解决。

在目前关于 1980 年代出版史的研究中，学者往往瞩目于重要的作家作
品与西方理论的翻译出版及其新启蒙的思想意义。与这些知识精英相比，
新旧武侠小说所触及的读者群体则要远为普通与广泛。但也恰恰是其普及
性能够给我们观察 1980 年代的出版政策提供一个新鲜的视角。事实上，在
阅读这一时期的出版史文献时，我们很容易发现，对于新旧武侠小说的出
版管理始终是这一时期的政策制定和执行者的关注重点之一。这些作品巨
大的市场号召力同时也带来了连绵不断的争夺与协商。一面是管理部门的
三令五申；另一面是出版界的屡教不改，其中的困难，不仅源自市场利益
与宏观管理之间的斗争，更源自管理者自身在尺度把握上的为难。如果说
"性爱作品"可以一刀切地进行严厉打击，那么武侠小说所涉及的，则是一
片更为暧昧不明的空间，它一方面多少包含着暴力、凶杀的成分；另一方
面又满足了读者对阅读趣味的需求，乃至对某种正面的家国大义的宣扬。

---

① 赵清阁：《赵清阁致韩秀信》，载陈思和、王德威编《史料与阐释》2012 卷，复旦大学出
版社，2014，第 101 页。

在出版市场化的过程中，对这样的处于灰色地带的作品要不要管，如何管，成为摆在出版管理者面前的难题。也正因此，这些出版文件所展示的，是管理者与阅读市场在 1980 年代的出版领域市场化转型过程中的反复博弈。一方面，出版管理单位希望通过政策的制定与调整，影响、规范人们的阅读行为与阅读对象；另一方面，各个出版社在选题制定方面又获得了前所未有的自由度，在商业利润的驱动下，常常做出有违规定与政策的举动。对这样一种特定文类的出版史的追溯，可以在阅读流行文化的文本之外，帮助我们理解是哪些历史力量在左右着这些文本的生产与流通。

　　具体到 1980 年代的武侠小说，出版管理者通常会将其区分为以侠义公案为代表的旧武侠，和以金庸、卧龙生等作家的作品为代表的港台新武侠。对两者的管理方式在一致中也常常显示出种种区别。因此，我在下文中将对两者分别进行分析。在旧武侠方面，我试图指出，管理者与出版方的博弈与协商，最终导向了"学术出版"这一"中间地带"，通过将旧小说的出版纳入"学术出版"的管理框架之内，国家得以更为便利地介入对这些出版物的调控与管理。与此同时，对于出版者而言，这一中间地带也可以视作他们所挤占、争夺出来的一个转圜空间，既让他们避免了被一刀切地禁止的命运，又可以以此为据点，继续拓展自己的市场活动——两者在其中保持着某种微妙的平衡。而对港台新武侠而言，这一"中间地带"完全无法适用，其结果便是管理者极其密集而直接的政策干预，乃至直接的禁绝。而即便在这样的环境下，出版者依旧试图通过对出版政策乃至国家导向的重新阐释，来为自己的市场行为寻找空间与合法性的依据。两者之间的拉锯，暴露出管理者自身在转型时期自我定位上的两难。他们一方面要为出版社、书商在市场驱动下的正常的经济行为保驾护航；另一方面又依旧希望继续扮演意识形态的守门人与仲裁者的角色。这两种角色之间的冲突和调适，构成了理解这一时期武侠小说出版管理问题的核心线索。

一　"中间地带"的旧小说：市场读物还是学术资料？

　　武侠小说第一次进入出版管理部门的视野，是由于旧小说的翻印成风，其中主要涉及的就是以绿林豪侠为主角的侠义、公案小说，《施公案》《彭公案》等书广为流行，《三侠五义》的印数甚至突破了百万册。为此，国家出版管理部门下发了《关于从严控制旧小说印数的通知》（以下简称《通知》），其中对这类旧小说的评价是，它们"虽然也反映出一些封建统治阶级的黑暗、残暴，但书中大多宣扬封建道德观念，存在着因果报应等消极思想，有的艺术水平也不高"。因此，这些书虽然可以印出一部分作为研究资料，但"几十万、上百万地印行，大量向读者推销，就不妥当"。在此基础上，出版管理部门要求各地对这类书的出版计划与印数进行一次检查，并上报结果。①

《通知》虽然提到要对这类书的印数"加以控制，加强计划和合理供应"，但并未拿出具体的办法，制定详细的标准。因此，广东省出版局致函国家出版局，询问具体计划。1981 年 2 月，国家出版局复函列出两条具体方案并抄送各地出版局：

> 一、今后对有关公案、侠义、言情等旧小说，请不要租型。已经租型出去、尚未开印的书，亦请通知租型单位停印。
> 二、对上述这类旧小说，必须严格控制印数。一般不要超过二、三万册，主要发给文艺研究方面的专业工作者。如印数超过三万册，需经省出版局审议批准并报国家出版局备案。②

在这里，对旧武侠的出版管理，首先是从印数着手的。同时值得注意的是，这一规定虽然建立了武侠小说的报批备案制度，但其中却留出了"给文艺研究方面的专业工作者"预备的"二、三万册"的余地。以"学术研究"为名义所留下的这个出版空间，将在日后被管理者和出版者一再提起。

可惜的是，从后面的政策发布上看，印数三万册以上报批备案制度似乎完全没有起到预想中的作用。仅仅一年以后，国家出版局就不得不再次出手，下发《关于坚决制止滥印古旧小说的通知》，措辞强硬，一面痛批少数出版社"就是不听招呼，继续滥印滥出"，一面出台八项措施，对现状加以整改，要求所有新旧武侠，以及据其改编的连环画"不许继续出版"，正在印刷的"一律停印"，已经印好的"暂行封存"。理工农医等科技专业出

---

① 《关于从严控制旧小说印数的通知》，《出版工作文件选编（1981—1983.12）》，文化部出版事业管理局办公室，1984，第 45 页。

② 《复广东省出版局关于从严控制旧小说印数问题》，《出版工作文件选编（1981—1983.12）》，第 46 页。

版社和院校出版社不准出版古旧小说。新华书店要限制陈列与销售，不要宣传推荐。更重要的是，今后所有古旧小说的出版，"包括供文学研究和文科教学上用的古旧小说方面资料的出版，要纳入统一规划，待规划制定后再分配给有关出版社出版"①。

从报批备案到计划出版，对旧武侠的控制步步从严，在之后各年度下发的要求报送出书计划、制定出版规划的通知中，也反复强调对古旧小说的出版要加以严格控制。但即便如此，出版社仍在想方设法寻找出版空间，也由此触动了市场出版、学术出版与出版管理之间的复杂关系。在巨大的市场需求（及其相关利润）的吸引下，出版社不断以各种方式试图拓展旧武侠的出版空间，正在此间，之前留下的"学术出版"这个口子成为各家趋之若鹜的领域。1982 年中，国家出版局要求各出版社制定今后两年内的文学古籍的整理出版规划，半年后，共有 23 家出版社上报选题，其中再度出现了大量古旧小说，为此，出版局不得不再度重申"对侠义、言情、公案类继续从严控制，印数不得超过三万册"，并要求各社"选择应慎重，着重考虑选题的学术价值"。最后强调"今后出版单位不得在统一规划外自行安排出版此类书稿"②。

自 1981 年恢复古籍整理出版规划小组后，古籍整理便始终是一项重要的国家文化工程，陈云曾专门批示，"为办好古籍这件事，尽管国家现在有困难，也要花点钱，并编造一个经费概算，以支持这项事业"③。而对于出版社而言，古籍整理却常常被视为一个可能的空间，可以转而服务于对旧小说的市场需求。于是，一面是出版部门的严格管理；另一面则是出版社的伺机而动。1985 年，吉林文史出版社要求出版"晚清民国小说研究丛书"，涉及一些旧小说代表作的编辑出版，出版局在回复意见中，一面同意丛书出版，一面强调作品选择要力求精当，"如张恨水、顾明道等所选似嫌过多"④——这两位都创作过大量的言情、武侠小说。而到了 1988 年，上海图书公司要求影印《晚清小说大全》时，文管部门表示，晚清文学的研

① 《关于坚决制止滥印古旧小说的通知》，《出版工作文件选编（1981—1983.12）》，第 46 ~ 48 页。
② 《关于 1983—1984 年全国部分文学古籍整理出版规划的通知》，《出版工作文件选编（1981—1983.12）》，第 203 ~ 204 页。
③ 《中共中央关于整理我国古籍的指示》，同上书，第 90 页。
④ 《同意组织出版"晚清民国小说研究丛书"》，《出版工作文件选编（1984—1985）》，国家出版局办公室，1986，第 91 页。

究已经有了比较全面的出版计划，此书选题重复，因而予以拒绝。① 诸如此类的例子还有很多，在这些文件往还中所呈露的，是管理者与出版方对学术出版这一空间的反复争夺。

将旧小说的出版纳入学术出版的空间具有两方面的效应。一方面，通过这一政策，管理者可以借助古籍出版管理的系统，更为严格地把握旧小说的出版状况。在催报 1986 年出书计划的通知中，出版局明确表示，"古旧小说限于古籍及有关文学专业出版社出版，选题需由上级主管部门审核并专题报我局批准后，方可着手出版工作"②。由此，国家管理的对象从出版物本身转向了出版单位，古旧小说不再是所有出版者可以自由选择的出版对象，对出版单位的控制，有效地遏制了旧小说的发行空间；另一方面，对于有资质出版旧小说的出版社而言，"学术出版"则给了他们一个巨大的操作空间，以不断地拓展自己的市场可能，试探自身的边界。也就是说，市场出版与出版管理之间的这个特殊的中间地带，既开出了出版旧小说的转圜空间，又方便了国家的介入与管理。在转型时代中，市场与国家在这个空间里达到了某种微妙的平衡。

二　禁不住的新武侠

如果说对古旧小说的控制，还可以通过将其纳入"学术出版"领域而实现，那么面对新武侠，国家的管控只能用八个字来总结，那便是"屡战屡败，屡败屡战"。早在 1981 年，邓小平会见金庸的消息就已经使后者成为家喻户晓的人物。1984 年左右，以金庸作品为代表的港台新武侠大举进入内地出版市场并蔚然成风，由于当时大陆尚未加入版权公约，各家出版社争相出版金庸著作，据媒体报道，仅《射雕英雄传》就出了七个版本，再加上金庸剧在电视台的热播，金庸、梁羽生、卧龙生、古龙成为出版市场上炙手可热的摇钱树，风头一时无二，各种盗印乃至冒名，更是不计其数：在 1987 年 7 月下发的一份《部分非法出版物目录》的"淫秽图书"部分，一共 6 本书中就有 3 本冒了金庸之名，1 本冒了卧龙生之名，新武侠作

---

① 《关于上海图书公司影印〈晚清小说大全〉的复函》，《新闻出版工作文件选编（1988—1989）》，新闻出版署办公室，1990 年，第 200 页。
② 《关于催报一九八六年度出书计划的通知》，《出版工作文件选编（1984—1985）》，第 101～103 页。

者的市场价值，由此可见一斑。①

这一风潮迅速引来了管理部门的关注，上至中央领导，下到各省出版管理部门，各级单位连续制订一系列措施，试图对其加以控制。仅 1985 年一年，就发出多条规定，密集地介入、干预新武侠的出版。1985 年 3 月 19 日，经中宣部批准，文化部下达《关于当前文学作品出版工作中若干问题的请示报告》，明确规定新武侠、旧小说以及据此改编的连环画须专题报批后方能出版。② 4 月 3 日至 12 日在北京举行了全国出版局（社）长会议，会上专门强调了不要滥出新武侠小说。5 月 2 日，出版局发出《关于几类文学作品征订发行的通知》，要求上述几类图书在征订时必须有出版局批准文件，否则不予征订。出版社不得交集体或个体单位批发，未经批准亦不得自办批发。6 月 18 日，文化部发文重申从严控制新武侠小说，批评一些出版社对之前的规定“置若罔闻，拒不执行”，“目前这类图书大有泛滥之势”，并规定未经批准的图书，一律“停排、停印、停装”，未发行的一律封存，违规者实行经济制裁，措施之严厉，前所未见。③ 8 月 22 日，出版局再批“有少数管理部门”对先前的规定“置若罔闻，有令不行，有禁不止”。点名安徽出版总社下属发行机构“明知故犯”，擅自印发香港新武侠小说，印数高达几十万册。④ 9 月 2 日，出版局发文批评有些出版社“迟迟不按规定进行处理”，督促全面贯彻上述文件规定。⑤ 9 月 18 日，出版局要求纠正“哄抢出版新武侠小说和古旧小说改编的连环画的做法”⑥。在 9 月 21 日下发的催报 1986 年出书计划的通知中，特别单列一条，要求自 1986 年起两三年内，“各出版社一律不得再安排此类品种”⑦。——短短几个月，在出版社的“屡教不改”中，对新武侠小说的态度便终于由“管”走到了“禁”。

其间，分管宣传工作的中央领导要求文化部出版局对滥出新武侠小说

① 《关于印发〈部分非法出版物目录〉的通知》，《新闻出版工作文件选编（1986—1987）》，新闻出版署办公室，第 9 ~ 11 页。

② 《关于当前文学作品出版工作中若干问题的请示报告》，《出版工作文件选编（1984—1985）》，第 74 ~ 75 页。

③ 《重申从严控制新武侠小说的通知》，同上书，第 87 ~ 88 页。

④ 《督促执行文化部及我局有关文件规定加强出版管理工作》，同上书，第 98 页。

⑤ 《督促全面贯彻文化部文出字（85）第 962 号文件的通知》，同上书，第 89 页。

⑥ 《关于改进连环画出版工作的通知》，同上书，第 100 页。

⑦ 《关于催报一九八六年度出书计划的通知》，《出版工作文件选编（1984—1985）》，第 101 ~ 103 页。

等问题进行调查研究，9 月 14 日、23 日，出版局分别上送两次报告，完整地表达了管理部门对这一问题的看法、分析与试图采取的措施。在总体态度上，报告认为新武侠小说"不是不可以择优出一些"，但现存的问题是"出得太多太滥。品种多，印数大，参与出版社广，出书时间集中，出书单位庞杂，都是前所未有的"。在分析问题形成的原因时，报告提到一些非常有趣的细节。譬如，有些出版社以"梁羽生、金庸是统一战线对象为理由"，要求大量出版新武侠小说。由此模糊了统战需要与社会主义原则之间的界限。有些人还将武侠小说的泛滥"说成是通俗文学的兴起"。另外，电影、电视剧的播放对出版的影响很大，有人会问，既然电影、电视可以放，"为什么出版部门要限制出书？"最后，全国性的大报发表梁羽生的长篇专访，也造成人们对新武侠的热捧，"甚至把出版新武侠小说说成是打破'禁锢'，是双百方针的胜利"①。

报告中所透露出的这些林林总总的回应，勾勒出一幅异常生动的画面，使我们可以观察到，在出版部门的市场化改革过程中，出版者如何在现有的政策框架中，巧妙地征用旧有政治意识形态框架中的话语资源，将它们转化为自身行为的合法性证明，并由此悄然改写这些话语的内涵。在这里，统一战线、双百方针、发展通俗文学等政策统统变成了市场行为的外衣。对这些说法背后的动机，管理者事实上心知肚明，因此，在要求控制新武侠的出版，"警惕和防止资产阶级自由化和惟利是图思想的干扰"的同时，报告也建议解除出版单位的经济压力，减免所得税，免除营业税，并在贷款上给予优惠，以及拨款成立出版基金或对亏损出版社予以补贴。②

事实却证明，这些手段还是无法解决新武侠的泛滥问题。1988 年 6 月，新闻出版署发文重申新武侠小说、古旧小说需要专题报批的通知，提到依旧有一些出版社擅自翻印出版这类作品，"而且印量很大"③。1990 年 4 月，新闻出版署发出《对目前出版发行的新武侠小说的处理通知》，指出这类图书仍然"泛滥于书刊市场"，要求继续加大力度，从严处罚，对 1989 年 2

---

① 《关于新武侠小说出版情况的第二次报告》，同上书，第 67～72 页。
② 同上。
③ 《关于重申新武侠小说、古旧小说需要专题报批的通知》，《新闻出版工作文件选编（1988—1989）》，第 214～215 页。

月以后出版的，要从重处罚。① 1990 年 9 月，出版署查处了文化艺术出版社违规出版新武侠小说的问题，该社与七家单位协作出版了十一种新武侠小说，"为不法书商所利用，错误是严重的"②。在一份又一份的政策文件与处罚决定中，新武侠依旧延续着它屡禁不止、攻城略地的市场步伐。这些处罚背后所体现的，与其说是有关部门的严厉，不如说是其无奈。

三　结论

围绕新旧武侠小说所展开的各种出版政策与市场实践，成为我们观察 1980 年代出版领域市场化转型及其后果的一个有趣的窗口。在某种意义上，国家管理体制与新旧武侠小说的缠斗从一开始就注定了其命运。一面是管理部门的三令五申，一面是出版界的阳奉阴违，其中的困难，不仅源自市场利益与宏观管理之间的分歧，更源自管理者自身在转型时期自我定位上的两难。在国家不再像之前试图全面掌管出版领域，而是试图将这一领域交给市场运作的情况下，管理者便需要不断重新定位自身的权责与身份。他们一方面面对着出版社、书商在市场驱动下的正常的经济行为，并承担着维系出版市场的正常运作、保证人们可以以市场为中介来满足自身的阅读需求；另一方面又依旧希望继续扮演意识形态的守门人与仲裁者的角色。

这样一种双重身份，在实际运作中难免遇到各种矛盾与分歧。对于旧小说而言，这种矛盾可以暂时以创造出"学术出版"这一"中间地带"来得以缓解，从而既方便管理又开辟出了一定的市场空间。但对新武侠，管理者的应对则要困难得多。不论是补贴还是处罚，这些政策背后体现的始终是一种面对市场的无力感。书商群体的出现与协作出版这一形式的流行标志着出版系统已经基本完成了市场化转型。在这一状况下，通过资金补贴的方式来满足出版方对资本的追逐，非但无法解决问题，更显出管理者在面对新兴的市场力量时的进退失据，结果就只能是一边禁止一边补贴的自我矛盾。而本文所试图指出的是，这种矛盾虽然表现为出版商与管理者之间的矛盾，但在本质上，它所暴露的是转型时期出版管理者的自我定位

---

① 《对目前出版发行的新武侠小说的处理通知》，《新闻出版工作文件选编（1990—1991）》，知识出版社，1992，第 143～145 页。

② 《对文化艺术出版社违反规定出版新武侠小说的处理决定》，同上书，第 157～159 页。

的两难。

　　回到新武侠，问题的最终解决或许并不困难。1991 年，三联书店与金庸签下十年合同，正式将金庸作品完整引入内地。1992 年 8 月，新闻出版署发出《关于调整部分选题管理规定的通知》，决定下放古旧小说、新武侠小说的专题审批权，"按照一般选题管理程序安排出版"①。至此，出版市场对武侠小说这一灰色地带的蚕食终告完成，各路江湖好汉，也终于可以在神州大地上弯弓射雕，倚天屠龙。

---

　　① 《关于调整部分选题管理规定的通知》，新闻出版署，1992 年 8 月 10 日。

话语变迁与认同重构

——基于央视春晚 35 年"香港"节目的分析

张爱凤[*]

摘要 春晚作为国家文化品牌工程，是中国电视史上生命力最持久的原创电视文化节目，其诞生发展与改革开放、社会转型等历史进程互为表里。春晚是改革时代能把国家认同的宏大想象与个体叙事紧密连接起来的媒介文化。从传播的视角看，春晚经历了录播雏形期、直播垄断期、网台分权期、融合传播期四个阶段，春晚舞台上香港节目表达的话语也由文化寻根的"乡愁话语"嬗变为明确身份认同、表达强烈的爱国主义、集体主义的国家话语。春晚是构建民族、国家"想象共同体"的重要载体。

关键词 春晚 香港节目 话语变迁 认同重构

Abstract As the national cultural brand project, the Spring Festival Gala is the most enduring original culture program in the history of Chinese TV. Its birth and development integrated into the historical processes of reform and opening, social transformation. The Spring Festival Gala is an important media event that can closely link the grand imagination of national identity with individual narrative in the era of reform. From the perspective of media communication, the Spring Festival Gala has experienced four stages: record-

---

* 张爱凤，广州大学新闻与传播学院教授。本文为国家社科基金项目"文化强国背景下提升原创文化节目传播力研究"（项目编号：18BXW056）、"2017—2018 名城名校融合发展战略项目"的阶段性成果。

ing, live monopoly, net decentralization and convergence communica-
tion. The discourse of the Hong Kong programs on the stage of the Spring Fes-
tival Gala had also changed from the "homesick discourse" of cultural roots,
to clarify identity and express strong patriotism and collectivist national dis-
course. The Spring Festival Gala is an important carrier for building a national
"imaginary community". The Hong Kong programs in the Spring Festival Ga-
la attempted to reconstruct the political identity of Hong Kong people as Chi-
nese.

Key Words Spring Festival Gala Hong Kong program Discourse
change Identity reconstruction

春晚作为国家文化品牌工程，是中国电视史上生命力最持久的原创电
视文化节目，自 1983 年至今，已经拥有 35 年的历史。"大众文化是中国
改革开放和社会转型的伴生物，本土化的大众文化理论和方法的建构，需
要转向中国大众文化的历史语境与发生现场。"① 回到 20 世纪 80 年代春
晚发生的现场和历史语境中，在邓小平提出"一国两制"构想的大背景
下，1984 年的春晚邀请港台演员演出，突出了"内地港台一家亲"的
主题。

媒介既是文化生成和传播的重要载体，同时其本身也是文化的一部
分。道格拉斯·凯尔纳提出："我审视的是媒体文化是怎样同政治和社会
斗争叠合在一起，怎样参与塑造日常生活，怎样影响人们的思维和行为方
式，影响人们怎样看待自己和他人，以及如何形成自身的认同性，等等。"
②春晚的诞生发展与改革开放、社会转型等历史进程互为表里，其中沉淀
着 35 年来中国社会方方面面的记忆，折射着政治、文化、审美的变迁，
是一个值得关注和研究的大众文化个案。本文以春晚中的"香港节目"③
为样本，分析春晚舞台上香港节目的话语变迁以及内地/香港之间认同的
重构。

---

① 陶东风：《回到发生现场与中国大众文化研究的本土化——以邓丽君流行歌曲为个案的研
究》，《学术研究》2018 年第 5 期。

② 〔美〕道格拉斯·凯尔纳：《媒体文化》，丁宁译，商务印书馆，2004 年，第 11 页。

③ 本文中的"香港节目"主要是指香港艺人参与表演的节目。根据统计，从 1984~2018 年，
共有 73 位香港艺人登临央视春晚，表演了 109 个节目。

一　传播革命：从"电视录播"到"互联网＋"融合传播

从传播学的视角来看，20 世纪以来发生的重要事件是传播科技的不断革新和互联网时代的到来。春晚 35 年的发展伴随着改革开放的进程、媒体技术的创新、政治文化生态的变革、文艺思潮的碰撞、国人生活观念及审美方式的变化等。其中，传播的变革对春晚的发展影响是直接而巨大的。

中国的电视事业起步于 1958 年，真正得到发展却是在 1978 年之后。中国电视发展史上的春晚，从媒介传播的视角来看，可以分为四个阶段。

第一阶段：录播雏形期。本文中探讨的"春晚"，是指从 1983 年开始现场直播的电视春晚。在此之前的春晚，都只是录播形式，且都以相声、小品等节目为主，由此被称为"笑的晚会"，是春晚的雏形。第一次笑的晚会是在 1961 年 8 月 31 日播出，全部都是相声节目；第二次是 1962 年 1 月 20 日，以相声为主，但增加了话剧片段、笑话等节目形式；第三次是 1962 年国庆节前，这次晚会"是为国庆晚会组织的，节目式样、播出风格和前两次不同，着重表演，减少说唱，以电影、话剧演员演小品的形式为主"①。在起步期，"笑的晚会"的节目形式相对单一，录制播出时间不固定，设备、录制技术及画面质量也很一般。更重要的是，当时的中国电视事业处于起步阶段，百姓家庭拥有电视机的数量也极少，因此，晚会的传播力和影响力都是十分有限的。

在这一阶段，内地和香港之间还没有建立起密切的联系，内地实施的是严格的计划经济体制。"政治功能统帅着整个早期电视，建立在社会主义政治体制背景下的中国电视，从一开始就奠定了其特殊重要的地位——它是党和政府的喉舌和宣传工具。"② 彼时的香港，对于绝大多数内地人来说都是陌生的、隔离的，唯有与香港毗邻的广东省，与香港有着特殊的"关联"。记者、作家陈秉安于 2010 年出版了《大逃港》一书。书中描写了在 20 世纪 50 年代至 70 年代末，有将近 100 万内地居民，因为生活窘迫、政治动荡等原因，由深圳越境逃往香港。这被研究者认为是冷战时期历时最

---

① 于广华：《中央电视台大事记》，人民出版社，1993，第 14 页。
② 岳淼、陈琪：《中国电视新闻 50 年发展史论略》，《东南传播》2010 年第 3 期。

长、人数最多的群体性逃亡事件，史称"大逃港"。金利来集团董事局主席曾宪梓、壹传媒集团主席黎智英、"期货教父"刘梦熊、著名作家倪匡、"乐坛教父"罗文、"金牌编剧"梁立人等香港文化精英，都曾是逃港者。当时，内地与香港处于不同的政治体制下，内地对香港的报道不可避免地带上意识形态的偏见。在内地一份题为《人间地狱——香港》的文件中，香港被认为是世界上最荒淫的城市，黑社会横行，是最大的制毒贩毒基地。① 在这样特殊的政治、文化环境中，中国内地的电视传播是封闭型的，关于"香港"的信息几乎是一片空白。

第二阶段：直播垄断期。1978年12月，中国共产党的十一届三中全会，开启了改革开放的历史新局面。1983年，在第十一届全国广播电视工作会议上，中央提出"四级（中央、省、地市、县）办广播，四级办电视，四级混合覆盖"的方针政策，全国各地各级电视台纷纷建立，我国的电视事业进入了高速发展期。到1990年初，我国电视机产量已经跃居世界第一位，电视机的年均增长数在中国家电行业中居第一位。改革开放的纵深推进、电视机的普及、电视事业的快速发展使得春晚的影响力随之扩大，并迎来了它的黄金发展期。

1983年首届春晚的诞生，既是政治变革的产物，也是新的政治改革的标志。与"文革"时期专门为政治服务的"样板戏"不同，首届春晚的综艺娱乐特点更加鲜明，很多节目富有娱乐性和人情味，引领了一种新颖、开放、亲民的电视文艺风尚，而这也是与当时国家改革开放的整体氛围契合的。春晚总导演邓在军对晚会提出了四个要求，即"欢（气氛欢庆）""新（立意新）""高（品位高）""精（艺术精湛）"。"在这一阶段，电视与有关改革的政治动员和知识分子的精英话语紧密结合，在中国的政治、文化舞台上占据了中心位置。"②

从1983年至1990年代中期，春晚的形态（综艺晚会）、结构（串珠式）逐步形成并固定下来，不管是晚会规模还是节目形式，或是传播影响力，都远远超过了"笑的晚会"。这一阶段的春晚，每年都邀请香港歌手参与演出。张明敏的《我的中国心》（1984）、罗文的《在我生命里》（1985）、汪明荃的《万里长城万里长》（1985）、张德兰的《春光美》（1986）、叶丽仪

---

① 陈秉安：《人民会用脚投票》，《北京青年报》2010年12月10日。
② 赵月枝、郭镇之：《中国电视：历史、政治经济与话语》，《传播与社会：政治经济与文化分析》，中国传媒大学出版社，2011，第181页。

的《送给你明天的太阳》《我们见面又分手》（1987）、蒋丽萍的《故乡情》（1988）、徐小凤的《明月千里寄相思》（1989）、甄妮的《鲁冰花》（1991）等表达乡愁乡情的节目，都是每年春晚备受关注的节目，并随着春晚的播出而迅速走红。在这一阶段，电视成为观众接受信息、欣赏文艺节目的主流媒介。春晚凭借央视的高传播平台，借助传播体制的优势，垄断了除夕春晚的生产和传播权，对地方台和普通电视观众形成一种强有力的传播关系和话语影响力。在20世纪90年代，央视一套春晚的收视率均在40%以上，1998年收视率曾达到61.8%，是1990年代最高的一届。①

这一阶段的春晚，引领了内地电视综艺晚会的审美风尚。而同时进入内地电视市场的大量香港影视剧，也拓展了内地观众的审美视野，丰富了审美经验。"此时的大众文化摆脱了'文革'时期单调的阶级叙事模式，在人道主义思潮和文化热的影响下，充满人性化和抒情化的书写，满溢着对真善美的追求。"②

第三阶段：网台分权期。从1990年中期至2012年，随着传媒市场化进程的加快、互联网的接入以及省级卫视的崛起，垄断多年的央视春晚的生产传播权面临着分权和多元挑战。

1992年6月，中共中央国务院发布《关于加快发展第三产业的决定》，把电视业确认为第三产业，对电视业的产业属性给予承认。进入20世纪90年代后期，国家的传媒发展政策、媒体竞争生态、观众的审美需求等都发生了深刻的变化。电视媒体开始走向事业单位企业化管理的道路，电视的娱乐、服务和消费的功能被更多地开发出来。在春晚舞台上，梅艳芳、曾志伟、谢霆锋、陈晓东、李玟、张柏芝、郭富城、刘德华等一批经过市场检验并具有号召力和影响力的香港明星纷纷亮相。这一阶段，香港演员表演的节目呈现出更多个人化、情感化、感性化等特征，如谢霆锋的《今生共相伴》（2000）、梁朝伟、张曼玉的《花样年华》（2001）、莫文蔚的《外面的世界》（2004）、容祖儿《挥着翅膀的女孩》（2005）、王菲、陈奕迅的《因为爱情》（2012）等。

1994年，中国正式接入互联网，传统媒体竞相发展网站。1996年12月，中央电视台建立网站，将电视节目上载到网站进行二次传播。有了互

---

① 黄啸：《春晚，短期内无可替代》，《新京报》2014年2月11日。
② 蒋述卓、洪晓：《从春晚看当代大众文化的审美变迁》，《南方文坛》2018年第3期。

联网，内地观众可以突破原有电视传播的地域限制，在网络上自主选择自己喜欢的视听节目，对电视节目的依赖性明显降低。根据收视率调查数据，春晚在央视一套的收视率从 2003 年的 29.74% 下降到 2012 年的 17.37%，电视观众尤其是年轻观众流失严重。针对网络媒体的发展和网络用户的快速增长，2011 年，央视在除夕央视演播大厅的春晚之外又举办了首届网络春晚，这可以看作是春晚在国家意识形态、知识分子精英话语和大众通俗话语交织中争取网络传播领导权的一次文化新诉求。

另一个背景是省级卫视的纷纷崛起。1996～1997 年，省级电视台纷纷上星，建立卫视频道，实现了从本省区域性传播扩展为全国性播出的转变，电视台之间的竞争日趋激烈。湖南卫视以"娱乐立台"进行定位，在省级卫视中异军崛起，播出的《快乐大本营》《超级女声》《快乐男声》等娱乐节目，或邀请大量港台明星演出，或草根明星脱颖而出，某种意义上成为了小春晚，既满足了观众的多元审美需求，也挑战着央视春晚的垄断地位。2011 年，东方卫视、安徽卫视、湖南卫视、云南卫视、旅游卫视以及广东卫视放弃转播央视春晚，改播自制节目。近几年，省级卫视春晚表现出与央视春晚不同的风格特征，受到观众的热捧。如江苏卫视主打情怀牌，邀请大量香港明星演唱经典影视歌曲，如苗侨伟、黄日华等 TVB 老演员表演的歌曲联唱《致敬港剧 30 年》，唤醒了"70 后""80 后""90 后"观众的"集体记忆"。

这一阶段，因为互联网的发展、省级卫视的崛起以及境外电视节目的大量引进，央视春晚的生产传播权和话语领导权面临分化和挑战，卫视春晚中的香港节目数量增多，也日趋具有影响力。

第四阶段：融合传播期。从 2013 年至今，随着智能手机、移动互联网的普及，"互联网＋""媒体融合"等成为热词。第 41 次《中国互联网络发展状况统计报告》显示，截至 2017 年 12 月，我国手机网民规模达 7.53 亿，网民中使用手机上网人群的占比达到 97.5%。

面对移动互联网的快速发展，"媒体融合"上升为国家战略，中央要求国家主流媒体"必须把意识形态工作的领导权、管理权、话语权牢牢掌握在手中"。为此，央视积极推动与新媒体的融合，扩大节目的传播力和影响力，微博、微信、视频网站等先后成为央视春晚的合作伙伴。视频网站爱奇艺获得 2015 央视羊年春晚的国内及海外独家在线直播版权，除此之外，春晚还与腾讯微信、YouTube、Twitter 等社交媒体合作，这在央视春晚的历史上尚属首次。2018 年，央视春晚通过 CCTV - 1、3、4、7、少儿频道全程并机直播，包括地方电视台在内，全国 182 家电视频道进行了同步播出。中国国际电视台以摘播方式，通过 198 家海外媒体，在 149 个国家和地区落地播出，央视网、央视新闻客户端对春晚进行全程直播。春晚播出期间，通过电视、网络、社交媒体等多终端多渠道，海内外收看春晚的观众总规模达 11.31 亿。①

从传统电视时代全家集体观看，到移动互联网时代各自拿着手机、ipad 边看春晚边刷微博、发微信、抢红包，新媒体改变着春晚的生产、传播和接受方式，同时也在亿万网民的互动中重塑春晚的传播格局和文化生态。随时随地的社交媒体分享和评论让春晚成为全民吐槽的狂欢节。"社交网络让'吐槽文化'如鱼得水，同时也拯救了春晚。'无吐槽不春晚'，'边刷弹幕边看春晚'，'打开微博看春晚'，吐槽正用一种自下而上的方式让春晚重焕'青春'。"② 2015 年春晚，新浪微博发起的"春晚吐槽"话题中，共有 26.6 万讨论帖，1217.7 万的阅读量。2018 年融媒体传播中，主话题"春晚"阅读量突破 386 亿，位居春节期间话题热度榜第一名；全球网络互动"中国赞"除夕当天点赞数量达 20.58 亿，相关话题阅读量达 52 亿。

在融合传播时代，观众接受信息的渠道更加多元，审美日趋分化，观看节目的态度更加积极主动，对央视春晚上"香港"节目的关注度已经明显下降。从 20 世纪 80 年代春晚电视直播的一枝独秀，到 21 世纪以来省级卫视加入竞争，再到当下的社交媒体微传播时代，春晚在传播方式的变革中也发生着重要的转型。

二 话语变迁：从"乡愁话语"到"国家话语"

"话语"是现代批评理论中使用广泛且定义繁多的一个术语。在文化研究中，话语被认为包含在权力之中，同时也是权力得以实施和传播的"系统"的一部分。"春晚堪称改革时代能把国家进步和民族认同的宏大想象与

---

① 《2018 年央视春晚成功播出 海内外收看观众总规模达 11.31 亿》，http://www. chinanews. com/yl/2018/02 - 16/8449948. shtml，2018 年 7 月 10 日。
② 陈思：《"吐槽文化"拯救春晚》，http://www. bjnews. com. cn/ent/2015/02/19/354219. html，2018 年 6 月 22 日。

家庭团聚的个体叙事紧密连接起来的重要媒介事件。"① 春晚中的话语变迁，清晰折射出转型期中国社会变革的轨迹。

（一）文化寻根与"乡愁话语"

"乡愁"是古今中外文学艺术创作的永恒母题。乡愁一般发生在离乡漂泊的游子身上，古诗词中的"举头望明月，低头思故乡""海上生明月，天涯共此时""露从今夜白，月是故乡明""夕阳西下，断肠人在天涯"等描述的都是"乡愁"的情感。因为接连不断的政治运动和阶级斗争，内地观众的私人情感审美诉求一直被革命政治文化压制着。改革开放初期，文艺节目中"乡愁"情感的复苏既是私人化的，同时又具有文化启蒙、人性启蒙的公共性。

"你的身影，你的歌声，永远印在我的心中。昨天虽已消逝，分别难相逢。怎能忘记，你的一片深情……"这是1979年底，中央电视台制作的一部旅游风光片《三峡传说》的插曲《乡恋》的歌词。这首歌由马靖华作词、张丕基谱曲、李谷一演唱。《乡恋》描写了王昭君离开家乡秭归，踏上漫漫和亲路的故事，表达了故土难离的乡愁深情。李谷一根据旋律和歌词的风格，尝试了新的唱法。《乡恋》经李谷一演唱后柔美婉转，富有人情人性之美，受到大众的喜爱，但也受到了保守主义人士的批评。《乡恋》一度被定性为灰暗、颓废、低沉缠绵的靡靡之音而遭封禁。1980年10月，《光明日报》发表了《李谷一与〈乡恋〉》的文章，充分肯定了李谷一在演唱艺术方面的探索精神，并就此拉开了对《乡恋》进行批判与反批判的论战，时间长达一年多。

在1983年春晚上，李谷一的《乡恋》得以解禁，这被认为是文艺领域思想解放的一个标志性事件。"如果《乡恋》出现在改革开放之前，它会夭折；如果它出现在改革开放之后，它会一帆风顺；《乡恋》恰恰出现在改革开放初期，人们对《乡恋》的争议，其实就是保守思想与开放思想的战争。"② 2008年，在"全国流行音乐盛典暨改革开放30年流行金曲授勋晚会"上，《乡恋》获得改革开放三十年流行金曲勋章。

正是因为有了1983年春晚舞台上《乡恋》的解禁，才使得1984年的

---

① 黄典林：《全媒体时代春晚如何突围 传统电视节目创新与未来》，《光明日报》2017年2月8日。

② 齐琦：《李谷一专访：〈乡恋〉一唱 歌坛开放》，《深圳商报》2008年7月22日。

春晚创新力度更大，香港歌手张明敏首登央视春晚舞台，演唱了《我的中国心》：

> 河山只在我梦萦，祖国已多年未亲近，可是不管怎样也改变不了我的中国心。洋装虽然穿在身，我心依然是中国心，我的祖先早已把我的一切烙上中国印。长江、长城，黄山、黄河，在我心中重千斤，无论何时，无论何地，心中一样亲……

"乡愁的第一层次是对亲友、乡亲、同胞的思念；第二层次是对故园情景、故国山河、旧时风景的怀念；第三层次也是最深层的，就是对作为安身立命根本之历史文化的深情眷恋。"① 《我的中国心》这首歌的歌词与李谷一演唱的《乡恋》、余光中的诗歌《乡愁》《当我死时》都有着相类似的"乡愁"意象与话语表达，以"长江、长城、黄山、黄河"指代家园、中国的文化符号，以歌曲和诗歌中的"我"——漂泊在外的游子表达对故土、亲人、家国的思念和怀想，更通过"我的祖先早已把我的一切烙上中国印"表达对中华文化的深深认同，由此将乡愁从形而下的层面提升到形而上的层面。

中国绵延两千多年的农耕文明是孕育"乡愁"的土壤。中国人对故土、家园有着浓郁的情结，尤其是对于身处海外的华人来说，时常陷入身份认同、国族认同、文化认同的焦虑中，文化寻根的意识和身份认同的愿望十分强烈和执着。《我的中国心》词、曲、唱都在香港原创。1982年，日本文部省在审定中小学教科书时公然篡改侵略中国的历史，这激起了香港词曲家黄霑的愤慨，他和王福龄共同创作了《我的中国心》。首唱者张明敏说：

> 香港当时是英国殖民地，那时候我们唱的爱国歌曲还分不清是爱"中华民国"还是爱"中华人民共和国"，没有这个概念。所以那时候的香港人都有一种"游牧民族"的心态，今天不知道明天的去路；香港人非常依赖内地，所有生活必需的原料都靠内地供应，所以我们盼望"中华民国"好，更盼望"中华人民共和国"好。②

---

① 种海峰：《全球化语境中的文化乡愁》，《河南师范大学》（哲学社会科学版）2008年第2期。
② 《专访张明敏：〈我的中国心〉改变了我的人生》，http://ent.163.com/09/0904/13/5ICCKPC100033JIM.html，2018年5月20日。

香港的归属问题成为改革开放初期中英两国政府谈判的重要议题。1983年 7 月 12 日，中英关于香港问题的谈判正式启动，两国围绕主权展开了激烈的争锋，但共识始终难以达成。1984 年春节前夕，中英第八轮会谈开始。在春晚上唱响的《我的中国心》表达了香港华人强烈的身份认同和民族认同感，经电视传播后凝聚起华人社会的情感力量，这对中英谈判形成一定的舆论影响。1984 年底，经过 22 轮磋商的中英谈判终于有了圆满的结果，《中英联合声明》在北京签署，1997 年 7 月 1 日，香港的主权回归中国。

春节，成为炎黄子孙释放乡愁情绪、进行文化寻根的传统节日，春晚，无疑是承载这种情绪的一个重要文化载体。"春晚的价值，首先是一个重要的民族文化仪式的价值，它已成为中华民族文化认同的年度重大仪式。现在全球化运动对民族文化的消解力非常大，日常生活又是非常个人化的，春晚的文化认同和凝聚作用就显得非常重要。"①

张明敏在流行用粤语、英语演唱的香港歌坛中，始终坚持以国语唱歌，因此有着"民族歌手"之称。在 1984 年春晚上，张明敏演唱的另外一些歌曲，如《垅上行》《外婆的澎湖湾》《乡间的小路》等，都充满着田园牧歌式的"乡愁"情绪："我从陇上走过，垄上一片秋色。枝头树叶金黄，风来声瑟瑟，仿佛为季节讴歌。""晚风轻拂澎湖湾，白浪逐沙滩，没有椰林缀斜阳，只是一片海蓝蓝。坐在门前的矮墙上，一遍遍怀想，也是黄昏的沙滩上，有着脚印两对半。""走在乡间的小路上，暮归的老牛是我同伴。蓝天配朵夕阳在胸膛，缤纷的云彩是晚霞的衣裳。"从 1984 年的《我的中国心》《乡间的小路》开始，一直到 1997 年香港回归之前，"乡愁"话语成为香港艺人在春晚舞台上唱响的主旋律：1985 年春晚中，奚秀兰的《故乡情》，汪明荃的《万里长城万里长》《家乡》，1987 年叶丽仪的《我们见面又分手》，1988 年蒋丽萍的《故乡情》，1989 年徐小凤《明月千里寄相思》等。在这些节目中，"故乡""长城""家乡""田园""朋友""思念"等都成为歌曲的关键词。乡愁话语借助春晚迅速传播，成为华人文化寻根、凝聚认同的重要载体。

（二）身份认同与"国家话语"

"国家话语"作为一个新范畴，目前来说，学术界尚未形成统一的阐

---

① 黄冲：《美学教授：春晚核心导向应是维升中华民族文化认同感》，《中国青年报》2011 年 2 月 17 日。

释。本文理解的"国家话语"是体现国家意志的话语，目标指向国家认同。在中国内地主流媒体的报道中，对于 1997 年香港的回归一直是以"一国两制""港人治港""统一大业"的国家话语为核心的。中央和省市媒体形成舆论合力，将香港回归的爱国主义宣传分成两个层次，一个层次是"我是中国人"；另一个层次是"我是主人翁"。①

香港回归后的 1998 年春晚，香港艺人刘德华与内地歌手毛宁、台湾歌手张信哲共同演唱了《大中国》，"我们都有一个家，名字叫中国。兄弟姐妹都很多，景色也不错。……我们的大中国呀，好大的一个家。永远我要伴随她，中国，祝福你，你永远在我心里……"。这首歌直接表达出"我是中国人"的身份认同，非常符合国家意志及央视晚会的主流意识形态要求。

主体认同、主权认同、制度认同和文化认同，构成了国家认同的具体内涵。② 近代起来，独特的殖民地历史使香港在国家认同问题上出现了"真空"现象。一方面，100 年被英国殖民的历史，使得香港与自己的文化母体在政治、文化、社会制度等方面都形成了很大的差异，产生极大的疏离感；另一方面，黄皮肤、黑头发的人种，以及与内地故土割不断的血统渊源，又使得香港人对英国的国家认同。

2003 年，内地游客赴港"自由行"政策实施以来，香港、内地在政治、经济、文化、旅游、生活等方面的交往日益密切，但摩擦也随之出现，"驱蝗""反水客"行动等甚至同"占中"事件相互发酵，并通过互联网快速传播。根据香港大学的调查，从 1997 年香港回归到 2014 年中，以 2008 年为界，香港人的国家认同处于先提升后下滑的状态。③

近几年，香港艺人在春晚上演出的节目表达出越来越强的体现身份认同的"国家话语"。2017~2018 年春晚中，成龙演唱的《国家》《中国》、容祖儿演唱的《万紫千红中国年》、钟汉良演唱的《龙的传人》、古巨基演唱的《乘风破浪》等歌曲都表达了强烈的国家话语。

　　一玉口中国，一瓦顶成家。都说国很大，其实一个家。

---

① 王永红：《形成舆论合力 高扬时代精神——部分中央和省市报纸香港回归庆典报道综述》，《新闻战线》1997 年第 8 期。
② 殷啸虎：《以宪法认同引领和推进特别行政区的国家认同》，《社会科学报》1564 期，第 1 版。
③ 阎小骏：《香港治与乱：2047 的政治想象》，人民出版社，2016 年，第 66 页。

一心装满国，一手撑起家。家是最小国，国是千万家。

……国是我的国，家是我的家，我爱我的国，我爱我的家。

我爱我国家！

——《国家》

你有一个梦，我有一个梦，编织一个美丽的中国。

你有一颗心，我有一颗心，永远伴随亲爱的中国。

中国是我的祖国，生我养我风雨中走过，

中国我爱的祖国，给我幸福，给我快乐。

世世代代守护着中国，世世代代守护着中国。

——《中国》

这些歌曲表达出强烈的爱国主义、集体主义等国家话语，试图重新建构起香港人作为中国人的政治身份。"主导文化始终坚持政治和伦理导向优先，将个人、群体和族群的认同都归结为一种对国家的认同。……国家认同、民族认同和体制认同的同一性乃是主导文化认同建构的基本目标，这在诸多春节联欢晚会等电视传媒节目类型中体现得最为明显。"[①]

事实上，当下春晚的影响力与 20 世纪 80 年代的影响力已经不可同日而语。张明敏因一首《我的中国心》走红华人世界，并且起到明确身份认同、凝聚文化认同的时代一去不返。进一步说，现在春晚的观众主要在内地，有多少香港市民尤其是年轻人关注春晚，媒体、学界都没有深入调研过。由此，春晚上呈现的国家话语对于凝聚香港人身份认同、国家认同的作用还有待进一步论证。

三　从"想象的共同体"到新认同建构

本尼迪克特·安德森的《想象的共同体》提出的最著名观点就是：民族、国家是一个想象出来的政治意义上的共同体，它不是许多客观社会现实的集合，而是一种被想象的创造物。戴维·莫利认为广播电视在把家庭和国家结合在一个民族家庭（national family）的过程中扮演着重要角色。[②]

---

① 周宪、刘康：《中国当代传媒文化研究》，北京大学出版社，2011 年，第 19 页。

② 〔英〕戴维·莫利等：《认同的空间：全球媒介、电子世界景观与文化边界》，司艳译，南京大学出版社，2001，第 2 页。

　　作为一个持续了 35 年品牌影响力的春晚，自始至终都有一个同一性的主题：即"团结、奋进、团圆、和谐、盛世"等，一批主旋律歌唱家演唱的以赞颂祖国、社会主义、中国共产党等国家话语为主题的主旋律歌曲，往往是每年春晚建构"想象共同体"的重要载体。《我们是黄河泰山》（1988）、《我属于中国》（1996）、《江山》（2004）、《梦圆》（2005）、《和谐大家园》（2008）、《祖国颂》（2009）、《祖国万岁》（2010）、《旗帜更鲜艳》（2011）等都体现出强烈的国家认同。《我属于中国》用这样的歌词表达个体对国家的强烈归属和认同感："你用千秋不老的历史告诉我，你用每天升起的旗帜告诉我，我属于你呀，我的中国。"《祖国万岁》热烈地讴歌祖国母亲："我的家有许多兄弟姐妹，我的最爱是你和谐之美，为你祝福，为你贺岁，我的母亲，祖国万岁，祖国万岁，祖国万岁！"《旗帜更鲜艳》为建党 90 周年创作，通过一个个意象唤起民族共同体的集体记忆，强化国家认同："你可记得南湖的红船，你可记得井冈山的烽烟，你可记得遵义的霞光，你可记得窑洞的风寒。苦苦追求，披肝沥胆，旗帜更鲜艳，只为日月清明，阳光灿烂，只为乾坤朗朗，国泰民安。"在此宏观背景下，被邀请参加春晚的港澳台歌手，也被纳入了歌颂"祖国统一、血浓于水、中华认同"的国家话语体系之中。2010 年春晚中，谭晶和香港歌手陈奕迅合唱的《龙文》："一杯清茶道汉唐，妙笔丹青画平安。宫商角徵羽，琴棋书画唱。孔雀东南飞，织女会牛郎。深爱这土地，丝路到敦煌。先人是炎黄，子孙血一样。"2012 年，张明敏再次唱响《我的中国心》，2014 年又演唱了《我的中国梦》，都是在强化政治、文化、情感的共同体。

　　"当代中国始终是民族国家、政党国家和文明国家的有机整体。民族，不是欧洲意义上人口占据绝对多数之特定族群，而是融通政治认同与文明认同、合 56 个具体民族为一体之中华民族。"① 在中国，央视每年主办的除夕春晚既是一台综艺晚会，是当代大众文化的重要组成部分，更是一台糅合了"和谐、盛世、圆满、统一"等主旋律价值的年终政治大餐。从这个意义上来说，观看春晚是负载了个人认同、民族认同、国家认同、文化认同的一项重要的具有仪式感的集体文化活动。

　　35 年前，香港青年张明敏在春晚上"洋装虽然穿在身，我心依然是中

---

① 鄢一龙等：《大道之行——中国共产党与中国社会主义》，中国人民大学出版社，2015，第 55 页。

国心"的深情表达，35 年后，当下香港青年陷于国家认同的困境。1997 年
7 月 1 日，尽管从宏观政治上看香港已从"英属殖民地"回归中国，但在微
观政治上，香港人的自我身份认同和文化认同并没有与主权回归同步完成，
"香港特别行政区并未如同北京设想的那样，在回归后积极地以中国大家庭
中特殊政治成员的身份加入全国性的政治生活之中"①，这又被主流媒体的
国家话语长期遮蔽。近年来，香港人和内地人之间因为地域差异、文化认
同形成的矛盾和冲突在网络上下一触即发，在社交媒体的传播和多元话语
的纷争中上升到了民族认同、国家认同之争的高度。微传播中多元话语的
释放和聚集解构了传统媒体时代固有的话语格局，突破了单一、封闭型的
话语生态，对于建构新的认同提出了挑战。

    当下，香港青年在认同问题上呈现出"文化认同强、本土认同强、国
家认同弱"的"两强一弱"格局②。国家主流媒体要完全避免意识形态宣传
几乎是不可能的。

> 民族的认同与家庭的团圆一样，是社会的需要，它将支持除夕的
> 欢聚。但是，以仪式化媒介事件为方式的年度春节联欢晚会似更应突
> 出民族特色和联欢性质。同时，央视一家播出、举国收看的辉煌历史
> 也将让位于一个竞争性的节庆市场，包括春晚市场。③

    在未来，作为全球华人情感回归、凝聚文化认同的春晚，可以适当弱
化政治话语，强化文化、历史、不同民族风情、人性人情等内容，如《青
花瓷》（2008）、《卷珠帘》（2014）、《时间都去哪儿了》（2014）、《从前
慢》（2015）等，这对于唤醒共享的文化记忆，建构新的认同具有一定的意
义。另外，央视春晚与卫视春晚的差异化定位与发展也应注入新的活力，
以不断提升传播力和影响力。

---

① 阎小骏：《香港治与乱：2047 的政治想象》，人民出版社，2016，第 16 页。
② 范宏云：《学习贯彻习近平香港回归 20 周年重要讲话精神　增强香港青年国家认同的若干
　　建议》，http://www.qstheory.cn/2017 – 08/20/c_1121512355.htm，2018 年 7 月 12 日。
③ 郭镇之：《从服务人民到召唤大众——透视春晚 30 年》，《现代传播》2012 年第 10 期。

粤之魂：孙周南国都市电影中的
女性形象

孙　萌*

摘要　作为一个从山东到珠影闯荡的导演，孙周在不同的历史时期拍摄了《给咖啡加点糖》（1987）、《心香》（1992）、《秋喜》（2009）等南国都市电影。这几部电影呈现了南粤地域景观与人文景观，塑造了三个不同的女性形象，反映出创作者对传统文化的认同与寻找精神家园的执迷，同时，表达了自身对广东城市文化的迷惑与热爱。从这些电影中可以洞悉南国都市人、都市文化发展的轨迹，感受人们在发展期所经历的阵痛，以及导演孙周对广东区域形象与自我认同的塑造与想象。

关键词　孙周电影　女性　传统文化　地域景观　人文景观

Abstract　As a director from Shandong to Zhujiang Film Studio, Sun Zhou made southern urban movies as well as *With Sugar*（1987）, *The True Hearted*（1992）and *Qiu Xi*（2009）in different historical periods. These films presented regional landscape and humanity landscape of Guangdong, shaped three different female images, reflected the director's identify with traditional culture and the obsession of finding spiritual home, as well as expressed his own confusion and love for Guangdong's urban culture. We can understand the development trajectory of people and urban culture in southern

---

*　孙萌，中国艺术研究院电影电视艺术研究所副研究员。

city thoroughly from these films, feel the pain that people experienced during the evolution period, along with Sun Zhou's molding and imagination of Guangdong's regional image and identification.

Key Words　Sun Zhou's films　Women　Traditional culture　Regional landscape　Humanity landscape

作为一个从山东到广东珠江电影制片厂闯荡的导演，孙周在不同的历史时期拍摄了《给咖啡加点糖》（1987）、《心香》（1992）、《秋喜》（2009）等南国都市电影。南国都市电影在中国改革开放的南方沃土萌芽生长，随着改革开放的深入而逐渐成熟、深化、拓宽。从孙周的电影中我们可以看到南国都市人、都市文化发展的轨迹，并感受到人们在发展期所经历的阵痛。这几部电影呈现了南粤地域景观与人文景观，塑造了三个不同的女性形象：林霞、莲姑与秋喜，反映出创作者对传统文化的认同与寻找精神家园的执迷，同时，表达了自身对广东城市文化的迷惑与热爱。本文从女性与传统文化、女性与空间等维度，探究孙周电影对广东区域形象与自我认同的塑造与想象。

一　女性与传统：文化建构与心灵归宿

20 世纪 80 年代，广州作为改革和对外开放的一个窗口，在城市工业化消费文明发展方面，自然而然地走在全国前列。珠江电影制片厂拍摄的《雅马哈鱼档》（1984）、《绝响》（1985）、《给咖啡加点糖》（1987）、《太阳雨》（1988）、《花街皇后》（1988）、《女人街》（1989）、《商界》（1989）等影片，都以南国城市生活为背景，关注当代都市文化，不约而同地反映了这一时期经济变化与时代变化的复杂性，以及城市与乡村之间的对抗与亲和，也反映出影片创作者在社会变革面前的情感抉择与心灵所向。这些影片都具有浓郁的广州风情和南方文化气息，让人体悟到一种时代的脉动。

由于城乡经济的发展，农村人大量涌入城市，这种变动不仅带来城乡结构的变化，也带来了两性间的冲突。孙周的《给咖啡加点糖》反映了这种城乡间不同价值观和婚恋观的矛盾，给人们带来文化上的陌生感和超前感。片中的女主角林霞从乡下逃婚来到广州，刚刚踏入新生活的林霞忧心忡忡，对都市里的一切充满好奇，但仍一直很本分地守着补鞋摊。在城市生活的混乱和动荡中，高高矗立的麦氏咖啡广告、变化莫测的霓虹灯和霹雳舞、大众传播媒介对生活的渗透，构成了对人的巨大威胁。刚仔感到迷惘与失落，感到需要一种能使他在急速的生活变迁中安身立命的东西，于是他爱上了来自乡村的林霞，当他骑着新潮的摩托车穿行在广州的大街小巷，将镜头对准街头熙熙攘攘的人群时，补鞋妹林霞像一块磁石一样紧紧吸引住了他的目光。尽管有许多城市姑娘围绕在他的身边，他还是义无反顾地爱上了林霞。林霞美好善良、懵懂纯真、质朴诚恳的模样是农耕文明的象征，有着城市姑娘身上缺失的美感。对都市广告人刚仔来说，林霞是他不安、惶惑、无家可归的心态中的"家"，一种内心需要，一种迷茫中的归宿感。"在他身上融合着传统文化的亲源性和相对于我国落后地区而言的经济发达地区所产生的现代意识的两种文化现象。拒绝传统又无意识地继续传统的两种极端，使他产生了一种新的精神饥渴，即希望从繁忙的社会生活中相对地得到解脱。不然，我们怎样理解一个广州靓仔对于一个街头补鞋妹的爱情呢？"①林霞作为旧的传统文化的替身，不仅没有成为向工业文明过渡的障碍，反而成为一种精神慰藉，这也表达了创作者本人对工业文明充满焦虑和矛盾的意识形态观点。刚仔与林霞在都市一隅的感情波澜与灰暗结局，使当代城乡之间的冲突、胶着得到了形象与现实的再现。

　　沉寂五年之后，孙周为我们捧出了意趣盎然、浑然天成的《心香》。《心香》的片名源于佛经中的"一炷心香"。《心香》的燃起正值中国社会经济酝酿加速度的时间节点上，身处改革开放前沿的城市，使得敏感的孙周更加切身感受到现代商品社会中人与人之间的冷漠与疏离，以及由此带来的更强烈的无家可归感、信仰缺失感。孙周在一次访谈中平实地道出了自己的电影观念："我喜欢研究人，还有人和自然以及社会的关系。本身作为社会的一分子，人就要和周围产生各种各样的联系。生活不是一句话，是由很多东西构成的，抛开光怪陆离的表象，平心感受每个人脸上的笑容、内心的欣喜和一瞬间的幸福，那才是生活。"②"生命状态以及生命的延续，这是我的创作一直延续的主题。"③他想在自己的作品中寻觅中国人的生命与精神支点，把自己与自身、他人、自然、社会、文化等真实感受到的关系

---

① 孙周：《模糊的感受——〈给咖啡加点糖〉艺术总结》，《当代电影》1998 年第 2 期。
② 王隽：《导演孙周：想要把善良的东西放大来看》，《人民日报》（海外版）2008 年 7 月 11 日。
③ 孙周、白小丁：《〈心香〉导演访谈录》，《电影艺术》1992 年第 3 期。

反映到电影中。影片通过孩子的视角反映了老人与孩子之间复杂而又耐人寻味的情感及心态，从两位苦苦相随的老人身上揭示了许多人生哲理。片中的老人、孩子以及他们的生命状态，成了中华文化的视觉载体。影片风格清新、淡雅、沉稳、朴素，展现了普通人的生活态度和人生态度，闪耀着人性的光辉。影片中的一切最终归于平静恬淡，在苦与乐、生与死、悲悼与超度中充盈着禅宗情怀，孙周曾荣获 1992 年第 12 届中国电影金鸡奖最佳故事片奖、最佳导演奖。

在《心香》中，孙周抓住观音和京戏来传达中国传统文化精髓。观音传自西天，京戏产于民间，观音普及于南国，京戏流行于北方。观音文化的形成与发展，建立在佛教中国化的基础之上，伴随着观音菩萨信仰的不断深化而成体系。《坛经》中说："慈悲化为菩萨。"① 也就是说，观音已经成为慈悲的象征，是慈爱、平和、善良、包容的化身，被广大民众接受、认同与膜拜。观音是南国妇女精神寄托的偶像，是中国传统文化的一部分。影片中的莲姑善良、隐忍、包容，是观音的化身，她的名字已暗含了这一点。她的丈夫 40 年前去了台湾，她守了 40 年的活寡，与朱旭饰演的视京戏为生命的外公互相支撑，相依为命的"黄昏恋"，也是忍耐不说，只是在行动中证明。当她得知分别 40 年的丈夫已经娶妻生子，便"没什么心事"了，准备与外公共度晚年，却因身体原因使这一心愿付水东流，成为遗恨。莲姑在家供奉观音，日日烧香，一种虔诚敬畏的心意，一种在家出家的修养，个中的超然、淡泊、无奈让人赏念之余也不免唏嘘。但有了观音，就有了平和的心态心境与处世的泰然自若，在当下信仰匮乏的时代无疑是一剂良药。尽管她的信奉不像文化人那样达到相当的精神深度，无非靠它求得一份心灵深处的安宁，因此莲姑活动的空间不是寺院，而是很世俗的祠堂。起初京京与外公十分陌生和疏离，就连见面都得用身份证来辨别。但之后，京剧这一共同爱好拉近了他们的距离，心地善良的莲姑也在两人之间起到了重要的纽带作用。最后，外公为了给莲姑超度不惜卖掉自己心爱的京胡，京京则跑到路边唱京戏卖艺赚钱，目的就是为了阻止外公卖掉京胡。与吴天明的《百鸟朝凤》相比，《心香》在反映传统文化与现代文化的对抗和冲突上自然顺畅，没有你死我活的刻意。孙周的着眼点不在经营文化对抗，而是给那个年代画一张清新、隽永的素描。影片的最后，外公把

---

① 陈秋平、尚荣译注《金刚经·心经·坛经》，中华书局，2013，第 207 页。

莲姑留下的晶莹剔透的碧玉观音放到京京的手上，标志着传统文化与美德的继承与发扬。

《秋喜》是孙周的命题作品。命题背景是广东省为庆祝新中国成立60周年而策划的献礼影片，命题内容是讲述广州解放的故事。影片截取的是1949年10月1日到10月14日广州解放这一段可称为黎明前的黑暗的史实，开头收音机中传出的开国大典上毛泽东的宣言和片尾海珠桥的爆炸，成为两个清晰可辨的历史时间节点。2009年10月14日，谍战片《秋喜》在《建国大业》(2009)、《风声》(2009)引领的献礼热潮后上映。电影的主线讲述了1949年广州解放前夕国民党所进行的疯狂破坏活动，广播电台台长夏惠民一直怀疑他的下属晏海清是地下党员，但由于证据不足只好步步试探，而地下党员晏海清则一面不断刺探阻挠计划的情报，一面努力争取夏惠民的信任，以便跟随其去台湾潜伏。影片的另一条叙事线索是晏海清与家中女佣秋喜的朦胧爱情，夏惠民巧设机关致使无辜的秋喜被晏海清误杀，愤怒的晏海清最终将夏惠民杀死。担负着国家想象、民族认同与革命话语的谍战片，自登上历史舞台，便被赋予了浓厚的意识形态色彩，《秋喜》同样如此。

秋喜在片中是一个不穿鞋的、走路没有声音也几乎不说话的沉默的失语者，作为一个符号代码，在整个影片中有着深刻的寓意。首先，秋喜是一个角色的名字，一个普通的少女，一个爱慕男主角的女佣。其次，影片故事发生在广州，秋喜是最普通的名字，是广州人很喜欢也很大众的一个名字，代表着人性纯净无暇的一面，也象征着广大民众的淳朴的心灵。再次，秋喜还代表着秋天的喜事，即新中国的成立与广州的解放。秋天的喜事，本意为美好的事物，广东很多疍家人给女儿取名字时都爱叫作秋喜。当时却因为时代背景被扭曲成了很多被迫为妓的女孩的代称，就像影片中秋喜也因为这一层关系请晏海清为她改名字，晏海清却回答"不是名字不好，是这世道不好"。晏海清的努力正是为了还原一个正常、平等的社会，还清白以清白，还"秋喜"以"秋喜"。片名的三重内涵在观影过程中层层展开，看完影片才会明白导演孙周为何顶住压力，对这个名字不忍割舍。18岁少女秋喜在雨中洗澡的美丽动人的身体，也是纯洁的化身、纯洁信仰的代言，象征着新政权的神圣性与合法性。秋喜的身体符号与新生的广州城紧紧联系在一起。当秋喜的躯体转化为集体、国家层面的社会价值时，她的人格和精神价值也得到升华，最终成为枭雄和英雄枪下的祭奠，以死亡的代价成为激发晏海清内心英雄气概的驱动元素。和一般惊心动魄的谍战片不同，《秋喜》更多的是对人性的探讨。秋喜的死亡，实质是对人格本我的虐杀。晏海清杀死了秋喜，如同杀死了自己。影片通过女性的死亡演绎革命伦理与人性纠葛，探讨在获取权力的过程中，人们是否重复自我杀戮的行为。秦海璐饰演的粤剧名伶惠红莲是一个妖姬型女性，在影片中代表着欲望叙事的另一极。她可视为夏惠民情感世界的一丝"纯洁"，两人的情人关系透露出乱世中难得的真爱，但最终惠红莲因不愿追随夏惠民去台湾，在睡梦中被夏惠民一枪打死。两位女性的死亡，象征着女性身体创伤对国家民族苦难的历史隐喻。①"'革命伦理'也可称为'献身伦理'，个体的身体成为'历史发展必然性'的祭坛上的牺牲，成为实现'伟大的历史意志'的工具，是要'献出去'的东西。"②秋喜与晏海清共同创造的新世界，将惠及千千万万个秋喜。秋喜作为这部影片故事的形象代言人，承载着家国梦想，成为传统文化的图腾与国家建构的基石。

二　女性与空间：行走在地域景观中的人文景观

在《给咖啡加点糖》中，主人公林霞穿行在钢筋水泥的建筑丛林、俗气的店铺、拥挤的人群中，抬头是冲天而起的喷气式飞机，低头是已被人踩扁的空啤酒罐。她透过嘈杂的电视、广告、广播、迪斯科舞蹈、流行音乐等现代化符码，传递出传统文化心声，那是对现代城市文化的好奇与向往，却又割舍不了与传统文化的联系，那是遭遇文化时差后的疲劳与全身不适感，却又有着对陌生空间的倾斜与投入。影片中有一处废墟，看上去像是一所拆除后的厂房，但并非完全死寂沉沉，那里还有电，管道还不时向外泄漏着蒸汽和水，令人联想起某种苟延残喘的怪物。这个所在几乎贯穿影片的始终，而且是主人公们夜间活动的主要场所。从光影上看，这里的假定性很强，甚至有些梦幻的意味。它的残破、恐怖同现代都市的繁荣与喧闹构成对比。废墟中的舞蹈使得环境中的人凸显出来，而不同于被舞

---

① 在孙周执导的首部电视剧处女作《今夜有暴风雪》（1983）中，女主角知识青年裴晓芸也是这样一具超越死亡的崇高躯体。裴晓芸表面柔弱内心却十分坚强，因为出身不好无奈而又沉默地忍受一部分战友对她的伤害。当暴风雪来临时，对北大荒开垦事业的高度责任感与使命感使她选择宁愿在暴风雪中冻僵，也不愿意擅自离开自己的岗位，她的生命、她的血肉之躯在暴风雪中获得永生。该电视剧曾荣获1985年第3届中国电视金鹰奖优秀连续剧奖、最佳女主角奖、最佳男配角奖，1985年第5届中国电视剧飞天奖一等奖、最佳男配角奖。
② 陶东风、罗靖：《身体叙事：前先锋、先锋、后先锋》，《文艺研究》2005年第10期。

厅中的灯光、音乐所淹没，这种特立独行的感觉昭示着对时刻可能吞没自己的社会文化的抵抗与不屑，一种身体意义上的本能的放纵与反驳。而影片中出现的短暂的一个老人打太极拳的镜头，以及在一扇屏风后面的老人抽烟的阴暗剪影，则预示着过去的终将成为过去，未来不可阻挡，城市人的优越感与都市繁华梦将从废墟中拔地而起，哪怕带着一种宿命般的孤独、怅惘与失落。影片的最后，林霞屈从于命运的安排，回老家换亲。晚霞映照的高楼平台上，刚仔的妹妹和同学们正在聚会，他们有自己的生活乐趣与追求，他们属于未来的世界。刚仔伏在护栏上，漠然注视着欢呼、雀跃的孩子们，眼中流露出掩饰不住的困惑与期待。刚仔还是让林霞留下的爱情信物小镜框随风而逝，自己又拿起那台长焦距镜头的照相机对准了都市的人流。不停的快门声好像预示着下一轮信息时代来临后人的更大的异化即将开始。影片把目光投向现代生活中的分裂的个体，"相当准确地展示了准现代化的城市心灵的那种渴望、那种力度以及那种脆弱"①。影片人物的无结局感让观众感受到现代气息，也显示出现代都市人的内心分裂与苦恼，消费文化下的感情缺失与心理失衡，以及城市文化精神的希望与无助。

　　与《给咖啡加点糖》不同，孙周把《心香》的故事安置在更有发挥空间的城乡接合部，那个喧嚣而又疲惫的城市被放在序幕与后景中，一个都市的边缘，缕缕心香沁人心脾。那里小桥流水、老树旧屋，古风尚存、亲情犹在，一群在大树下玩耍的小孩儿，一间供奉观音菩萨的居室，以及夏天的蝉鸣……在淡然安谧的镜语中，却让观者感到处处弥漫着城市化进程的隆隆进攻，压逼着片中的主人公。影片中次第出现的嘈杂的火车站、拥挤的码头、火车的轰隆声、轮船的马达声、卡拉 OK 声等现代化表征，就像一处风景中的导示牌，时刻提醒着人们这是一部何时何地的影片。"《心香》所表现的那个都市，也不是纪实意义下的都市，而是我对这个国家、民族、文化的整体思考以后赋予到电影中的一种人文景观。我认为中国的都市就是这个样子的，或者说中国都市给我的整体印象就是这样的。"②外公的房间古旧破败，给人舞台的感觉，光线从天井直射下来，如舞台的射灯，外孙在上面偷看外公的举动，像在观看前台的表演。戏如缩微的人生，人生像一场没有边界的大戏。片中祠堂的院子、厅堂和自由市场都是真实的，莲

---

①　《〈给咖啡加点糖〉漫谈》，《当代电影》1988 年第 4 期。

②　孙周、白小丁：《〈心香〉导演访谈录》，《电影艺术》1992 年第 3 期。

姑的卧室、外公的房子、楼上、楼下，包括门外的街头、街边的冷饮店，则是根据拍摄需要搭的景。美工师的这些努力为影片营造出一种宁静的氛围，增添了一种透视关系，为影片的镜头赋予一种张力与美感。无论是场景、道具、声音还是演员，无论是老戏、老屋、祠堂，还是那三只依然乘风行驶旌旗飞扬的龙舟，都能让人品味到中国文化的博大精深，感悟到中华文明的神圣，以及文化传承的必然性和重要性。莲姑以自己独有的平和、宁静、超然与信念，诠释着中国传统文化的魅力，对他人报以极大的关爱与包容，呵护着人与人之间的关系。本片中有两处蒙太奇镜头，一个是赛龙舟时的那段平行交叉蒙太奇，一个是外公卖琴时的那段平行对比蒙太奇，紧凑的节奏，高亢的京戏声，以及演员忘情的表演将整个影片推向了高潮，莲姑这时尽管没有在场，却胜似在场，因为她作为中国传统文化的化身，已经成为情感蒙太奇中细水长流的亲情，一处神圣澄明的心灵家园。

　　谍战片《秋喜》秉承了《羊城暗哨》（1957）的视觉镜语，与《羊城暗哨》构成历史呼应与地理对位，呈现出地道的岭南风情与地域色彩。影片一开始就以一个升镜头以及现场音响再现了广州天字码头的喧闹繁忙，大声吆喝的菜贩，悠然飘荡的渔船，五彩缤纷的花丛，终年不绝的水果，怡然自得的渔民，刚刚睡醒正在洗漱的疍家女，随后出现的繁盛茂密的树林、美丽的海珠岛、海珠桥、海珠大戏院、飞翔在空中的白鸽，珠江上来来往往的疍家渔船，琳琅满目的广州经典小吃艇仔粥、鱼头汤、莲香楼虾饺、顺记芒果雪糕、广式甜点，以及街道上大面积的骑楼，无一不映照着广州这座城市的历史印记。① 男主角晏海清居住的古宅精致如画，里面种植着各种植物花草，这里一方面是他休息的场所，一方面也是他与秋喜情感展开的处所。夜色下的古宅黑暗、神秘、幽静，很好地烘托了谍战片的紧张氛围。秋喜的父亲不幸被国民党杀害后，晏海清并没有直接把噩耗告知秋喜，而是从花盆中剪下一支黄色菊花递给她，菊花象征着高洁与哀悼。

① 据导演孙周介绍，影片中那些真实的令人惊叹的老广州场景是拼贴出来的，沿江路骑楼来自开平，疍家码头是在江门拍的，海珠桥是实拍加上电脑特效做出来的。"其实在我们广州市想找到的那些骑楼都不能代表广州的旧有的，西关大屋是有那种感觉，但是它不能代表普遍广东人的生活。我觉得惟有骑楼，底下是小店面，楼上是人家，中间有一个很长的胡同，主街道是在两边的骑楼之间，我觉得这是真正的广东，并且拐到某处，沿江又是骑楼，这个时候骑楼就变得特别有声色，有一点像威尼斯的感觉，我觉得这是广州非常有特点的地方。"参见《孙周：〈秋喜〉创作历程与广东电影》，2009 年 10 月 26 日岭南文化大讲坛，腾讯网：https://news.qq.com/a/20091026/000746_4.htm。

秋喜被自己误杀后，晏海清将她的遗体抱回古宅的庭院中，他再也忍不住伤痛，失声痛哭，泪水随着瓢泼大雨倾泻而下。一直到最后，晏海清提着皮箱离开古宅，花草才显示出原初的绚烂、葱郁、盎然，这也预示着革命胜利的到来。影片的结尾段落，身着大红衣服的秋喜带着喜悦的笑容出现在解放军胜利行进的大街上，穿梭在庆祝广州解放的队伍里，像一个幽灵。如果说秋喜洗澡的镜语隐含着欲望消费与快感美学的基因，那么"死而复生"的秋喜则是一种革命伦理的指导性神话，身体的奇观凸显着革命叙事的一贯诉求。"身体的价值曾在于其颠覆性价值，它是意识形态最尖锐矛盾的策源地。"①倒在枪口下的秋喜和在欢庆人群中出现的秋喜代表了广州这座美丽城市的浴火重生，从而完成了这部电影的拯救主题。银幕上的秋喜娴静、美好、纯净，晶莹清澈的双眸饱含着对美好生活的向往，这种表现主义的写意式精神凯旋，暗示了人性至善至纯的美好，也完成了命题作品《秋喜》的主流意识形态"询唤"功能。

三 结语

孙周在三部南国都市电影中，塑造的三个女性形象，同中有异，各领风骚。"我一向偏重于从女性的角度来看问题。欣赏女人，崇拜女人。我一向认为，女人是伟大的，女性的包容、善良和母爱，是母性的特质。这一观点首先源于我的家庭——我的母亲和我姐姐，以及在我身边对我产生影响的女性。我深深体会到这一点，这是我描写女性时的源泉。"②《给咖啡加点糖》中的林霞单纯、善良、温厚、真诚，象征着都市文明对农耕文明的眷恋，犹如黄昏下深情的回眸。《心香》中的莲姑是沉静、隐忍、美好、温馨、信念的化身，以她为中心，影片组织起一个以情和爱为原点的元社会。在这两部影片中，导演孙周认真面对中国人生命和情感的归宿问题，将对自己人生的思考上升到对国家、民族和文化整体进行思考的高度，赋予影片独特的人文情怀。《秋喜》是一部植入内心视角的谍战片，秋喜是勤劳、善良、美丽、纯洁、希望的代言，影片一如她的名字，书写着新中国的成立与广州在秋天迎来解放的喜悦。《心香》与《秋喜》在时间上存在着内在

---

① 〔法〕让·波德里亚：《消费社会》，刘成富、全志钢译，南京大学出版社，2001，第148页。
② 孙倩：《孙周：从〈今夜有暴风雪〉开始的电影苦行僧》，《信息时报》2004年8月6日。

的呼应。影片中的女性在绵延不绝中超越死亡，融入时间，秋喜的生命在鲜血中获得永生，莲姑的精神在观音佛龛中得以再生。

林霞、莲姑与秋喜渗透出孙周的理想色彩，她们就像圣母、圣女，为人们提供了一个心灵的家园，一个精神的道场，一如《心香》片尾的独白"莲姑好，就像观音"，至此，林霞、秋喜与莲姑三位一体，成为一种让人膜拜的文化符号。她们从肉体上没有成为母亲，但在精神上升华成为了母亲，成为南粤文化精神的灵魂。林霞是莲姑的青春期，秋喜是莲姑的前世，莲姑是秋喜的今生，她们在电影叙境中完成了"对现实苦难的移置与背负"①，是岭南观音文化救世精神的体现。

值得一提的是，三部影片中，林霞的饰演者李凤绪是河北人，莲姑的饰演者王玉梅是山东人，只有秋喜的饰演者江一燕是浙江人。三部影片中，从人物塑造的丰满程度与力度上比较，显然秋喜最弱。而在孙周另外两部著名的影片《漂亮妈妈》（2000）与《周渔的火车》（2002）中，扮演女主角的巩俐是山东人，这一择角偏好也反映了导演孙周的乡土意识与怀旧情结。乡愁，是亘古而又高贵的情感，故乡与童年记忆是创作者想象的种子，想象，其实就是记忆的重复与复合，都会或隐或显地在文本中出现。孙周在通过自己的影片给山东老家行注目礼，表达对故土的怀想。这又是另外一个值得研究的话题。

---

① 戴锦华：《〈心香〉：意义、舞台和叙事》，《当代电影》1992 年第 8 期。

粉丝文化研究

Fan Culture Studies

偶像—粉丝社群的情感劳动及其政治转化

——从"鹿晗公布恋情"事件谈起

林 品[*]

摘要 "鹿晗公布恋情"这起新媒体事件不仅标志着"爱豆文化"在中国大众文化领域的崛起,而且标志着一种新型的情感劳动的兴起。"爱豆"与粉丝之间的双向情感劳动合力构建出一种情感共同体,进而为粉丝的商品消费行为与媒介使用行为提供巨大的情感驱动力。这种情感劳动既为文化创意产业的资本势力创造了可供攫取的可观价值,同时它的政治潜能也正在被官方宣传机构的民族主义动员所收编。

关键词 偶像 粉丝 情感劳动

Abstract The new-media event of Luhan making public his love affairs not only indicates the rise of Idol Culture in Chinese popular culture, but also indicates the rise of a new kind of affective labor. The two-way affective labors between idol and fans construct some kind of affective community and supply sufficient affective stimulus for fans' consuming behavior and social media behavior. This kind of affective labor has created observable value for the capitalist force of cultural and creative industry, and its political potential is incorporated by the of the nationalist mobilization of official propaganda agency.

Key Words Idol Fans Affective Labor

---

* 林品,首都师范大学文学院讲师。

2017 年的中国发生了许多极具话题性的公共事件。然而，在新浪微博这个曾被很多人视作中国最具公共舆论空间性质的互联网媒体平台上，2017 年度转发、评论、点赞数量最高的一条微博，既与汹涌澎湃的民族主义浪潮无关，也与引人瞩目的社会热点新闻无涉，而是一位"90 后"艺人公布恋情的简短声明——由鹿晗（微博账号为"@ M 鹿 M"）发布：

"大家好，给大家介绍一下，这是我女朋友@ 关晓彤"。

这条只有短短 19 个汉字、2 个标点符号和 1 个特殊符号的微博，却引动了超过 120 万次的转发、超过 280 万次的回复以及超过 570 万次的点赞，甚至一度造成新浪微博的服务器陷入崩溃。

这个统计结果或许会让不少时事新闻的关注者颇感意外，不过，在笔者看来，这起新媒体事件却构成了一个富有意味的标志，不仅标志着偶像文化或者说"爱豆文化"在中国大众文化领域的迅猛崛起，标志着粉丝文化在青少年群体当中的急剧壮大，而且标志着一种新型的情感劳动的兴起。更进一步说，这种情感劳动的运作机制不但与偶像工业、粉丝文化密切相关，而且还关联着当下中国的民族主义浪潮，以及更为广泛的流行文化趋势。

一 "爱豆文化"的崛起与偶像 - 粉丝社群的情感劳动

"鹿晗公布恋情"的新媒体影响力之所以会让一些人感到意外和不解，绝不仅仅是因为这起事件在传统观念里只是属于"明星八卦"的范畴，更重要的原因是，按照传统的关于文艺明星的观念，鹿晗其实很难被认可为一名配得上如此高关注度与如此大影响力的超级明星。这位现年 27 岁的男艺人无论是在唱功方面还是在演技方面，都并未达到出类拔萃的高度，他至今也从未奉献过任何一部引领风潮的文艺作品。除非是佩戴着所谓的"粉丝滤镜"，在情绪化的主观视域中过滤掉偶像的一切缺陷，否则，相对中立的观察者应该都会承认，由鹿晗担任主演的"IP 巨制"《盗墓笔记》和《择天记》皆可谓品质欠佳，而鹿晗推出的音乐专辑事实上也都乏善可陈。

对于那些以为文艺明星的受关注度的首要来源应当是其文艺作品的人士来说，鹿晗所获得的如此大规模的狂热追捧似乎是难以理喻的。然而，鹿晗现象的值得探讨之处正在于，它标志着一种新形态的偶像—粉丝文化在中国的崛起。

在这里，或许我们应该借用"爱豆"这个在鹿晗的粉丝社群中更为流行的名词来指称以鹿晗为代表的新形态的偶像明星。需要特别指出的是，所谓的"爱豆"，并不应当被视作英文单词"Idol"的中文音译，而是应当被视作"Idol"的日文变体"アイドル"（aidoru）与韩文变体"아이돌"（aidor）的中文音译，它其实是在21世纪以来，以日本、韩国为中心向周边国家播散的流行文化产业体系中诞生的概念。① 只要简单地考察一下当今最具新媒体影响力的几位"顶级流量"的出道经历，我们就会发现这些"爱豆"与日韩文化产业之间的紧密关联：鹿晗与吴亦凡都是出道于韩国的男子偶像团体EXO，而易烊千玺、王源、王俊凯所在的TFBOYS组合的造星方案，则是明显模仿了日本最著名的男子偶像经纪公司——杰尼斯事务所的造星模式。如果说，多数人对于偶像—粉丝文化的基本认知，是在20世纪中叶以来，以欧美为中心向全球播散的文化—体育—娱乐产业体系中形成的，而在这样一套至今依然持续塑造着全球流行文化的主流样貌的产业体系当中，偶像明星主要是借助技艺的展示与事业的成功来赢得社会声望的；那么，在日韩式的流行文化产业体系中，"爱豆"则意味着某种有别于专业演员、专业歌手的独立职业，他们在演艺、歌唱、舞蹈等领域可能都略有涉猎，但他们的人气却并不源自那种单向传播的技艺与作品，而是源自他们在社交媒体时代的双向交互中与粉丝建立起的情感联结。

可以说，在日韩式的"爱豆文化"中，"爱豆"与他们的粉丝群体分别从事着两种彼此相关的"情感劳动"（affective labor）。一方面，"爱豆"会在综艺节目、粉丝见面会、社交媒体等场合娴熟地生产出一系列带有"粉丝福利"性质的言行举止，以便他们的粉丝能够运用这些声画素材展开自主编织与二次创作，从而进入到某种想象性的虚拟化的亲密关系（所谓的"女友粉"）或亲情关系（所谓的"亲妈粉""姐姐粉""妹妹粉"）当中；另一方面，粉丝则会有意识地借助社交媒体和即时聊天工具，组建起极具组织性和纪律性的偶像后援会，进而在五花八门的应援活动中巩固并强化自身与偶像之间的情感联结，并且经由线上交流与线下交往，在协同作业的团队合作中形塑并增进某种同伴情谊。

在理想的状态下，这两方面的情感劳动将会彼此助力，合力构建出一种情感共同体。而对于文化创意产业来说，这种情感劳动的意义不仅仅在

---

① 邵燕君主编《破壁书：网络文化关键词》，第119~121页。

于让商业公司培养并推出的艺人（"爱豆"）与那些有可能持续关注这位艺人的人群（"粉丝社群"）建立起相对稳固的情感联结，而且更在于这种情感联结能够增强作为"产消者"（prosumer）①的文化主体进行某些消费行为与生产行为的行动力。数码媒介的理念更新与技术演进，为亨利·詹金斯（Henry Jenkins）所描述的"参与式文化"（participatory culture）②创造了媒介环境。而在当代的数码媒介环境中，新媒体的积极使用者不仅是作为文化产品的消费者和媒介信息的接收者而存在，而且能够通过人机交互的用户界面，借助种种具备可读可写性、允许用户生成内容、支持群体协作任务的互联网应用，成为文化产品的"产消合一者"和媒介信息的双向交互者，能动地参与流行文化的生产与传播过程。在这样的媒介生态下，由偶像—粉丝社群的情感联结所激发的粉丝行动力，不仅表现在积极主动地购买"爱豆"参与制作的文化产品或是"爱豆"所代言的各类商品之上，而且更表现在通过训练有素的集体组织齐心协力地生产出颇为可观的"用户自产内容"（user-generated content）与流量数据。也就是说，偶像—粉丝社群经由上述的双向互动而形成的那种情感联结，不仅会为粉丝的商品消费行为提供强大的情感驱动力，而且还会为粉丝群体协同作业的数码劳动提供强大的情感驱动力，从而让他们的"爱豆"在专辑销售量、新媒体数据等指标上呈现出极为可观的人气指数。

与传统的偶像明星相比，在社交媒体时代迅猛崛起的"爱豆"的人气，尤其显著地体现在那些熟练使用新媒体并深谙数据计算规则的粉丝为他们精心营造的新媒体势力之上。正是在这个意义上，这些"爱豆"也会被文化产业的从业者称作"流量艺人""流量明星"；而他们的那些自觉从事数码劳动的粉丝，则时常自嘲为"轮博女工"（"轮博"即"轮流转发微博"的缩写）。上文提及的"鹿晗公布恋情"，作为一场当事人堪称"顶级流量明星"的媒介事件，就向我们显示出那些自嘲为"轮博女工"的互联网用户在震惊体验的刺激下有可能制造出怎样的新媒体影响力。

---

① "产消者"（prosumer）是由阿尔文·托夫勒（Alvin Toffler）创造的合称词，由"producer"（生产者）和"consumer"（消费者）这两个单词合并而成，用来描述那些生产者即消费者、消费者及生产者的现象。参见〔美〕阿尔文·托夫勒《第三次浪潮》，黄明坚译，中信出版社，2006；《财富的革命》，吴文忠译，中信出版社，2006。

② 参见〔美〕亨利·詹金斯《融合文化：新媒体和旧媒体的冲突地带》，杜永明译，商务印书馆，2012；〔美〕亨利·詹金斯、〔日〕伊藤瑞子、〔美〕丹娜·博伊德：《网络时代的参与文化》，高芳芳译，浙江大学出版社，2017。

二 官方宣传机器对"爱豆文化"的收编与情感
劳动的政治转化

在当代文化产业的运作逻辑中，当粉丝社群具有颇为可观的商品消费力与数据生产力时，也就意味着他们的"爱豆"具备颇为可观的商业价值和传播价值。正是这种以销量和流量为标志的市场价值，为这些以"爱豆"为职业的艺人吸引来众多影视项目投资方的合作邀约。也就是说，不同于专业演员是通过影视作品来积累媒体关注度和观众认知度，"爱豆"则是先在以社交网络为基本架座的媒介生态中集聚可观的人气，然后再凭借这种可度量、可变现的人气指数，赢得演艺圈的宝贵资源。

特别值得一提的是，不仅民营文化公司投资的影视项目热衷于邀请"自带流量"的爱豆，而且中国政府的官方宣传机构也开始瞩目于"流量艺人"的新媒体影响力与传播价值，有计划地同这些台词功力、表演技巧都颇受争议的"流量艺人"展开多种形式的合作。

例如，广电总局电影局制作的系列公益广告《光荣与梦想——我们的中国梦》，就邀请了王俊凯、吴亦凡、李易峰、杨洋、杨幂、杨颖、赵丽颖等多位"流量艺人"出演。在这部从2017年7月1日起正式投放到中国内地各大院线的贴片广告中，新生代的"流量艺人"与老一代的艺术家同框出镜，构成了一幅耐人寻味的有趣图景。当毛泽东时代的红色电影的女主角扮演者谢芳、陶玉玲与市场经济时代的消费主义代言人吴亦凡、王俊凯在镜头前亲密互动，一种不无牵强、略显生硬的代代传承关系也就由此获得了想象性的建构。无独有偶，在2017年7月27日上映的"主旋律献礼片"《建军大业》中，一大批新生代的"流量小生"扮演了中国共产党历史上的重要人物。尽管这种选角方式引发了包括烈士后人在内的诸多人士的强烈不满，但不可否认的是，它的确为官方宣传机构的政绩工程赢得了颇为可观的舆论关注度与媒体绩效指标。

如果说，将那些极具新媒体影响力的"爱豆"雇佣为"主旋律"的宣传员，是官方宣传机器对"爱豆文化"进行收编的直观案例；那么，官方宣传机器对偶像—粉丝社群的话语方式的挪用，则是这种收编的更为深刻的面向。与上述雇佣几乎同步发生的一例引人瞩目的挪用，是"打Call"这个短语的迅速泛化。在偶像—粉丝社群的特定语境中，"打Call"原先指的是一种缘起于日本"爱豆文化"的独特应援仪式。① 但从 2017 年 10 月起，在共青团系统各级宣传部门的微博账号的节奏带领下，"为祖国打 Call"这样的说法开始频繁出现在社交媒体之上。在这里，"打 Call"不仅为民族主义的官方宣传注入了某种网络词语的新鲜感，而且还体现出近年来中国网络民族主义的一种值得关注的新趋势，那就是，以"共青团中央"的新媒体账号为代表的宣传机构，有意识地采用了拟人化的修辞手段，将"中国""中华民族"或"中国政府"拟人化为一位男性"爱豆"的形象，进而借用"爱豆文化"的话语来实现民族主义、爱国主义宣传的自我更新。

值得注意的是，这种源自"二次元民族主义"② 浪潮的"国族拟人化"，提供了一种奇特的修辞方式与表意策略：一方面，"国族拟人化"让宣传机构能够将某些由非人格化的政治机器所完成的行动转译为某种由"二次元萌系角色"的"人物设定"所驱使的行为，从而让某些原本难于顺畅达成的政治表述获得别开生面的讲述样式；另一方面，"国族拟人化"让宣传机构得以挪用粉丝动员的话语方式来开展民族主义、爱国主义的情感动员，从而让原本未必如此有效的认同建构获得时尚潮流的别样助益。而借助这种表意策略的官方宣传的确成功地感召了相当一部分长期活跃于偶像—粉丝社群当中的年轻网民，这些社交媒体的熟练使用者也随即积极主动地将她们久经训练的媒体应援手段运用到关涉政治议题的网络论争当中，在"祖国才是大本命"（"本命"指的是在粉丝心目中占据最爱地位的偶像）③ 这类口号的引导下制造出种种颇具声势的舆论浪潮，由此形成了一股被称作"小粉红"的网络民族主义群体。④

三 爱豆—粉丝的隐性契约与人设崩塌的风险

然而，必须指出的是，"鹿晗公布恋情"事件之所以会造成爆炸性的流量增长效应，不仅是基于那个与鹿晗维持着情感联结的粉丝群体所具有的

① 邵燕君主编《破壁书：网络文化关键词》，第 137~141 页。
② 林品：《青年亚文化与官方意识形态的"双向破壁"——"二次元民族主义"的兴起》，《探索与争鸣》2016 年第 2 期。
③ 邵燕君主编《破壁书：网络文化关键词》，第 119~120 页。
④ 王洪喆、李思闽、吴靖：《从"迷妹"到"小粉红"：新媒介商业文化环境下的国族身份生产和动员机制研究》，《国际新闻界》2016 年第 11 期。

极为可观的数据生产力，而且是由于鹿晗公布恋情的行为事实上引发了多家粉丝社群的巨大震惊与剧烈争议。

这种震惊的成因在于，前文所述的情感联结其实是与某种不成文的交易契约共同构成了"爱豆—粉丝关系"的一体两面。也就是说，倘若"爱豆"要接受粉丝的"爱的供养"，就必须回馈给粉丝以"爱的报偿"。如前所述，鹿晗与其说是一位依靠贩卖个人魅力来赢得人气与资源的"崇拜型"偶像，毋宁说是一位在粉丝社群的应援活动的供养之下才显现出"流量担当"的商业价值，进而反向吸引娱乐圈资源投注的"养成型"偶像。而在商品交换这一市场经济的基本逻辑之中，粉丝持续而狂热的供养绝不会是一种无条件的付出，而必定会是有所索求的。其中最为通行的一项索求，就是索求一位存在于媒体系统之中的"云男友""云哥哥""云弟弟""云儿子"，索求一份由线上线下的双向互动形塑而成的亲密关系或亲情关系。就那些事实上构成鹿晗粉丝群体之主部的"女友粉"而言，"爱豆"需要满足她们对于某种亲密关系的甜美幻想。而鹿晗突然公布恋情的行为，以及他在公布恋情之前的某些可被解读为"欺瞒"的言行、他在公布恋情之后的某种可被解读为"冷漠"的态度，对于很多以"女友粉"自居的粉丝来说，则破坏了这种想象性的亲密关系，违背了这种虽不成文却维系着"爱豆—粉丝"的情感共同体的隐性契约。

换句话说，在"爱豆文化"的语境中，鹿晗的粉丝会自认为拥有干涉偶像私生活的权力，而鹿晗公布恋情的行为则至少消解了"云男友"这样一种既存的人物设定。也正因如此，"鹿晗公布恋情"事件才会在网络上引发巨大的争议，制造出如此惊人的流量增长效应。这种争议不仅发生在粉丝社群内部的不同派别之间，同时也发生在粉丝与那些认为"恋爱乃是个人自由"的非粉丝之间。

从更广的视角来看，"鹿晗公布恋情"事件还提示了一种格外重要的文化趋势——亲密关系的虚拟化。也就是说，越来越多的人似乎不再需要与一位肉身在场的他人主体发生面对面的交往，就可以进入到一段想象性的亲密关系当中。更进一步说，在这个社交媒体与视听媒介高度发达的时代，亲密关系正在展现出多种多样的崭新样态。除了当前最具媒体曝光度的"爱豆文化"之外，蓬勃兴起的网络直播行业和二次元行业，前景广阔的虚拟现实游戏、全息投影虚拟偶像、人工智能机器人，都向人们展示了亲密关系在数码时代的多种可能。或许，当我们在若干年之后回顾"鹿晗公布恋情"这起新媒体事件时，我们会发现，当前的"爱豆文化"只是亲密关系虚拟化潮流当中的一个过渡性的产物。在日新月异的数码技术的重塑之下，流行文化无疑还会发生难以预期的新变。

在这股亲密关系虚拟化的浪潮中，偶像明星作为经纪公司力量、演艺投资力量、行政宣传力量、文化消费者力量等多重力量相互博弈的纽结点，越来越倾向于通过营造与贩卖某种能为消费者提供情感满足的"人设"①，来赢得网络粉丝的关注以及随之而来的新媒体影响力。然而，那些经过提纯的可标签化的"人设"，虽然便于新生代的"产消者"借由"脑补"与二次创作获得情感满足，却不免会与艺人的真实人格与生活境况存在不同程度的出入，因而往往会在某些网络新闻的披露与突发事件的冲击之下遭到瓦解，以至于"人设崩塌"成为近年来网络舆论场域当中一个常见的流行短语。

结　语

如果从宏观的理论视角来看待"爱豆文化"，偶像—粉丝社群的这种情感劳动以及与此相伴生的数码劳动，可被视作"非物质劳动"（immaterial labor）在社交媒体时代的流行文化场域中展现出的一种新兴形态。或者借重迈克尔·哈特（Michael Hardt）与安东尼奥·奈格里（Antonio Negri）的说法，我们还可以将这种"非物质劳动"称作"生命政治劳动"（biopolitical labor），因为这种劳动不仅会大批量地生产出诸如网络信息、流量数据这样的非物质性的产品，而且这种需要调动劳动者的主观能动性并且依托于劳动者的自我组织的劳动形式，还会在高度合作化的群体性劳动过程中持续不断地生成劳动者的生命力与主体性，生成劳动者与劳动者之间的社会关系与情感联结。而按照哈特与奈格里的观点，这种内生于数字资本主义时代的主导性经济体系的新型劳动形式，事实上蕴含着值得瞩目而有待转化的政治潜能。②

不过，有必要指出的是，哈特与奈格里的论述主要着眼于"生命政治

① 高寒凝、王玉玊、肖映萱、韩思琪、林品、邵燕君：《大家都知道这是场游戏，但难道你就不玩了吗？——有关爱豆（IDOL）文化的讨论》，《花城》2017 年第 6 期。
② 〔美〕迈克尔·哈特、〔意〕安东尼奥·奈格里：《大同世界》，王行坤译，中国人民大学出版社，2015。

劳动"所蕴含的劳动者主体性如何能够为抗争性的社会运动提供政治潜能。而本文探讨的"爱豆文化"向我们提示的,则是这种情感劳动的能量同时也有可能服务于政治经济。首先,这种兴起于流行文化场域当中的劳动形态,已然打破了"工作"与"非工作"的传统界限,模糊了所谓的"上班时间"与"业余时间"、"生产劳动空间"与"日常生活空间"之间的既存区隔,当那些"轮博女工"在社交媒体与即时聊天工具中"打卡上班""完成任务"时,她们也就在自觉不自觉间为主宰着文化创意产业的资本力量创造了可供攫取的可观价值。更进一步说,偶像—粉丝社群的趣缘社交与网络化合作固然突破了粉丝所处空间所构成的地域限制,但其情感共同体的形构依然在很大程度上建基于某种抱团排他的身份认同,就此而言,围绕着"我家爱豆"展开的情感劳动与国家机器的民族主义动员之间似乎存在着彼此接合的亲缘性,而正如前文所述,二者之间的政治转化也的确已在现实当中发生发展。由此而来的文化—政治议题,无疑需要研究者在未来的时日里予以更为详实的调研与更为细致的辨析。

虚拟化的亲密关系

——网络时代的偶像工业与偶像粉丝文化

高寒凝*

摘要 为了参与大数据时代偶像工业的生产机制之中，粉丝必然要借助社交网络和网络社区的账号，在成为粉丝的同时成为一个虚拟化身。而"偶像"这个职业的发明，本就基于对粉丝"准社会关系"想象的去病理化，即借助"粉丝福利"回应粉丝有关亲密关系的想象。与此同时，偶像艺人的形象本身作为一个提供亲密关系想象的素材库，其实质是一种虚拟实在，而非自然状态下的人类个体。因此，网络时代的偶像工业，事实上就是一个虚拟化身（粉丝）与虚拟实在（偶像）之间不断实践着某种想象性的"虚拟化亲密关系"的场域。

关键词 偶像工业 粉丝文化 亲密关系

Abstract In the era of big data, to get involved in the idol industry, it is necessary for fans to have some accounts of social network and online communities. Thus, fans appear in the idol industry as well as its avatars established. In fact, idol is a job which could respond the fan's fantasy about intimate relationships by fan service. In other words, this kind of job eliminate the improper imagination of para-social relationship. Meanwhile, an idol image, the nourishing source of intimate relationship imagination, is actually a virtual being instead of a human being. In the age of Internet, the idol industry is a field in which the avatars (fans) interact with the virtual beings

---

* 高寒凝，中国社会科学院文学所博士后。

（idols）continuously in order to maintain the imaginative virtual relationship.

Key Words　idol industry fan culture intimate relationships

一　大数据时代粉丝身份的虚拟化转向

东亚地区的偶像（idol）文化和偶像工业体系①，最早诞生于 1970 年代的日本。当时，彩色电视机刚刚开始在日本普及，而高速增长的经济也使得青少年群体的财务状况变得宽裕起来，足够支付购买唱片、杂志和演唱会门票的花销。良好的媒介环境和市场条件，催生了以天地真理（出道时间为 1971 年，下同）、Candies（1972）和乡裕美（郷ひろみ，1972）等为代表的初代偶像艺人、组合的崛起。② 虽然最初受到欧美流行文化的影响，但经过几十年的发展，日本的偶像工业也逐步形成了一整套颇有本土特色、包括选拔、培训等环节在内的完善的工业体系。偶像也得以与歌手、演员等身份区分开来，成为演艺圈里一种专门的职业。

到了 1980 至 1990 年代，东亚各国各地区相继开始复制日本偶像工业的生产机制，推出本土偶像艺人和偶像团体。如中国台湾的小虎队（1988）、中国大陆的青春美少女组合（1995）以及韩国偶像团体 H.O.T（1996）等。这其中，以韩国偶像工业的发展速度最为惊人，在短短几年之内，便随着"韩流"的热潮席卷整个东亚。

如果以日韩作为参照系，那么中国大陆地区的偶像工业，则很难称得上是成熟完善的：不仅缺乏正规的职业培训体系③，偶像也没能作为一种有别于歌手、演员的专门职业受到广泛承认，反而衍生出"偶像派"这一隐含着"没有专业实力，只是长得好看"等负面含义的称谓。

最近几十年间，伴随着媒介变革的进程和娱乐产业的蓬勃发展，以偶

---

① 日语中的"偶像"一词，写作アイドル，即 idol 这个英文单词的片假名拼音。

② 西条昇，木内英太，植田康孝，アイドルが生息する「現実空間」と「仮想空間」の二重構造：「キャラクター」と「偶像」の合致と乖離，江戸川大学紀要，2016.03。

③ 这里的正规职业培训，主要指的就是练习生制度。即事务所和经纪公司不断吸纳新人，由公司提供场地和师资，经过数年乃至十年以上的专业训练，最终挑选出各方面都较为优秀的成员给予出道机会的制度。目前，中国大陆地区虽然已经有娱乐公司开始设立练习生制度，但真正以练习生身份出道并走红的艺人还不多见，当红偶像艺人的出身，大多仍是选秀、艺术院校和国外偶像组合等。

像艺人/明星为中心形成的粉丝组织和粉丝文化，在中国大陆地区大致经历了三个发展阶段，即前网络时代、网络社区时代和大数据时代。其中，前网络时代的粉丝组织，大多是歌迷会、影迷会性质的粉丝俱乐部，通常规模较小，且受地域所限，也很难频繁地开展各种活动。

而网络社区时代的粉丝文化，则是由湖南卫视制作的选秀节目《超级女声》开启的。这一引发了中国娱乐传媒史上空前绝后的"全民追星"热潮的现象级综艺，开播于 2005 年。也正是在这一年，中国网民总人数首次突破 1 亿，[①] 网络作为新兴的媒体，在粉丝们主动而又自觉的运用之下，第一次与传统媒体发生了深度的互动与融合。当时，百度贴吧作为一个刚刚成立不久的主题交流社区，由于技术门槛极低，很快吸引了大量超女粉丝进驻。她们通过关键词搜索，以贴吧名为单位，克服地域的阻隔会聚在一起，从而获得了无限制的自我表达和互动交流的空间；同时，一个固定的网络平台的存在，也为比赛期间粉丝们的宣传、拉票工作提供了重要的动员基地。[②] 选秀结束之后，尽管大部分成功出道的超女，都各自拥有了专属的粉丝后援会，但在漫长的赛程之中形成的路径依赖，却已彻底重构了这个新兴粉丝社群的组织模式和交流方式。自此之后，以百度贴吧为代表的网络社区，也就渐渐成为包括超女粉丝在内的各路粉丝开展线上交流、发布粉丝评论和粉丝创作的重要平台。

同样是在 2005 年，日韩因竹岛/独岛争端而交恶。韩国娱乐工业也不得不暂时撤离当时最大的海外市场日本，将目光转向中国。此后，韩国的各大娱乐公司为了迎合中国市场，开始不断在旗下偶像组合中加入中国成员。与此同时，也借助便捷的网络，在中国发展起自己的粉丝组织。他们渗透进旗下艺人贴吧的管理层，引入韩国成熟的粉丝管理经验，[③] 经过种种规训，在短短几年内培养出中文互联网中组织最严密、忠诚度最高的粉丝社群。而这一套管理方式和行为规范，也很快被国内的各大经纪公司所借鉴，并随着粉丝成员的流动扩散开来，逐步演变为某种"行业标准"。

到 2014 年前后，中国偶像工业的格局，却又因为互联网资本对影视行

---

① 参见中国互联网信息中心发布的《第十六次中国互联网络发展状况统计报告》，地址：http://www.cnnic.net.cn/hlwfzyj/hlwxzbg/200906/P020120709345358978614.pdf。
② 杨玲：《转型时代的娱乐狂欢——超女粉丝与大众文化消费》，中国社会科学出版社，2012，第 39~50 页。
③ 包括雇佣职业粉丝引导舆论，组织粉丝为明星接机、集资送礼等。

业的全面入侵，以及一项互联网技术——大数据算法——的成熟而产生了重大的变革。2013～2015 年间，以 BAT（Baidu 百度、Alibaba 阿里巴巴、Tencent 腾讯）为首的互联网资本开始进军影视行业：2013 年百度正式控股爱奇艺，2015 年阿里巴巴和腾讯分别成立了旗下的影视部门阿里影业和腾讯影业。这一系列动作，不仅是对中国影视工业的一次重新洗牌，也意味着几大互联网资本巨鳄，正运用自身强硬的互联网思维对这个传统行业的游戏规则进行重构。而所谓的"互联网思维"，便集中体现在对大数据算法的依赖之上。

大数据（big data），指的是一种以数量庞大为特征的信息资产，由于具有极高的传播速率和多样性，因此它的价值转化也就需要特殊的技术和分析方法来支持。[1] 具体到偶像工业的语境之下，便不难发现，此前在以贴吧为代表的网络社区中，围绕偶像艺人展开的交流、讨论和同人创作等活动已经非常火热，并由此生成了海量的数据。但这些数据作为信息资产，却始终缺少一种算法，能对其进行捕捉和量化，并最终用于衡量一个偶像的人气高低。在很长的一段时期内，影视工业和各路资本虽然能够察觉到网络热度的重要性，却也无从着手，只能继续沿用老旧的收视率、票房等数据来估算一名艺人的商业价值。

而随着大数据算法的成熟与普及，技术上的障碍终于变得不复存在，一系列计量艺人网络热度的新媒体数据榜单也就应运而生。2012 年 7 月，纬岭传播（vlinkage）[2] 下属的寻艺网推出了艺人新媒体指数排行榜，2014 年 7 月，新浪微博明星势力榜也正式上线。[3]

其中，寻艺网艺人新媒体指数排行榜的算法并不透明，官网虽然给出了一个公式：艺人新媒体指数 = 演员参演的电视剧每日播放量 xA + 演员微博数据 xB + 演员贴吧数据 xC + 演员豆瓣数据 xD + 演员搜索数据 xE + 其

---

① De Mauro Andrea，Greco Marco，Grimaldi Michele，*A Formal definition of Big Data based on its essential Features*，Library Review，2016，Volume 65.

② 根据 Vlinkage 官网的介绍，该公司已经建立了中国最全的艺人/影视剧资料数据库，并在此基础上建立了相应的数据模型。每日对视频网站和社交媒体、新闻媒体等信息数据进行检测，通过多维度评估，真实反映相关内容和演艺编导人员的市场热度、受众、趋势等关键性营销指标。

③ 2017 年 12 月，百度百科也发布了一个大数据产品"百度数说"，其中最先公布的版块就是明星垂直类，并设有明星关注度榜单。

他 xF①，但 ABCDEF 所代表的各维度数据的系数却不得而知，且各平台的数据究竟如何计算，也没有具体的说明。

相比之下，新浪微博明星势力榜的记分规则就要详细得多。根据官方表述，它的最终得分，"由阅读数、互动数、社会影响力、爱慕值四项组成"。其中，阅读数记录的是该明星微博的阅读量；互动数记录的是该明星发布的内容（包括微博、评论）所产生的互动行为（包括转发、评论微博、赞微博、回复评论、赞评论）的整体数据；社会影响力，指的是提及该明星姓名的微博的总阅读量，以及微博上该明星姓名的搜索量总数；爱慕值计算的则是粉丝赠送给明星的虚拟道具（花）的数量，该虚拟道具可通过活动免费领取，也可付费购买。四个项目在最终得分的计算中所占比例分别为 30%、30%、20% 和 20%②。

当然，目前并没有任何证据表明，这些公开发布的艺人网络热度排行榜，会成为影视剧制作方和广告商制定决策时的参考，也没有任何验算方式能证明这些公式是科学准确的。但这一系列计算规则的出台却无疑表明，艺人的网络热度完全能够通过技术手段被量化，并且是以其作品的播放量和围绕他而展开的线上讨论的总阅读量为基本单位的。

这些网络播放量、阅读量，一般统称为"流量"（traffic），是互联网企业谋求变现的重要资本。网络时代，流量即金钱，"流量明星"的概念也就此横空出世：一名艺人哪怕没有任何高质量的代表作，但只要能在新媒体数据方面表现突出，便足以引起影视工业和商业资本的关注与追捧。而网络流量之所以会产生，从根本上说，是因为"访问者"（visitors）的存在。流量明星之所以被称作流量明星，正是因为他们拥有一批数量极其庞大且异常稳定的访问者：粉丝。考虑到在中国，严格意义上的"偶像"这个职业的从业者总体上处于整个娱乐工业的边缘地带，而流量明星在职业规划、工作内容和粉丝圈生态等方面又无限接近于偶像，在一定的语境下甚至可以相互置换，因此本文在讨论大数据时代的偶像工业和偶像文化时，事实上是以流量明星及其粉丝圈作为主要研究对象的。

如果说偶像这个称谓是对其工作性质的概括，那么"流量"二字所提示的，则是它背后的一整套生产机制：一套以偶像艺人为中心，不断制造

① 参见 Vlinkage 官网有关数据排行规则的说明，地址 http://www.vlinkage.com/datatop.html。
② 参见新浪微博明星势力榜榜单规则，地址 http://chart.weibo.com/chart/introv2? rank_type = 5&version = v1。

可用于变现的新媒体数据的生产机制。而其中承担了绝大部分生产任务的，正是新媒体时代活跃在网络社区和社交媒体中的粉丝们。

约翰·费斯克曾经将粉丝的生产力划分为三种类型，即符号生产力、声明生产力和文本生产力。其中，声明生产力（enunciative productivity）是一种通过公开声明自己的粉丝身份而获得的生产力，它的一个重要实现手段便是粉丝交谈（fan talk），费斯克将其描述为"一个地方社群内部关于粉都客体（object of fandom）的某些意义的生产与传播"，例如女性肥皂剧粉丝对剧情的讨论等。①

时至今日，粉丝交谈的范畴与价值显然已经大大超出了费斯克在前网络时代的判断。它不再局限于地方社团和口头表达，而是借助互联网，以论坛、微博网页和即时通讯软件的聊天界面为载体，链接到世界的每一个角落；也不再仅仅只是符号价值的生产与传播，这些发生在网络空间中的交谈行为——从转发到评论，再到日复一日不断地发布包含偶像姓名的内容——都将作为网络流量被大数据算法所捕捉，最终转化为真金白银。

值得指出的是，粉丝对偶像新媒体数据的贡献，并不完全是在无知被动的情况下，经由随机交谈和讨论而产生的。事实上，在大多数成熟的粉丝社群内部，都会涌现出一批熟知新媒体运营规律的粉丝或粉丝团体，他们对各类榜单计算规则的研究成果，已经被广泛用于指导和组织整个粉群，展开有针对性的数据生产工作。例如偶像所发的微博应该以何种频率转发才不会被判定为水军，某日的原创微博应该带哪些标签（tag）以提高相应话题的阅读量，某日贴吧新增回帖数应当达到多少才能提高现有的榜单排名，等等。

相比之下，在超女时期，贴吧等网络社区所提供的，不过是粉丝们交流讨论的平台，在影响力上固然无法与电视等传统媒体相抗衡，讨论的方式和内容当然也不可能具备任何带有数据生产意识的策略性与组织性，不过是粉丝社群中一部分有条件上网的成员的"娱乐狂欢"罢了。

然而随着智能手机和平板设备的普及，网络这一新兴媒介，已经逐步赶超电视和院线，晋升为当前娱乐工业最重要的产品、信息发布平台，同时也是获取娱乐资讯和偶像最新动态的首选渠道；大数据算法对艺人网络

---

① 约翰·费斯克：《粉都的文化经济》，陆道夫译，载陶东风主编《粉丝文化读本》，北京大学出版社，2009，第10页。

热度的捕捉与转化，也使得互联网空间成为偶像艺人商业价值再生产的重要策源地。相应地，粉丝为了在追星过程中获得参与感和成就感，也乐于建构新媒体数据同偶像事业发展前景之间的关联性（无论这种关联性是否必然、是否唯一），并最终生成一种共识或认识性装置，即"数据越好的偶像就越红，不给偶像做数据的粉丝不是好粉丝"。

也就是说，在网络大数据时代，任何一名粉丝要想获得合法的粉丝身份并真正参与到偶像（流量明星）工业的生产机制之中，就必须首先注册一个社交网络/网络社区账号，通过不断地发帖、转发，进而逐步获得"粉籍"①。通常情况下，为了不给日常的人际交往带来困扰，大部分粉丝都会将生活号和粉丝号②区分开来。如果同时喜欢好几个偶像，某些粉丝甚至会经营多个粉丝号，以便在不同的粉丝社群内以不同的粉籍展开活动。

最终，这些账号所对应的 ID，也将分别与其所有者的各种粉丝/非粉丝身份捆绑起来，独立于他们的自然身体，成为网络空间中的一个个虚拟人格，或者说，虚拟化身（avatar）了。

二　"偶像"的发明与粉丝身份的亲密关系转向

在如今的社交网络上，各路粉丝高呼偶像（无论男女）为男友、老公，早已是司空见惯的现象。这种行为看似"疯癫、脑残"，然而这些所谓的"女友粉"③，又何尝不是偶像工业刻意培养经营的产物。尽管"女友粉"这个称谓本身，事实上是很晚近的发明，大约在 2013 年前后才开始逐渐在中文互联网中流行起来，但将偶像视为自己恋人的倾向，却是自偶像工业诞生伊始便已经存在的。

理查德·德阔多瓦（Richard deCordova）曾经将明星（star）与电影名人（picture personality）之间的关键区别，阐释为私人生活作为一种知识的被呈现：当制片方不再有能力将关于某个演员的知识限定在电影文本内部，

---

① 粉籍，即被视为某偶像粉丝的资格。粉籍当然是可以自我声明的，但要让某个粉丝圈的成员普遍承认一名粉丝的粉籍，则需要一定的证据，例如社交网络账号中为偶像"做数据"的痕迹，所购买的偶像相关的产品，如唱片、演唱会门票、杂志或代言的商品等。

② 生活号指的是与日常生活中的朋友互相关注，且发表内容也与本人日常生活相关的账号。粉丝号指的则是与粉丝圈朋友互相关注、发表与偶像相关的内容或专门用于做数据的账号。

③ 以偶像的女友自居的粉丝。除直接在社交网络上称偶像为男友、老公之外，有时甚至会直接把 ID 写做某某的女友、某某的老婆等。

那么，一旦他的私人生活被暴露在公众视野之中，他也就正式由电影名人蜕变为明星了。① 这段论述揭示出一个关键的认识性装置的存在，即公众对明星私生活的窥探，虽然常被谴责为侵犯隐私，但事实上，反而正是这一窥探行为本身，造就了明星制（star system）的发明和明星身份的诞生。也就是说，对部分个人隐私权的让渡与放弃，本来就隐含在明星制的逻辑之中。

同样的道理，在偶像工业诞生与发展成熟的过程中，也存在一个类似的认识性装置。通常认为，在日本、韩国这样的偶像工业体系较为完善成熟的国家，偶像是一个与演员、歌手完全区分开来的独立的职业。那么问题的关键就在于，显然偶像也是会出演影视剧、发行唱片的，是影视工业和唱片工业的一分子，那么他和演员、歌手的区别究竟何在？

1956 年，美国精神分析学家唐纳德·霍顿（Donald Horton）和理查德·沃尔（R. Richard Wohl）曾提出过所谓的"准社会交往/准社会关系"（para-social interaction /para-social relationship）理论，用以描述媒介接受者与他们所消费的媒介人物（明星、公众人物或电视剧中的角色）之间发展出的单方面的、想象性的人际交往关系。②

在过往的很长一段时期内，粉丝的这种"准社会关系"想象，总是会被渲染为"疯狂的、魔鬼附身"的行为。根据詹金斯在《文本盗猎者》中的论述，"fan"这个单词作为"fanatic"（疯狂）的缩写，其词源是拉丁语中的"fanaticus"。最早意为"属于一座教堂，教堂的仆人、热心的教众"，后被引申出负面含义"被秘密性交祭神仪式所影响的极度热情狂热的人"，又渐渐泛化为"过度且不合适的热情"。③ 在这一饱含偏见意味的称谓的笼罩之下，围绕粉丝所展开的观察与描述，自然免不了充斥着形形色色的刻板印象。

在早期的粉丝文化研究中，某些对《星际迷航》里的人物产生性幻想的女粉丝，就会被形容为侍奉神祇并为之守贞的女祭司。而出现在新闻报道中的粉丝，也多是反社会人格的形象，一旦针对名人的亲密关系幻想遭

① 理查德·德阔多瓦：《明星制在美国的出现》，载陶东风编《名人文化研究读本》，北京大学出版社，2013，第 137～149 页。
② Donald Horton, R. Richard Wohl, *Mass Communication and Para-Social Interaction*, Psychiatry, 1956, Volume 19.
③ 〔美〕亨利·詹金斯：《文本盗猎者：电视粉丝与参与式文化》，郑熙青译，北京大学出版社，2016，第 10～11 页。

遇破灭，便不惜采取暴力行为。在西方的悬疑电影和侦探小说中，甚至演化出了一种离群索居、孤僻变态，且常被视为犯罪嫌疑人的角色类型，即"阁楼中的粉丝"①。

不可否认的是，粉丝与明星/文化名人之间的所谓"准社会关系"，的确大多出自臆想，堪称自作多情。而明星/文化名人虽然逃不开成为"大众情人"的宿命，却也没有任何义务——回应粉丝的非分之想。

然而，偶像工业却反其道而行之，将整个行业的存在基础，建立在对粉丝"准社会关系"想象的去病理化之上：利用规模庞大且绵密熨帖的"粉丝福利"（fan service）语料库，主动回应这些想象，给予其合法性认可，同时不断地为粉丝提供能够证明她们"与偶像处于一段亲密关系之中"的素材。

所谓"粉丝福利"语料库，主要指的是偶像或偶像组合举办粉丝见面会、握手会，向粉丝比爱心手势，在社交网络上和粉丝展开互动等行为。

以日本偶像组合岚（ARASHI）的综艺节目《交给岚吧》（嵐にしやがれ）为例，这个综艺节目常常会安排岚和别的偶像组合比拼专业技能，其中当然也包括发送粉丝福利的技巧。在 2016 年 11 月 12 日播出的一期节目中，主持人提问道，如果粉丝在见面会时对你说"我喜欢你"，应该怎么应对？得到的"标准答案"包括："不不不，是我喜欢你才对""我不喜欢你，但是我爱你"。而对于"请和我结婚吧！"这样的表白，则又有"你说什么呢，不是已经结婚了么？""笨蛋，这句话应该我来说才对！"之类的巧妙回应。

正是以这样的方式，偶像工业得体地回应着粉丝们的"非分之想"，成功地吸纳了大量曾经被污名化，被驱逐、排斥在流行文化工业之外的生产力与消费能力。偶像也因此成为一种职业化的"大众情人"②。这也正是偶像作为一种独立的职业，得以区别于演员、歌手的关键所在。因此，与其批判粉丝高呼"老公"，以偶像女友自居的行为是脑残，倒不如说，恰恰是此类有关亲密关系的想象，催生了偶像这一职业的诞生与成熟，并与此同时，将这种"准社会关系"想象的合法性，内化在了偶像工业的运营逻辑之中。正如明星需要让渡自己的一部分隐私权方能成为明星，偶像在成为

---

① 〔美〕亨利·詹金斯：《文本盗猎者：电视粉丝与参与式文化》，郑熙青译，第 11～14 页。

② 当然了，这套健全的行业规范也并不是在 1970 年代日本初代偶像诞生的时候建立起来的，而是在漫长的发展过程中逐步完善的。但偶像的工作内容主要是"讨人喜欢"而不是"贩卖才艺"这一点，却一直广受认可。

偶像的过程中，所需让渡的就不仅仅是隐私权，还包括了自由进入一段亲密关系的权利。

也就是说，倘若一名偶像忽然爆出绯闻或公开恋情，便无疑会对指向该偶像的亲密关系想象构成阻碍，粉丝对此感到不可容忍，亦是常理。某些偶像明星在公布恋情之后所引发的粉丝圈内外舆论的巨大分歧，恰是粉丝圈外的大众无法切身体会偶像工业运行机制的最佳例证。

在最极端的状况下，例如偶像工业发展得最为成熟的日本，一些偶像团体（如 AKB48）甚至会颁布规定，禁止成员在合约期限内恋爱。① 而这种禁令的存在，无非是为日渐强势的粉丝团体提供更好的消费体验的保障罢了。至于在粉丝经济发展势头正盛的中国市场，粉丝更早已通过大量购买偶像相关商品、制造海量新媒体数据、斥巨资为偶像应援②等方式，逐步以众筹资本的身份，获得了与经纪公司分庭抗礼的地位，名为粉丝，实为"股东"。而经纪公司当然也乐于将管理偶像私生活的部分权利让渡给粉丝，不仅分担自身的压力，也能更好地形成某种制衡关系。种种因果的累加，就使得所谓的"女友粉"，在偶像工业生产机制内部，变得更加具有必要性和合法性了。

当然，女友粉在这里只是作为一个典型例子出现，绝不是在暗示偶像艺人的粉丝全都是将偶像视为男友，并以女友自居的。事实上，粉丝对于亲密关系的想象，与日常生活中存在的亲密关系类型一样丰富，而偶像工业为了攫取更多利润，自然也会对这些想象采取鼓励或至少是默许的态度，逐步承认各种粉丝类型的存在，并将其合法化。例如在某些养成系偶像③的粉丝中间，会自然地涌现出一些将偶像视为自己的子女，想要守望他们成长的粉丝（亲妈粉）；也有粉丝会将男偶像视为自己的父亲，渴望得到来自

---

① 这类针对少女偶像私生活的行为规范，在偶像产业兴起的最初阶段也并非业界通例，反而是在资本（运营方）、偶像、粉丝之间的话语权此消彼长的过程中，逐步协商定型的。参见安帛《粉丝为名，"股东"为实：日本偶像结婚禁令从何而来?》，地址 http://mp. weixin. qq. com/s/eHnljoDKchSKGg3zws1mRQ。

② "应援"是一个日语词汇，本意是加油，在日本的粉丝文化中被引申出"为偶像加油助威、赠送礼物给偶像和偶像身边的工作人员"等含义。在大陆地区的流量明星粉丝圈，攀比应援能力甚至一度成为风气，粉丝集资赠送给偶像的礼物也越来越昂贵且声势浩大了。参见王玉玉、叶栩乔、肖映萱《"网络部落词典"专栏：同人・粉丝文化》，《天涯》2016 年第 4 期。

③ 养成系偶像通常在年纪很小时就会出道，各项才艺都还处在学习的过程中，并不成熟。而追随这类偶像的最大乐趣，就在于看着他们一点点成长进步，像是亲手养大了一个孩子一样。

年长男性的指引与爱护（女儿粉）；贩卖"总攻""老公"人设的女性偶像，自然会收获一批称呼女偶像为老公，并自称为老婆的"老婆粉"；而某些颇有耽美阅读经验的女粉丝，则可能会将男偶像识别为受方①，并因而将自己摆在男友的位置上，这类粉丝，通常会被称为"逆苏粉"②；此外，还有一类较为特殊的 CP 粉，她们热衷于想象的，并不是自己和偶像的亲密关系，而是偶像和其他人（可以是明星，也可以是普通人甚至虚拟人物）之间的亲密关系。

当然，仅仅使用"准社会关系"的概念，显然尚不足以解释所有类型的粉丝心理。除上面提到的这些亲妈粉、女儿粉之外，还有一类所谓"事业粉"，在流量明星粉丝圈中颇为活跃。她们向偶像索取的，就不是任何有关亲密关系的想象，而是一种自恋性的自我投射（narcissistic self-reflection）。这类粉丝会将自己的人生意义、价值取向投射到偶像的身上，并将偶像的成功视为自己的成功进行夸耀。③

任意一个粉丝个体，通常都不会永远隶属于特定的粉丝类型，而是会在多样化的亲密关系想象之中自由流动。也许上一分钟还是亲妈粉，下一分钟又会因为一些新的影像资料、文字信息而化身为女友粉、事业粉。至于构成她们粉丝身份的那个虚拟化身，也就在这一变幻的过程中，如流水般永无常形了。

三　偶像形象的虚拟化与数据库化

既然整个偶像工业生产机制的成熟完善与粉丝身份的亲密关系转向是一体两面且几乎在同一时刻发生的，那便引出了另一个通常为粉丝圈外人士所不解的问题：既然许多偶像艺人在业务水平方面很难与专业演员、歌手相提并论，常被认为是缺乏代表作的无能艺人，那么，偶像所产出的作品，究竟对粉丝而言意味着什么，真的是粉丝耳聋眼瞎，缺乏鉴赏水平，

---

① "受"，指的是在耽美写作中被认为处于同性性关系里的被插入方的男性角色。参见郑熙青、肖映萱、林品《"网络部落词典"专栏："女性向·耽美"文化》，《天涯》2016 年第 3 期。

② "逆苏"，即逆向玛丽苏的意思，与幻想偶像爱上自己的苏粉（正向玛丽苏）不同，逆苏粉认为自己的偶像才是人见人爱的玛丽苏，并自我想象为一名被玛丽苏迷得神魂颠倒的普通男性。

③ Cornel Sandvoss, Fans: *The Mirror of Consumption*, Malden: Polity Press, 2005, pp. 96 - 122.

才会被拙劣的表演所蒙蔽吗？

这里当然存在一个巨大的误解，因为粉丝所消费的，从来都不是偶像出演的、作为一个流行文化产品的"整体"的作品，而是其中可被拆解用于为粉丝提供亲密关系想象的"素材"。事实上，在某些极端的情形下，就连最为死忠的粉丝，有时也很难毫无怨言地坚持看完流量明星们出演的影视剧。然而，这些影视剧中被刻意剪辑出来的一段段只包含自家偶像相关影像的所谓"cut"①，却会在粉丝圈中引起广泛的传播、再阐释与二次加工。

也就是说，偶像艺人所能产出的最重要的作品，事实上只有一个，那就是以他本人为原型创造出来的、某种可被放置于亲密关系想象之中的形象。

显然，并非所有文化名人都需要建立清晰的公众形象，例如某些作家、音乐家，就完全可以保持神秘。而偶像则不同，由于身为职业化的"大众情人"，且时时刻刻被放置在各种有关亲密关系的想象之中，那么，偶像就必须是一个鲜活的、富有魅力且永远都会有新鲜素材更新的形象。否则，粉丝的亲密关系想象也就成了无米之炊，很难将爱意维持下去。

以上两段论述，显然暗示着偶像形象的某种虚构性，但这也并无任何稀奇之处。因为自从好莱坞明星制诞生以来，包括电影明星在内的所有文化名人的公众形象，从他们的外貌、性格再到生平经历，就已经是由影视工业和大众传媒，借助光影特效、宣传通稿编织出来的虚构作品了。② 然而，虽然同是虚构，但在虚构手法上，终究有所不同。简要说来，1990 年代中期以后的偶像工业，在设计和塑造偶像形象的过程中，就已经开始充分遵循数据库消费的理念了。③

---

① 即剪辑出来的片段。这些片段常被粉丝们变换各种角度加以阐释，用于丰富偶像作为想象性亲密关系对象的整体形象。
② 〔英〕保罗·麦克唐纳：《好莱坞明星制》，王平译，世界图书出版公司，2015，第 5～8 页。
③ 所谓数据库消费，是东浩纪对当代日本御宅族群体阅读动漫游戏作品的方式的总结概括。在他看来，由于身处后现代的语境之中，1990 年代中期以后的日本御宅族，已经不再热衷于作品背后的宏大叙事，而更关心具体角色身上的所谓"萌要素"。此类萌要素包括特定的着装风格（水手服、女仆装等）、发型（双马尾、黑色长直发等）和性格特征（傲娇、天然呆等）等。因此这些作品中的角色，也就不能被简单地视为一个虚构人物，而是多种萌要素的拼贴、集合与再循环。这些萌要素经过归类整理，就形成了所谓的"萌要素数据库"，而御宅族对动漫游戏作品的消费，本质上其实是对这个数据库的消费，也就是说，是以萌要素的"宏大非叙事"取代"宏大叙事"。参见東浩紀《動物化するポストモダン：オタクから見た日本社会》，講談社，2001，p.62～78。

通常情况下，数据库消费时代的偶像形象的创作流程是这样的：首先，经纪公司会提取偶像本人身上的一些属性或特点，将其转化为萌元素，并加以整合，形成某种漫画式的、纯粹、夸张而又引人瞩目的所谓"人设"（人物设定）；再由偶像扮演这一人设，呈现到粉丝面前。在运营得较为成熟的偶像团体中，更是会刻意为队员们安排各种可以形成互补或反差的人设，以满足不同粉丝的需求。例如在韩国偶像团体里，年龄最小的成员，即"忙内"（막내，maknae），通常会被设定为受到哥哥们照顾的小弟弟，或格外懂事反过来照顾哥哥们的小大人，而"弟弟"或"正太"①，就都是萌元素数据库中的经典萌元素。

这种由经纪公司主持制定人设，再由偶像扮演人设的工业流程，如今早已不再是秘密。而大多数追星经验较为丰富的粉丝，对此也心知肚明。并且，即使知道偶像所呈现出的形象只是"人设"，与其真实性格并不相符，也不会过于介意，反而更希望偶像能够努力维持好这个人设，不要"演崩了"。在这套工业流程之中，粉丝并不是完全被蒙在鼓里的，她们中的一部分人，对偶像形象的虚拟性有清醒的认识，会自觉地将偶像视为一个虚构人物来对待。

当然，粉丝对偶像这个虚构/虚拟人物的接受过程，也并不是完全被动的。在伯明翰学派的理论体系之中，亚文化的风格（style）是由拼贴（bricolage）生成的。而所谓拼贴，"即在一套完整的意义系统——这一系统已经包含了那些委派于这些被用物品的、先在的和沉积的意义——之内，对这些物品进行重组和再语境化（re-contextualisation），并以此来传播新的意义"②。

具体到偶像这个虚拟人物之上，它显然首先是由偶像工业生产出来的一套完整的意义系统。粉丝所需要的，用于满足她们亲密关系想象的素材/萌元素，大多已经被预先封装在这个虚构人物的整体形象之中了。但这并不意味着，粉丝就只能全盘接受经济公司的官方设定。相反，出于满足自身某个特定的亲密关系想象的消费需求，她们完全可以从偶像的整体形象之中，拆解出一部分素材/萌元素，再重新加以组合，解读出一个专属的私

① 正太，出自日语，指的是可爱且年纪较为幼小的男孩、少年。参见林品、高寒凝《"网络部落词典"专栏：二次元·宅文化》，《天涯》2016年第1期。
② 〔英〕斯图亚特·霍尔、托尼·杰斐逊：《通过仪式抵抗：战后英国的青年亚文化》，孟登迎等译，中国青年出版社，2015，第304页。

有人设来。更何况，这是一个摄影器材随手可得的时代，偶像只要出现在公众场合，他的一举一动，都有可能被粉丝或路人记录下来。如此一来，有关偶像的各种非官方影像素材的传播，就大大逸出了经济公司所能掌控的范围。① 而更多新鲜素材的加入，也就使得粉丝对于偶像形象的拼贴或者说二次创作，拥有了更为广阔的腾挪空间。

例如某些养成系偶像，他们的官方人设可能是正处于青春期的懵懂少年。但在某些并非以亲妈而是以女友自居的粉丝看来，有关这些小偶像的各种官方、非官方的影像或文字素材里，总会有某些片段或瞬间，是充满成熟男性魅力的。倘若将这部分素材/萌元素单独搜集起来、再进行拼贴重组，一个符合女友粉的亲密关系想象的、经由二次创作所得的偶像人设，便正式诞生了。② 然而，这一过程本身却并不包含任何抵抗意味，它只是从个体需求出发，对流行文化产品进行的一次自定义调整，偶像经纪公司对这种行为，反倒是乐见其成的。

归根结底，偶像工业所提供的最终产品，虽然在表面上看来是一个个偶像艺人的整体形象，但对于粉丝来说，那个由官方提供的偶像形象本身，通常情况下却只是一个尚不完备、有待拆解补充与二次创作的、作为亲密关系想象的素材的微型数据库而已。

结　语

进入网络时代，偶像粉丝文化在前网络时代已然成立的亲密关系属性之上，又呈现出某种虚拟化的形态：粉丝获得粉丝身份、参与粉丝经济生产必须以一个虚拟化身为中介，而偶像的形象本身作为想象性亲密关系的素材库，也已充分显露出其虚拟实在（virtual being）的本质。因此，处于媒介变革之中的偶像工业，就早已不仅仅是围绕偶像艺人制造可变现的新

---

① 尽管有些传统的偶像经纪公司，例如日本的杰尼斯事务所，会严格把控旗下艺人的肖像版权，决不允许私自摄影。但在韩国和中国，由粉丝自主组织的，专门跟拍偶像的个人站点却是普遍存在的。

② 更具有颠覆性的，对于偶像形象的二次创作可能发生在"逆苏"粉身上。把一名男性解读为"受"的形象，本身已经足够具有颠覆性，而"逆苏"粉所选择的对象，却并不总是通常意义上较为女性化的男性偶像。事实上，一些公众形象十分阳刚霸气的男演员，如成龙、姜文等，也都拥有自己的"逆苏"粉，虽然数量稀少，但却发挥着强大的创造力，从这些男演员的影像素材中，解读出妩媚妖娆或脆弱娇羞的气质来。

媒体数据的机器，它同时也成为一个虚拟化身（粉丝）与虚拟实在（偶像）之间不断实践着某种想象性的"虚拟化亲密关系"的重要场域。①

---

① 在笔者的博士论文中，这种"虚拟化的亲密关系"的运行机制，被阐释为"虚拟性性征"（virtual sexuality），它几乎符合网络时代所有文艺形式和亚文化社群中的爱情观念与爱情想象。

情感劳动与收编

——关于百度贴吧 K-pop 粉丝集资应援的研究

陈 璐*

摘要 在使用私人账号募集巨款的集资应援尚不完全合法的情况下，粉丝组织的集资活动充满了不透明性。为了高效地动员粉丝参加集资和组织应援，吧主筛选出积极并服从的粉丝，不断激发和巩固他们的集体认同感和对明星的情感，掩盖集资营销过程中对于粉丝劳动力和金钱的剥削和利用。集资活动中所展示出的粉丝的集体认同是围绕对于商品的消费和明星的营销产生的，离不开娱乐公司及其代理人的操控，这是跨国娱乐资本和文化工业及其代理人收编粉丝进行营销的新方式。

关键词 收编 集资 应援 情感劳动 认同

Abstract Since using private account to raise fund for idol supporting activities is still illegal or semi-illegal, the fundraising organized by fandom remains opaque. To effectively mobilize fans to participate in fundraising and supporting activities, Baidu Tieba's administrators select dedicate and obedient fans while conceal the exploitation and utilization of fan labor and money by motivating these fans' collective identity and affection towards their idols. The fans' collective identity demonstrated in fundraising activities is produced around consumption and promotion of idols as well as manipulation

---

* 陈璐，广州大学新闻与传播学院讲师。

from entertainment companies and their agencies. Transnational entertainment capital and cultural industry develops new strategy to incorporate fans to make promotion.

Key Words　Incorporation Fundraising Supporting activities Affective labor Collective identity

近年来，随着应援文化的兴起，粉丝用私人账号募集巨款用于购买唱片、演唱会门票、给明星做广告、赠送礼品，甚至为明星支付解约费等现象屡见不鲜，粉丝集资行为的合法性引发了媒体热议。我国早期关于粉丝集资的研究多为探讨粉丝的消费行为是否适度合理，① 近年的研究则多从粉丝的身份认同角度出发，或探讨粉丝的身份认同对于消费行为的影响，② 或探讨消费行为对于粉丝认同的塑造。③ 这些研究的局限在于，假设有一个整合的粉丝身份认同存在，消费行为要么是认同的表现方式，要么是塑造认同的手段。本文试图跳出这种认同—消费的框架来重新审视文化工业和粉丝之间的关系，在承认粉丝个体能动性的同时，更侧重于探讨粉丝集资作为文化工业，尤其是跨国娱乐资本控制粉丝社群的新手段，并且揭示消费、生产和控制之间的作用机制。

一　文献回顾

在大量关于社会结构性和个人能动性之间权力关系的讨论和经验研究中，受众被置于资本主义意识形态和市场两个体系中，作为消费者或者生产者，作为意识形态的控制对象或者反抗意义的能动生产者而存在。如，法兰克福学派的文化批判理论认为，文化工业把所有人变成了消费者和雇员，资本主义的娱乐就是劳动的延伸，人们娱乐是为了从机械劳动中解脱出来，再度投入劳动中去。④ 因而大众文化是反启蒙的，让人们用服从代替

---

① 马竹音：《粉丝消费行为的社会学分析》，吉林大学硕士学位论文，2009，第 26 页。
② 谢小杭：《基于社群文化的明星粉丝消费行为研究》，中国政法大学硕士学位论文，2017，第 61 页。
③ 卿晨：《网络社区中粉丝群体的社会认同研究》，华东师范大学硕士学位论文，2015，第 42 页。
④ 〔德〕霍克海默和阿道尔诺：《启蒙辩证法：哲学断片》，渠敬东等译，上海人民出版社，2006，第 107～152 页。

自觉意识（*consciousness*），是一种大众欺骗。① 当理性批判的辩论被消费所取代，公共领域被伪公共（pseudo-public）和伪私人（sham-private）世界的文化消费所取代，原本公共领域中产生的政治参与也被侵蚀了。② 波德里亚的消费社会批判理论认为，在物质丰盛的社会中，消费是生产性的，是一种社会必需的浪费，使人们驯化为劳动力，剥削和控制并不仅产生于商品的生产环节，也存在于商品的消费环节。消费不是消费者个人欲望的结果，而是社会生活被商品生产体系控制的结果。文化消费不再与文化的内容和公众相关联，文化成为消费物品，被商品的逻辑支配。③ 这些理论都强调了资本主义社会体系制造消费需求，意识形态可以通过文化消费对大众加以控制，甚至于消费本身就是一种控制。

相比于法兰克福学派的结构性视角，英国的文化研究学者们更关注受众对于媒介内容和文本的解读，肯定受众的能动性，但同时也意识到了抵抗文化被占统治地位的意识形态和文化工业所消解的可能。比如，霍尔通过研究媒体话语形成的编码和解码过程，认为受众的解码过程未必和编码所要传达的内容一致。受众可以使用解码来对抗占统治地位的媒介话语符码。④ 赫伯迪格认为，当一种亚文化对象征秩序形成挑战时，其风格方面的创新会首先引起媒体的关注，并且被媒体定义为越轨。然而，随着亚文化风格的散播，统治集团就开始重新定义亚文化，最终将其成功收编（incorporation）于意义的统治架构之内，之前由亚文化的抵抗行为而导致的秩序的断裂也得以修复，这个过程是意识形态方式的收编。而商品形式的收编过程则是指亚文化符号变成大量生产的商品和公共财产，商品形式和意识形态形式是收编的两种类型。⑤

以上关于文化生产和消费研究的共同点在于承认大众的存在，对此，有研究者提出了批评。洪美恩提出，以往学术界，媒体和商业机构往往想

① Theodor W. Adorno, and Anson G. Rabinbach. "Culture Industry Reconsidered." *New German Critique*, 1975, Volume 6, 12 – 19.

② Jürgen Habermas, *The Structural Transformation of the Public Sphere: An Inquiry Into a Category of Bourgeois Society*, Cambridge: The MIT Press, 1990, pp. 160 – 161.

③ 〔法〕波德里亚：《消费社会》，刘成富等译，南京大学出版社，2000，第 1～80 页、第 99～135 页。

④ Stuart Hall "Encoding / Decoding." In *Culture, Media, Language: Working Papers in Cultural Studies*, 1972 – 79, edited by Stuart Hall, Dorothy Hobson, Andrew Lowe, and Paul Willis, New York: Routledge. 1996, pp. 128 – 138.

⑤ Dick Hebdige, *Subculture: The Meaning of Style*, London: Routledge, 1997, pp. 90 – 100.

象有一个"受众"群体存在，这个受众群体要么作为"公众"，要么作为"市场"，被用于研究意识形态和价值观念的灌输，或被用于研究市场营销和媒介影响，这种受众概念是被过度简化和抽象的。因此，应当从一个更加个体主义的视角来审视受众，不能够简化受众对于内容的体验和诠释的复杂性。① 从 1980 年代开始的新受众研究强调内容接受过程中对于意义的建构，这不免夸大了受众的力量。受众的能动性应该作为研究现代社会秩序的局限和影响双方面的起点，但受众作为能动的意义创造者这一角色不应该被浪漫化。当今文化技术提供非强制性的，但是被操纵的选择给受众，受众可以进行选择并且扩展出一定的空间和自由，但同时，他们还是现代文化和文化工业的客体，如今能动的观众并不一定是反抗的。②

1990 年代文化研究则探讨了更为复杂的文化生产和消费机制。詹金斯对新媒体平台上制作者和消费者合作生产和传播文化内容的过程进行了研究，媒介内容横跨不同媒介、横跨不同媒介经济体系以及跨国传播是通过消费者的积极参与完成的。以前制作人和消费者是完全不同的两种角色，现在他们都是媒介内容制作和传播的参与者（虽然这些参与者之间的影响和力量是不平等的），被动的媒体受众概念应该被参与文化这一新概念所取代。媒体制作人和被赋权的消费者之间的关系存在着协商、控制、利用和妥协。③ 詹金斯并不完全否定消费，他认为消费主义虽然会危害政治参与，但消费同时蕴含着强大的力量，可以从经济上回击资本主义核心机制的权力和作用。④

詹金斯比较了情感经济学（affective economics）和文化研究，认为当今新的营销方式试图扩大消费者的情感、社会和智力投资，在建立消费者组成的品牌社群的同时，也建立起消费者和品牌的长期联系。⑤ 消费者情感的商业化日益得到研究者的重视，在研究粉丝作为意义生产者和内容消费者建构迷文化时，非物质劳动（immaterial labor）或情感劳动（affective labor）等分析框架得到了发展。非物质劳动是生产商品信息和文化内容的劳

① Ien Ang, *Living Room Wars: Rethinking Media Audiences for a Postmodern World*. London: Routledge, 1996, pp. 1 – 13.

② Ien Ang, *Desperately Seeking the Audience*, London: Routledge, 1991, pp. 1 – 35.

③ Henry Jenkins, Convergence *Culture: Where Old and New Media Collide*. New York: New York University Press, 2006, pp. 1 – 24, pp. 206 – 239, pp. 240 – 260.

④ Henry Jenkins, Convergence *Culture: Where Old and New Media Collide.* , p. 222。

⑤ Henry Jenkins, Convergence *Culture: Where Old and New Media Collide.* , pp. 61 – 64。

动。① 情感劳动是非物质的，源自情感，是非物质劳动的一个方面，涉及人际互动和交流。② 粉丝劳动（fan labor）、非物质劳动（immaterial labor）这些相似的概念强调劳动的情感部分，如宅文化③等，粉丝出于情感而进行志愿性的劳动，在消费文化商品的同时生产迷恋的氛围。非物质劳动通常被视为反抗性的、颠覆性的，如关于周杰伦迷群的研究。④

通过回顾以上文献，本文认为，对迷文化进行研究，应从更加个体主义的视角对文化生产和消费进行考察，而不是假定"大众"或者"粉丝社会认同"业已存在。随着文化工业的发展和媒体技术的更新，文化工业已经不再是用单纯的意识形态灌输控制被动的大众，而是通过对文化产品的消费来将有能动性的个人收编至既定的社会秩序和文化生产的过程中。个人作为消费者，被新媒体和新技术赋予更大的能动性。但文化工业对消费者能动性的利用也加强了，这会产生新的控制策略，因此需要探寻包括反抗、妥协、服从、控制等多种可能的复杂机制。随着个体作为内容生产者和消费者双重角色参与到文化产品的制作流通过程中，文化产品的消费自然始终包含个体能动的解读和诠释。然而，目前关于情感劳动的研究过度集中于探讨粉丝情感的投入，而较少探讨劳动在资本主义世界体系中被剥削的本质。目前研究中对于粉丝认同和粉丝情感的强调多少忽视了粉丝被剥削、被收编和被控制的方面。因此，本文将会以 K-pop 粉丝的集资应援行为为研究对象，考察 K-pop 粉丝是如何被跨国和本国的文化工业代理人所控制、利用和剥削的，解释网络社群中粉丝生产和表现强大认同和迷狂的机制，以及这种认同和迷狂如何被用来掩盖控制、利用和剥削。

二　研究方法

由于运作方式的不同，本文不研究涉及粉丝拉票、投票、选举、选秀

① Maurizio Lazzarato, "Immaterial Labor." In *Radical Thought in Italy: A Potential Politics*, edited by Paolo Virno and Michael Hardt, Minneapolis: University of Minnesota Press, 1996, pp. 132 – 146.
② Michael Hardt and Antonio Negri, *Empire*, Cambridge: Harvard University Press, 2001, pp. 292 – 293.
③ Wang Pei-Ti, *Affective Otaku Labor: The Circulation and Modulation of Affect in the Anime Industry*, Dissertation, City University of New York, 2010, pp. 99 – 104.
④ Anthony Y. H. Fung, "Fandom, Youth and Consumption in China." *European Journal of Cultural Studies*, Volume 12, Issue3, 2009, pp. 285 – 303.

的集资活动。本文所关注的是由粉丝组织头目来进行集资和运作，以给明星送礼、提升唱片销量和推广明星形象为主的应援活动。由于篇幅所限，仅以百度贴吧的 K-pop（韩国流行音乐）粉丝组织的集资消费为例。实际上，粉丝的集资行为不仅仅限于 K-pop 粉丝，诸如国内外选秀明星、演员、运动员等的粉丝组织也有相似的集资活动。因此，本文也不采用 K-pop 粉丝常用的词语"爱豆"（偶像）来指涉明星，而是统一使用"明星"这个词语来指代集资活动所涉及的名人。由于 K-pop 贴吧组织的活动并不仅仅是集资，因此本文还是用 K-pop 粉丝所使用的"应援"一词来指涉包含集资在内的所有对明星进行支持的活动。

本研究通过对贴吧内的帖子进行内容分析，从而勾勒出集资活动的运作过程。以百度 K-pop 组合大吧、T 吧和 S 吧为例，每次应援活动（除了账目以外的内容）都会被吧主记录，报告给贴吧用户并且收录在贴吧精华目录中。例如，T 吧的原管理小组的 25 人曾经写过长达 142 页"辞职报告"，获得了 3300 以上的回复，涉及很多"应援"活动的细节。S 贴吧"精华区"有 1002 个归类于应援活动的相关公告，其中包含娱乐公司员工的声明。通过分析这些帖子，可以分析应援活动是如何通过网络平台组织和动员起来的。出于匿名性考虑，本文不再提供贴吧帖子的链接地址。

三　明星推广和粉丝集资的产生、发展和策略

从 2006 年开始，百度贴吧逐渐取代粉丝网站成为粉丝组织发展和活动的主要平台。与此同时，随着公司之间、组合之间和明星之间的竞争日益激烈，韩国娱乐公司和 K-pop 组合的经纪人开始利用粉丝组织来对明星和组合进行营销。

在韩国，在娱乐公司成立的粉丝俱乐部中，作为俱乐部会员的粉丝们拥有指定的名字、会员应援颜色和口号。当 K-pop 在中国流行时，韩国娱乐公司并没有在中国建立同样由公司官方授权的俱乐部。然而，中国的粉丝们依然沿袭了与官方相同的会员色和粉丝名称。粉丝也效仿韩国的应援活动，自愿地将精力、时间和金钱投入到粉丝组织所进行的应援活动当中，例如，在演唱会当中通过挥舞和布置荧光棒来形成舞台效果等。随着应援活动的不断发展，其中不少活动内容都涉及营销。

从 2004 年开始，百度贴吧平台上的 K-pop 相关贴吧陆续建立。最初，

一个大型贴吧的吧主团队是由相互熟悉的用户组成的。粉丝活动局限于发布和搜集娱乐新闻和图片等。然而，随着一个贴吧的会员数量不断膨胀，娱乐公司开始联系贴吧吧主们来组织机场接机活动。吧主得以从娱乐公司、中方经纪人或者演唱会主办方那里得知航班的详细信息。大型贴吧中出现了专门负责接机活动的粉丝团队。有时，娱乐公司的官方网站也会发布相关信息。其他涉及明星营销的应援活动还包括各种在线投票、以提升销量排名为目的的唱片购买、提升在线视听资源的点击率、参加网络讨论以提升明星曝光率等活动。在过去，这些活动都是粉丝自愿完成的，而今，这些通过贴吧吧主组织完成的粉丝活动，虽然由粉丝自愿加入，这种自愿加入却时常暴露于群体压力之下，并且受到吧主背后的娱乐公司的支配和剥削。

例如，当娱乐公司指挥吧主组织粉丝，粉丝被吧主组织起来参加各类活动的时候，吧主和粉丝们实际上成为了娱乐公司和经纪人的无薪员工，从事对商品（明星形象、唱片、影视等其他文化内容）的推广活动。粉丝接机等活动能够给公众留下该明星很有人气的印象，而粉丝通过网络点击和讨论使明星变成热门词语，成为社交网络（如新浪微博等）热门话题或新闻头条，为娱乐公司节省了在媒体上进行宣传和推广的费用。娱乐公司和明星之间的竞争也引发了贴吧粉丝之间的激烈竞争，使得这些活动愈演愈烈。

贴吧吧主组织粉丝从海外购买唱片是饱受争议的应援活动之一。当韩国发售新专辑时，吧主以帮助明星增加销量、提升排名的名义，组织贴吧粉丝从韩国购买唱片。不同于普通海外网购的是，普通海外网购并不组织买家，其销售目的本身是赚取利润。而贴吧吧主向贴吧粉丝收取费用，然后负责整个购买流程，从韩国购买大量唱片。其中吧主是否利用了其吧主身份来组织粉丝，是否利用增加明星人气的名义来说服粉丝购买，其行为目的是否通过大量采购而赚取差价就成了贴吧粉丝们争议的焦点。

百度贴吧早期的管理存在一些漏洞。2004 年，当贴吧服务刚刚上线，网民可以不通过身份证实名验证而建立属于自己的贴吧。建立贴吧的人自动成为管理员，即吧主。如果吧主需要更多的人来管理贴吧，则可以通过在线邀请的方式将其他用户"晋升"为吧主。百度用户也可以向百度贴吧管理团队申请成为吧主。因此早期注册的贴吧吧主能够轻易地隐藏他们的真实身份和个人信息。与此同时，对于大型贴吧来说，一个吧主账号由数人管理的情况也很常见。吧主账号的买卖和转让也不受控制和监督。在这种情况下，犯罪分子可以钻空子获取吧主头衔，组织各种活动向粉丝收取费用。吧主欺骗粉丝，侵吞汇款的风险始终存在。这使得粉丝倾向于相信所谓"大吧"的团购活动，也就是，吧主和娱乐公司有长期合作关系的贴吧。在这些贴吧中，一些吧主其实是被娱乐公司所雇用的"职业粉丝"，甚至有一些是娱乐公司的职员。"职业粉丝"简称"职粉"，俗称"粉头"。他们花费大量时间帮助娱乐公司来管理粉丝论坛和组织，对唱片和演唱会门票进行营销，通过组织各种粉丝活动来提升明星人气，并且从娱乐公司获取酬劳。网络诈骗的存在将粉丝推向了由这些职粉所管理的"大吧"，粉丝也就逐渐被娱乐公司间接控制，并且被职粉直接控制，受到娱乐公司和职粉的双重剥削。在吧主中，除了被娱乐公司雇用获取酬劳的职粉之外，有一些吧主虽然扮演着职业粉丝的角色，却只能从娱乐公司那里获取门票优惠或者接近明星的机会，所以部分吧主和职粉，实际上也受到娱乐公司的剥削，他们所付出的劳动并没有得到合理的物质回报。

在演唱会的应援活动中，娱乐公司对粉丝的剥削尤其明显。演唱会应援有台前应援和幕后应援两种。台前应援包含挥舞荧光棒、穿着应援色服装、营造各种观众席声光效果，如欢呼、鼓掌和灯光标语等。在演唱会开始之前，主办方会找到贴吧吧主，让他们组织应援活动和门票促销，通过网络向粉丝销售门票和荧光棒。演唱会会场周围的场地通常也被出租给贴吧以及其他粉丝组织作为销售荧光棒、会服、海报等物品的场所。有时，不同的粉丝组织甚至需要竞标来租用这些场所。通过利用贴吧吧主组织应援活动，娱乐公司和主办方可以在减少营销成本的同时促销门票，还可以通过租用场地来赢利。

而粉丝为幕后应援所投入的花费则更为巨大。幕后应援通常指帮助演唱会主办方布置舞台，在排练时为明星和工作人员购买食物和水等。为了降低成本，娱乐公司和主办方乐于使用粉丝作为免费的劳动力，并且让粉丝来支付日常开支。通常，娱乐公司和主办方联系贴吧吧主来组织应援活动，甚至向吧主列出清单，索要食品和其他日常用品。吧主用粉丝集资的钱款购买娱乐公司和主办方指定的物品。吧主们和贴吧中与吧主关系密切的粉丝也自愿成为布置舞台的劳动力。作为回报，娱乐公司和主办方允许吧主们进入后台，与明星有相对近距离的接触。为了接近明星，吧主们也乐于应援。但实际上，金钱上的付出却被巧妙地转嫁给了大部分无缘在后台一睹明星真容却参与集资的普通粉丝们。每次应援活动结束后，参与现场应援的贴吧吧主们都会在贴吧上传现场照片，并且撰写应援报告，分享给其他普通粉丝。通过渲染粉丝对明星的爱，粉丝们在感动的同时无法意识到娱乐公司和主办方对他们的剥削。

幕后应援的花费大到什么地步呢？以 2012 年 5 月 21 日在韩国举办的一场明星 A 参演的电视剧新闻发布会为例，中国贴吧粉丝的应援活动花费为 11460 元，包含将 200 多箱饮料和 17 种不同食物送到韩国的发布会现场。而粉丝为明星准备的礼物和其他推广活动的花费更是惊人。比如，2012 年 4 月 28 日，明星 B 的中国粉丝们发布了一份详细的应援活动清单，其中包括为发布会提供食物、给明星赠送礼品、在韩国地铁打出广告。其估算的花费为 3 万到 6 万人民币。2012 年 10 月 20 日，粉丝见面会的应援清单甚至包含了诸如 3 台电冰箱、3 台空气净化器和 3 台加湿机这样的电器。韩国娱乐公司列出这些清单，然后让贴吧吧主来购买，吧主通过集资，把本应由娱乐公司支付的成本转嫁给了粉丝。

为明星生日准备的奢侈礼品也是粉丝集资消费的重头戏。其中最著名的是，2011 年 8 月 31 日，S 吧的粉丝集资 618281.60 元人民币，制作了一枚纯金唱片，连同其他食物等物品，赠送给了明星和工作人员。2012 年 11 月 19 日，中国的 S 组合粉丝在韩国租用了 5 辆大巴车体广告位，以宣传新专辑，粉丝实际上为娱乐公司支付了广告费用。

多种多样的应援活动还形成了不同国家的不同粉丝组织之间的竞争。比如，中国、越南、马来西亚等国家的 S 组合粉丝组织在 2010 至 2012 年间相继向一些国外的公司购买所谓"小行星命名权"，用明星的名字为小行星命名，尽管所谓的"命名权"实际上是假的，因为只有国际天文学联合会才有小行星命名权。

对于粉丝们和部分吧主们来说，他们的精力和物质遭受着来自娱乐公司的剥削，而这样的剥削常常以对明星的"爱"来掩饰。从吧主的角度来说，除非他们是被娱乐公司正式雇用的工作人员或者"职粉"，一般的吧主在出钱出力组织粉丝做出应援活动之后，几乎无法得到物质奖励。而对于普通粉丝来说，他们被吧主剥削着，因为吧主使用他们缴纳的钱款去接近明星。对娱乐公司操控粉丝的手段浑然不知的普通粉丝往往会陷入对吧主的质疑和反感中。这是因为，在我国，使用个人账户集资是一种游走在法律边缘的行为，利用贴吧筹款也会遭到百度公司的打击和管理。于是贴吧吧主通过个人私聊群组来分享关于筹款的细节信息，而钱款的收支细节即便对于贴吧会员来说，也是不透明的，这增加了普通粉丝对吧主的质疑和反感。

质疑和不满时常会引发普通粉丝对于吧主筹款不透明性的投诉和网络曝光。吧主为了继续组织应援活动以便从娱乐公司获取利益，减少普通粉丝对自己的不满，规避集资被曝光的风险，通常会利用对贴吧进行管理的权力来删帖和禁言，从贴吧中剔除抱有异议的粉丝。最终，在吧主对粉丝组织不断管理和控制的过程中，只有最具服从性、最乐于投入金钱和时间进行应援的"积极分子"被留下来，并且获得吧主的信任，成为等级较高的粉丝。娱乐公司因为要利用粉丝组织进行各种推广活动，对贴吧吧主的行为也持默许的态度，并且，明星们也对粉丝的礼物来者不拒，更有甚者，会在微博上"晒"出粉丝礼物，或者向粉丝索要礼物，引发新一轮的粉丝集资消费的攀比狂潮。与此同时，贴吧吧主们又通过慈善捐款等活动为筹款集资行为披上新的外衣，比如，组织粉丝为地震灾区捐款，先让粉丝把善款汇往吧主私人账号，吧主再以粉丝组织的名义将善款捐给慈善机构，最后在应援活动中见到明星本人的时候，将慈善证书或凭证交予明星本人。这一系列程序表面上看来是为了公益，但在运作过程中依然处于个人账号吸纳公众善款的违法地带，并且整个过程并不透明。然而，粉丝为了通过慈善提升明星形象，依然积极参与这类活动。

从参与集资的粉丝的角度来看，集资消费并不是消费行为，而是一种情感的表达，表达对于明星的爱，也体现了组织成员之间的团结和友情。粉丝组织的成员们，通过各种称呼，创造了一种拟血缘性关系。比如，成员将其他成员唤作"家人"，明星被唤作"我家的男人们"。这种强大、单一、充满凝聚力的集体认同在现实中并不常见。在 2011 年至 2012 年间，笔者通过参与观察在上海举行的三场粉丝见面会、演唱会，对包括 20 名 K-pop 粉丝在内的总共 55 名粉丝进行了深度访谈。笔者发现，在现实中，K-pop 粉丝并不局限于单一的粉丝身份，而是对自身作为粉丝的体验做出了非常精细的定义。现实中的访谈者会将自己同时定义为"韩饭"（韩流的粉丝）、"二次元饭"（日本动画和漫画粉丝）、某个组合中某个成员的"唯饭"（只喜欢一个成员的粉丝）等不同身份。有时，粉丝对自身身份的定义非常细化和具体。比如，在访谈中，一个参加前 T 组合成员粉丝见面会的 25 岁女粉丝这样介绍自己："日本动漫的饭"、"韩国时期的庚饭"（即只喜欢 Super Junior 前成员韩庚在韩国的那个时期）、"日本时期的 T 组合饭"（即只喜欢

T 组合在日本发展的时期)。① 由此可见，粉丝对自身认同的体验是非常复杂和多样的。可以说，当代中国青年暴露在多样的跨国文化潮流下，在消费多种文化文本时形成了流动性的、多元的对粉丝身份的体验。如蔡明发所认为的：流行文化中，明星偶像和各种潮流时尚迅速更新换代，媒介内容消费对于粉丝的身份认同只能产生极其微弱的影响。所谓消费者认同或粉丝认同，与国族认同相比，更像是一种想象，实则只是碎片化的、特殊化的个体体验。②

现实中分散的、碎片化的、多元的粉丝认同与贴吧集资活动所表现出来的单一而强大的集体认同形成鲜明的对比，但这两种现象并不矛盾。从以上对于集资过程的分析可以看到，在集资行为尚不完全合法的情况下，集资充满了不透明性和不确定性。为了高效地动员粉丝参加集资和组织应援，吧主使用权力将不积极的、不忠诚的粉丝排除在应援活动之外，而将积极忠诚、乐于投入的粉丝筛选出来，不断激发他们的集体认同感，以便在未来吸引更多忠诚的粉丝来参与集资。因此，粉丝的集体认同是围绕对于商品的消费和明星的营销产生的，其背后是娱乐公司及其代理人对于粉丝情感劳动的剥削和利用，在粉丝通过应援活动生产出群体迷狂之后，这些迷狂的气氛被再度利用来巩固粉丝的认同，形成情感和营销的双重再生产。这也解释了为什么"应援"活动和粉丝集资消费只存在于被商业资本深入渗透的粉丝组织当中，即被娱乐公司有意识、有目的地利用的粉丝组织当中。

四　结论

本文研究了在新的媒介平台环境下，文化工业对亚文化群体的收编方式已经由过去单纯的意识形态灌输——或者通过话语重新定义、或者通过大量生产亚文化风格的商品——演变成了利用个体作为消费者的能动性，使个体参与到整个文化商品的生产和营销过程中。韩流粉丝群体被跨国公司，以及他们在中国的合作伙伴不断"收编"，K-pop 粉丝的集资消费行为

---

① Chen Lu, *Chinese Fans of Japanese and Korean Pop Culture: Nationalistic Narratives and International Fandom.* London: Routledge, 2017, p. 90.
② Chua Beng Huat, "East Asian Pop Culture: Consumer Communities and Politics of the National." *Studies of Broadcasting Culture*, Volume 18, Issue 1, 2006, pp. 89 – 114.

只是其中的一个环节。

与其他外国文化在我国尚处于地下或半地下的亚文化粉丝群体不同，韩流的粉丝群体经历了迅速的商业化。为了充分利用粉丝的志愿劳动，跨国娱乐公司和他们在中国的合作伙伴需要控制粉丝组织和活动。商业资本对于网络粉丝社群的操纵和控制极大地减少了粉丝意义生产的创造性和多样性。为了动员粉丝投入无偿劳动和物质金钱，娱乐公司只需要粉丝有更多统一性和服从性，因为，这样就可以带来更大的对于明星的迷狂（fanaticism）。

粉丝集资和营销的机制使得虚拟社区中的异议者和不服从者被压制，缺乏现实中粉丝流动的、多样的体验和认同。然而本文并非因此将粉丝视为被动的个体，相反，正是因为他们具备能动性，可以通过创造性的劳动为娱乐公司推广和营销明星创造巨大价值，才会成为跨国文化工业收编的对象。与其他更强调情感劳动中"情感"方面的研究不同，本文的出发点并不是粉丝自身对集资应援的解读和诠释，而是情感劳动中的"劳动"。从粉丝的视角来看，集资行为是出于情感，但从资本主义跨国娱乐工业的营销策略来看，集资行为离不开对于粉丝情感的、金钱的、劳动的剥削。本文也不赞同现有研究中将集资应援视为粉丝集体认同的体现，或视为由粉丝集体认同所生产和塑造的观点。本文认为，在没有娱乐工业及其代理人渗透介入的情况下，粉丝的身份认同表现为流动性的、碎片化的个人体验，持久性的、集体性的身份认同难以存在。当娱乐工业及其代理人需要利用粉丝进行营销时，集资机制挑选出对集资行为最为支持的粉丝，这些粉丝"入选"集资活动的标准与他们对于集体认同的强弱没有关系。跨国的娱乐资本和文化工业所拥有的资本主义生产方式围绕着消费和营销制造出了粉丝的集体认同，在利用和剥削粉丝劳动的同时，也利用并进一步激发了他们的情感，这一切都是以赢利和营销为目的的。在这种文化工业收编粉丝的新方式中，看似强大的粉丝认同，是营销和消费的产物，而不是营销和消费的基础，粉丝认同被生产和再生产的目的是为了掩盖娱乐工业对于粉丝情感劳动的利用和剥削。

怀念张国荣

——在瞬息万变的时代构建长情记忆

徐钧盐[*]

摘要 作为旧日神话的代表,张国荣因其卓越的艺术成就和璀璨的人生持续吸引着后人为之着迷。随着张国荣离世,粉丝与偶像之间原有的互动纽带已经断裂。百度喊票为代表的活动,充分给予粉丝们发挥自身能动性的机会,让他们通过竞赛,重建与偶像的联系,并借着这份跨越生死的眷恋,瓦解流行文化灰飞烟灭的魔咒。永不忘却的执着信念构成了后荣迷现象的奇迹。与世长辞后的张国荣,看似化作了空洞的符号,实则成了追随者的心灵归属。

关键词 张国荣 后荣迷粉都 记忆 粉丝

Abstract As the representative of old legend, Leslie Cheung has been attracting many people with his great artistic accomplishments and brilliant life. With the death of Leslie Cheung, the link between idol and fans has been severed. Activities like Baidu audio-voting campaign can give fans a chance to develop their initiative, rebuilding their connections with their idol. Fan passion that transcends the boundaries of life and death can break the curse of ephemerality imposed on pop culture. It is fans' unswerving belief that constitutes the miracle of Leslie Cheung's posthumous fandom. For his followers, the deceased Leslie has never been an abstract symbol, but the

---

* 徐钧盐,厦门大学文学院硕士研究生。

source of their spiritual salvation.

Key Words Leslie Cheung Leslie Cheung's Posthumous Fandom memory fans

引　言

张国荣是华人世界的已故文化偶像，其演艺生涯正好贯穿香港流行文化最兴盛的 1980～1990 年代。1985 年，他靠着歌曲《Monica》成名，此后事业持续处于上升状态，并且由香港拓展到日韩，甚至一度延伸到欧美。他的成就足以让他成为乐坛、影坛的双栖代表。直到 2003 年，在车水马龙的香港中环，他像红蝴蝶一样从东方文华酒店坠下的那一刻——他已经是一位名扬海内外的国际巨星。

"荣迷"指的是张国荣的粉丝。荣迷的出现最早可以追溯到张国荣刚出道的 1977 年，随着张国荣在 1985 年成名，荣迷群体逐渐发展壮大，且"至今 40 余年都未见衰亡迹象"①。尽管张国荣已经去世 15 年，但是依然有无数人被他吸引，为他着迷，可谓是人走茶未凉。美国加州大学圣克鲁斯分校副教授王亦蛮在《巨星陨落，传奇诞生：深入后荣迷粉都》一文中提出了"后荣迷粉都"②的概念。广义的"后荣迷粉都"包括在张国荣去世前就已经喜欢上他，并在他去世后仍然活跃在粉丝社群中的老荣迷，以及在他去世后才喜欢上他的新荣迷。"后荣迷粉都"的存在证明了即便在瞬息万变的现代社会里，流行文化中的风流人物依然不易被时间消磨，反而在时间的洗礼中愈发生香。

本文试图分析经久不衰的后荣迷现象，对其形成原因作出一些思考。我将从两个角度展开论述：首先，以张国荣为主体，从明星制的嬗变到他丰富多彩的人生经历，探讨他为何能持续产生吸引力。其次，从粉丝角度，以百度喊票活动为例，概括深受电脑技术影响的"后荣迷粉都"文化的特

---

① 暮色染华：《假如荣迷也有历史可写》，知乎专栏：用张国荣牵出华语流行文化，https://zhuanlan. zhihu. com/p/37039802。

② Yiman Wang, "A Star Is Dead: A Legend Is Born: Practicing Leslie Cheung's Posthumous Fandom," Stardom and Celebrity: A Reader, ed. Su Holmes and Sean Redmond (London: Sage, 2007), 326-340.

征；并借助阿斯曼的文化记忆理论，剖析激发荣迷热情参与活动的深层动力；再从粉丝认同的角度，对这种深层动力进行心理学解读。

一　前互联网时代明星生产机制的经典范本

如果要探讨"后荣迷粉都"为何能呈现繁荣景象，首先需要回答一个问题：为何很多年轻人无视走在当下时尚前沿的同龄偶像，却将一腔深情付诸一个永不能相见的故人的身上。

与当下艺人相比，张国荣代表着旧时代明星生产机制的经典范本。他去世于 2003 年，也是从 2003 年开始，明星生产机制发生了质变。张国荣所活跃的年代，明星的专业实力是衡量其价值的核心标准。"他们往往是通过拍电影、出唱片或者电视剧，来获得公众的心理认同和情感投射"[1]。而现在，明星形象直接等价于资本利益。他们已经不是靠文艺作品打动观众，而是通过代言产品或参加综艺节目积攒人气，扩充商业市场。这种机制的转变，使得明星走下神坛，趋于草根化，公众也难以从他们身上找到超凡脱俗的人格魅力。同时，便捷的网络和发达的传媒拓宽了成名渠道，花样繁多的网红们涌入明星群体，导致这个群体良莠不齐。曾经独属于名流的那种神秘高贵的气质已经一去不复返。张国荣通过在《霸王别姬》等电影中的精湛演技震撼着观众，通过演唱《我》与一代代的年轻人产生情感共鸣。人们沉醉于他在文艺实践中散发出的美的光辉，以及他在作品中积淀下的深刻文化内涵，这些特质在当代明星身上十分稀缺。

尽管当代明星普遍存在极高的曝光率，但是施惠珍认为，当代明星工业充斥着营销套路，很难看到明星的真实性情。[2] 人们留恋张国荣，留恋的是他那份率真。1985 年十大劲歌金曲典礼上，林子祥在演唱《十分十二寸》时，故意将其中一句唱成 "thanks, thanks, thanks, thanks, 张国荣"[3]，在后台的张国荣激动地冲到台上来，恶作剧般地跳到半空中亲了林子祥一口，又匆匆地跑回后台。在访谈节目中，他抽着烟，喝着酒，和主持人们一起

① 贾冬婷：《寻找他的香港地图与往日时光——为什么怀念张国荣》，《三联生活周刊》2013 年第 12 期。
② 李丽：《好友忆张国荣：有时情绪化，但始终讲道理》，《羊城晚报》2013 年 3 月 29 日。
③ 根据《十大劲歌金曲》：http://www.bilibili.com/video/av13643638? share_ medium = android&share_ source = qq&bbid = D5F389C4 - F5E0 - 430A - B8EA - 6B44E395A6CB23645 infoc&ts = 1540523409543。

历数演艺圈的活跃者，既毫不掩饰对才子佳人的赞美之情，又敢犀利地揭穿不良现象，并直言不讳地表达不满。① 根据志摩千岁回忆，与张国荣聊天时，会觉得他时而像个顽皮的大男孩，转眼"又变得非常富有男性魅力，简直让人看得眼花缭乱"。② 暮色染华认为："Leslie（张国荣）从不是被明星团队制作出来的'扁平人物'，他毫不掩饰地将自己的复杂性全然展现出来。像一个万花筒，越了解越迷人。而这种复杂性格毫无掩饰的展现，又体现他本性的率真、单纯……"③ 他的性情反映了那个年代明星形象的整体特征，如张曼玉素颜便装地参加戛纳电影节，王菲对干涉她私生活的记者说"关你屁事，关我屁事"……大家都遵循内心而活着，不仅演活了角色，而且以自然的方式鲜活了自己。

现如今，市场数据操纵着明星形象的生成，他们被禁锢在造星团队为他们强行设计的人格设定之中。为了遵守人格设定的程序，综艺节目为他们提前设计好剧本，让他们在节目伪造纪录片式的情境中强颜欢笑，故作深情。同时，社交媒体的兴盛滋生了网络暴力，活在聚光灯下的明星们常常成为网络语言暴力的首要攻击对象，迫使他们不断地收敛自己的天性，扮作标准统一的"道德模范"，异化成毫无生气的业内机器人。

处在娱乐行业青黄不接时期的年轻人，回顾着昔日群星，邂逅他们那也曾年轻过的容颜、动人的歌喉、真诚的表演，看着他们以自由自在的个性阐释着生而为人的美丽，就像中世纪的欧洲人们重读古希腊艺术时窥见了人文主义的光芒。正是因为处在发展瓶颈期的娱乐工业无法生产出高质量的明星产品，间接促使老一代明星在当下继续发挥着影响力。

二　双栖艺人的传奇之死

王国维说："最是人间留不住，朱颜辞镜花辞树"。对于早逝艺人而言，"死亡意味着永久的定格，意味着如果本来已经飞翔至巅峰，就没有下落的

---

① 根据综艺节目《今夜不设防》：http://www.bilibili.com/video/av2419484? share_medium = android&share_source = copy_link&bbid = D5F389C4 - F5E0 - 430A - B8EA - 6B44E395A6CB 23645infoc&ts = 1540523686314。
② （日）志摩千岁：《张国荣的时光》，秦晶译，上海书店出版社，2007，第9页。
③ 暮色染华：《他有几多亿个他，都不过是雾中花》，知乎专栏：用张国荣牵出华语流行文化，https://zhuanlan.zhihu.com/p/37039802。

机会"① 梅艳芳、黄家驹、张雨生等早逝艺人尽管成就卓越，但他们的成就主要集中于某一个领域，张国荣却在乐坛和影坛都取得了骄人的成绩，这使得他在音乐、电影等多个行业都拥有追捧者。美国传播学教授马霄（P. David Marshall）指出"电影明星'高于生活'的人格面具及其银幕形象所特有的灵晕，导致观众对电影明星的认同是一种有距离的'爱慕式认同'……流行音乐工业中的名流主要通过标榜个人的本真性，来激发'关联性认同'和积极参与……"② 作为双栖艺人的张国荣将这两种认同合为一体，使得自己的影响力渗透到多个维度。电影拍摄机制更新周期慢，经典电影不易过时，而张国荣又处在中国电影业的第二个黄金时期，因此他的影史地位在相当长的时间内都非常稳定，后人难以逾越；流行音乐尽管更新换代快，但演唱会狂欢能够给他吸引大量忠实的粉丝，保证他能拥有稳固的粉丝社群。所以，他的艺术感染力能够在光影音韵的相互交融中不断深化。

另外，张国荣不仅是时代巨星，还是一位先行者。在社会主流对性少数群体仍然抱有极大偏见的 20 世纪 90 年代，他在电影、音乐领域积极开展异质表演，并成为第一个出柜的亚洲明星，这些都为同志平权带来了深远的影响。也就是说，他的音乐和电影已经不单单是消遣娱乐，而是将挑战本质主义的艺术理念融入创作之中，通过挑战禁忌响应着自由平等的理念。因大胆越界而招致接连不断的纷争所造成的曲折经历，又为他的人生增添不少戏剧性色彩。

更重要的是，"同样是早逝，同样是在生前就已经是天王巨星，但是张国荣的离去却是主动选择的自杀。"③ 纵身一跃的方式，呼应了《阿飞正传》中的无脚鸟寓言，并促成了如戏人生的壮烈高潮。争议和死亡都成了他跌宕一生的有机组成部分，成为"各种媒体艺术家取之不尽的文本宝藏"④，供大众在探讨中无穷回味。

---

① LOOK：《为什么张国荣是永远不死的？》，虹膜，https://mp.weixin.qq.com/s/03wrf9S8uOj0OEU_OInUNQ。

② 转引自杨玲《转型时代的娱乐狂欢——超女粉丝与大众文化消费》，中国社会科学出版社，2012，第 79 页。

③ LOOK：《为什么张国荣是永远不死的？》，虹膜，https://mp.weixin.qq.com/s/03wrf9S8uOj0OEU_OInUNQ。

④ 〔美〕斯蒂芬·海纳曼：《我将在你身边——粉丝、幻想和埃尔维丝的形象》，贺玉高译，载陶东风、杨玲主编《粉丝文化读本》，北京大学出版社，2009，第 149 页。

死亡升华了艺人的明星特质。"他们仿佛一尊肉身铸造的神像，既曾和大众一样用肉体生活在现实世界，现在却又像神一样虚无缥缈。"[①] 这种虚实交错的意象，既神秘又浪漫，满足了大众在疲惫生活中的不羁欲望。无论是沿着张国荣演绎生涯一路成长的追随者，还是朝花夕拾的回顾者，都"恍如与他一起经历着风雨骤变的人生"[②]。张国荣用自杀实现的"传奇之死"更是构成了一种悲剧艺术，尽管他的亲友乃至他本人都亲口否认过"人戏不分"这一牵强附会的传言，但是自杀所造成的强烈冲击力，将艺人的真实生命体验和他在电影与音乐领域通过表演所创造的戏剧情境糅合在一起，他的生命本体和他饰演的角色相互辉映，仿佛多重灵魂在一尊肉体上轮番变换，让看客们难辨假象与真实。尼采认为，"悲剧不但没有因为痛苦和毁灭而否定生命，相反为了肯定生命而肯定痛苦和毁灭，把人生连同其缺陷都神化了……造就了'生存的一种更高的可能性'"。[③] 忘川把张国荣隔绝成历史，使之宛如虚构艺术，他的灵魂在现实生活和超现实表演之间穿梭，将他构建成一个极其生动而又丰富的文本，隔岸的人们从中参悟到我执之强大、生存之痛苦、命运之无常，仿佛狄奥尼索斯得以光临，以至于刻骨铭心到不肯忘怀，也难以忘怀。

三　粉丝活动和文化记忆

死亡是一个沉重的话题，这意味他已经在尘世间消失殆尽、了无踪影，只有记忆，才能打破生死的藩篱，以遐想创造更多的可能性。时事热点皆作刹那光辉的信息化社会将记忆压至扁平，但是影像技术的革命又为我们充分提供了储存记忆的媒介。"瞬息万变的时代"和"长情的记忆"之间的矛盾成为激发荣迷热情的深层动力。后荣迷粉都便是以记忆为基石搭建而成，又借着互联网的快车，浩浩荡荡地奔向未来。

[①] 暮色染华：《后荣迷现象：幻象之术与神曲之旅》，知乎专栏：用张国荣牵出华语流行文化，https://zhuanlan.zhihu.com/p/37039802

[②] 洛枫：《禁色的蝴蝶·张国荣的艺术形象》，香港：三联书店（香港）有限公司，2008 年，第 222 页。

[③] 周国平：《尼采美学概论——代译序》，〔德〕尼采《悲剧的诞生》，周国平译，译林出版社，2011，第 20 页。

　　王亦蛮曾提到，"电脑技术是张国荣粉丝社群形成的重要语境"①。她认为互联网和多媒体软件对张国荣粉都的建立和繁荣起着不可小视的作用。互联网能重新沟通遥远的对话：一方面，它让仍然活着的荣迷通过音影图文等资料去接触已经处在彼岸的张国荣；另一方面，它能最大限度地将生活在五湖四海的粉丝们聚集到一起，让粉丝之间的联系更加紧密。多媒体软件为分享、传播、收集张国荣的资料提供了一个便利的平台，而这些资料也是跨时空对话所需要的文本基础。

　　和其他粉丝群体一样，后荣迷粉都已经建立了"打投、应援、控评、反黑"等一套以微博为中心的粉丝生产体系，能够高效地组织、动员荣迷们为他们所崇拜的明星开展相关活动。深受伯明翰学派积极受众理论影响的英美粉丝研究者们认为，粉丝并非全然被动地遭受文化工业的压制，而是在不断地同文化工业的谈判与斗争中，与文化生产商竞争对文化产品的支配权。

　　2017 年，百度公司举办了一场百度沸点喊票活动。这场活动让粉丝们使用百度软件上的语音助手喊出最爱的明星名字，每喊一次，就可以为这个明星投一票。当红明星理所当然地霸占了排行榜的前列，然而一番激烈的喊票角逐后，张国荣的名字却接连跨过数位当红"小花"、"小鲜肉"，和TFboys 的队长王俊凯在排名一二之间来回纠缠。尽管活动结束时，张国荣屈居第二，但他是喊票排行榜前十名中唯一一个已故的，且如果他还活着年龄就会超过 60 岁的明星。张国荣能够在这个由粉丝投票决定偶像排名的激烈比赛中获得亚军，足以显示其粉丝数量的庞大以及粉丝成员之间的高度团结。

　　从百度喊票活动可以看出，电脑技术的发展与普及为粉丝争夺文化领导权提供了更大的便利。后荣迷粉都靠着在百度投票中取得的佳绩打破了新媒体领域中的唯时效论。通常情况下，文化产业的生产者对文化产品进行编码时，会遵循市场的一般规律，加大对当下的人气明星的投资。但荣迷作为"过度消费者"② 的代表，却能够以自己的怀旧意愿引导文化工业的

---

① Yiman Wang, "A Star Is Dead: A Legend Is Born: Practicing Leslie Cheung's Posthumous Fandom," Stardom and Celebrity: A Reader, ed. Su Holmes and Sean Redmond (London: Sage, 2007), 329.

② 杨玲在《转型时代的娱乐狂欢——超女粉丝与大众文化消费》一书中，将粉丝消费方式概括为三点：过度的消费者、完美的消费者、消费与生产融为一体。

宰制者关注老一辈的明星，减缓在信息爆炸的新媒体环境下娱乐热点的新旧更替速度，让流行文化中的经典得到更好的积淀和留存。

百度喊票活动创造了互联网媒介中怀念张国荣的新形式。美国社会学家亚历山大（Jeffrey C. Alexander）将仪式定义为：重复性和简化的文化交流事件。"仪式的有效性使得参与者更有活力，并相互依恋，增加了他们对交流的符号客体的认同，增强了参与者和符号客体与观众和相关社群的联系。"① 在以打榜为代表的粉丝活动中，非理性化的情感冲动促使粉丝们反复地为偶像投票，为投票呐喊助威的过程也加强了粉丝间的互动，因此打榜也可以算作一场追星仪式。其中，粉丝是参与者，偶像则成为"符号客体"②。一般情况下，偶像要靠不断地与粉丝交流，才能保持粉丝的热情和新鲜感。然而，张国荣已经去世，无法亲自组织交流活动，荣迷群体只能依靠百度喊票这样的大型比赛来凝聚荣迷。比赛期间，荣迷纷纷奔走呼告地号召投票，表明他们是有意识地在调动整个粉丝社群的参与热情，让每个粉丝在积极参与活动的过程中加深与张国荣的联系，并借此增强他们对张国荣的记忆。

从集体角度而言，"怀念张国荣"作为一种文化记忆，一方面增强了粉丝的向心力，巩固了粉丝社群；另一方面也为荣迷提供了身份认同。文化记忆研究者扬·阿斯曼与阿莱达·阿斯曼将带有目的性的群体记忆称为"文化记忆"，"文化记忆是一种能够巩固和传播集体形象（可以是一个小的社会群体，也可以是一个民族、一个国家）并让这个集体中的成员对这种形象产生认同的记忆，而这种集体形象的建构则依托各种文化层面上的符号和象征（文本、意象、仪式）"。③ "荣迷需要通过纪念活动走近张国荣"④，通过活动去证明死亡不是终止，甚至"只要活着的人还活着，死的人就未曾死去"。⑤

打投、控评等在线活动都是制造文化记忆的手段。这些活动既不需要偶像亲身参与，又能让粉丝借此与偶像重建联络。对于"后荣迷粉都"而

---

① 转引自杨玲《转型时代的娱乐狂欢——超女粉丝与大众文化消费》，中国社会科学出版社，2012，第 120 页。

② 杨玲：《转型时代的娱乐狂欢——超女粉丝与大众文化消费》，第 121 页。

③ 王蜜：《文化记忆的兴起逻辑、基本维度与媒介制约》，《国外理论动态》2016 年第 6 期。

④ 洛枫：《禁色的蝴蝶·张国荣的艺术形象》，三联书店（香港）有限公司，2008，第 226 页。

⑤ 语出自梵高。

言，对同一个人产生的怀念之情是粉丝之间交流互动的必要条件。粉丝活动型构出共同的记忆符号，让统一的理念与价值观在粉丝群体中得以生成，偶像权威也因此确立。所以，拥有共同记忆和维持共同记忆是后荣迷得以凝聚和"后荣迷粉都"得以存在的核心要素。

扬·阿斯曼指出，"尽管社会总是试图通过掌控个体来达到自身目的，但另一方面，个体也与生俱来渴望拥有一种社会身份，这两种力量是相互制衡的。"① 所以"特殊的文化记忆塑造了一个特定群体独特的一致性，成为一个群体之所以成为这个群体并与其他群体区别开来的主要标识。"② 粉丝通过打投、应援、控评、反黑等活动，向外人彰显了偶像那不曾被死亡带走的热度和魅力，而偶像的魅力和热度又反过来阐释了粉丝之爱的合理性——它们构成了"因为他/她有魅力和热度，所以粉丝必然会迷恋他/她"这一因果关系。另外，因为这些活动都在践行着继续偶像文化的理念，让粉丝在其中能以"我是荣迷/依然是荣迷"的方式实现身份的合理化，并在身份的合理化中获得身份认同。同时，荣迷们在打投等活动中重建与张国荣的联系，让自己的情感找到依托。当粉丝努力让偶像在此类活动中取得成绩时，不仅偶像借此得到正名，而且又可以通过"因为他优秀，所以值得我去爱"的逻辑关系，进一步让粉丝情感得到正名。

记忆是对曾经的挽回，主体对不在场的事物产生的欲望只有通过记忆和幻想进行排解。弗洛伊德认为当爱的客体不再存在，这时候"需要将以往所有的相关力比多从中拔出……但因这种情感重负不能立即放下，以至于在相当长的一段时间里对丧失客体投注的能量仍在精神上起着作用，每个在力比多中与客体相关的回忆、期待均在不断地重复、转译并释放"③。

张国荣的音容笑貌，被时间的车轮碾碎，散落到影音图文世界里的各个角落。在纪念活动中，这些碎片被超大音响与宽屏设备重新整合，放大着再现。粉丝们浸泡在由视听载体所营造的波澜壮阔的幻境里，时间线好像在这里弯曲，过去与现在在同一时空重合。在这里，"死并非生的对立面，而作为生的一部分永存"。④ 在后荣迷时代，所谓记忆，就是通过追溯

---

① 〔德〕扬·阿斯曼：《什么是'文化记忆'》，陈国战译，《国外理论动态》2016 年第 6 期。
② 王蜜：《文化记忆的兴起逻辑、基本维度与媒介制约》，《国外理论动态》2016 年第 6 期。
③ 〔德〕弗洛伊德：《哀伤与抑郁》，周娟、施琪嘉译，http://www.360doc.com/content/16/0515/09/6108446_559255682.shtml。
④ 〔日〕村上春树：《挪威的森林》，林少华译，译林出版社，2007，第 29 页。

历史来打破时空限制，让未跟随客体一同湮灭的情感去寻回已经成为过去完成时的归属，爱的主体也借此走出哀伤，实现解脱。

阿斯曼认为，对创伤的记忆在两个极端之间发展，一个是保持伤口的敞开，另一个则是寻求伤口的闭合。[①] 无论是传达集体的认同，还是填补欲望的缺失，记忆都在为爱的主体（粉丝）治愈创伤。但是因为记忆的内涵是造成创伤的关键因素，所以每一次记忆让欲望得到满足的同时，也在造成新一轮的精神折磨。于是，精神折磨又再度促使爱的主体（粉丝）通过记忆联系丧失的客体（张国荣）获得满足，并因此陷入心理满足和精神受虐的无限循环之中。循环并不能解决死亡难题，却在无限回环中，让爱的主体和客体的纽带得到永远联结而实现天长地久。

四　空洞符号或自我救赎

粉丝对偶像不可消蚀的记忆，始终是基于对偶像的强烈认同感之上，这包括粉丝对偶像魅力的认同以及他们对自我的认同。英国学者杰姬·斯泰西指出，认同一直是身份生产的关键机制，"自我就是通过无意识机制在与外部对象的关系中建构出来。"[②] 斯泰西通过大量的问卷调查，发现粉丝在明星崇拜过程中，会通过各种认同实践，将自身的欲望灌注到明星身上。美国学者斯蒂芬·海纳曼通过研究猫王埃尔维斯的粉丝发现，粉丝可以通过对偶像产生的幻想来逃离现实苦难，缓解精神压力。[③]

我对荣迷的调研验证了两位学者的洞见，荣迷 Ella 自称是一个重度抑郁症患者，精神疾病带来的生理和心理的双重折磨导致她丧失了爱的能力，直到她看到张国荣的故事并感动得大哭一场，才找到了爱的希望。Ella 把张国荣当做一个大写的自我，是她想成为却受制于外在环境和内心意志而无法达成的理想化形象。Ella 认为，围绕张国荣的迷幻浪漫的故事能帮她逃离枯燥乏味的现实生活——即使她依然受困于其中。她把张国荣当做倒影般

① 〔德〕阿莱达·阿斯曼：《记忆还是遗忘：处理创伤性过去的四种文化模式》，陶东风、王蜜译，《国外理论动态》2017 年第 11 期。

② 〔英〕杰姬·斯泰西：《女性魅惑：明星——观众关系中认同的形式》，赵婧译，载克里斯汀·格莱德希尔主编，杨玲等译《明星制：欲望的产业》，北京大学出版社，2017，第 184 页。

③ 参见〔美〕斯蒂芬·海纳曼：《我将在你身边——粉丝、幻想和埃尔维丝的形象》，贺玉高译，载陶东风、杨玲主编《粉丝文化读本》，北京大学出版社，2009，第 147~170 页。

的存在，他的璀璨人生仿佛也属于了她。①

斯蒂芬·海纳曼认为："幻想表达了对于完整的欲望，以及消除令人不安的缺席的愿望。幻想在一个以分离、缺席、创伤性扰乱为特征的世界里，承诺了完全的满足和整体性的意义"。② 生活处处充满缺憾，不是所有人都可以创造辉煌，多数人在激烈竞逐中跌倒，沦为时代的蝼蚁，却依然还抱有英雄幻想——正如 Ella 所说"即使我遭受了重大挫败且从此一蹶不振，每个白天都被沉甸甸的虚无感所裹挟而感到窒息，但当深夜里我躺在床上，在脑海中与他相遇，那一刻我是完满的。"③ 从这个角度而言，牵挂偶像其实是在解救自己，当人们独自沿着偶像的旧日足迹徘徊，希望能更加靠近他，其实是为了让自己不再无依无靠。

不少论者对后荣迷现象及喊票为代表的流量时代的追星模式持反对意见。他们认为在喊票活动中，是粉丝的喊票数量决定偶像的名次，只要偶像能吸引足够的粉丝群体为他/她无条件卖力，他/她自身是否真正拥有实力已经变得毫不重要。只要粉丝工作效率高，偶像就可以排名靠前。让粉丝们欣喜的，往往只是用廉价劳动力积累起来的大数据，而非偶像本身。

诚然，这些粉丝社群的活动在"强化了自身的能动性的同时，也更加强调了张国荣的不在场"④。但是粉丝的自我满足又何尝不是对符号的一种充实。随着现代化进程的发生，个体从宗族体系中脱离出来，被抛于茫茫的生活海洋中，陷入了孤独状态。零散的现代人通过"后荣迷粉都"凝聚在一起，在遥寄故人中相互共鸣，获得观照。因此，"后荣迷粉都"的存在，极大地满足了现代人的心理需求。

杨琪认为，"现代人时常都处于焦虑的状态中，尤其是生活在大城市中的人——时时都要花费极大的心思，揣测别人的反应来决定自己的发言姿态……这样的我们，需要狂欢与庆典，也需要能把我们从焦虑中解放出来的偶像。"⑤ 粉丝参加线上活动，使自我完全置身于超现实的网络空间中，

① 这是笔者将"为何如此热衷于宣传张国荣?"作为问题，所进行的粉丝调研的内容。
② 〔美〕斯蒂芬·海纳曼：《我将在你身边——粉丝、幻想和埃尔维斯的形象》，贺玉高译，载陶东风、杨玲主编《粉丝文化读本》，北京大学出版社，2009，第154页。
③ "为何如此热衷于宣传张国荣?"粉丝调研的内容。
④ 暮色染华：《假如荣迷也有历史可写》，知乎专栏：用张国荣牵出华语流行文化，https://zhuanlan.zhihu.com/p/37039802。
⑤ 杨琪：《狄奥尼索斯与张国荣》，知乎专栏：用张国荣牵出华语流行文化 https://zhuanlan.zhihu.com/p/37039802。

暂时屏蔽充满烦恼的现实生活。另外，生死鸿沟之不可逾越本让迷恋过世的偶像带有沉重色彩。但是打投、控评等活动不需要偶像在场，偶像的生死对其影响不大，因此缓和了死亡带来的情感重负。此外，这些活动带有竞争性质，充满了未知性，能极大地激发粉丝的热情与动力。

集体化的粉丝活动能以纵情冲击悲痛；个体性的单向倾慕则以幻想获得精神寄托。它们都是"个体化远离崩溃之时从人的最内在基础即天性中升起的充满幸福的狂喜"①，都是一种痛极生乐，让"主观逐渐化入忘我之境"。② 在这里，个体内心和外界的冲突得以消解，自我救赎最终在自我意识的消失中达到愉快高峰。这正是"后荣迷粉都"得以长盛不衰的根本原因。而观察后荣迷现象，总令人不禁感慨：人类作为意志强大的生物，即使在瞬息万变的时代里，对长情与不朽的追求，也从未中止。

---

① 〔德〕尼采：《悲剧的诞生》，周国平译，广西师范大学出版社，2011，第 7 页。
② 〔德〕尼采：《悲剧的诞生》，周国平译，广西师范大学出版社，2011，第 7 页。

中国传媒大学崔永元
口述史中心专栏

Column of Cui Yongyuan's Center for
Oral History Research in Communication
University of China

创作人谈伤痕电影*

王宇英

中国传媒大学崔永元口述史中心成立于 2012 年，专门从事口述史料的收集、整理和学术研究，以及传播、交流工作。目前，团队已收集并整理完成了涉及电影、外交、战争、知识分子、知青和民营企业家等六大领域、4000 余人次、100 万分钟的口述历史采访影像及大量相关视频、图文和实物资料，已经成为中国内容最丰富的口述历史库之一。这里选取了由崔永元口述史中心采访、收集、整理的谢晋、吴贻弓、吴天忍、黄健中四位导演讲述《天云山传奇》《巴山夜雨》《小街》《如意》等伤痕电影拍摄过程的口述历史访谈资料。这些开风气之先的电影作品，承载着两代电影导演为历史留下证词的真情实感，电影人借助电影这一极具魅力的视听语言对人道与人性发出大声疾呼、为个人命运与国家命运一唱而三叹，在中国电影史上留下了浓墨重彩的一笔。

1. 谢晋①谈《天云山传奇》②

采访地点：北京世纪金源大酒店

采访时间：2003－12－04

记者：像这个《天云山传奇》啊，我觉得它有一个很大的特点，它出现得非常早，那个电影出现的时间几乎都快跟上那个宣布平反的速度。

---

* 王宇英根据崔永元口述历史研究中心采访稿整理，有删节。为便于理解，以注释的方式补充了人物、作品、事件等相关介绍信息。

① 谢晋（1923—2008），1948 年毕业于南京国立戏剧专科学校导演系，代表作有《天云山传奇》《芙蓉镇》《牧马人》《鸦片战争》等。

② 《天云山传奇》（1981），获 1981 年第一届中国电影金鸡奖最佳故事片奖、最佳导演奖、最佳摄影奖、最佳美术奖，第四届电影百花奖最佳故事片奖。

谢晋：是 1979 年出来，然后 1980 年正式拍的。

记者：您那个片子出来的时候，还有很多平反的工作甚至没有做完，它可能对平反还起到一定的指导作用。对这个片子的肯定，可能还帮助了很多没有平反的工作啊。当时怎么会看重这部作品呢？

谢晋：我觉得这是个大的时代的转折了。因为现在说起来，一般都说三中全会，①这个三中全会一出来以后，大批好的作品，就是当时的反思的作品出来了，不是一部片子。我是感受到了，这是一个大的历史转折。我们自己也经过"文革"反思，经过"文革"这么折腾，然后一个大的转折开始。那一篇文章②是有关系的，当时《光明日报》的。这一篇文章出来，当时能够整个地把它都翻过来，真是非常不容易的。所以当时所有的人都感觉是一个大的转折。从小平同志讲，本身是一个大的转折。"我们国家怎么会变成这样？"他考虑过这个问题。文艺上也是，它波动。四次文代会③的时候，很多人都很愣。其实像夏衍这一代的人他已经知道这是怎么回事，所以当时为什么大量作品出来？为什么会产生《天云山传奇》？不是有这一篇文章的问题。大量的人，就是从最底层出来的，这批人，你从王蒙算起，一直算到这个巴老啊。从老一辈的，到年轻一代的，一直到咱现在这一代的，统统从基层冒出来了。这批人慢慢地都出来，这个天翻地覆的变化。我们自己也是，呃，折腾了一辈子。这样一个形势下面，出现《天云山传奇》这样的小说。而且，请注意不是一篇小说，大量的人才。你们这个年龄可能还不知道，第四次文代会的时候，轰动到什么程度？所有的作家，火山一样的，啪，都起来了，整个的国家在起着一个大的变化。这个开始还没有搞文艺，还是开始搞经济什么的。

这个国家这样大的变化，我是觉得，文艺界的人应该比较庆幸地认识这个问题。《天云山传奇》为什么能出来啊？当时电影不多，可以说这种小说是很多很多。电影为什么不能冒出来？当时这部片子，不是我发现的，是我们几个老的厂长，他们先拿到这个小说。

---

① 即 1978 年 12 月 18 日至 12 月 22 日召开的中共十一届三中全会。

② 即 1978 年 5 月 11 日《光明日报》刊登的《实践是检验真理的唯一标准》一文。

③ "第四次文代会"，即 1979 年 10 月 30 日至 11 月 16 日于北京召开的"第四次中国文学艺术工作者代表大会"。会议总结了新中国成立后文艺工作的经验教训，重新确立了"发扬文艺民主""创作方法多样化"等文艺政策，提出了"为社会主义服务，为人民服务"的文艺指导思想。

他们说这个小说是太好的小说，能不能拍啊？谁拍？要我拍。我当时没有太多犹豫，小说没有什么大的争论，但要拍电影啊，这一下子，不得了，厂里头就是热火朝天，大家很多不同意见。我后来碰到很多我的同辈人啊，所谓第三代的这一批导演，等于林农啊，苏里啊什么，包括谢铁骊在内了。我是国统区比较少的，大部分是解放区的。这一批导演，又出来以后，争论就开始。很多的厂长反对，上海比较坚决支持。很多人劝我，包括就是刚才说的第三代导演那一批，咱们最好的朋友哥们儿："谢晋，你拍这个戏干什么？"我当时一个感觉什么？我们这代有些分歧也开始了。因为他们对"文革"，包括吃过的苦头，走过的弯路，没有像我们那几个比较坚决。很多人反对，并不是个别人。当时对那种"左"的空气下面，虽然是三中全会以后，但是从文化艺术上讲，差得很远。虽然善意的也有很多。

记者：对，善意的。但是我想问的是他们反对的理由比较一致吗？有没有认为你这个时候拍这片子，呃，不太可能太深刻的。有没有这样的理由？

谢晋：不是不太深刻，是认为就不应该拍这片子，你这是丑化党。

记者：噢，都是这样的声音是吗？

谢晋：很多，不是个别的。到底我们应该走什么路，我们应该做什么样的人？我们过去走过的一些路不对的有的是，但有的人没有认识到，我认为是没认识到。因此这个东西当时争论得非常激烈，像仲星火①演这个角色的时候都嘀咕：演这个好像就是丑化党的干部，其他可以，但是你这个抢人家老婆这个事情绝对不可以。很多人这么讲。所以说："谢晋导，你搞这个事情你要糟糕。"就是等于有一种反党的嫌疑呀，丑化党的嫌疑，这个，这"帽子"都已经上来了。很多人再三考虑，陈荒煤、夏衍、孙冶方特别站出来，说这东西怎么回事？这个戏不能拍。这个引起一场大的波动，而且都是大文学家，党的干部，造成大的冲击。《文艺报》都有文章，你们去看，现在都在啊，在我家里都有，一篇一篇的争论，而且标题都很鲜明的。

记者：这是拍完以后的争论吗？

谢晋：拍完以后，大量的两方面评价。一方面就是有两麻袋的信，感

---

① 仲星火（1924—2014），电影演员。在《南征北战》《今天我休息》《李双双》《405谋杀案》《巴山夜雨》《月亮湾的笑声》《天云山传奇》《相思女子客店》等影片中塑造了众多脍炙人口的角色。

谢的、赞扬的，来祝贺的。但是，领导的声音绝对是持保留态度，这是非常明显的，一直到最后评奖啊，评奖的时候，大部分评委，这些可以说都是我们当时文化水平、艺术水平最高的一批，还不仅是我们电影界的，包括夏衍——主任是夏衍，副主任是袁文殊、陈荒煤、张骏祥，然后一直到像金山这一级的艺术家。全部讨论的时候，当然是票数压倒一切。这是评论家的态度。但是舆论界，也有一大批人持保留态度，也没有敢大骂这个戏，但是持保留态度。我当时也还在拍《牧马人》外景啊，公布了这个戏获最佳影片奖，但是保留了一点，还有一部影片并列的，就是那个《巴山夜雨》，叶楠写的，这个是比较平稳的，没有像《天云山传奇》，所以它是第二名。

记者：在把握这个戏的时候，有什么您印象比较深刻的事情？

谢晋：我拍这个戏的时候已经开始觉醒。这个"觉醒"的意思就是说，我对整个的"文革"的过程，包括我自己拍样板戏有一些错误，至少我的内心已经清算了。所以这个戏，拍吴遥的时候，我是用的最强烈的一些手段。但有的地方看样子过了一点，打王馥荔嘴巴稍微过了点。假定说我当时更深刻一点的话，也许把这个人物写得既有官僚主义，又有这个霸道主义，也还有一点人性的。但这部分写得不够，如果再够一点的话，可能更会动人一点。但是当时，要么不拍，要拍的话就狠狠地拍。拍的时候我就已经豁出去了，该拍的拍，该狠的地方狠，该讽刺的地方讽刺。而且呢，这次又出现一个现象，过去没有的，就是几个女主角保护了男主角。像中国的男的打成"右派"，女的不离婚，这一种现象在中国还是很多，这就是中国的女孩子。在那样一个特定的时代，作家写出这个东西，后来我们那么多的演员一起集中力量，包括最好的美工师，最好的美术，大家全力以赴在写这个戏，说明大家对这个认识是一致的。所以，我们厂长①认识是一致的，最后包括市委跟厂长是一致的。

2. 吴贻弓②谈《巴山夜雨》③

采访地点：上海斯波特大酒店 1521 室

---

① 即时任上海电影制片厂厂长的徐桑楚（1916—2011）。

② 吴贻弓，1938 年出生，1960 年毕业于北京电影学院导演系，代表作有《巴山夜雨》（副导演）、《城南旧事》等，曾任上海电影局局长。

③ 《巴山夜雨》（1980），吴永刚、吴贻弓执导，1981 年获得文化部优秀影片奖、第一届中国电影金鸡奖最佳故事片奖、最佳女主角、最佳编剧等重要奖项。

采访时间：2003 年 3 月 11 日

记者：这个当时是怎么考虑？怎么就会直接就碰这个？

吴贻弓：那时候是我在吴永刚①的指导下写的，那个最重要的一句话就是"在文革废墟上，重建人性的光辉"，就是认为好像在"文革"当中人性都被摧残了，人跟人之间都变成了一种好像很不可理喻的那样一种关系。今天跟你挺好，明天马上就可以是翻脸成仇，好像就都已经失去了一种常理的那样的一种状态。可能年轻人现在很难理解——怎么就在那样的一个状态下面，你们能逆来顺受？但是当时确实是一种时代的必然性，它很难用一种非常常规的、常理的那样一种东西去进行解释，因为它确实是一种浩劫。那样的一个很大的事件，因此呢，就是想在可以表现它的那样的一种时候呢，一下把你在里边得到的那样的一些感受，或者是受到的那样一些压抑，这样的东西能够在这个当中把它表现出来。所以跟叶楠、跟吴永刚老导演他们之间的沟通中的一个最重要的一点，就是想在这个片子里头把人跟人之间那个属于非常正常的，应该是善良的、温暖的那样的一种人性关系重新建立起来。也是想通过刘文英这样的一个人物，本来就冷若冰霜，然后慢慢、慢慢在这个当中感觉到，人跟人之间似乎应该是有真情的。它应该是能够沟通的，而不是那么敌对的，不是那么仇视的，啊。不是好像天生就是应该要斗争的，这样的一种状态，所以后来搞了这片子以后呢，很多人也都问，就说为什么在这个片子里头没有一个坏人。这也许可能跟吴永刚导演他的经历，包括我自己的经历，都会有关系。也许我们都希望有那么一个理想境界，把那种丑恶的东西，把那种令人厌恶的一些东西，都放到银幕框外面去。虽然感觉到那样一个氛围，但是出现的这个人物呢，我们都希望他是一种善良，包括刘文英这样的人物我们都赋予她到最后一定的人性觉醒的那样一个经历。也许这就是我们，老吴导演跟我之间的那样的一种理想吧。

记者：那这个片子产生在那个时候，而你们又不写坏人，我觉得确实挺不好理解的。为什么就会这么宽容呢？而且我们知道吴永刚导演1957 年"反右"的时候受了冲击。

吴贻弓：他受冲击比较大。30 年代起，他就在拍《神女》这样一些影

---

① 吴永刚（1907—1982），编剧、导演。中学肄业，是由美术师转为导演的优秀艺术家。1934年因编导《神女》而一举成名，一生共拍了 27 部影片，1980 年与吴贻弓联合导演的《巴山夜雨》是他的艺术高峰。

片，应该说对中国电影是有非常大的建树的那么一位导演。那后来这样，是很不公正的。包括后来的电影史对他的评价，我觉得呢，从今天来看的话，恐怕也还是不够公正的。当然，他去世早，但是我觉得他在《巴山夜雨》这部影片当中，所抒发出来的，恰恰是他的一种真情实感的流露，是他的一种希望，是他的一种理想。实际上，这个片子是很现实主义的一部影片。但是，不管从叶楠的编剧，或者从我们的导演处理来说的话，它都带有很大的虚拟性，甚至带有一点荒诞的味道。他把所有的场景都放在一个甲板上，放在一个船上，放在一个漂泊不定的那么一个空间里面。所以，实际上，这里边的那种含义从编剧来讲的话，它就已经带有很大的一种理想性，一种超乎现实的状态。虽然实际上我们从表现这个角度来说，那它确实是很现实主义的一个表现手法。但是从根本上来说的话，它带有一点虚幻的那样的一种味道。在那个三等舱里头，它是缩影。吴永刚导演当时一直说："我们没有坏人，是因为坏人表现出来，他就是我们表现的那样坏。实际上'文革'当中的坏人，比我们要表现的可能要坏得多，我们无法把他们的坏都表现出来，所以把他变成一个背景，把他变成一个阴影笼罩在银幕之外。"他说："这样的话呢，可能每个去看的人呢，他们都会根据自己的经历，他们会去想象到，那个压力对他们来说是多么的重，多么的残酷，多么的荒诞。"我是很赞成这个说法的。为什么要把它放到长江，而且要放在三峡，要放在像夔门那样的地方？而且利用了非常多的空镜头，表现浮标，表现雾，表现雨，甚至于包括从音响上来表现那个轮船在空旷峡谷之间比较嘶哑的汽笛鸣叫的声音等等这一些，恐怕也就是从我们的思想感情这个角度来说，是表现那个时代的那样的一个阴影吧。当然，在长江上漂流，而且是东方红 40 号船，恐怕在那个时候，也许我们并没有非常非常明确，特别是从现在再回过头去看，但在当时还是有这样的一种初衷吧。

记者：因为有了河流呢，可能就有了方向。在这个船上行、下行这件事上，当时有设计吗？

吴贻弓：对，有有有，它是往下游走的。当时船是从重庆出来，从朝天门那个大台阶下来，然后过夔门，过夔门的时候我们拍的那镜头，应该讲，在影片当中你可以看到那船过去以后，夔门是打开的，一边慢慢打开往前走，往前走，这个路应该是越走越宽的那样一种感觉。不过这个东西我觉得是这样，因为实际上，有时候你在做的过程当中呢，也是慢慢悟的，也不是说一开始啊，你就想得非常周到了，想得很具体了。也就是说不是非常理性地去拍一部影片，而且还是跟着自己的情感，跟着自己的思想感情，跟着自己在"文革"当中碰到那样好多好多的事情，好多好多人。你比如"文革"当中啊，我的那个遭遇就是，一开始的时候是作为黑线上的什么什么，是叫什么黑藤上的什么小瓜啦，就那样的一个，给弄出来，就是陪着斗。因为我那时候还只是一个副导演。后来又去"战高温"，"战高温"①——我不知道你们知道不知道，那全国大概上海独有的，当然一战就战了七年。在"战高温"过程当中就感觉到，因为你去到那儿，人家都知道你是来改造的，"革委会"②的那些头儿的态度都完全不一样的，都是另眼看待。但是工人师傅就不那样看，我就觉得在这当中，你就会感觉到很多，那种眼神，甚至有时候，给你递一支烟，有时候帮你买一次饭等等这样的一种，那种老师傅对你的关心照顾。好像甚至在说：其实你们不该到这儿来，你们有你们自己的事情，这事儿是我们做的，不是你们做的，等等这样的一些东西，都给人感觉就是好像明白人还是多，好人还是多啊。所以后来这样的一种思想感情呢，可能在《巴山夜雨》里都有体现，包括吴永刚，我相信吴永刚导演心目当中大概可能这种感受也非常非常多。周围很多很多那种真是让你发自内心感动的那样的一种同情。哪怕是他不了解的那样的一种目光，你都会感觉到，实际是一种温暖，那是一种说不出来的一种感激的心情，就会感觉到人间还是好人多，还是温暖多。我觉得人性无论如何，我觉得可能他受到一定程度的压抑或者甚至于摧残或者是什么，但总是不可能泯灭。这点呢，也许吴永刚导演跟我，包括叶楠，都会是一种非常坚信的那样的一种东西，所以后来都会在《巴山夜雨》里头体现。

3. 吴天忍③谈《小街》④

采访地点：上海维景酒店公寓 1076 房

采访时间：2008 年 3 月 15 日

---

① "战高温"，指 1970 年 7 月至 1971 年，张春桥等以高温季节工厂劳动力紧张为名，先后将上海市 2 万多名机关干部和文化工作者（包括部分未去"五七干校"的）下放到工业、交通企业"战高温"，从事体力劳动。直至 1979 年 2 月后，参加"战高温"的机关干部和知识分子才逐步重新安排工作。

② "革委会"，即"革命委员会"，是"文化大革命"期间中国各级政权的组织形式。"革委会"人员采取"三结合"方式，由部分没有被打倒的"革命干部"、群众组织代表和"工宣队"、"农宣队"或部队军管代表组成。

③ 吴天忍，1939 年生，毕业于北京电影学院导演系，《小街》副导演。

④ 《小街》（1981），杨延晋导演。

　　吴天忍：这个我认为就是徐银华①的主导思想，所以选择了俞和夏这么两个小人物，实际上就是对人性的摧残吧，对孩子人性的摧残。那么夏这个人，他保持一种人性的特征，他同情俞，他不参与那个时候一般小青年的打打杀杀、冲冲杀杀，打、砸、抢，做造反英雄，他不参与这个。实际上他是个逍遥派，但是他同情俞这么一个人，比他弱吧，应该说。但是由于同情她，他也遭到了毁灭性的命运，那么两个对社会完全无害的、小弱者的命运，在某种意义上要反映中国人，当时很多人的一种命运的缩影。所以现在看来徐银华抓住这么一个小人物，来反映当时中国社会及中国人的情况，我觉得是抓对了。因为干部也好，大人也好，你在和社会交往当中，总有这样、那样的一些纠缠，错误，或者是矛盾吧。这两个小人物，还没有完全立足于社会的小人物，他们对社会，对人类，对别人完全无碍，而遭到这样凄惨的一种事情，这种欺压，是社会群体性的，不是哪一个人。我是这么认识的。当时还有谁比俞这么一个人物更弱小，更值得同情呢？她的遭遇会是这样。所以从这个意义上，因为当时有一个争议：要不要出现妈妈？我们几个商量，不要出现。一出现俞的妈妈了，就变得大人了，不纯了，完全就这两个小人物，展示他们和社会的关系。

　　记者：对。这影片挺大的一个特点，是在他们回忆的那个时空里头，虽然我们能够看见这些画面、人物、动作，但是很抽象，就是这俩人，他没有别的东西，然后完全是这两个人的世界。这是当时你们特意的一个追求吗？

　　吴天忍：对，不想加入其他成型的角色，如果一加入成型的角色了，比如说对立面，某个人物作为对立面，反而缩小了。他没任何敌人，俞也好，夏也好，没任何私敌，整个恶势力和他为敌，是这么一个社会的恶，来欺压、欺凌这两个完全弱小的人。如果您说这个片子的特点，我认为它的特点，或者说它的张力更大。如果你树立了真正的反面人物反而不灵了，所以曲折地就成了这么一个剧本。现在看来当时也是很朦胧的，理论上提不高，但是就感觉到就要这两个小人物的命运。

　　记者：这三个结尾是怎么产生的？我觉得不仅仅是个形式感。三个结尾的意思在哪儿呢？今天回头看，我觉得价值在于思考了"文革"对人性的摧残。这三个结尾，都是经历过"文革"之后，对人的不同的影响，他在思考这事，三个结尾表示了不同的思考，当时怎么产生的这三个结尾？

---

　　① 该片编剧。

吴天忍：当时理论上倒没有什么更多理论去阐述它，但有一点，我们是一致的：人的命运发展，并不是宿命，并不宿命，并不铁定，可以是各种各样的发展。俞这个人后来怎么发展，都有她的合理性。当时我们想，观众还可以加别的结尾。现在有一种电视剧，最后让观众来一起讨论怎么结尾，这个不新鲜，当时我们就做出这么一个：三个结尾。不一定三个，你可以是五个，可以是八个。因为我们的生活当中，也确实是这样，由于处于社会的不同境遇下面，可以往不同的方向发展，尤其像俞、夏这样的人，当时才15、16岁，命运可以把他抛到这里、抛到那里，都可以，现在看来我觉得仍然有它的可能性、合理性。

记者：但当时你们这么做，我觉得可能还是因为中国电影在之前没有这样的结尾，从来没有一个影片给观众提供几个结尾的这样的事情？

吴天忍：是的。因为这三个结尾好像也是后来剧本扩充，成大片以后提出的，第一个提出来的是谁我都忘了。在我们讨论的时候，有三个结尾当时是没有什么分歧的，只是三个结尾怎么处理得更好，这个方面呢，我，我当时有一个想法把它处理成堕落或者什么，当时叫堕落——花天酒地了。但我又觉得这个未必好，现在看来我自己也是幼稚了，就是也可能，完全可以变成那样。但是我当时觉得对这个结尾有顾虑，杨延晋很坚持，也没什么太大的争论，只是提出各种观点。当然，后来观众确实也提出他们觉得俞应该怎么样，我觉得这样挺好，你也创作，等于你也参加了创作圈。我觉得《小街》在拍摄上，在创作思想上，是可以作为当时那个时代的代表作的。因为从社会思想主题，从人物塑造，从电影手法的运用等方面，都提供了一些当时还没有尝试过的东西。

记者：虽然你是三个结尾，但哪个在最后的含义还是不一样的，如果要把那"堕落"放在最后一个，那这就是一个……一个比较悲哀的结果。当时有这方面的考虑吗？

吴天忍：好像没什么争论，当时我比较喜欢最后一个结尾，从我当时的艺术追求来看，我比较喜欢最后一个结尾，也比较符合普通观众的期待，从艺术的好坏高低来看，也未必是最高。假如说把所谓堕落弄到结尾，可能观众会骂，你怎么会把艺术弄成这样，但是它的震撼力未必小。这是最真实的。

记者：当时这个影片出来，对这影片的讨论，比如观众和学术界、电影界，都有什么样的声音呢？我觉得可能多半是因为三个结尾引起的，是吗？

吴天忍：有，有不少观众反映，有的赞成这个结尾，有的赞成那个结尾，有的根据人物分析，他应该是走这条路，有人说走那条路。后来，我说这个东西咱们没必要争论，也没必要解释，个人按个人理解。因为人的命运，人的发展，并不是完全决定于个人，也决定于社会环境。

记者：电影界对这个事情怎么看，评论界，或者同行？

吴天忍：我记得电影界当时对这个片子，基本上都一致肯定的，这个片子可以讲奠定了当时杨延晋作为第四代导演佼佼者的地位。杨延晋在北京，当时所谓第四代的精英都在北京，滕文骥、黄健中，当时还有一个，虽然不是电影界，但他是电影界牵头人，李陀。你知道吧？所以后来就发展有一个叫什么"北海读书会"，这就是。因为当时杨延晋到北京，李陀、滕文骥、黄健中、郑洞天、谢飞，可能还有韩小磊，这些人，他们经常聚。有一次，他们在北海吃饭喝茶就谈：我们搞个"北海读书会"吧。谈的有些话，可能对创作思想上，也比较敞开。正好在当时"反自由化"，这个事情怎么汇报上去我不知道，后来还查了这个事情，这个"北海读书会"，可能把它作为一个"自由化"的影子，或者怎么样。那么为什么我说这个事情？本来电影界的创作势头，从 1980 年开始到 1982 年这一段时间，创作势头很不错的，后来又出来吴贻弓的《城南旧事》，但是很快就过去了。"反自由化"以后，吴贻弓很谨慎。吴贻弓不像杨延晋，杨延晋和他走得很近，吴贻弓总用他的话，和他们有很好的关系，但是不大卷入他们里面的谈论。后来谁说起，我们第四代太惨了。刚刚起来不久，就压下去了，压下去不久，1985 年、1986 年《黄土地》为标志的第五代，马上占据了影坛的主要位置，所以第四代实际上就是最多算五年时间。当然后来有人还不断地有这样那样的作品出来，但是已经不成气侯，被第五代取代。所以我觉得也就这么几部，真正称思想上、艺术上，创作方法上都站得住脚，也就这么几部，我觉得也不容易了。

4. 黄健中①谈《如意》②

采访地点：北京

---

① 黄健中，1941 年生，1960 年进入北京电影制片厂附属电影学校学习，代表作《小花》（联合执导）、《如意》、《良家妇女》、《过年》、《龙年警官》等。

② 《如意》（1982），黄健中执导，改编自刘心武同名小说《如意》，讲述了老校工石义海与清末贵族小姐金绮纹跨越时代的爱情故事。

采访时间：2002 - 10 - 08

记者：从 1970 年代末到 1980 年代末这十年，应该是中国电影最热闹的时候，不同代的导演都在拍电影，所以天然的，那些影片就不会一样。

黄健中：1980 年代初期应该说是中国整体文化环境非常宽容的一个时代，当时是胡耀邦提出一个"思想解放运动"，① 又是"十一届三中全会"召开之后，整个那种粉碎"四人帮"以后，"文化大革命"结束，整体社会有两种状态，一种就是比较悲观的，好像对于前途失去信心，但更大的、全国性的是希望。因为党中央号召整体开始迈向了一个新的阶段，特别是"十一届三中全会"就是一个国家的一个号角。我觉得在当时应该说我看到的同一个时期的小说中，对我震撼力最大的就是这篇小说。这小说的魅力就在于让大家很相信，这一个劳模他的心态是很真实的，他观察社会生活有他自己的很质朴的一种方法。

记者：当时这个作品出来以后，在小说阶段，除了有批评的文章，有没有过其他的夸它的文章？

黄健中：赞扬的文章说实在我还没有看到，但是我喜欢这小说。当时陈荒煤是社科院文学所所长，② 非常欣赏这篇小说。这篇小说在中国当代小说史上、现代小说史上应该有相当的贡献的，但是因为按我们当时政治标准第一的评价，它不可能评到一个很高的位置，所以陈荒煤一听说我愿意拍这个戏非常支持。他有三次跟我、跟戴宗安、跟刘心武的谈话，我们北影厂创作室都打印出来。陈荒煤"文革"之前是电影局局长，"文革"结束以后，他是社科院文学所所长，所以他在把握这些方面，我是终生佩服，非常佩服他这种理论高度。所以当时陈荒煤支持这个戏的时候，包括我拍完了，我们北影厂党委审片的时候，有一位艺术家是党委委员都说陈荒煤支持这个片子不是以一个部长③的名义，是一个以文学家的名义、艺术家的

---

① 即 1977 年 3 月胡耀邦担任中共中央党校常务副校长后，针对当时党和国家刚刚摆脱"文化大革命"的十年浩劫，人们在思考"中国往哪里去，今后的路如何走？"这一根本问题时往往受到"两个凡是"的束缚的情况，他认为，必须在思想上、理论上"拨乱反正、正本清源"，才能明确方向道路。为进一步冲破思想禁锢，推动党内解放思想，胡耀邦亲自组织理论队伍，在中央党校专门设立"理论研究室"，创办《理论动态》，精心组织和支持中央党校和《光明日报》编辑部等合作，撰写发表了《实践是检验真理的唯一标准》这篇破除"两个凡是"的重磅文章。此后，《理论动态》在推动全党解放思想中发挥了极为重要的作用，成为党内外、国内外高度瞩目的最前沿思想阵地。

② 实际为副所长。

③ 时任文化部副部长。

名义支持这个片子，那么一个部长跟一个文学家有本质的区别吗？他认为是有的，因为站的立场不同。

记者：北影怎么能够立项？

黄健中：北影的立项就是因为这个时候陈荒煤已经调到了文化部，当时是北影厂还归文化部管，陈荒煤是文化部的副部长，所以陈荒煤一支持就立项了，所以这个戏立了项到开机将近一年的时间，迟迟不敢开机，厂里始终没有把握，但陈荒煤就一直给汪洋做工作。汪洋当时是我们厂里的一把手，一直给他做工作，说要支持黄健中拍这个戏。拖了将近一年，我不拍不行了，这时候才开的机。这个片子在开机一直到拍摄当中，特别是结束的时候，那是争论相当激烈。我们北影厂七票反对，六票赞成，也就是说没有过半数。

记者：反对的还要多一点是吗？

黄健中：反对要多，所以北影厂就没有通过，但是汪洋作为一把手，是赞成的。当时我们厂还有像张水华（水华）这样的老导演、艺术家，他是赞成的。武兆堤是从电影局副局长回到北影厂做艺术副厂长的，是赞成的、赞成的都是艺术家，而且职位都比较高的。不赞成的都是政工干部，但也有艺术家，但是毕竟七票反对。

记者：这 13 个是什么，是"艺委会"是吗？

黄健中：当时我们叫"三堂会审"，党委、艺术委员会、技术委员会，但是党委是最重要的一票。这 13 票是党委投票，13 票有 7 票反对。那最后汪洋说："咱们还是这样吧，按这些意见如实地向电影局送审。"按道理说，北影厂这一层党委没通过，是不允许送审的。但汪洋说："如果这个片子有问题，责任不在黄健中，责任在我汪洋，我来承担一切责任。"所以你说一个好片子，导演要有很犀利的一种灵感，社会敏感，但厂的一把手是非常重要的。所以过了很长时间，当我回头再去看当时的记录我掉眼泪了。

你看在那样的一个时代，应该说全社会都在向上，实际上这就是改革开放初期。如果我们今天算改革开放 30 年，其实这改革开放的头三年，甭说头三年，头五年，保守势力都是相当的强。所以我们那个时候呢，因为我跟社会、思想界接触比较多，所以包括我这个片子完成，最后陈荒煤修改了一段解说词，这两个人各执一柄如意，终究不能如意，那段话还长，但是其中核心就是这一段话，我放在片子里头了。到 1984 年是"清除精神污染"①，其中一个重点就是批评《如意》的这段话，说这是一个新社会，两个人各自一柄如意，终究不能如意。那说谁呢？不就说我们社会主义不如意吗？你片子叫"如意"，实际上本质上还是说不如意。然后那里头有一个居委会主任，我们的演员剧团团长吴素琴演的，就说这个艺委会主任，把她写太坏了，这就是给共产党脸上抹黑。后来夏衍看完说：街道委员会主任不能代表共产党吧。他说一个街道主任都不可以批判，也是很褊狭的。围绕这些问题的争论，是很典型的。今天如果年轻人去看《如意》，简直就说这个片子有什么啊，没什么问题，可当时就有问题。我们党委审查的时候，那他们对我还是很爱护，毕竟我刚参加拍完《小花》。他们就说："小黄啊，你这人从创作思想到创作立场，都有严重的问题。"——一种很爱护（的口吻）！

记者：刘心武改编成了剧本，您说四天基本就成型了，就修了一场戏。您看到这个以后，您当时脑子里怎么想，把它给影像化。因为那是另一个二度创作，把剧本变成了影片，而您又说你永远会有那种比较浪漫主义的表达方式，您当时在脑子里怎么结构这个东西？因为这个事情它的背景其实都浪漫不起来的。

黄健中：我个人感觉，写实主义跟浪漫主义，从我年轻的时候，就没有把它作为一个矛盾，我就可以融在一体。比如讲格格住的那个院子，出门口，我专门到白塔寺。因为这个原来写的不是白塔寺那个胡同，但是拍《如意》的时候我是骑着自行车，自己去感受外景，然后剧组再去采外景，我是把这个环境作为一种情感情绪的元素来进行创作。所以那个时候我就提出，选景不是选故事发生的地理地点，而是选一个作品的风格。

记者：黄老师，这个片子里有很大一个段落，其实是以"文革"为背景的，那个时候表现"文革"，有没有什么限制？或者说您当时怎么才能够既能让它通过审查，又能把这些小人物所经历的"文革"给表现出来？因为我们今天看到您这影片里其实还是把"文革"大的过程都说了，它还有起伏。我觉得挺精炼的，它基本是一个浓缩了比例的"文革"。

黄健中：1982年、1983年对于"文革"的题材没有明文规定的限制。所以这个戏阻力比较大的，实际上是吴素琴演的那个角色。为什么要把她写坏？这里面唯一代表党的那么一个人物还把她写坏了，就这个问题没被

---

① 实际上应是1983年。

通过。实际上我认为最本质的，还是我刚才前面说的那个理论家那种观点，这个戏是模糊了阶级关系，模糊了阶级界限的，所以在当时是一个有严重倾向性的问题。

很多很爱护你的老干部就觉得你这个才能都白白流失了那种感觉，其实还是一个，所以我认为国家在改革开放初期要冲破的阻力是相当相当大，他觉得你整个国家都在走向资本主义那种感觉，所以我就能体会，为什么我对改革开放感情这么深呢？因为 1980 年代我每年都出国好几趟，感触特别深，全世界就中国是一片热土，当时我回来第一感触就是这个。你想那时候，到国外去一看，特别到巴黎，到拉德芳斯看的都是那种像童话世界的那种建筑，全是大玻璃房。但是现在你对北京说玻璃房，太一般了，可是那时候第一次看到整个那种，因为巴黎它把新区跟老区分开了，你到新区去，你看特别壮观，特别迷人。回到家里我还住太平胡同，还得生炉子，你感觉从天堂回到一个山沟里那个感觉，所以感触就特别深。所以为什么我们这一代人……你看我 1941 年出生，我们几乎可以说是跟共和国一起长大，共和国初期我们是戴红领巾，所以共和国有过的辉煌，共和国有过的灾难，走过的坎坷的道路，我们都感受过。这就是我们这一代人最特殊的，任何一代都没有我们感触这么深。老一代人他已经对改革开放不参与了，像我现在还在参与拍戏，我整个过程，我做导演的整个过程就是改革开放三十年。

记者：咱们再说说"街道主任"这个人物，当时您对这个人物有什么特别想赋予她的什么东西吗，还是有什么明确所指吗？

黄健中：没有，没有。我觉得就是很普通的一个人，而且吴素琴也演得特别合适，特别好。我们在讨论演员，我说："吴素琴你要愿意屈就，你就来演一个街道主任。"吴素琴就没有这种感觉，她没有说你把党支部书记演坏了，写得这么坏，没有的，她就是一个……那时候街道上的支部书记可不就是这样？他/她盯着都是你这些人，是我要管辖范围之内的，格格，她必须改造她，而且她那个话也没有什么恶意。另外，你要相信，很多基层这些干部，除了优越感以外他有很强的责任感，中国之所以能够这么安全，不出任何事，你不能不承认这些街道主任，包括咱们过去老说的"小脚侦缉队"，这些人在保安工作，你说一个街道突然来了一个新面孔、新人，他就得注意，这个人有没有干过坏事，我觉得这就是一种责任，我觉得这是一个很大的层面。

　　所以我在想，写这些人物就是一个实实在在写，你看我们可以说这个戏里都没有一笔是去丑化街道主任。因为在我生活当中，我感觉这些就是那个时代的印记，那个时代她就必然这么做，在她看来这些都是她应该做的事，她有一种责任，但也有个人的情感。我刚才说格格到底是格格，这么老了还是有那种花心似的，她那个台词我记不住了，但她就是这样。要是那时候的贫下中农到四十几岁，那你一辈子就这么下去了，哪有说四十几岁还谈恋爱的？在那个时代就会觉得很笑话。今天你就七八十岁谈恋爱——黄昏恋，没人阻挠你，那个时候可就不一样。

　　记者：这个影片当时上映以后的，刚才您是讲到它从你改编一直到后来，整个过程都不是很顺利，经历了一年的时间，它上映以后的反响怎么样？

　　黄健中：拖了整整一年，有一点黄花菜都凉了才端出去那种感觉，所以在我自己来说，也有伤感的这一面。因为整体的时代走向已经是商品经济推上来了，青春戏已经开始在活跃了，你想到 1983 年、1984 年，青春戏已经活跃起来，所以这种比较深沉的戏，有人就说我曲高和寡，是这样的。但是也有不同，也有人看完了就觉得非常好，很多人过后过了多少年了，跟我一聊起来，还都是当年看过《如意》怎么怎么，觉得因为看了《如意》才觉得，哎哟，黄健中不一般。他并不注意说《小花》那样的，反倒觉得《如意》这样的事，这个导演一定是一个很严肃的导演，才能拍这么好，对社会生活的态度是比较严肃的。我们同行滕文骥就说过一句话："说实话，看《小花》我们还不觉得怎么样，因为我们都能做到，一看《如意》，一下子感觉黄健中把我们落下一大段距离，没想到他这么去想问题，这完全不一样。"

　　1984 年，法国举办世界上最大的一次中国电影回顾展，是从《春蚕》那个默片开始，一直到 1982 年、1983 年截止，一共是 120 部中国电影，在法国的蓬皮杜艺术中心。开幕式他们点名一定要《如意》，开始咱们政府也不同意，电影局也不同意，电影局是推了黄蜀芹的那个《青春万岁》，法国人就坚持一定要《如意》，说因为能够代表中国电影史上有一个新的高峰，最后同意也是《如意》去了。我第一次到法国就是 1984 年，我这个时候正在拍《良家妇女》。首映的那一天，蓬皮杜艺术中心的电影厅座无虚席，还加席，他们主持会的人在结束以后说："这是我们蓬皮杜艺术中心，玫瑰厅电影院第一次不仅座无虚席，还加了这么多座。"当时因为法国是一个电影大国，他们就很新鲜，放完了就在现场银幕一亮，我就得站在银幕前面接受记者采访。第一个问题就给我提了一个说：听说这部电影来参加首映式，在中国受到很大的阻挠，问我有没有这件事。我第一次出国，遇到的第一个访问问题，就是这个一下子……我们代表团七个人……我当时就说："据我所知的确是有这个问题，我知道法国的主办人，向我们电影局提了多次，电影局不同意，我这个消息是法国主办人告诉我的这件事。"底下就觉得这个导演太厉害了，就跟他们电影一样真实。我说："但是……"他就先翻译前面一段，安静下来，我说："但是，我今天站在这儿，也是一个现实，这个现实说明什么呢？中国有一句老话叫朝令夕改，这就是我们中国今天的现实，就是改革开放的现实。过去错了，今天就在改，我这个电影之所以把过去做了很多错事，能够敢于表现出去，就说明我们中国的领导层有这个勇气，过去错了现在就改，所以我今天可以站在这儿跟大家见面。"下来以后，程季华①他们就说："哎哟，小黄你可以去当外交家了。你第一句话一下子我们都很紧张：怎么可以这样说？你怎么可以承认有这件事呢？但你第二句话特别好，这样让外国人就很信服。"我说："就是一条，我讲的都是事实，我讲第二句话也是一个事实，我终于来了呀。"

记者：那在当年就是《如意》对您而言是成功的，在法国这么成功，虽然它可能上映得晚了一些，可能在普通观众角度来讲，影响小了一点。它会怎么影响你后面的创作？当时这个片子拍成这样，法国人这么评价，那么多人好评，但是国内可能也该出现一些变化了，您之后会怎么来选择呢？

黄健中：我跟你讲，一个人的成长道路，这种公众的舆论、专家的评价，我的经历，给我自己最重要俩字——自信。它给你就是一个信念，艺术一定要很真诚，你真诚了就相信你，所以我后来拍的戏我很自信。但我不狂妄，我不盲目，因为自信一定来源于你有很深入的对社会生活的认识，自信来自你对艺术有自己很独立的见解。所以包括我有时候跟演员争论，我都会跟他讲怎么怎么怎么，演员听了，因为你自信你毕竟有一种很充足的准备，有很充足的思考。但你的底蕴不可缺少，你对社会生活认识的这种底蕴、你对艺术认识的这种底蕴、你的文学基础，这一切都决定你自信

---

① 程季华（1921—2015），著名电影史学家。1937 年加入中国共产党，主编《中国电影发展史》（第一、二卷），曾创办《电影艺术译丛》、《中国电影》杂志（《电影艺术》前身）和中国电影出版社。

有根据。你刚才问我这个问题，我一下就想到了，就这俩字。

　　咱们回过头来讲咱们前面讲到的最初的话题——1980 年代初期，1980 年代初期这种整体文化环境的宽松，于是乎有作家电影这个概念，今天哪儿有作家电影的概念？所以刚才包括你谈到，1980 年代初期，到整个 1980 年代，中国电影几乎可以说看到一个"百花齐放"，这种"百花齐放"就是因为每一个作家，每一个艺术家，对社会他从不同角度去看，于是乎一百个导演，就会有一百朵花。所以，1980 年代，政府也承认说那是中国电影的辉煌期，那么我们今天被商业大潮冲击得没有个性了，但是你看这些人，我的作品我始终还是坚持，商业不排除艺术家的艺术个性，你想美国斯皮尔伯格能拍出那么多充满个性的影片，《辛德勒的名单》《拯救大兵瑞恩》都是这一类。梅尔·吉布森拍的《勇敢的心》，那相当的个性化。现在我觉得我们对商业、对于"主旋律"，把它概念化了，狭隘化了，所以我始终坚持艺术还是要"百花齐放"。

转折年代的和声与沉声

——新时期之初的伤痕电影

王宇英[*]

摘要 伤痕电影是中国电影人在新的时代条件下对历史问题进行反思的产物。1970年代末，电影人的主体性日益觉醒，他们高举尊重艺术规律、发扬艺术民主的大旗，创作的电影数量激增，推动了电影管理体制的改革。但与此同时，关于伤痕电影如何处理好创痛与信心、个体与集体、人性与党性等主题的争论也一直存在着。进入1980年代后，以历史创伤为主题的伤痕电影必须要昭示光明、不能因真实性而偏离倾向性等主张成为电影创作的指导性意见。《苦恋》之后，伤痕电影数量迅速减少，最终退出历史舞台。伤痕电影因表现内容紧扣时代痛点，表现手法极富感染力，吸引了众多观众，参与塑造了共和国历史的集体记忆。但在记录、反思社会历史的规律性问题之时，伤痕电影往往流于个体控诉、政治批判、情感宣泄、人性探查，控诉消解了责任，批判代替了反思，宣泄被导向遗忘，人性疏离了政治性，既未能完成真实的伤痕再现，也未能有效地抚平历史创伤。

关键词 伤痕电影 历史反思 创伤书写 电影批评**Abstract** From the end of the 1970s to the beginning of the 1980s, there are a lot of innovations in the trauma films' theme expression, narrative technique and the specific application of the film language, which has promoted the development of the new Chinese film industry. At the same time, be-

---

* 王宇英，中国传媒大学马克思主义学院副教授。

cause the content is time sensitive and relevant, it reaches a large audience, and is thus deeply involved in the reflection of historical lessons and the formative process of historical memory. Although the traditional ways of thinking remains, the new political conditions call for new films. On the one hand, these movies promoted the same conclusions as those drawn in historical analysis by the government and as such worked in tandem to form public opinion thereof. On the other hand, it touches sensitive issues and participates in rethinking historical trauma. With the change of critical context and their intrinsic limitations, the number of trauma films dropped sharply after 1983, and gradually withdrew from the literary stage at the beginning of the new era.

Key Words　Trauma films ; Historical memory；Trauma narrative；Film criticism

伤痕电影是指以书写历史创伤、谴责极左路线为主要内容的电影作品，集中出现于新时期之初。新的政治环境及创作条件呼唤与时代需要密切呼应的电影作品，伤痕电影一方面积极宣传历史结论、推进民主政治认同，另一方面主动触碰敏感问题、参与反思历史创伤。以往对于伤痕电影的研究或集中于对电影自身进行文本分析，对创作手法、表现主题有诸多细读，或注重大时代背景的影响，着眼点往往较为宏观。本文从此前研究较少关注的电影批评语境角度切入，致力于在具体的时空坐标中去把握伤痕电影在新时期之初变与不变、能与不能的问题。正如大卫·波德维尔所指出的："没有任何先验的方法或任何一套意义可充当全能的批评方法。"① 只有回到历史，诉诸历史，才能将此类型电影何以如此的问题呈现清楚。

一　1970 年代末的变与不变

时代总是鼓励、培育它所需要的艺术精神，同时排斥、压抑异质的文化走向。对于新时期的电影主管部门来说，如何让电影作品发挥好为"四个现代化"服务的作用成为重要问题。面对沉重的历史包袱，既要回应

---

① 〔美〕大卫·波德维尔：《建构电影的意义：对电影解读方式的反思》，陈旭光、苏涛等译，北京大学出版社，2017，第 288 页。

"揭批文革"和"拨乱反正"的国家话语，又要在对历史的梳理中完成意识形态统合力的有效重建，这是诞生之初的伤痕电影内在的时代使命。

1976 年 10 月之后，新中国电影首先进入了一段极为特殊的调整阶段：与"文化大革命"切割，与"四人帮"的路线政策切割成为重中之重。正如当时影评人马德波指出的："电影创作面临的第一件事是把电影的方向从'阴谋文艺'的轨道上扭转过来"，"把当时正在拍摄或即将拍摄的节目从政治上加以清理，把明显属于'阴谋文艺'——所谓'反走资派'的影片撤下来，对一些在当时认为政治上没有严重错误的影片或剧本，则'动手术'加以挽救：去掉一些有明显错误的情节或对话，经过改头换面后继续拍摄"。[1]这也就意味着，除了政治立场的翻转，新时期之初的中国电影在创作手法、叙事方式、画面塑造等各个方面都在重复着此前的路数。最典型的就是由上海电影制片厂 1976 年生产、1977 年出品的影片《连心坝》，本来是反"走资派"的，因政治形势陡变，通过配音和剪辑，对影片角色分派进行了彻底的反转，"走资派"成了正面人物。[2]在"歌颂老干部，揭批四人帮"的高潮中，一批反映革命力量与"四人帮"反革命力量斗争的题材相仿、手法相同的影片纷纷登场。最初，因为长期以来对于"极左"路线的不满，观众对这类影片还很有热情，但很快就产生了非议，认为此类电影与"文革"时期相比，还存在着情节大致雷同、公式化的问题，"矛盾冲突的主线无一不是阶级斗争，人们看到的是永无休止的人与人之间冷酷无情的相互斗争。太多了，不能不使人们的精神感到压抑"[3]。长期负责电影工作的夏衍在分析此期电影中的代表作《大河奔流》（1978）时指出："编剧是好的编剧，导演是好的导演，演员是好的演员"，但是电影"已经跟当前的形势不适应了，形势变了，却还在讲过去的老话"。[4]时代对于新作品的呼唤日益迫切，但电影却还在旧有轨道上徘徊却步。

这实际上并不是新时期的新情况，它鲜明地反映出新中国成立后电影创作的特殊地位与处境。1950 年 7 月 11 日，由文化部部长沈雁冰任主任委员，宣传、文化、统战、工会、教育、新闻等中央各部门和解放军总政治

---

① 马德波：《电影秧歌舞——近四年来电影创作状况回顾》，《电影艺术》1981 年第 2 期。
② 尹鸿、凌燕：《新中国电影史（1949—2000）》，湖南美术出版社，2002，第 104 页。
③ 仇伟斌：《电影题材的重点也应当转变》，《电影创作》1979 年第 1 期。
④ 李文斌：《夏衍访谈录》，中国电影出版社，1993，第 38 页。

部各负责人任委员的"中央人民政府文化部电影指导委员会"宣布成立。①
在大规模地展开对《武训传》的批判之后，这一委员会设立常委会，开始
实质性地发挥作用。此后，任何一部电影，都在多头管理的复杂情势下承
担着宣传党的方针政策、巩固新中国国家形象的重任。正如《人民日报》
1979 年 1 月 22 日一篇文章的标题所指出的——电影生产苦于"婆婆多"。
这篇文章以影片《失去记忆的人》为例，批评了电影的审查制度和管理方
法。该片于 1977 年七八月拍摄完毕，原拟在粉碎"四人帮"一周年时上
映，但在从上海市电影局、宣传部、市委，再到文化部电影局等主管部门
的层层审查中一误再误，正式通过发行时已经是 1978 年 9 月中旬了，推迟
了将近一年的时间。②

　　与"多头管理"相比较，最令电影人感到心有余悸的是历次政治运动
中的批判与惩戒。新中国成立以来，包括《武训传》《早春二月》《北国江
南》《舞台姐妹》《逆风千里》《林家铺子》《不夜城》《阿诗玛》《烈火中
永生》，以及钟惦棐、夏衍、阳翰笙、吕班、吴永刚、陈荒煤等一大批电影
作品和电影工作者受到了批判，以致严重扼杀了电影业的正常发展。"文
革"中形势更加恶化："从一九六六到一九七二年共七年时间，全国七个电
影制片厂没拍一部故事片。"③"文革"结束后，电影人的平反工作也开展得
比较晚，大部分是"在 1978 年底、1979 年初才重见光明。电影界元老阳翰
笙和田汉是 1979 年得到平反的，瞿白音直到 1980 年才彻底平反"④。所以，
电影生产相较于其他文艺作品，对于时代风潮的呼应，有一定的滞后性。
1977 年全国各大制片厂只生产了故事片 18 部，1978 年虽然有 40 部影片问
世，⑤ 但同类电影较多。

　　在反思"电影为什么上不去？"这一问题的时候，业内人士发出了"发
扬艺术民主""按艺术规律办事""改革电影体制"的呼声。⑥ 他们认为，
电影人"不敢闯禁区，不敢独立思考，不敢说真话，不敢站在时代的前列，

---

① 《提高国产影片的思想艺术水平，文化部成立电影指导委员会》，《人民日报》1950 年 7 月
　 12 日第 3 版。
② 新华社记者李德润：《电影生产苦于"婆婆多"》，《人民日报》1979 年 1 月 22 日第 4 版。
③ 杨天喜：《江青扼杀我国影片的"四把屠刀"》，《电影创作》1979 年第 3 期。
④ 陆绍阳：《中国当代电影史：1977 年以来》，北京大学出版社，2004，第 4 页。
⑤ 陈荒煤主编《当代中国电影》（上），中国社会科学出版社，1989，第 355 页。
⑥ 彭宁、何孔周：《电影为什么上不去？——谈文艺民主与电影艺术》，《人民日报》1979 年
　 1 月 21 日第 3 版。

回答重大的社会问题"，是因为"长官意志""政治路障"和"习惯势力"的存在。在这样的现实环境下，一些敢于触碰时代问题的电影作品却无缘面世。如当时在全国产生巨大影响的话剧《丹心谱》（1978），最早实际上是一部电影剧本，而且已进入到拍摄阶段，但摄制人员的努力最终无法改变影片"最后夭折的命运"——"从所谓宣传领袖人物的'顺序'论，到故事情节真实性的'考证'，再到从作品中求索对某人某事的'影射'等等"成为电影审查及管理的诸多环节中加以限制的充足理由。①

因此，甫经平反的电影人必须在新中国历史中寻求政策支撑。1979 年初，《电影创作》复刊，首篇文章选用了周恩来于 1961 年 6 月 19 日在"文艺工作座谈会"和"故事片创作会议"上的讲话，被命名为《周恩来同志谈艺术民主》。这篇讲话发表前后，正是共和国电影创作史上的一个繁荣时期，其中提到的民主问题，切中了电影人的心理需要。特别是"要允许批评，允许发表不同的意见"的表述引发了电影界的强烈认同。② 电影界元老夏衍也润色了一篇于 1960 年 12 月在"影协"所做的未曾发表的讲话，文中提到的"不敢写矛盾和正面接触矛盾"、编导人员"但求政治上无过，不求艺术上有功"③ 等现象成为这一时期电影界普遍关注的问题。

此后，一场关于尊重艺术规律、发扬艺术民主，反对违背艺术规律的"长官意志"和"瞎指挥"的讨论广泛开展起来，在实质上推动了电影管理体制的改革。1979 年 2 月间，"文化部宣布一项决定：减少对电影剧本的审查层次，将审查权下放到电影制片厂"④。随后，《人民日报》也开展了"怎样把电影工作搞上去"的讨论。在讨论过程中，虽然也伴随着因"歌德"与"缺德"产生的风波⑤，但并未影响电影工作者打破禁区的强烈渴望。正如夏衍在这年 9 月的电影导演会议上所说的："题材要解放，风格要

① 老军：《前行多踟蹰——一个电影编辑的感想》，《电影艺术》1980 年第 2 期。
② 《周恩来同志谈艺术民主》，《电影创作》1979 年第 1 期。
③ 夏衍：《一定要提高电影艺术的质量》，《电影创作》1979 年第 1 期。
④ 马德波：《电影秧歌舞——近四年来电影创作状况回顾》，《电影艺术》1981 年第 2 期。
⑤ 1979 年，河北省文联主办的《河北文艺》第 6 期刊发了《"歌德"与"缺德"》一文，认为文艺工作者的中心任务是"歌德"，即歌颂党、国家、社会主义及人民大众，而不是"缺德"，即专门揭露阴暗面，随即引发了一场激烈争论，甚至上升到政治高度。在时任中宣部部长胡耀邦的主持下，最终避免了"打棍子""扣帽子"，维护了新时期之初文艺批评相对健康的政治环境。具体过程参见李桂花《1979：胡耀邦平息"歌德"与"缺德"争论风波》，《党史博采》2009 年第 8 期。

解放，导演手法要解放，创作手法要解放。"① 1979 年 10 月 30 日至 11 月 16
日，全国第四届"文代会"召开。邓小平在祝词中承认文艺创作是一种复
杂的精神劳动，明确提出"党对文艺工作的领导，不是发号施令"，党不能
要求"文学艺术从属于临时的、具体的、直接的政治任务，而是根据文学
艺术的特征和发展规律，帮助文艺工作者获得条件来不断繁荣文学艺术事
业"②。这昭示着在"文革"结束后确立新秩序的过程中，政治对文艺进行
了一定程度上的松绑，直接激发了电影创作的活力。

　　1979 年成为中国电影在"文革"结束后的第一个丰收年："共完成故事
片、舞台艺术片六十五部，比原定生产二十五部的计划超产十三部，比一
九七八年增产十九部。"③ 一大批伤痕电影的代表作，如《于无声处》《生
活的颤音》《苦恼人的笑》《苦难的心》《泪痕》在此年上映。"观众人次也
达到了 293 亿人次，相当于平均每个中国人观看电影达到 28 次之多。"④ 在
对破除"四人帮""在创作上的禁锢政策所形成的种种精神枷锁，敢于揭示
生活真理、敢于刻画人物的独特性格，以及善于探索戏剧冲突和电影表现
手法等创新之作"⑤ 的大力提倡下，庆祝新中国成立 30 周年的国庆献礼影
片普遍摆脱了把人物当作代表某种路线符号的做法，而是致力于描写性格，
塑造典型形象，实现了由描写重大事件转变为描写日常可见的、局部的、
具体的事件，由写高级干部转而表现普通人，由政治角度转变为从道德情
操角度表现人物的转变。⑥

　　在这一过程中，电影艺术的主体性得到了史无前例的重视，关于电影
与戏剧、与文学的关系，关于电影现代化、电影本体论、电影民族化、电
影创新、电影真实性的讨论，伴随着对西方电影理论的译介和引进，大张
旗鼓地开场了。1978 年 6 月 15 日，《电影艺术译丛》正式复刊，《复刊词》
中强调此后将"继续比较广泛地译介当代和电影史上有关电影美学如电影
特性、表现手段、风格、样式等问题的理论探讨，编剧、导演、表演、摄
影、美工、作曲等方面的基本技巧和创作经验，以及当代电影的一些重要

---

① 夏衍：《在电影导演会议上的讲话（一九七九年九月廿四日）》，《电影艺术》1980 年第 3 期。
② 邓小平：《在中国文学艺术工作者第四次代表大会上的祝词》，《人民日报》1979 年 10 月
　31 日第 1 版。
③ 黄镇：《努力创作出无愧于伟大时代的电影作品》，《电影艺术》1980 年第 6 期。
④ 尹鸿、凌燕：《新中国电影史（1949—2000）》，第 142 页。
⑤ 本刊编辑部：《复刊致读者》，《电影创作》1979 年第 1 期。
⑥ 马德波：《电影秧歌舞——近四年来电影创作状况回顾》，《电影艺术》1981 年第 2 期。

思潮、流派和创作倾向"①。其后，一系列"文革"中停刊的电影期刊也相继复刊。其中，《电影艺术》成为此后电影界进行理论探讨的重要平台。该刊第一期即刊出了北京电影学院教师白景晟的文章，重点介绍了蒙太奇、长镜头及声画语言的应用等问题，②引发了关于电影与戏剧及文学关系的讨论热潮。就连被称为"祖父一辈"的第三代导演代表人物谢铁骊也公开表示："四人帮""一伙统治文艺界的时候，似乎只有在舞台上考验了的戏剧才能搬上银幕，这就使我国电影越来越像舞台剧"，而"电影是各种时间，各个空间组成的艺术形式，场景的变化要比戏剧大得多，自由得多"。③ 实际上，此期对于电影与戏剧关系的讨论，仍然不只是关乎电影的艺术特性，而是植根于艺术家们的自身经历，及基于其上的对电影与现实关系的思考与态度。

发表于《电影艺术》1979 年第 3 期的《谈电影语言的现代化》一文被认为是中国电影寻求本体解放之路的艺术宣言。文中大声疾呼电影要寻求变革："为了尽快地发展我国的电影艺术，我们必须自觉地、尽快地对我们的电影语言进行变革。"④ 但值得注意的是，此处强调的"变革"，真正的着力点始终不在电影自身，而是电影如何为现实服务。正如谢铁骊导演所说："作为一个社会主义的电影工作者，尤其作为一名党的电影工作者，总要拍摄对人民有益的影片。"⑤ 而什么是对人民有益呢？此期电影最重要的新使命就是服务于"四个现代化"——"现在，正是这些从'四人帮'文化专制下冲杀出来的无数新老文艺战士们，集结在'抓纲治国'的旗帜之下，站在历史新征程的起跑线上，满怀激情地为祖国四个现代化而高歌猛进。"⑥所以，电影虽然要提供艺术享受，但更重要的是让人们"从中汲取力量，受到启发，鼓起勇气投入新的战斗"⑦。

1979 年 11 月 4～11 日，中国电影工作者协会在第一次代表大会结束 19 年之后召开了第二次代表大会，夏衍到场讲话。他首先哀悼了死于"文革"的原影协主席蔡楚生、副主席田方，以及郑君里、应云卫、孙师毅、孟君

---

① 《复刊词》，《电影艺术译丛》1978 年第 1 期。
② 白景晟：《谈谈蒙太奇的发展》，《电影艺术》1979 年第 1 期。
③ 谢铁骊：《真实性：当前电影创作的首要问题》，《电影创作》1979 年第 2 期。
④ 张暖忻、李陀：《谈电影语言的现代化》，《电影艺术》1979 年第 3 期。
⑤ 谢铁骊：《真实性：当前电影创作的首要问题》，《电影创作》1979 年第 2 期。
⑥ 本刊编辑部：《复刊致读者》，《电影创作》1979 年第 1 期。
⑦ 仇伟斌：《电影题材的重点也应当转变》，《电影创作》1979 年第 1 期。

谋、上官云珠等老电影人，也谈到了自身的创伤经历。但对夏衍来说，讲述苦难，不是为了向历史追责，而是用来昭示宽恕。"假如我从红卫兵上街算起，把谁打过我，谁吐过我口水，谁写文章批判过我，一直到打倒'四人帮'以后，谁还骂过'四条汉子'，一一记在心上，我这个人就活不下去了。"在讲话中，他进一步将个体对于创伤经历的宽宏大量引申到电影作品创作上来，认为"电影是观众最容易仿效的艺术，要考虑拍出来对观众的道德情操会发生什么影响"，有些电影因强调仇恨而不利于凝聚爱国情感，不利于陶冶情操。与此同时，在这次大会上被选为影协主席的夏衍一方面反思自己在"文革"前因卖力地执行"紧密配合当前重大政治任务这个口号"而走过的弯路，另一方面却认为电影必须发挥服务于政治的功能。①

这种表态非常鲜明地展示了意识形态对于转折年代发展走向的把握。正如1979年1月18日发表于《人民日报》的《团结起来向前看》一文所号召的：在解决历史遗留问题时，"就事论事纠缠细枝末节，计较个人恩怨，争论小是小非"是"心胸狭窄，只向后看，不利于团结起来搞'四化'的错误态度和方法"，而"识大体，顾大局，着重从政治上解决大是大非问题"才是"高屋建瓴，坚持向前看，有利于安定团结和实现'四化'的正确态度和方法"。文章激情满怀地写道：

> 新的斗争已经开始，革命在前进，社会在发展，作为无产阶级先进战士要眼光远大，胸襟宽阔。只要把过去搞错了的问题平反纠正了，污蔑不实之词推翻了，该分配工作的适当分配了，已经去世的善后工作做圆满了，就应当豪情满怀，对过去犯了错误而又愿意改正的同志，给予宽恕和谅解。想全党之所想，急人民之所急，团结一致，向着新的目标前进。②

夏衍的讲话及《人民日报》的评论员文章昭示了此期电影人的复杂处境：一方面，个体的创伤经历是不可否认的真实经历，这需要在对历史的控诉与批判中得到确认；但另一方面，新中国电影合法性的来源一开始就奠基于与主流意识形态的同构性，这就要求电影作品尽快与政治实现和解，

---

① 夏衍：《在中国电影工作者协会第二次代表大会上的讲话》，《电影艺术》1980年第1期。
② 本报特约评论员：《团结起来向前看》，《人民日报》1979年1月18日第1版。

并为其延续的合理性提供积极主动的注脚，"呼唤春天、确信光明、遮掩疮疤、回避丑恶"① 成为这一时期电影作品的主要特点。在为政治背书的过程中，艺术表达的限度与边界再次得到明确。这就为旨在揭露"文化大革命"所造成的历史创伤、谴责"极左"路线危害的伤痕电影设置了明确的使命与方向，并决定了 1980 年代初伤痕电影的基本样貌与评价标准。

二　1980 年代初的能与不能

　　1980 年代初的政治社会及舆论批评环境为伤痕电影提供了沃土，同时也规定了其内在的尺度与边界。从此期的一系列代表作品，如 1980 年的《戴手铐的旅客》《元帅之死》《天云山传奇》《他爱谁》《枫》《庐山恋》《巴山夜雨》《405 谋杀案》，1981 年的《小街》，1982 年的《飞来的仙鹤》《大地之子》《他们并不陌生》《如意》等来看，在主题表达、叙事手法及电影语言的具体运用等方面，伤痕电影都进行了不少大胆的创新，但是，在书写历史创伤时面对的阻力与禁忌恰好彰显了伤痕电影自身的局限及外在的规训。

　　1980 年 11 月 25 日，《电影艺术》《大众电影》两刊编辑部与新华社、人民日报、中国青年杂志、中国青年报、北京电影学院、北京电影制片厂、文化部电影局、中国社会科学院文学研究所、北京教育学院、北大五四文学社、丰台师范学校等单位联合召开了关于影片《枫》的座谈会，影协书记处部分成员及《枫》片的主要演员之一王尔利、出品方峨影厂厂长袁小平都到场出席。《枫》作为伤痕电影中较为少见的正面表现红卫兵两派间武斗的影片，真实刻画了他们在面对死亡时仍毫不怀疑地深信自己是在坚持真理的历史悲剧。座谈会由时任影协副主席、书记处第一书记的袁文殊主持。虽然也有人认为该影片没有描写"反对武斗的正面人物，只写了一群盲目参加武斗的芸芸众生，基调过于压抑悲惨"，但绝大多数与会者认为《枫》是一部"现实主义好影片，它没有让谎言战胜艺术，而是按照生活的本来面目真实地再现了历史"。影片对卢丹枫、李红钢两个主要人物没有加以常用的"漫画化"处理，而是将巨大的悲剧意识灌注其中，"勇敢地触及

① 沈杏培、姜瑜：《政治文化主导下的"文革"叙事——论新时期之初"文革"叙事的限度及作家心态》，《当代作家评论》2011 年第 3 期。

到了反对现代迷信这样一个尖锐的问题","突破了禁区中的禁区"。因此，许多人认为该片揭示了"文革"的"思想根源和社会根源"，即在几十年的造神运动中得到保留的封建传统。可以说，基于真实的深刻成为《枫》得到肯定的重要原因。但是，伤痕电影的创作环境已经发生了比较明显的转变，正如座谈会最后，峨影厂厂长袁小平所介绍的，影片《枫》在整个创作过程中遇到了种种阻挠、挫折。① 面对重重困难，"他们能够正确对待，既吸收其比较可取的部分，又坚决抵制那些违反创作规律的错误意见，在一定程度上维护了创作人员应有的创作自由"，最终使电影得到公映，被认为是创作人员"良心，勇气和胆识"的表现。② 但是，《枫》对于武斗状况白描式的影像书写经验未能再被其他电影创作团队所复制，时代背景已发生了深刻变化。

1980 年 1 月 23 日到 2 月 13 日，中国戏剧家协会、中国作家协会、中国电影家协会共同召开了"剧本创作座谈会"，时任中共中央宣传部部长的胡耀邦亲自到会，就怎样看待我们的党、我们的社会、我们的军队，怎样看待毛主席和毛泽东思想，以及怎样看待社会中的阴暗面等问题发表了长篇谈话。他认为 1977 年之后"暴露林彪、'四人帮'的东西多一点"，虽然"反映了我们时代的特征"，但是"还有一些不成功，或者说是不成熟的东西，或者叫社会效果不够好"，而衡量一部作品的社会效果，最重要的是看是否有利于现代化建设，是否有利于安定团结，是否有利于提高人民和青年的社会主义觉悟。③

影协副主席陈荒煤在发言中进一步以《假如我是真的》、《档案》（《在社会的档案里》）和《女贼》等几部影片（剧本）为例，细致分析了"社会效果"的问题：

> 如果这三年中，由于全国人民的努力，把"四化"搞上去了，迈开了第一步，经济情况有所好转，社会安定，群众充满信心，朝气蓬勃，出现了新气象，而在我们银幕上出现的影片，多数还是凄凄惨惨、

---

① 小鸥：《记住历史悲剧的教训——关于影片〈枫〉的座谈会简记》，《电影艺术》1981 年第 1 期。
② 范峰：《从峨影厂的成就谈到反封建的任务》，《电影艺术》1981 年第 2 期。
③ 胡耀邦：《在剧本创作座谈会上的讲话》，中共中央文献研究室编《三中全会以来重要文献选编》（上），人民出版社，1982，第 345 页。

哭哭啼啼的故事，有许许多多流氓、阿飞、小偷的形象，这种局面好不好？另一个设想，由于"四人帮"给我们留下的灾难深重，问题成堆，很多困难需要一个较多的时间才能解决。因此，有些群众仍然信心不足，人心还不够稳定，社会也还不安定。那么，在这种情况下，我们的银幕上多数都是流氓、阿飞、小偷的形象，这种情况好不好？我觉得作为一个国家制片厂的负责人，是应该做这种考虑的。既然我们承认电影是最富有群众性的艺术，对社会有更广泛更深刻的影响，他们当然应该有这种考虑。①

　　陈荒煤在讲话中从未来着眼，提醒电影的创作者们要注意发挥电影积极的社会影响和效果。他反复强调电影不能"使人感到消极无望，沉湎于伤痕，抚摸伤痕而悲观失望"，而应该是"使人化悲痛为力量，感奋起来，激励人们更好地前进！"虽然他首先肯定了这些影片创作者的社会责任感，认为这些电影或剧本的作者"有勇气，有胆量"，是在"认真地思考、探索"，但又明确指出："凡是揭露林彪、'四人帮'的作品，看不到人民和党的力量，看不到人民和党还有希望，看不到人心所向，党和国家还有光明的前途，那么，就不可能在作品中再现那个特定的历史条件下的典型环境，也不可能充分再现典型环境中的各种典型人物。"他认为不能"把艺术的真实等同于生活中的真实，认为凡是生活中发生的事实、事件都可以写"，这是"片面地把写真实、说真话当作文艺创作的最高原则，当作创作的根本目的"②。

　　此后，要考虑"倾向性与真实性的统一"，要"反对细节描写上只顾真实性而忽视革命倾向性的情况"③ 成为一种重要的声音和主张。也就是说，"文艺作品不能只是人们苦难的记录，更不是现实生活中丑恶事迹的集中展览"，"文艺作品要给人以希望，总要给人以美的教育"④。这就是被称为"革命现实主义"的创作手法。因此，伤痕电影虽然依据历史创伤的主题，但必须按照昭示光明的路径进行展示。本应具备强烈现实主义特点的作品，

---

① 荒煤：《提高创作水平，奋勇前进——在剧本创作座谈会上的讲话》，《电影艺术》1980 年第 4 期。
② 同上。
③ 王淑秧：《寓倾向于真实——革命现实主义枝谈》，《电影艺术》1980 年第 10 期。
④ 鲁彦周：《关于〈天云山传奇〉》，《电影艺术》1981 年第 1 期。

却不得不放弃批判性这一现实主义的重要品格。编剧和导演不仅要通过影片"自觉地承担起塑造人的灵魂的严肃而又艰难的艺术创作的任务"①，更为紧迫的是要"提高青年人对社会主义制度的热爱和民族自尊心"②。正如丁玲明确强调的："我们的作品不能给读者带来灰心、失望、颓丧或绝望"，树立"有朝气的、健康的、充实的"③ 青年形象是伤痕电影对年轻人进行教化的重要任务。

因此，伤痕电影在书写历史创伤时面临着种种阻力："忽而谴责'感伤文学'，不准'向后看'；忽而宣称思想解放多了，艺术民主讲过头了，造成社会混乱；写改造教育青少年犯罪的题材，被指责为'暴露阴暗面'，不可触及高层领导范围，'刑不上大夫'。④"在这种情况下，"《今夜星光灿烂》一度停止发行；《天云山传奇》由于接触了'反右'斗争的题材，摄制组成立一开始就遇到重重阻力，影片是在一片人心惶惶的情景中上马开拍的；《法庭内外》更是由于接触到反对封建特权思想这一主题曾经一度停拍"⑤。政治仍然是悬在电影人之上的"达摩克利斯之剑"，人们"震颤于'干涉'者的权力，害怕'干涉'不成之后，那'横'着来的东西：'横蛮无理'、'横行霸道'，最后是'横扫一切'！"⑥

为了确保不犯错误，电影往往不得不避实而写虚、避因而写果，与1970年代末相比，情感宣泄、人性反思代替历史控诉、政治批判成为此期伤痕电影的基本特点。电影人开始"理直气壮地表现无产阶级和人民大众的人性和人情"，但是，此期对于人性的书写还具有强烈的阶级区分的色彩，要求"在承认共同人性的同时，还必须注意与宣扬普遍人性的地主资产阶级人性论和修正主义人性观划清界限"⑦。电影《如意》对主人公石义海的塑造就引发了争论，有声音认为："我们无疑应该肯定石义海对'四人帮'所进行的正义的抗争，肯定他的正直、善良，但无产阶级的社会主义作家对石义海的那种人道主义人性论的观点不能不采取分析的态度。"由

---

① 林杉：《一九八零年我国银幕一瞥》，《电影艺术》1981年第2期。
② 《多给青年一些好影片——"上海电影新秀创作展览"青年观众座谈侧记》，《电影新作》1981年第2期。
③ 丁玲：《生活·创作·时代灵魂与青年作家谈创作》，《文艺研究》1981年第1期。
④ 老军：《前行多踟蹰——一个电影编辑的感想》，《电影艺术》1980年第2期。
⑤ 林杉：《一九八零年我国银幕一瞥》，《电影艺术》1981年第2期。
⑥ 苏叔阳：《"横加干涉"和"不干涉主义"》，《电影艺术》1980年第1期。
⑦ 陈剑雨：《电影中的人性和人情》，《电影艺术》1980年第4期。

此，写暴露黑暗的作品时，不能局限于狭窄的个体人性而"主要着眼于个人或家庭的不幸"，"观察生活的角度"要"站在整个社会主义现实的高处"，这才能成为不仅"艺术上是真实的，同时又有明确的社会主义方向的优秀作品"。① 这一时期对于人性问题的争鸣，以及 1981 年的《苦恋》，为 1983 年对于周扬、王若水人道主义和异化问题的批判埋下了伏笔。

1979 年初，白桦、彭宁开始创作电影文学剧本《苦恋》，同年 9 月发表，1980 年底，长影将之拍摄为影片《太阳和人》，影片在送审期间引发争议。1981 年 4 月，《解放军报》发表文章对《苦恋》进行批评，上升到了"违反四项基本原则"的政治高度。② "实际上，就《太阳和人》这部电影本身来说，其社会批判和历史反思主要基于一种古典的人道主义，并没有带来超越性的精神反思与历史批判"，③ 周扬、张光年、冯牧、陈荒煤等一些文艺界领导人就站在了不同立场上为这部影片辩护。1981 年 8 月，为了解决分歧，中共中央召集了一个包括中央、地方、军队三方面 320 多人的"思想战线座谈会"，以统一文艺界人士的认识。胡耀邦到会发表讲话，指出："《苦恋》不是一个孤立的问题，类似《苦恋》或者超过《苦恋》的要脱离社会主义的轨道、脱离党的领导、搞自由化的错误言论和作品，还有一些"，"《苦恋》就是对人民不利，对社会主义不利"，他要求写好批评文章，"对全国人民是个教育，对反革命的气焰是个打击，对糊涂人是个帮助"。④ 8 月 8 日，时任中共中央书记处书记的胡乔木也围绕着《苦恋》和《太阳和人》进行了长篇讲话。他说："《苦恋》的作者和《太阳和人》的编导当然也竭力表现自己的错误政治观点，以致这两部作品与其说是企图真实地反映现实生活，还不如说是他们的政治观点的寓言化和漫画化。""如果哪位同志看了以后无动于衷，觉得不必批评，那就可以不客气地问他，他的党性到哪里去了？"⑤ 1981 年 9 月 25 日是鲁迅诞辰百年纪念日，当

---

① 陈涌：《文艺的真实性和倾向性》，《电影艺术》1980 年第 10 期。
② 本报特约评论员：《四项基本原则不容违反——评电影文学剧本〈苦恋〉》，《解放军报》1981 年 4 月 20 日，第 2 版。
③ 韩琛：《创伤记忆与现代想象——重估二十世纪八十年代"伤痕电影"》，《东方论坛》2015 年第 1 期。
④ 胡耀邦：《在思想战线问题座谈会上的讲话》，中共中央文献研究室编《三中全会以来重要文献选编》，中央文献出版社，2011，第 219～222 页。
⑤ 胡乔木：《当前思想战线的若干问题》，中共中央文献研究室编《三中全会以来重要文献选编》，中央文献出版社，2011，第 243～265 页。

天，胡耀邦出席并做了讲话，他在高度肯定了鲁迅的历史地位之后，再一次强调了文艺批评的政治立场问题："在充分肯定文艺战线的主流的同时，我们也指出了文艺工作中同时存在着某些不健康的、消极的、有害于人民的东西"，"可惜的是，我们党的一些带根本性的重要意见，没有引起文艺界同志的充分注意"。①

《苦恋》之后，1979~1980 年间曾经盛极一时的伤痕电影迅速减少。到 1983 年"清除精神污染"运动后，伤痕电影已经难以作为一种文化现象深入参与到社会秩序重建的过程中了。

结 论

综观新时期之初伤痕电影的批评语境，政治与以电影为代表的文艺作品间复杂的共存关系令人瞩目。首先，在时代转折之际，政治需要借助文艺对历史结论进行有感染力的表现与传播，以获得更广泛的群众认同；文艺也需要在历史、政治的结构中表达思考、承担责任、实现价值。其次，政治与文艺的关系问题，又时刻伴随着个体与集体之间、个性与党性之间的此消彼长。

一方面，在"现代化"语境中，知识分子的重要作用再次突显出来，与其相伴随的，是这一群体主体意识的觉醒。1979 年 11 月的中国电影工作者第二次代表大会曾邀请荷兰著名纪录电影导演伊文思致闭幕词，他热情真挚的发言代表了电影人的心声："如果能够让电影工作者充分表现出他们的个性、创造性、独创性和想象力，完全自由地发挥他们的才能，而不必担心出现不同的倾向，不担心艺术探索中必然会有的摸索或者错误，让他们在真正民主的气氛中进行艺术实践，这样才能获得成功。"② 正是因为对个性、创造性的渴求，部分电影人在新意识形态的构建过程中超出了政治权力的预期与边界。当高层强调注重"社会效果"时，有影评人问究竟谁是"社会效果"的检验者："文艺作品的'社会效果'应该由谁来检验呢？1980 年的实际情况表明：并没有让社会去检验，也没有让群众去检验，仍

---

① 胡耀邦：《在鲁迅诞生一百周年纪念大会上的讲话》，中共中央文献研究室编《三中全会以来重要文献选编》，中央文献出版社，2011，第 273~275 页。

② 〔荷〕约·伊文思：《祝贺与期望——在中国电影工作者第二次代表大会闭幕式上的致词》，《电影艺术》1980 年第 1 期。

由少数领导人在那里'检验'。"① 他们中的部分人主张要"有理想、有信念、有独立见解，敢于冲破陈规陋习和现代迷信的种种精神上的束缚"，并且"对于真理具有一种灯蛾扑火的革命精神"。② 其中一些坚定者，即使在政治权力明确昭示了意识形态禁忌之后，仍然保持着"某种斗牛士式的'突破禁区'的热情"③。

另一方面，绝大多数电影工作者都仍是在传统的脉络及现实的规定性中寻求表达，始终是"体制内的沉思者"。在伤痕电影的创作过程中，长期浸淫于左翼传统的电影人接受了"既需要面对悲剧性的历史，又需要提供历史延续的合法性和合理性的基础"④ 的时代使命。他们的作品在伦理价值取向上认同政治正确性、确立社会规范的教化原则，服膺于崇高美学的审美传统，善于运用道德情感的宣泄手段，符合大众的心理预期，但是对历史教训的反思与社会精神的重建却往往局限在狭窄的领域内，因而许多作品"思想平庸浅薄，缺乏激励人心、震撼人心的力量，也缺乏引人深思、发人深省的启示力"⑤。

历史为人类提供的一个重要认知维度就是在重构过去的时空坐标时理解当下。伤痕电影在转折年代的创伤书写，具有鲜明的个人叙事特点，但加诸其上的政治规训与时代驱动却鲜明而强大，昭示着在历史与现实、个体与社会、政治与艺术存续相依、紧密相连的基本框架中，电影这种表达方式深刻的内在局限性。或许正如电影导演彭小莲所说："一个高度文明的文化，是不能仅仅靠视觉艺术记录下来的。"⑥

---

① 马德波：《电影秧歌舞——近四年来电影创作状况回顾》，《电影艺术》1981 年第 2 期。
② 林杉：《一九八零年我国银幕一瞥》，《电影艺术》1981 年第 2 期。
③ 戴锦华：《隐形书写——90 年代文化研究》，江苏人民出版社，1999，第 74 页。
④ 汪晖：《政治与道德及其置换的秘密——谢晋电影分析》，《电影艺术》1990 年第 2 期。
⑤ 马德波：《电影秧歌舞——近四年来电影创作状况回顾》，《电影艺术》1981 年第 2 期。
⑥ 彭小莲：《娱乐的代价》，摘自《电影，另一种审美的可能》，北京联合出版公司，2017，第 5 页。

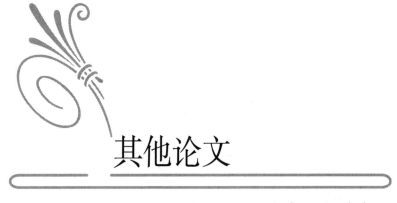

其他论文

Other Articles

都市的出场与晚清小说插图中的性别空间重构

——《海上花列传》吴友如派插图研究

陈晓屏*

摘要 晚清海派小说《海上花列传》（1894）之吴友如派插图，由于其叙事内容上对城市的聚焦，对商业、资本对城市日常生活、人际关系之深度介入的全方位表现，而开始大量出现对传统秩序化空间关系图式的调改，尤其是在性别空间上，更是通过对两性情色空间之消费关系的凸显、对男性偷窥者形象的建构、对欢场职业女性的奇观化再现等，表现出对传统主流绘画、插图所遵守之高度程式化的性别空间再现规范的突破，对两性之性别空间的重构。这种突破与重构，既是图像之性别空间再现对快速商业化的世界作出的直观反应，亦是图像之性别空间叙事的现代转变。

关键词 《海上花列传》吴友如派插图 都市 性别空间

Abstract Because of the focus on the city and the comprehensive expression of the deep involvement of Commerce and capital in the daily life and interpersonal relationship in the city, the Wu Youru-style illustrations of the late Qing Dynasty's Shanghai-style novel *Romance Of Playboys And Prostitutes*

---

* 作者简介：陈晓屏，广州大学人文学院教师。本文系作者主持的 2016 年度教育部人文社会科学研究项目（青年基金）"近现代中国都市图像叙事研究——以上海为中心"（16YJCZH007）、2018 年广州市哲学社会科学发展"十三五"规划课题"晚清小说插图的都市图像叙事研究"（2018GZYB128）的研究成果。

In Shanghai (1894) began to transform the relationship pattern of traditional ordered space, especially of the gender space. Through the highlighted consumption relationship in sexual erotic space, the construction of the image of male peepers, and the spectacular-style representation of the professional women in brothels, the Wu Youru-style illustrations of the novel show a breakthrough in the highly stylized representation norms of gender space observed by traditional mainstream paintings and illustrations, and reconstruct the the relationship pattern of the gender space. This kind of breakthrough and reconstruction is not only an visual response to the fast commercialized world made by the representation of gender space in images, but also a modern transformation of the narrative of gender space in images.

Key Words　the Wu Youru-style illustration of *Romance Of Playboys And Prostitutes In Shanghai*, urban, the gender space

　　《海上花列传》吴友如派插图①是中国小说插图史上开启都市图像叙事，并着意构建现代性、西方化、大众化之视觉表意系统，有效推进近代中国小说插图之视像变革的一个重要小说插图文本②。这一插图文本，由于都市的出场，而完成了中国小说插图史上对西方的第一次相对具体、全面、写实的表征③。除此之外，这一插图文本，由于特定时空的激发，而一改传统文学插图叙事对欢场男女故事的浪漫化与伦理化，将晚清上海的花界男女，直接投入近代都市的商业洪流之中，通过一系列的性别空间重构，完成了中国文学插图叙事对传统性别空间叙事成规的突破。

---

① 《海上花列传》作者为晚清知名报人韩邦庆（1856～1894）。1892 年，韩氏创办《海上奇书》"作为《申报》的附送品"，是为中国第一份小说期刊，由点石斋石印、申报馆代售。其中，《海上花列传》开创了中国长篇章回小说配图连载刊行、每回自成起讫的小说报刊化生产、传播模式。其后，《海上奇书》停刊，小说连载到第三十回便遗憾中断。1894 年，《海上花列传》出版完整单行本，补足全部插图，每回二幅，共计一百二十八幅，单面方式，石版印刷。插图作者目前未有确考，但从韩邦庆及其《海上奇书》与申报馆及点石斋的密切关系，以及《海上花列传》插图与《点石斋画报》插图两者在风格及内容上甚为相似——故鲁迅称之为"吴友如派之绘画"——的情况来看，该插图可能出自点石斋职业画师之手。
② 陈晓屏：《都市图像叙事的兴起与近代中国小说插图的视像变革——〈海上花列传〉吴友如派插图研究》，《文艺研究》2017 年第 10 期。
③ 陈晓屏：《奇观化的"十里洋场"与中国小说插图之西方表征的兴起——〈海上花列传〉吴友如派插图研究》，《文化研究》第 25 辑，2016 年 6 月。

在一个文化系统中，人与人之间的空间关系，往往是文化建构的结果，与之相应的空间伦理与规范，更会直观地反映在各种语言/图像叙事中。比如，在传统中国，文学图像的空间叙事，明显倾向于表现一种秩序性的空间关系，尤其是在各种仪式性场景中，人物的空间关系与其身份等级关系高度相关，坐北朝南①、尊左②、尚中等传统空间礼制和根据人物身份的尊卑、主次而将主要人物（尤其是男性主角）凸显放大、次要人物缩小的人物画"大小"法都得到普遍的运用，形成一种高度程式化的空间再现规范，最终抽象成一种高度伦理化的秩序性空间关系图式③，这种图式，在晚清京话小说《绘图评点儿女英雄传》（1888）的陈作梅插图中得到了集中而典范的体现，尤其是其中的"天宫升殿图"，全面体现了坐北朝南、南面称帝、北面称臣/民、尊左、尚中等空间礼制规范，以及高坐－站立－跪拜之等级化身姿体态关系，可谓是传统中国空间秩序图式的一个典范。

而稍晚的海派小说《海上花列传》（1894）之吴友如派插图，则由于其叙事内容上对城市的聚焦，对商业、资本对城市日常生活、人际关系之深度介入的全方位表现，而开始大量出现对传统秩序化空间关系图式的调改，尤其是在性别空间上，更是通过对两性情色空间之消费关系的凸显、对男性偷窥者形象的建构、对欢场职业女性的奇观化再现等，表现出对传统主流绘画、插图所遵守之高度程式化的性别空间再现规范的突破，对性别空间的重构。这种突破与重构，既是图像之性别空间再现对快速商业化的世界作出的直观反应，亦是图像之性别空间叙事的现代转变。

一　"墙头马上"图式的发展：从私情叙事到狎邪叙事

从空间关系的角度看，传统小说戏曲插图的婚恋叙事中，除了常见的秩序化的两性空间关系，即男性与女性之间一般形成中心－边缘、左－右、

---

① 坐北朝南不仅体现于建筑空间规划上，而且体现在人与人之间的空间方位关系上，尤以南面称帝、北面称臣（民）为典型。
② 古人一般以坐北朝南的朝向确定四方方位，因此左东右西。东是太阳升起之处，被用以表征光明，故古代中国大部分朝代以东为尊，故而出现左祖右社，左昭右穆，男左女右等不同领域中的尊左体例。
③ 本文以"空间关系图式"这一用语，来抽象概括人们在空间中所建构的方位关系特征，如传统中国的坐北朝南、尊左、尚中等，这些特征的形成是文化建构的结果，亦是某一社会文明的空间秩序规范在微观层面上的体现。

前－后、外－内、上－下等等级化的空间方位关系之外，还偶有出现一些有违常规的两性空间关系，颇为引人注目，如以明臧懋循《元曲选》之《裴少俊墙头马上》插图①（图 1）为代表的"墙头马上"式的空间关系②，又如以崇祯本《金瓶梅》第二回之"俏潘娘帘下勾情"插图③（图 2）为代表的"帘内帘下"式的空间关系④。这两种空间关系，不管是深闺怨女攀援墙头，眺望街景，还是妖冶妇人盛装倚门，帘下招摇，或是浮浪男子檐下游走，窥视人妇，均在空间关系上突破了传统中国男外女内、女子不得私越门墙与男子私相交接的性别空间规范，从而建构出一种新奇而富有悖逆意味的情色空间关系，表征一种对两性空间伦理规范的挑战与僭越。

图 1 （明）臧懋循《元曲选·墙头马上》之"裴少俊墙头马上"图

而至晚清的海派小说《海上花列传》之吴友如派插图，则开始出现通过整合、化用传统"墙头马上""帘下勾情"图式而新建的消费性情色空间关系图式，从而构建一种进一步悖逆传统道德规范的两性空间关系图式，典型者如《海上花列传》

① 陈崎等编著《古本插图 元明清戏曲故事集 1 元戏曲故事》，上海辞书出版社，2003，第 18 页。

② 此类"墙头马上"图式的空间关系，事实上可追溯到小说戏曲插图中不时出现的绣楼抛球选婿图所构建的楼上－楼下图式，如元杂剧《李太白匹配金钱记》（明臧懋循《元曲选》明万历刻本）之"柳眉儿彩楼抛绣球"图（见陈崎等编著《古本插图 元明清戏曲故事集 1 元戏曲故事》，第 66 页），明传奇《破窑记》（明万历书林陈含初刻本）之"彩楼选婿"图（见傅惜华编《中国古典文学版画选集》（上、下），上海人民美术出版社，1981，第 81 页）等，只是这类绣楼抛球选婿图所构建的是一种公开、正当、合乎礼法的空间关系图式。

③ （清）李渔：《李渔全集 第 12 卷 新刻绣像批评金瓶梅 上》，浙江古籍出版社，1991，第二回插图。

④ 《新刻绣像批评金瓶梅》（崇祯本）第二回 俏潘娘帘下勾情 老王婆茶坊说技："白驹过隙，日月如梭，才见梅开腊底，又早天气回阳。一日，三月春光明媚时分，金莲打扮光鲜，单等武大出门，就在门前帘下站立。约莫将与他归来时分，便下了帘子，自去房内坐的。一日也是合当有事，却有一个人从帘子下走过来。自古没巧不成话，姻缘合当凑着。妇人正手里拿着叉竿放帘子，忽被一阵风将叉竿刮倒，妇人手擎不牢，不端不正却打在那人头上。"见李渔《李渔全集 第 12 卷 新刻绣像批评金瓶梅 上》，第 34、35 页。

第二回之"花烟间王阿二招嫖图"（图3）①。

图2　（明）崇祯本《新镌绣像批评　　　　图3　（清）韩邦庆《海上花列传》
　　金瓶梅（上）》第二回插图　　　　　　　　　　第二回之"花烟间
　　"俏潘娘廉下勾情"图　　　　　　　　　　　王阿二招嫖图"

　　韩邦庆《海上花列传》第二回关于张小村、赵朴斋到下等妓家花烟间吸烟消遣的叙事，着重于对妓女王阿二花烟间所处位置、外观、室内布局装饰的描绘，以及花烟间中张小村、赵朴斋与妓女王阿二之间的吸烟调情叙事，其中，与插图有较密切关系的叙事如下：

　　　　当下领朴斋转身，重又向南。过打狗桥，至法租界新街，尽头一
　　家，门首挂一盏熏黑的玻璃灯，跨进门口，便是楼梯。朴斋跟小村上
　　去看时，只有半间楼房，狭窄得很，左首横安着一张广漆大床，右首
　　把搁板拼做一张烟榻，却是向外对楼梯摆的，靠窗杉木妆台，两边
　　"川"字高椅，便是这些东西，倒铺得花团锦簇。（第二回）②

---

① 本文所引用之《海上花列传》吴友如派插图，
　　均出自上海古籍出版社《古本小说集成》第2
　　辑第083册《海上花列传》影印本，该影印本
　　收入全部《海上花列传》的吴友如派插图。
② （清）韩邦庆著，焦裕银、郭筠修校点《海上花列传》，齐鲁书社，1993，第7页。

可以见出，关于花烟间，小说叙事着重其内部格局和装饰，之后便直接进入妓女与狎客之间的调笑消遣叙事。但插图叙事显然并不满意于此，而是别开生面、栩栩如生地刻绘了一幅妓家招徕生意图，具象再现了晚清上海弄堂里花烟间楼上妓女与楼外狎客之间楼上楼下、窗里窗外的呼引挑逗，以及花烟间楼下大门处妓家娘姨①热心招徕生意的场景。

可以说，插图的这一视觉转译，不仅取消了韩邦庆小说文本的室内调情叙事，即关于两性欢情空间的传统再现模式，而且将传统的才子佳人墙头马上、狂夫艳妇帘下勾情之室内室外的私情空间图式（虽有互动但仍具有明确的空间界限，如墙、门帘）整合而发展为晚清时期的城市冶游空间图式（去除空间界限，广开门户招徕生意），甚至将"墙头马上"中有心劝阻的丫鬟仆人、"帘下勾情"中暗观风情的卖茶婆子，直接转换为专事生意招徕的妓家虔婆，从而，达成了对弄堂里巷中妓家招徕生意这一情色消费场景的凸显，最终构造出一种女性、男性之间一里一外或楼上楼下呼引调情、按价消费的极具视觉及心理冲击力的两性空间关系图式。

在这一空间关系图式中，不仅可以见到，近代的小说戏曲插图叙事，其所猎奇的，已从传统的才子佳人私相约定的私情叙事、狂夫艳妇逾规越矩的偷情叙事，转变为狎客妓女的市场化的情色消费叙事，连同其中的旁观者，也经历了从丫鬟到卖茶婆子再到妓院虔婆的逐步商业化、职业化演变。

而如果具体到关于青楼风月的插图叙事题材上，则可以见到，由于传统文学叙事热衷于对青楼风月进行才子佳人化、浪漫化的合法化包装，因而传统插图对青楼风月的视觉再现，大多依然囿于成规，参照大多数爱情类图像叙事，将人物所处的空间私人化（楼阁庭苑）、浪漫化（山野林泉），乃至伦理化（家庙茔冢），如明臧懋循《元曲选》之《李亚仙花酒曲江池》插图②、《李素兰风月玉壶春》插图③，以及明末清初邹式金《风流冢》插图④等，以竭力遮蔽其中的情色消费关系，泯除其间的商业、市场意味，从而应和传统的性别伦理规范，以致成为传统小说戏曲插图中，往往只见

---

① 在《海上花列传》中，娘姨指倌人（即妓女）身边年纪较长的女仆。
② 陈崎等编著：《古本插图 元明清戏曲故事集 1 元戏曲故事》，第 1 页。
③ 同上，第 28 页。
④ 陈崎等编著：《古本插图 元明清戏曲故事集 4 清戏曲故事》，上海辞书出版社，2003，第 320 页。

"都城"，不见"都市"的一个原因，如清代袁于令《剑啸阁自订西楼梦传奇》插图，可谓为典型。而在近代，在《海上花列传》的"花烟间王阿二招嫖图"，读图者则看到了城市与商业的鲜明在场，看到了商业对传统性别空间伦理的直接挑战，对性别空间的重构。

二 凭空虚构的男性偷窥者：从女性偷窥叙事到男性偷窥叙事

在传统的文学插图叙事中，相比于女性形象，男性形象一般能够获得更为中心化的再现，尤其在男女均在场，而空间格局上又存在主次分布的图像中，男性一般多位于主体空间（如厅堂、园林）之中，而非边上的内室之中或隔断之后（如假山、屏风、门帘、窗户之后），并通过人物画"大小"法获得放大性的突出图绘，从而获得公开化、主体化、正面化的表现，成为视线的焦点。这种以男性为中心的空间关系图式，其所表征的，正是传统的两性间的二元等级关系，是传统的秩序化空间，所暗示的，是男性对空间的主导，男性对女性的主导。

例如，在传统文学插图中，各种侧身立于门后、帘后或窗外的窥听/窥视者，或者面影模糊的旁观者/围观者，多数是女性，如明万历金陵乔山堂刘龙田刻本《西厢记》"玉台窥简图"① 中的红娘、晚清陈作梅插图《绘图评点儿女英雄传》第十七回"青云堡女眷窥听图"中的何玉凤、第二十八回"张金凤新房窗下听声图"中的张金凤等，这些女性，或者是丫鬟女仆，或者是闺阁小姐，甚至是智勇侠女。而男性极少，除非是品行有亏的男子，如明万历金陵广庆堂刻本《双杯记》之"谋赘东床图"② 里的奸诈女婿，或者是身份低微的男性仆从之类，如明万历金陵刻本《琵琶记》之"牛氏规奴图"里的男仆院公③，而《新刻绣像批评金瓶梅》（明崇祯年间刊本）中的插图是为数不多的集中出现各种偷窥叙事的插图文本，200 幅插图中共计有偷窥图 15 幅④，但其涉及男性偷窥叙事的只有 5 幅，而且这些男性偷窥者或者是轻狂和尚，或者是身份低下的小斯（琴童）、店伙计（胡秀），或者是品性卑劣的帮闲无赖（应伯爵），或者是地痞流氓（张胜），均非传

---

① 傅惜华编：《中国古典文学版画选集（上、下）》，第 107 页。
② 同上，第 138 – 139 页。
③ 同上，第 124 – 125 页。
④ 杜翘楚：《论崇祯本〈金瓶梅〉插图的窥探场景》，《大连大学学报》2016 年第 5 期。

统社会里的主流男性形象。明万历金陵书肆富春堂唐氏刻本《新刻出像音注范雎绨袍记》之"窥妻祝香图"①，虽是对丈夫范雎窥看妻子祝香情节的再现，但图像中的场景设置、人物视线及姿态等，均没有凸显"窥看"之意，可以猜想，图像基于传统的两性关系，有意弱化了这一主要男性形象的"窥看"行为。而且，这些图像中出现的男性偷窥者，基本都出自小说戏曲故事中的情节叙事，而非插图者的自行杜撰。

《海上花列传》的吴友如派插图，也出现了若干传统上并不习见的男性窥听/窥视图，但这些图中的男性偷窥者，不仅有出自小说情节中的偷窥叙事，如第二十二回的"钱子刚公馆窥听私议图"，还有直接出自插图者之刻意虚构的，如第四十八回的"聚秀堂老包陷重围图"（图4）、第四十九回"黄翠凤处罗子富窥祭图"（图5）。而且，这些男性偷窥者，均来自当时的社会主体阶层，是小说中的主体男性形象，如"钱子刚公馆窥听私议图"中的吕杰臣、"聚秀堂老包陷重围图"中的庄荔甫、"黄翠凤处罗子富窥祭图"中的罗子富，这些人虽是流连欢场的恩客，却也是来自社会主流阶层的绅商士宦，但其偷窥心理，那基于传统性别规范而一直被中国图像叙事传统所遮蔽不表的男性偷窥心理，开始被明确地表现出来，甚至被刻意杜撰出来。

图 4 （清）韩邦庆《海上花列传》
第四十八回之"聚秀堂
老包陷重围图"

图 5 （清）韩邦庆《海上花列传》
第四十九回之"黄翠凤处
罗子富窥祭图"

① 傅惜华编《中国古典文学版画选集》（上、下），第 95 页。

其中特别值得注意的是罗子富窥祭图。该图出自小说中的黄翠凤乔迁家祭叙事①：高级倌人黄翠凤赎身自立后，甫一入住新居兆富里，便自行家祭守孝，祭拜失祭多年的早逝父母，其相好的恩客罗子富，一位因公差而停留上海的江苏候补知县，则是这一场家祭的观看者。在传统中国，祭祀先人是重要的家族/家庭仪式，祭拜时，一般由男性家长主导，居中率众家人拜祭先人。作为妻子、女儿或媳妇的女性，因身份上的从属性，在祭拜仪式中的空间站位上，一般居于从属乃至边缘的位置。韩邦庆的小说叙事着意叙及黄翠凤自行家祭，并不（借由婚姻而）倚靠男性这一情节，可以理解为是为了突出黄翠凤这一女性人物富于主见、独立干练、执掌门庭的性格特点。而《海上花列传》吴友如派插图关于该乔迁家祭的图像叙事，则通过对叙事内容的微调而作了进一步的发挥：小说中的"子富蹑足出房，隐身背后观其所为"②，被改换成罗子富半隐于厅堂西侧房间门帘之后，偷窥黄翠凤在厅堂中的拜祭。于是，小说中两者本同处厅中、一前一后的空间关系，变成了图像中两人一厅中一房内的空间关系。从艺术审美及叙事效果的角度看，图像叙事的这一调改，可谓为一种成功的发挥，不仅拓展了画面中的空间关系，增加了视觉层次，增强了图像的艺术表现力，而且增加了叙事内容，使得罗子富作为偷窥者的形象跃然纸上，而黄翠凤于厅中庄重跪拜的形象，则获得中心化的凸显，从而令人深切感受到其虽谋生于海上欢场，但心志坚定，执意于明定身份血缘、自立门户、独掌门庭的期许与计划，同时，这种调改，也明确地表征着，在罗黄二人的欢场关系中，黄翠凤，并不像传统的妓女形象那样，一心希求通过婚姻（从良）而重回社会秩序系统，以完成女性最终的身份认同与归属，而是将两人的情感关系处理为一种商业契约关系，并善用自身的明智与果决而在总体上成为更具主导力、掌控力的一方。

以此，关于家祭的叙事，从小说到图像，两性空间关系的微观变化，不仅形象地塑造出了一个男性偷窥者形象，而且还凸显了一个善于自我经

---

① 《海上花列传》第四十九回："子富一见翠凤，上下打量，不胜惊骇。竟是通身净素，湖色竹布衫裙，蜜色头绳，玄色鞋面，钗环簪环一色白银，如穿重孝一般。翠凤不等动问，就道：'我八岁无拨仔爷娘，进该搭个门口就勿曾带孝；故歇出去，要补足俚三年。'……翠凤手执安息香，款步登楼，朝上伏拜。子富蹑足出房，隐身背后观其所为。"（见（清）韩邦庆著，焦裕银、郭筠修校点《海上花列传》，第 243 页）

② （清）韩邦庆著，焦裕银、郭筠修校点《海上花列传》，第 243 页。

营、自立门户的鲜明的欢场职业女性形象。而插图的这种性别形象的重新塑造，其得以跳出传统图像的性别叙事成规，完成从古典范式到近现代范式的演变，其中一个重要原因，正是近代上海城市化进程中商业资本对两性关系的拓展，是城市对女性职业身份的认同与接纳，城市空间对女性的多元安置，亦即城市对性别空间的重构。

类似的，《海上花列传》吴友如派插图中，第四十八回之"聚秀堂老包陷重围图"亦借用了这类图式，以一个揭帘窥看的空间图式表现小说主要男性角色之一庄荔甫（商人买办）出房迎接应约前来商谈买卖事宜的宏寿书坊包老爷（捐客）的场景。插图中，一众不知名的倌人、大姐①为招徕生意而争相围住老包的场面，在图像中被置于前景，得到了生动而重点的再现，但事实上，这一情景，只是小说"欺复欺市道薄于云"之生意买卖耍滑叙事中的一个小插曲而已，而作为小说"欺复欺"买卖叙事之主要角色的庄荔甫，在图像中则被置于画幅左侧边上的房门内，揭帘而视，仅露侧身。可以见出，小说重点展开的买卖耍滑叙事让位于插曲式的欢场生意竞争叙事，亲自出门迎客的商人被刻画得如同一个窥看者，而一心揽客的不知名的倌人大姐们则占居主体空间位置成了视觉焦点，这种空间关系上喧宾夺主式的安排与再现，完全跳出古典图像叙事以主要事件之主要人物形象为中心、极少凭空塑造男性"偷窥者"形象、尽力淡化两性关系之商业化取向等叙事成规，而究其原因，则除了出于图像叙事之戏剧性需要及读图者的猎奇心理，或许也出于图像对小说"欺复欺"叙事之主要人物庄荔甫的一种批判性的表现取向②，同时更是近代上海之城市化背景下，图像叙事对城市消费空间的体认，对女性投入城市职场（尽管只是其中的欢场）并全力参与竞争的看见与再现，而非传统文学图像叙事对"满楼红袖招"之情色消费的遮蔽与视而不见。

三　被围观的女性：从权力的凝视到广告式的奇观

在传统的视觉关系中，男性与女性之间往往形成看与被看的关系，具体到文学插图中，这种视觉关系典型地出现在各种观舞图中。但在传统的

---

① 在《海上花列传》中，大姐指倌人身边年纪较小的女仆。
② 这种"批判性"的表现取向基于一个前提，即小说文本中并未有对应的情节依据，而是图像的一种创造性发挥。因此，其性质不同于图像对小说文本中男性偷窥叙事的直接再现。

观舞图中，舞伎虽然是诸多男性观者的视线焦点，亦多被置于画幅中的近景处，或近景之左/右侧，但并未获得中心化、放大化的突出表现，观看者与被看者在空间分布、身量比例上基本平衡，甚至在很多插图中，代表权势、掌控权力-知识话语的男性观者才是插图再现的重点，如明散曲《笔花楼新声》（明万历刊本）之"咏舞"图①、清传奇《蟾宫操》之"观蟾宫操"图②等，而明传奇《惊鸿记》之"花萼惊鸿"图（图6）③则更进一步，不仅在总体构图上将画面呈现为一种类似升堂/审讯图的权力空间图式，而且非常夸张地使用了基于尊卑、主次原则的人物画"大小"法，虽然将作为主要观者的唐明皇置于远景却将其加

图6　明传奇《惊鸿记》之"花萼惊鸿"图

以明显的凸出放大，虽将图中众人视线的焦点、起舞的梅妃置于近景中心却将其加以明显缩小，由此，图中的观者，而非舞者，成为了读图者的视觉焦点，人物之间的尊卑、主次亦一目了然，但画面也出现了一种明显有违美学平衡的突兀之感。从视觉政治的角度看，可以说，这类图像的叙事重点，并非图中被围观之女性的惊鸿之舞，而是图中男性对女性的观看，其所表征的，是一种权力对女性的凝视，所遵循的，是一种以权力为中心的图像叙事逻辑。这一逻辑中，权力凌驾于审美之上，艺术直接成为关于权力话语的演绎。

　　不过，传统插图叙事中的观看，还有一种情形，是表现众人对令人惊羡之情景的围观，但插图所重点突出的不是观看者，而是被观看之人/事/物，如元讲史小说《水浒全传》（明袁无涯刻本）之"失声笑鲍老"图，明小说《金瓶梅》（明崇祯年间刊本）第四十二回之"逞豪华门前放烟火"图（图7）④，明讲史小说《云合奇踪》（清乾隆年间刻本）之"陈也先擂台比试"图，清传奇《秦楼月·讶疑》（顺治年间刻本）之"状元游街"⑤

---

① 傅惜华编《中国古典文学版画选集》（上、下），第521页。
② 陈崎等编著《古本插图 元明清戏曲故事集3 明戏曲故事》，上海辞书出版社，2003，第377页。
③ 同上书，第267页。
④ （清）李渔：《李渔全集 第12卷 新刻绣像批评金瓶梅 上》，第四十二回之插图。
⑤ 傅惜华编《中国古典文学版画选集》（上、下），第877页。

图等，这些插图中，从元宵烟火的燃放到滑稽演员的表演，从擂台的比试到状元的仪仗游街，无不如世间奇观一般被加以着意的凸显，成为图中众人以及读图者视觉的焦点，而围观的众人则被群像化，不仅退居边缘，而且身形缩小，变得面目模糊，这种再现风格，可谓为一种奇观化的再现风格，其所着重的，不是观看者，而是那被视为奇观的观看对象，以及观看者对奇观的惊奇与羡叹。

但是，传统插图中，这种奇观化的再现风格，极少应用到两性之间的视觉关系中，即便是出自自带奇观叙事的故事文本，如明万历年间邓志谟编《蔬果争奇》之"掷果盈车"图（图8）①，精彩再现了"掷处盈

图7　明崇祯年间刊本《金瓶梅》第四十二回之"逞豪华门前放烟火"图

车尚羡潘郎之姿貌"②的情景，但图中驾车沿街而行而招致众人围观的潘安并未获得明显中心化的突出描绘，而是与沿街楼上、墙头上、店面中作为围观者的众多女子们，形成了相对自然、平衡的空间关系状态。

图8　明万历年间邓志谟编《蔬果争奇》"掷果盈车"图

---

① 故事出自刘义庆《世说新语·容止》："潘岳妙有姿容，好神情。少时挟弹出洛阳道，妇人遇者，莫不连手共萦之。"刘孝标注引《语林》："安仁至美，每行，老妪以果掷之满车。"邓志谟《蔬果争奇》之"掷果盈车"对故事内容作了调改，老妪们多被改为年轻女性。
② （明）邓志谟撰《四种争奇·蔬果争奇》（中卷），明天启年间春语堂刻本，第1页。

两性之间的视觉关系上，真正开始出现对女性的奇观化再现，要到晚清以《点石斋画报》为代表的新闻画报叙事风格形成，尤其是热衷刻画、兜售女性（尤其是妓女）在公共空间中的特立行状的风气形成之后，才真正出现并成熟。① 若具体到文学插图上，则可以《海上花列传》吴友如派插图之第十五回"公和里屠明珠下轿图"（图9）、第五十三回"山家园姚文君骑马图"（图10）等为代表。这些插图中，女性形象被置于显著的位置，并被予以中心化、放大化的展示，人物形象或风姿绰约，或英姿飒爽，既是图中人物视线的焦点，又被图像视为世间奇观般加以着重再现，成为读图者视线的焦点，而图中作为观者的狎客们和其他佣人们，则成了退居边缘、面影模糊的群像化的围观者。

图9　（清）韩邦庆《海上花列传》
第十五回之"公和里屠
明珠下轿图"

图10　（清）韩邦庆《海上花列传》
第五十三回之"山家园
姚文君骑马图"

　　关于屠明珠出局公和里的叙事，小说第十五回《屠明珠出局公和里 李实夫开灯花雨楼》中并未对屠明珠出局公和里的场景作突出叙事，只以"及至屠明珠姗姗而来"一句带过，之后详叙老牌红倌人屠明珠在黎篆鸿酒局上摇曳生姿、妙语周旋，深得黎篆鸿欢心的场景。但"公和里屠明珠下轿图"则特写了屠明珠的赴局下轿场景，突出展示了楼下屠明珠风姿绰约、

---

① 这主要是因为传统叙事中，女性甚少有机会独立自主地出现在开放性的社交空间中，与他人形成对等的商业经济关系。

弯腰款步下轿，楼上蒋月琴书寓中黎篆鸿、李实夫等狎客及一众出局倌人聚集窗边竞相围看的情景，可以说，这一"下轿图"对倌人这类特定女性给予了一次典型的奇观化再现。

这一插图中，资深倌人屠明珠因其所具有的某种神秘性（老牌、高端、较少出局）而成为视觉的中心，既是图中楼上窗前众狎客目光围猎的对象，亦是一众倌人艳羡或者互竞的同行，同时更是图外之读图者的视觉焦点，而楼上的一众狎客，这些代表着权力、财富、地位的绅商仕宦、贵家公子①，则被隐于窗后，尽管在场，但已被表现为群像化的围观者，面影模糊，退居边缘。

相类似的，还有第五十三回《强扭合连枝姊妹花　乍惊飞比翼雌雄鸟》之"山家园姚文君跑马图"，出自小说一笠园中众倌人姐妹结盟叙事中的一个小插曲：

> 齐韵叟欢喜无限。谆嘱众姊妹，此后皆当和睦，毋忘今日之盟。众姊妹含笑唯唯，跟随众人，趋下志正堂来。恰有一匹小小枣骝马，带着鞍辔，散放高台下吃草。姚文君自逞其技，竟跑过去亲手带住，耸身骑上，就这箭道中跑个趟子，众人四分五落看他跑。②

显然，插图的视觉再现并未选择小说文本的叙事重点，即倌人结盟叙事，而是选择了倌人跑马这一小插曲，并对之做了一种奇观化的再现：骑马的倌人姚文君被作了中心化的放大凸显，成为视觉的中心，注目的焦点，而小说中"四分五落"围观的众狎客倌人则被图像加以秩序化的排列，众人于边上分列两侧，一字排开，注目围观，而又面影模糊，只露出上半身，甚至只见后脑勺。这种视觉转译，通过对众人之空间关系的调整，而将一个兴之所到的妓女跑马嬉玩及众人围观情节，变成了一幅妓女跑马的奇观图，不仅明显契合了以《点石斋画报》为代表的晚清海上画报的奇观叙事

---

① 许多退休闲居及待职的官员，钻营谋职的文人清客，纷纷涌到上海，或作海上寓公，或常年寄居客栈。他们均为妓院好顾客；大吏使臣以及外省采办久慕上海灯红酒绿，途径上海无一不狎妓，甚至为逛妓院倾空钱袋；另外，买办文人，洋场才子，如王韬、孙玉声、韩子云、吴趼人等，更是书寓、长三的老顾客。（周诗岩：《现代都市的亲密性之变：从〈海上花列传〉的视觉转译困境谈起》，《美育学刊》2013 年第 3 期。

② （清）韩邦庆著，焦裕银、郭筠修校点《海上花列传》，第 262 页。

风气，借鉴了当时画报将妓女坐马车出游引发众人围观情形表现为申江一景的奇观叙事套路①，而且隐喻了女性与城市的全新关系：城市于欢场女性而言，不仅是来去自如的生活空间，是娱乐消遣的游乐场，更是充满竞争的舞台，满腹生意经的欢场女性，要随时进行高调的、奇观化的自我展示，以抓住炽热围猎或者惊叹艳羡的目光，将自己打造为一种城市奇观，一种欲望对象，一种昂贵但值得购买的商品。而作为欲望主体的男性，作为资本的持有者，在这一奇观化的图像叙事策略中，退居为边缘的在场者，化身为构建奇观的辅助因素。这种对女性的奇观化再现，事实上是一种对女性身体的商品化再现，所体现的，可谓是一种商业广告式的图像叙事策略，即一种以商品为中心的叙事逻辑，其中，图像叙事的核心，不再如传统观舞图所表现的高高在上的权力对女性的凝视，而是近代上海城市商业大潮中，资本对女性身体的商品化，是男性与女性之间消费与被消费的市场关系，其所建构的，可谓是一种高调陈列商品、彰显市场消费关系的都市商业空间，而不再是传统的凸显等级/从属关系的权力政治空间。甚至，读图者的视觉，也被直接、快速引向作为奇观之物的女性身体，成为图像广告式叙事的召唤对象，成为图像之外的，某种潜在的消费者。

结　语

《海上花列传》吴友如派插图中所出现的"墙头马上"图的发展、窥视图的新变，围观图的演化，均从空间的角度，通过对两性空间关系新动态的直观再现，展示出晚清上海租界中传统性别伦理秩序所遭遇的悖逆与解构。

从中，可以见出，时代自身正借插图者之手，将两性关系的新图景编织进《海上花列传》的吴友如派插图中。以此，吴友如派插图关于两性空间关系的再现，已与以《绘图评点儿女英雄传》陈作梅插图为代表的典型的秩序性的性别空间再现模式大为不同，不再一味着意于男性对空间的主导，不再单纯指向一元化、等级性的传统空间秩序与伦理，不再着力建构传统的秩序化的权力空间，而是在帝制渐趋倾颓，皇权日渐式微，传统的

---

① 如《点石斋画报》之《虚题实做》《车中斗口》。相关研究可参见罗岗《性别移动与上海流动空间的建构——从〈海上花列传〉中的"马车"谈开去》，《华东师范大学学报》（哲学社会科学版）2003 年第 1 期。

一统化的空间生产被强力卷入开放性、国际性的空间生产进程中，城市化进程快速开启的特定时空背景下，开始着力关注部分女性对城市空间的有效参与乃至主导，开始明确直观再现两性之间的消费性、契约性、竞争性关系，从而在中国的小说插图史上，第一次集中、系统地表现出对商业化的性别空间的着力建构。

文化研究的过去和现在

——斯图亚特·霍尔访谈

雷纳·温特 (Rainer Winter)

蔡嘉慕·阿齐佐夫 (Zeigam Azizov)

李　开译　陶东风校*

摘要　斯图亚特·霍尔谈到英国文化研究在形成初期与社会学之间的关系，探讨了大众文化的重要作用和葛兰西传统意义上的介入思想，回应了学术界对文化研究的误读，分析了艺术、流散与移民之间的联系，指出了关于现代化、现代性以及全球化的讨论所存在的误区和问题。

关键词　文化研究　大众　理论　介入　全球化

Abstract　Stuart Hall talks about the relationship of British Cultural Studies with sociology in the process of its formation in Birmingham, the important role of popular culture, discusses the idea of intervention in the tradition of Gramsci, responds to the misreading of Cultural Studies, analyses the connections between art, diaspora and migration, and points out the miscon-

* 斯图亚特·霍尔 (Stuart Hall, 1932 – 2014)，世界著名的马克思主义文化理论家，英国文化研究的奠基人之一，代表著作主要包括《通过仪式抵抗：战后英国青年亚文化》(1976)、《控制危机：行凶抢劫、国家、法律和秩序》(1978)、《艰难的复兴之路：撒切尔主义和左派危机》(1988)。雷纳·温特 (Rainer Winter)，奥地利克拉根福大学媒介与传播科学学院教授，德语世界媒介与文化理论领军人物，在中国多所大学任兼职教授，著述丰硕，代表性著作主要包括《固执的艺术：作为权力批判的文化研究》(2001)、《网络上的抵抗》(2010) 以及《文化研究的未来》(2011)。蔡嘉慕·阿齐佐夫 (Zeigam Azizov)，奥地利克拉根福大学媒介与传播科学学院，艺术家、散文家、哲学家。李开，温州大学人文学院讲师。本文为浙江省教育厅一般项目"斯图亚特·霍尔的情势分析理论与实践研究" (Y201839275) 的阶段性成果。

ceptions and problems in the discussions about modernization, modernity and globalization.

Key Words　Cultural Studies the popular theory intervention globalization

访谈背景介绍

我们的访谈是在斯图亚特·霍尔夫妇的家里进行的。那是 2008 年 1 月 21 日早上，我既激动又充满期待。20 多年来，我一直从事文化研究以及霍尔思想的研究。我的教授资格论文《固执的艺术：作为权力批评的文化研究》（2001）重建了文化研究自其于 20 世纪 50 年代兴起以来的发展史，分析了霍尔在伯明翰大学当代文化研究中心所发挥的关键作用，同时也特别对大众文化进行了批判性分析。作为社会学家，对我和我的研究来说，最有意义的是文化研究与社会学的关系，特别是文化社会学。

我与蔡嘉慕·阿齐佐夫（Zeigam Azizov）、伊丽莎白·内德尔（Elisabeth Niederer）一起去拜访霍尔。蔡嘉慕·阿齐佐夫是一位来自阿塞拜疆的艺术家和文化理论家，他已在伦敦居住多年。伊丽莎白·内德尔是社会学家和教育学家，她正在克拉根富特大学做关于贫穷文化的博士论文。那天下午特别令人难忘，我们觉得特别有收获，特别兴奋。在霍尔家的客厅里，霍尔热情地招待我们，给我们泡茶，提供点心。与我之前遇到的一些有名的社会学家和哲学家不同，尽管霍尔在全世界享有盛誉，却是一位特别谦虚、特别能理解别人的人。他对我们的研究和我们看待事物的方式很感兴趣，很想了解更多。在这样融洽的氛围中，对话和互动就特别舒服。这样的谈话特别难得，我们心底希望能够永远进行下去。

蔡嘉慕·阿齐佐夫整理了这个访谈稿，但它只是我们那天下午谈话的一部分。斯图亚特本想对文稿进行修改，不幸的是，他没能完成这项工作。令人欣慰的是，这次访谈能够发表。斯图亚特在去世前不久同意并鼓励我们发表这个访谈。非常感谢您，斯图亚特！

雷纳·温特
沃尔特湖克拉根富特市
2017 年 7 月

一 文化研究的形成

雷纳·温特（下文简称"温特"）：斯图亚特，首先，我想问你一个我一直想问的问题。对于您本人的研究和文化研究的形成来说，法兰克福学派传统有多重要？在德国，批判理论的观念经常被等同于这个学派的思想……

斯图亚特·霍尔（下文简称"霍尔"）：由于各种原因，法兰克福学派起初并不那么重要。法兰克福学派的大部分文本没有被翻译。而且很多人不会说德语。所以，在当代文化研究中心开创之初，我们并没有法兰克福学派的关键文本。我们不了解西奥多·W. 阿多诺（Theodor W. Adorno）的著作，也不知道瓦尔特·本雅明（Walter Benjamin）。阿多诺等人的《权威人格》（Adorno, T. W. et al, 1950）是一本很好的书，但这本书不是阿多诺的经典文本。后来，我们读过赫尔伯特·马尔库塞（Herbert Marcuse），但那是他在加利福尼亚时期的作品。我们说的是文化研究中心的早期，20 世纪 60 年代到 70 年代早期。我们并没有太多涉及哲学。我们有从事历史学、图像艺术理论、语文学研究的人员，但没有从事哲学研究的人员。我们也思考过英国语言哲学的状况，但不喜欢欧陆的形而上学。读德国的形而上学，比如海德格尔，就会在哲学的迷雾中走失。我们没有读太多盎格鲁·撒克逊语言哲学，比如，J. L. 奥斯丁（J. L. Austin）。后来，我们对他们都产生了兴趣。这就是早期的文化研究没有成为一个哲学领域的原因。你应该对此不会感到惊讶。当我们进入政治问题之时，我们通过路易·阿尔都塞（Louis Althusser）及其对黑格尔的批判才与哲学相遇。他对某种黑格尔哲学的批判特别深刻。后来，我们才得到他的一些书。当霍克海默（Max Horkheimer）的著作被翻译过来之后，我们才明白，文化研究是一项多么严肃的工程。这是历史中失去的瞬间（moment）。文化研究与社会学之间的对话很多，包括德国社会学，曼海姆、韦伯，但在哲学方面就不是这样。这确实是早期文化研究的弱点，但也有优点：可以帮助逃离理论的空谈。

雷纳：从当代文化研究中心早期的文本看，如《文化研究工作论文集》，显然，德国文化社会学，特别是马克斯·韦伯（Max Weber）的著作，起初备受关注。

霍尔：是的。韦伯特别重要。我们这样看待他的著作：我们把韦伯、涂尔干、马克思一起视为现代社会学的三部曲。涂尔干和韦伯被纳入社会学的方式十分特别。在文化研究中所发生的事情是，我们是在对社会学一无所知的情况下面对社会学。我们读过涂尔干的方法论著作，韦伯的著作和书信，但是，我们没有接受传统的马克斯·韦伯。我们也没有因循守旧地解读韦伯，我们对涂尔干的解读也是如此。例如，我们批判地解读了《自杀论》（1897）（Durkheim, 1951），但是，激起我们兴趣的是它的政治偏向。因为我们没有接受社会学训练，所以我们无法用其他方式解读。我们唯一所用的社会学是美国的阐释传统，但是我们也对欧洲关于劳动的社会学感兴趣，而且欧洲社会学本身哲学味十足。另一方面，我们对韦伯感兴趣，因为他鼓励我们批评现有的还原论（reductionism）。理解韦伯的方式是多种多样的。我的理解是，韦伯特别关注与资本主义历史有关的问题，这与马克思的基本关切多有重合之处，而且韦伯还开启了很多关于当代资本主义问题的讨论。我们从中学到了一些东西。我们在当代文化研究中心所读、所教的文本是韦伯的《新教伦理与资本主义精神》（1904 - 1905）（Weber, 1930）。这本书写道：资本主义和资本主义变革当然存在，但问题是，早期资本主义是如何占有人民的主体性的。所以，他提出了关于资本主义本质的文化问题。而且他关于新教教义对资本主义作用的分析十分有见地。当然，我们借鉴韦伯的方式不止这些，我们借鉴韦伯的观点但不是成为韦伯。就文化研究而言，我们摘取所阅读、借鉴、汇编的一切东西为我所用。有些取自社会学，有些不是；有些取自理论，有些不是，"文化研究"是跨学科的研究领域，概念并不纯粹。

从概念上讲文化研究一直都很弱。我的研究非常折中，这就是其中的原因。从来不是韦伯式的，从来不是葛兰西式的，也从来不是阿尔都塞式的。在《读资本论》（1965）（Althusser, 1970）中，阿尔都塞指出："理论是完全自治的。"有一种佩里·安德森（Perry Anderson）所说的葛兰西，我并不认为他关于葛兰西的所有说法都正确。但是，我明白，我与这些人都有紧密关联，从他们那里借鉴一些东西，例如，从葛兰西那里借鉴一些东西，也拒绝一些东西。最明显的是我借用马克思的方式：我从一开始就在马克思主义的基础上进行研究，后来才进入其他领域。人们说，你过去是马克思主义者，但是你现在已经不是了。这并不对，因为我从来都不是经济上的马克思主义者，我从来不是经济还原论者。我从马克思那里借用一些东西，因为我认为这些东西用于分析意识形态和文化问题就足够了。发展这些大人物的理论的方式之一就是与之展开争论，从中借鉴有用的东西。在这一阶段，文化研究中心也是这样做的。

温特：直到 20 世纪六七十 70 年代，帕森斯社会学理论一直在社会学领域占据主导位置。我作为社会学家，从您对他的批判中深受启发。您呈现出不必将当代资本主义社会合法化也可进行文化研究的可能性。

霍尔：是的。帕森斯社会学理论很像结构功能主义，在英国社会学中非常流行，战后取代美国社会学成为主流的社会学理论。英国社会学发展迅速。在英国，学者们跟随美国而不是欧洲的社会学发展趋势。所以帕森斯特别重要。他确实赋予文化很重要的地位。他说有三种系统：社会系统、文化系统和性格系统，尽管他没说文化是什么。他说在社会系统中有一种工作，特别是在涂尔干的著作中，你需要读《自杀论》（1897）（Durkheim，1951）和《社会学方法规则》（1895）（Durkheim，1964），但是，不要在意他关于唯心主义文化观的东西。那么，他所说的东西中没有我们感兴趣的东西。我感兴趣的是象征符号，以及它与社会之间的联系，但他并没有相关论述。例如，对我来说，列维—施特劳斯以及他对此类社会现象的解读很有意思，但是帕森斯处在另外一边。我必须去看帕森斯的理论，是因为英国社会学在走向结构功能主义，而不是阿尔都塞的文化路线。

温特：还有其他两种不属于主流的社会学路线，对伯明翰大学当代文化研究中心的构成至关重要：阐释社会学和查尔斯·莱特·米尔斯（Charles Wright Mills）的研究。

霍尔：我深受米尔斯影响。我跟他很熟，在新左派时期，他经常来英国，随后他去了古巴。1962 年他写过一本关于古巴的书。他也是拉尔夫·米利班德（Ralf Miliband）[现任外事大臣大卫·米利班德（David Miliband）的父亲]的好友，拉尔夫是一位好战分子。米尔斯是他很亲密的朋友。他骑着摩托车去过苏联。他写过一本书，书名是《白领》（1951），和韦伯的《新教伦理与资本主义精神》一样重要，这是关于美国中产阶级的一本书。我对他写的另一本书《权力精英》（1956）也很感兴趣。这是在文化研究中心之前的事情。在主体性、阐释学、社会互动论、符号互动论方面，美国社会学的影响十分巨大。这是美国社会学一种潜在的传统。而且也是非常重要的研究。当代文化研究中心对青年文化的所有研究工作，以及后来关于主体性的研究工作，主要是符号互动论的产物。我们把它当作"次要的传统"（the subaltern tradition）。它并不声称能够揭示全部真理；它通过不同的方法研究了符号意义问题、表征问题、主体性以及社会立场等问题。这对我们的研究非常重要。没有互动论传统，《通过仪式抵抗》（1976）以及后来的《控制危机》（1978）就无法完成。

温特：您已将互动论传统与批判理论结合起来。知识社会学，尤其是彼特·L. 伯格（Peter L. Berger）和汤姆斯·卢克曼（Thomas Luckmann）的《现实的社会建构》（1966）发挥什么作用？

霍尔：我们确实读过知识社会学。在一定意义上，我们认为知识社会学或许是更社会化或社会学化的看待文化和观念的方式。但它并不是我们真正的兴趣。我们所吸纳的观点是，任何社会行动都以意义为媒介，并不是说人们真正意识到意义是什么，而是说，任何社会行动都要受到特定的文化观念的调节。马克思最早说过，任何建筑师的意义都超过最灵巧的蜜蜂，因为蜜蜂只是按照本能来建造，而建筑师根据计划来建造。建筑师头脑中的东西与其行动一致。社会行动既包含社会维度也包含符号维度，这就是问题的大部分内容。在这方面，美国意义上的符号互动论比占主导地位的结构主义和功能主义讲得更好。

二　解读大众

温特：能否请您谈谈大众文化在您研究中的角色？您写过一些非常重要的文章，对重新理解这个主题有重要贡献。您能告诉我，自 20 世纪 60 年代以来，您对大众文化的看法有何变化？

霍尔：嗯，我认为（大众文化）有三个阶段。第一阶段是《大众艺术》（1964），这是我写的第一本书，是和派迪·瓦内尔（Paddy Whannel）一起合写的。它源自地方大众文化，写于文化研究中心成立之前。瓦内尔是英国电影学院的电影系教员。他过去是教电影的，比任何大学或学院更早开设有关电影的课程，我替他上过课。我们去过很多电影协会，这是唯一可以看到外国电影的地方。你在任何电影院都看不到。英国电影学院电影系开始设置系列课程。我教的课程是黑帮电影。抱歉，我太个人化了。我们经常探讨大众文化。每到周末，我们就听音乐，我听爵士乐，派迪听主流音乐，就在那时，我不仅知道了伯曼和黑泽明的重要性，而且也知道了约翰·福特（John Ford）的重要性。我才意识到，作为一位极其著名的电影导演，福特是在将西部电影塑造为一种大众风格。我们讨论过这一点，我们也讨论过爵士乐，我们更争论过摇滚，那是摇滚爆炸的年代，但派迪一点也不能忍受它。我喜欢其中的一些，但并不多。所有这些争论引向对大众文化的理解。学校老师都对之产生兴趣。他们说，我们必须要搞懂它，因为我们看电视、听音乐，但是我们对此一无所知！所以，《大众艺术》的写作目的是为了教学。如果你想了解西部电影，就看约翰·福特，如果你想了解流行音乐，就听流行音乐……所以，这属于伯明翰文化研究工程开始之前的那个时刻。而且，它受一个方面限制：那就是对批评不感兴趣。那时的兴趣在于什么是好、什么是坏！弗兰克·西纳特拉（Frank Sinatra）很好听，其他歌手还可以，你知道，只是做出这样的区分就可以了。当然，现在，可以告诉这些教师更重要的东西，它们不仅仅是噪音。你们对阳春白雪的文学所做的研究，也可以用到这里。有好的西部电影，也有坏的西部电影。应该做出区分。这是很重要的评价工作。我认为，应该看看这些篇章是如何书写的。这或许被称为"原始的文化研究"（proto-cultural studies）。那是很早的事情。

当代文化研究中心大众文化研究工作的第二阶段是：《通过仪式抵抗》（1976）、迪克·赫比迪基（Dick Hebdige）的著作《亚文化》（1979）、媒介研究、肥皂剧研究，总之，对大众文化的兴趣浓厚。我认为，人们所感兴趣的是两个方面：第一，人们认识到大众文化是高度商业化、高度技术化、高度市场化的文化工业。尽管如此，其中有一种共同的元素：大众的态度和情感并没有过度商业化。它和阿多诺所说的相反。阿多诺的文化工业观认为，文化工业不但影响到所有人，而且生产了文化傻瓜，完全被外界塑造。我并不认为是这样的。当然里面有情感。在肥皂剧背后的现代城市现实中，我们不再有任何可讲的故事。我每周去医院三次。在候诊室，病人们讨论《邻居们》或《加冕街》，但它们不仅仅是一个故事，其背后有很多情感元素。他们不懂心理分析，他们不懂心理学。他们没有激发理解的其他方式。唯一的理解方式就是讲述。第二阶段纯粹是受操纵地建构起来的，它已经进入了大众意识。如果某种东西流行起来，它所用的是什么感人的叙事？而且它不是仅由制片公司制造的叙事。

人们谈论的一种形式是快乐形式，是人们力图从有堕落的形式中努力发展出来的，从人们觉得感人的、严肃的、客观的质料中发展而来的，这就有点超出了文化工业。在此之外，认为所有制度都是堕落的，但这不是说人们只是空白屏幕，只按照工业所喜好的方式运转。你可以读到关于大众意识变化的东西。不管是通过堕落的中介，还是通过消费主义的中介，你必须看到这点。对文化研究来说，此类批评很有意思。

好了，你问的是现在的状况（大笑）……我不了解现在的状况！我是说，我仍然对文化研究的上述方面感兴趣。但是，我认为大部分做文化研究的人对这方面根本不感兴趣。我不知道我能否胆敢这样说。我以为，他们更感兴趣的是分析大众文化的美学维度。他们对简单的故事进行复杂的解构，非常复杂的符号学研究，这当然没问题！这是因为，在媒介中，即使是糟糕的艺术作品（art work）也被视为艺术品（artwork）。我认为，这并没有什么问题，但是令我不安的是，这其中的利益是什么，你不必回到我们之前谈过的问题，诸如，如何区分操控性元素之类的问题。我认为，他们没有回到这些问题。第二，当代文化已经被高度技术化了。在我们以前讨论当代文化的时候，它还没有被如此技术化。商业电视在 20 世纪 50 年代来到英国，此后，形式的高度技术化、形式和意义的全球撒播就发生了。

温特：在谈论《大众艺术》（1964）以及成人教育的时候，您提到过文化研究与教学之间的关系。在一定程度上，成人教育是文化研究的开端之一。

霍尔：理查德·霍加特、雷蒙·威廉斯、E. P. 汤普森和我都在成人班教过书。不是在正式场合下，不是为了考试，不是为了考证，只是在周五晚上上课。我去过几年，教过俄罗斯小说、乔治·艾略特（George Eliot）的小说……一位八十多岁的老人对我说："不错！不错！这是我第五次听《米德尔马契》！"（大笑）……在某种自由的、非学术的情景下，谈论你的日常生活，意味着要调整你的概念、语言甚至你的整个教学方法。你谈论他们已知的东西。对我们几人来说，那是具有重大影响的瞬间。而且，正如我在《大众艺术》中所说，它与大众形式也有关系。那么，它当然也是教学问题。它是关于如何教授未知领域的问题。在当代文化研究中心，教学问题涉及什么，你就教什么。你在周一找到关于涂尔干的重要资料，到周五你如何教给学生？我们真的只是在不断设计、补充。我们年纪比较大，读的东西多一些，想法多一点，但是，很多教学材料不是读社会学或人类学就能得到的。我接受的是文学训练。我从未接受过正规的社会学训练。最后，我成为开放大学的社会学教授……

温特：……而且您还曾经是英国社会学学会的主席（大笑）……

霍尔：有一个严肃的教学问题。未得到正常教学支持的情况下，如何将研究环境设置成教学实践？学生们知道他们在和我们一起做。学生们和老师们一起写作。《控制危机》（1978）就是我与五位研究生合著的。迪克·赫伯迪格的成名作《亚文化：风格的意义》是他的硕士论文。这是一项浩大的工程，除此之外，我们不应该忘记它的语境。那是 20 世纪六七十年代，那时全是团队合作，每件事都是阅读小组共同完成，师生之间没有区别。那么，传统教学，课堂教学，算了吧！按照那种教学，完全不可能做到。你可以从我的话中感觉到，这是不可思议的经历，有点冒失。但这并不是传奇。再也不可能这样做！现在完全是不同的教学问题。

三　理论与介入

温特：在一些美国学者的著作中，如亨利·吉鲁（Henry Giroux）、皮特·麦克拉伦（Peter McLaren）、道格拉斯·凯尔纳（Douglas Kellner），批判性的教学被视为一种介入社会和文化领域的形式。我以为，批判性的教学和文化研究工程在这一点上紧密相关。介入的思想对伯明翰规划也很重要……

霍尔：是，绝对是！我们曾尽力找到将每一种概念发展视为介入的方法。必然是在理论领域的介入吗？不仅如此。它应该成为连接特定实践的纽带，连接在大学之外所发生的事情的纽带，或者成为连接纯知识或纯学术之外的生活的纽带。你可以在葛兰西的著作中发现这种教学观。他说，每个人都是知识分子，因为每个人都有自己的计划，都有自己想做的事情。如果你在建造一面墙，你头脑中已经有了墙的模型。这是不同的教学计划。他们不是专业化的知识分子。这是葛兰西所谓的"普通知识分子的功能"。人们如何思考社会关系？能否改变他们的理解？能否改变他们的相互理解？或者还有其他的东西？它是教学生在语境中学，它是这种意义上的介入。若将介入作为政治运动的指南，也许有人会问：你为什么在意它的概念方面，倒不如直接参加政党或政治组织，或者介入阶级斗争。我一直坚持认为，理论反思绝对是必不可少的。政治的视角当然也是极其重要的。但你首先必须到达概念层面。

当代文化研究中心有共产主义者、劳工主义者、毛主义者，还有一些保守主义者、社会民主主义者，以及一些批评工党的人。我坚持要求所有工作都要为作为一个团队的当代研究文化中心服务。否则，当代文化研究中心就会走偏，或者走向托派，或者走向保守派，或者成为共产主义者，关键在于如何对其进行反思。它必须是一种反思。但是反思仍然是纯理论的。如葛兰西所说，它必须是具体的。不仅是特定的政治运动，而且还有特定的角色，比如他所谓的"有机知识分子"。我曾说过，当代文化研究中心的目的是为了培养没有党派的有机知识分子（大笑）……像共产党一样，在一定程度上将体力劳动者和脑力劳动者组成为更广泛的政治架构，如何将这种党派扩大，并纳入更广泛的社会和政治架构。不仅局限在当代文化研究中心。这就是我们创建期刊、不定期发表论文的原因，因为我们想把它们推出来，超出学生文化（student culture）限制之外。

温特：这使我想起让－保罗·萨特（Jean-Paul Sartre）的思想，为了改变自身的状况，获得解放，一个人是如何理解自身状况，尤其是理解权力关系的。

霍尔：是的！你知道，萨特对我们很重要。但是，奇怪的是，我们根本没有涉及存在主义。你看过萨特的《寻找方法》（1963）？我对萨特关于过去的说法很感兴趣：每一个瞬间都由过去构成。未来是去总体化（de-totalisation），也是再总体化（re-totalisation），历史是这样发展的：过去的构成与未来有关。这就是未来的构成方式。《寻找方法》是一部非常重要的著作，而且有一段时间，我常常使用去总体化和再总体化的语言。这是完全投入黑格尔和马克思之前的萨特。在两个萨特之间存在一个有趣的瞬间。

四　反对被指责为"文化民粹主义"

温特：我想问您怎么评价吉米·麦克圭根（Jim McGuigan）那本挑起争论的书《文化民粹主义》（1992）。我认为他的批判有些夸张，很不公平。文化研究的敌人喜欢它！

霍尔：是的，它对敌人非常重要，而且被没完没了地引用（大笑）……我想，我在谈论"大众"的概念时，已经说得够多了。所以，我认为他说文化研究有民粹主义取向是错误的。这与"大众"是什么以及葛兰西所谓的"大众"概念紧密相连。葛兰西说，有健全的理智（good sense），也有常识（common sense）。健全的理智是对常识的批判，常识十分混乱，但是他认为工人可能虽未觉察到资本主义，但是他们在一定程度上知道资本主义是什么东西。这就是健全的理智。我认为，文化研究不是民粹主义的，但我认为，有些研究大众文化的文化研究工程在某种意义上确实在赞颂大众。我以为，我自己对大众文化的兴趣并不是这样的。它介于大众文化的真实性与彻底的商业性之间。在我看来，麦克圭根并没有看出这些区别。

其中的第二个问题是，自起初以来，文化研究做了哪些事情？政治经济学又做了什么？经济学又怎样？首先，它是一个"编码"（code word）：马克思在哪里？哪个是好问题？什么是政治的、功能的、社会的和经济的？在这个意义上，我们将经济与文化联系在一起思考，而那时我们并不仅仅对文化理论本身感兴趣。我们对文化及其与社会批判的关系感兴趣。我认为，人们并未意识到它与今天的实践有多么不同。我们处于文化与社会、文化与经济、文化与政治（的互动）之中。它们（文化、经济、政治）三者是什么关系？这就是阿尔都塞为什么对我们如此重要的原因：不是经济结构决定一切，而是把三种实践综合起来。我们没有在经济还原论的框架下思考经济问题。我对此仍然有兴趣。我感兴趣的是，文化如何与全球资本主义相关。全球资本主义的性质是什么？全球资本主义如何嵌入文化？文化如何愈来愈依赖高度技术化的经济？在这三者（文化、经济、政治）的接合（articulation）中，其中任何一种都不可还原为另一种。不可以。如果你不能将其中之一还原为另一种，那你就必须考虑多元决定（overdetermination）。这些瞬间的结果，的确是多元决定。这是早期文化研究的范式。这样，一旦你读阿尔都塞，你就会回想起这个等式：经济是最终的决定因素。他说过，即使是革命瞬间也具有某种透明度——即在意识形态、政治、社会状况下，经济变化并未被悬置。在苏联和古巴，经济没有被悬置。我认为，没有还原论和特定的反映论，谈论经济的接合是非常困难的。你没法说，经济已经全球化了，所以意识形态也全球化了。事实并非如此。这就是早期文化研究的一个重要领域，引发了威廉斯所谓的"文化与社会"问题。

关于接合与决定的复杂问题在某一点上发生了断裂，所以，这个问题就变成了不同的文化理论问题。文化理论开始按照自己的方式运行。在这个瞬间，天知道经济在哪里！这个瞬间与如下高深理论的发展紧密有关：结构主义、后结构主义、解构主义、心理分析，等等。这些激进的高深理论的大爆发改变了我们的大脑。这是一个文化转向。但是，这个瞬间已经逝去。这是一个在文化框架内谈论经济的瞬间。当人们离开文化谈论经济的时候，他们无法理解它。就接合与文化而言，没有接合的文化演进是不可能的。

这就是我此刻为什么不太喜欢文化研究的原因。我们仍然可以找到从全球化的角度谈论它的方式。文化如何超越这个范围？在 20 世纪八九十年代，我们沿着这条线索，但是现在我们处于绝对意义上的后理论状况。我并不是说，从事理论研究不可能了，而是说，从一种理论生产出另一种理论已经不再可能了。文化与意义的理论关系密切。我认为，客观世界中的万事万物并没有将其意义镌刻在它们自己身上。桌子、图片并非自然存在之物。说一个对象并不存在，并不是说我是一个康德主义者。我只是创造了它，但是依据文化系统，我们必须通过与意义的关系与之互动。它无法超出对象世界，因为它自身是由某种实践建构而成的。你无法从表征返回到参照物，因为它并非像一片金属一样真实存在，它不是这样。这不是返回到完全受限制的世界，但是你不能说，世界上没有参照物。在看《读资本论》（1970）的时候，我就明白了这一点。在这本书中，阿尔都塞问道：我如何知道这种理论正确与否？理论是没有保证的。我不相信文化中的简单的再现观——通过语言或符号的形式，但我同样不相信文化就是最终的世界。它是被建构的。如同在比赛中一样，当人们打球时，他是在打板球还是踢足球？这取决于人们打球时所用的不同动作，它与将板球和足球区别开来的比赛规则有关。人们问，话语在哪里？它在其所在！他们是追着真实的球跑动的真实的人。最终，接合是由话语和意义所建构。这是对你关于经济问题的一个很长的答案。为了理解经济，你总要找到文化，找到不同的东西。我常常称之为"第三条道路"，但在该死的托尼·布莱尔（Tony Blair）之后，我就不再这样称呼它！

五　艺术、流散与移民

温特：在您最近的著作中，艺术占据重要的位置。您能否解释一下，您的研究方式为什么做出这么大改变？当今艺术具有哪种功能？

霍尔：过去十年来我一直在研究视觉艺术。我也写了一些东西，但是大部分与政治有关。我写了一篇关于托尼·布莱尔的文章，名为《新工党的双重洗牌》（2003），深入讨论了此类特殊问题。但是我很少写别的东西。我在组建……我组建了国际艺术协会（Iniva），刚刚开放。我在两家视觉艺术组织任职：国际艺术协会和签名黑人摄影师协会（Autograph Association of

Black Photographers），与年轻的艺术家们一起工作。今年，我已经退休十年。这些年来，我一直与视觉艺术对话。我对之知之甚少，但是我一直对图像、艺术都感兴趣，而且受过文学训练。但是我不是视觉艺术方面的专家。这种改变部分与我想在有生之年做些不同的事情有关，因为我觉得，大的理论时代已经结束，我想有所改变。退休之后，我想做些不同的事情。

我之所以喜欢艺术，是因为艺术关涉真实世界，真实世界无法直接通过经验理解。艺术源于真实经验，但又不同于真实经验，而以符号形式呈现。它与文化相似：为了使万事万物可以理解，文化必须远离经济。我认为这是艺术的原理。除此之外，在20世纪90年代，我感兴趣的是艺术的多样性，因为我对身份、后殖民主义、黑人流散以及其他方面的问题感兴趣。我对视觉艺术的兴趣十分广泛。在视觉艺术方面，我所做的具体工作是拓展我早期关于流散、身份的研究，将自己带入另一个领域。我从中收获颇多。我关于身份的许多文章都认为身份不只是一种事物（one thing）。在关于多元文化主义的争论中，我认为，我已经明确地扩大了身份的概念。也就是说，人不是永远固定的，而且他们的生活脚本也不是永远被其传统所书写。事实上，文化传统不是固定的，没有本质。人来自别处，他们受到不同的影响，许多人从不同的角度被解读，如同身份一样，文化不是稳定的。

在此语境下，我说：我所感兴趣的不是根源（roots），而是路线（routes）。与此同时，我通常还对自己的出身问题有兴趣：我所出身的加勒比海文化的本质是什么？是不是非洲（文化）？是不是非洲在新世界中所变化而成的（文化）？我一直在思考。它是如何被当代全球进程所改变？非洲如何影响加勒比地区？加勒比如何受英国、西班牙以及葡萄牙影响？这种文化的本质是什么？没有根深蒂固的文化根源。而是混杂（hybridization）的问题，是克里奥尔化（creolisation）的问题，等等。对我来说，这都是很重要的问题。

但是现在！现在是后多元文化主义、后殖民主义、后伊拉克、后政治伊斯兰教！对许多人来说，身份似乎又固定下来了！我们又有很多研究工作要做！我认为，我所说的没错，但是当下情势（conjuncture）将这些研究工作置于新的批判框架内。我总是说，在流散情况下，文化都可以选择，或者前进或者防卫性地退守，既免受种族主义之苦，也不会担负多种身份。

为了理解当下情势，尚需做很多研究。我对自15世纪以来的资本主义的抽象规律不感兴趣。我感兴趣的是工业资本主义与全球资本主义之间的区别。从经济、政治、社会方面看，每一种情势的转变都在重来，而我们现在正处于这个瞬间！

六 现代化与全球化

蔡嘉慕·阿齐佐夫：您刚才说的很有意思的一点是，理论如何能像"工具箱"一样被使用，以新方式来理解一些旧概念。您已提及流散和多元文化主义随着时代的变化而变化。我自己对移民范式的兴趣与之相似。在20世纪90年代，我的处理方式非常不同，但自9·11以后，自俄罗斯富翁寡头移民伦敦之后，移民概念好像开始转变。移民者不再是穷人，而是千万富翁。我的问题与您在20世纪80年代的撒切尔主义现象中所用的概念有关：逆向式现代化（regressive modernization）。您能否解释一下这个概念，它与我们现在的状况有何关系？

霍尔：用"逆向式现代化"这个概念，我表达的意思是：撒切尔主义现象已被明显地纳入新自由主义的现代极端变种，但同时在社会层面发生一种向威权主义立场倒退的运动。我认为，你不能仅以撒切尔处理社会民主终结、福利国家所采取的方式将其简单地称为反动的人物。撒切尔所采取的唯一方式是向后退，退到亚当·斯密（Adam Smith），退到过去，使其在新语境下发挥作用。我认为，在20世纪80年代，这是一个非常重要的瞬间。我说过，这是反对老右派的论战。她无法容忍老右派，同时她又喜欢传统仪式。在入侵福克兰岛的时候，她喜欢派遣海军旧部去作战。这是一个非常奇怪的组合，倒退和前进的矛盾组合。但是，在历史上多见吗？我不知道这种维度是什么：以传统价值观之名跳出现有框架向后退。没有其他种类的价值观。但是又不能靠直接革命完成。这就是撒切尔主义时代的有趣之处。

我还没有想过它现在是什么，真的。现在我们在另一个逆向式现代化的瞬间。我在思考撒切尔主义时，我大部分是根据英国民族政治对之进行界定。它是英国政治新情势的开端，这其实是一个全球现象。它是福利国家的终结。但是若没有找到新资源，譬如全球化生产、全球消费、全球投资、全球军事地缘政治，福利国家也不可能终结。这个瞬间就是开端，我们知道，里根和撒切尔共同开启了一种新情势。我现在从更加广泛的全球化语境下解读撒切尔主义，与之前稍有不同。我对全球化问题十分关注。

阿齐佐夫：您能否谈一下关于全球化的新关注点？

霍尔：我认为，资本主义的内部动力机制已基本在全球范围内进行了重组。资本主义自始至终都是如此，如马克思所说，资本主义的目的就是为了创造世界市场。不论市场的社会组织形式终端为何，它都是资本市场的开端。在获得所在地方准许之前，你就可以在拉丁美洲、在中国进行贸易。这是全球化的另一个瞬间。当代资本主义的演进必定走向全球化情势。它从 20 世纪 70 年代末开始，我们现在正在其中间。所以，我说，文化研究需要自我反思，因为在新的治理情势下，文化有一种特殊的功能。

全球化的第二个方面由两个瞬间构成。其一是我所谓源自上层的全球化，其二是源自下层的全球化。源自上层的全球化是指目前的国民生产，比如，莫桑比克或中国的工人每天工作只为了挣一美元。人们问，英国制度发生了什么变化。它已经走向全球！这种制度现在已跨越无限空间，接合而成时空压缩！时间和空间的凝缩完全是一种新瞬间。这就是源自上层的全球化。源自上层的全球化的文化意义就是现代化。每个人都成为现代商品市场的一部分，信息应该传播到任何角落，每个人迟早都要放松，穿牛仔裤，运动鞋，每个人都应当去街角的麦当劳，全世界的食物都被麦当劳化。大体上讲，全球化还有其文化功能。当布什说，你和我们一样行走，和我们一样做爱，和我们一样做梦，梦见我们，梦见曼哈顿！我想，这是现代化。

但是，这样的可能性总会发生，因为在一个更加多姿多彩的世界里，中心不止一个。同时，令人震惊的是，为了增加经济机会，人们被迫背井离乡，离开他们的居住地。例如，他们通过媒体得知其他地方的机会，他们就说："我为什么要呆在这里，我什么时候可以去加利福尼亚。"所以，人们一直在流动；有的将自己置于人贩子之手，有的加入性产业。这类全球流动的人口就是迈克·哈特（Michael Hardt）和托尼·奈格里（Toni Negri）在《帝国》（2000）中的乌合之众、难民、移民、居住在临时营地里的人，几乎一生都生活在临时营地，哪里也去不了。这种人口流动就是源自下层的全球化。这导致的结果就是我所谓的"本土现代性"（vernacular modernity）。它受到的限制更多，来源有限，只能实现并使之成为新世界的一部分，但也必须与之保持距离。这是全球化的另一番景象。在关注多元文化主义、流散、身份等问题时，我思考这些事情的出发点就是本土现代性，而不是均质化（homogenization）。我认为，全球化是一个矛盾的系统，根本没有一个全球，根本不可能。在全球范围内发生的任何事情，都是这个矛盾系统的运作平台，但是它在阿富汗、巴西、印度或纽约有完全不同的运行方式。马克思称之为不平衡发展。

温特：人们也对"别样现代性"（alternative modernity）进行过激烈的争论，讨论过用不同方式变成现代的可能性，十分令人振奋。劳伦斯·格罗斯伯格（Larry Grossberg）刚写过这方面的东西。

霍尔：这也是一种可能性！实际上，没有人想按照老样子生活，人人都想要一块现代性。在理想的世界里，你原本能够得到印度版的现代性，中国版的现代性，我们确实有这些。它们被压缩成霸权系统的一部分。这种运动结果真的就是所发生的事情。我不认为，现代化是终结，我不认为它是成功的，我不认为它将构成霸权，"现代的"（the modern）不同版本不断地自我彰显。非洲变成现代的方式与中国变成现代的方式不一样，我想，这就是它应该如此而已，但是这些形态将受到侵略、征服、中立化等方面的考验。朝这方面发展是极其可怕的趋势。

温特：目前知识界讨论的另一个重要概念是世界主义以及其在跨民族的、21 世纪的世界中的作用。例如，乌尔里希·贝克（Ulrich Beck）的说法是"世界主义的社会"（cosmopolitan vision of society），而且他提出过不同的概念，主张一种"生根的世界主义"（rooted cosmopolitanism）。

霍尔：若你说的世界主义是世界文明、世界和平、康德式命令（Kantian imperative），那么，我就不太相信它。我认为，世界并没有向某种世俗版本的制度演进。我认为，（造成）差异部分是历史原因，部分是发展原因，部分是语言原因，部分是文化原因，部分是政治原因，部分是经济原因。即使是在一个星球运行之内，事物之间彼此相连，但它们仍然彼此不同。差异是真实持久地存在着的。并不一定永远存在，但能持续很长一段时间。在多元文化主义之中发现差异、找出可协商的差异，或者在政治伊斯兰教或基督教福音派中找出原教旨主义的差异！但是我认为你无法清除这些差异。在这种意义上，乌托邦式世界主义的概念就不是对差异问题的介入。这不是去说服美国或英国，在一国之内（如阿富汗）任何易于识别的事物都有其传统和宗法。西方政治体制将持续存在下去。但是，你的意思是，全球化已经造成了每个地方对每个其他地方的觉察意识。在民族这个箱子内，你无法再创造任何现代生活，大家都彼此了解。我想，这就是我所谓

"本土世界主义"（vernacular cosmopolitanism）。这就是所谓的接受差异。我相信这种世界主义。源自上层的世界主义，大部分根源于资本主义企业家的能力，也是资本主义的后果，当人们在不同的大洲都拥有房产，他们不知道，他们所做的和与其处于同样位置的人所做的一模一样，他们不会说外语，因为人人都说英语！我认为这种世界主义不会奏效！它只是全球文化的新霸权。而且我认为，赋予其一个乌托邦式的名字就是让我们忘掉世界上不断增加的不平等。

温特：与之紧密有关的一个概念是跨民族的市民社会（transnational civil society），它能够开创一个新的全球民主领域。不受限制的市场关系以及民族国家的政治受到批判和挑战。有各种乌托邦式的可能性，有各种形式的全球抵抗。它明显是一个哈贝马斯式的概念。

霍尔：哦，是的，我知道！我知道它来自何处！我对"全球市民社会"感到怀疑。你知道，我确实读过一些当代理论，我读过阿甘本（Giorgio Agamben）：真正全球性的是"赤裸生命"（bare life）。很多人未受到法律保护，没有人道主义关怀，得不到分配制度的照应，没有个人生活，真是悲剧！我认为，"全球市民社会"这个概念太过于乌托邦了，太过于乐观了，也太过于以西方为中心了！

参考文献

Adorno, T. W. *et al.* （1950） *The Authoritarian Personality*, New York, Harper & Row.

Althusser, L. *et al.* （1965） *Reading Capital*, London, New Left Books.

Berger, P. L. and Luckmann, T. （1966） *The Social Construction of Reality. A Treatise in the Sociology of Knowledge*, New York, Anchor Books.

Durkheim, E. （1951） *Suicide：A Study in Sociology* ［1897］, Glencoe, The Free Press.

Durkheim, E. （1964） *The Rules of Sociological Method* ［1895］, Glencoe, The Free Press.

Hall, S. and Whannel, P. （1964） *The Popular Arts*, London, Hutchinson Educational.

Hall, S. and Jefferson, T. （eds.）（1976） *Resistance through Rituals. Youth Subcultures in Postwar Britain*, London, Harper & Collins.

Hall, S. *et al.* （1978） *Policing the Crisis：Mugging, the State and Law and Order*,

London, Macmillan.

Hardt, M. and Negri, T. （2000） *Empire*, Cambridge（Mass. ）, Harvard University Press.

Hebdige, D. （1979） *Subculture. The Meaning of Style*, London, Routledge.

McGuigan, J. （1992） *Cultural Populism*, London, Routledge.

Mills, C. W. （1951） *White Collar: The American Middle Classes*, New York, Oxford University Press.

Mills, C. W. （1956） *The Power Elite*, New York, Oxford University Press.

Sartre, J. – P. （1963） *Search for a Method*［1957］, New York, Alfred A. Knopf.

Weber, M. （1930） *Protestant Ethics and the Spirit of Capitalism*［1904 – 1905］, New York, Scribner.

Winter, R. （2001） *Die Kunst des Eigensinns. Cultural Studies als Kritik der Macht*, Weilerswist, Velbrück Wissenschaft.

女性重构与幸福政治的崩解

——黑色气质童话的文化解析

高　翔[*]

摘要　从网络空间的自由书写到好莱坞的动画大片，"黑色气质童话"成为显著的文化潮流。黑色气质童话颠覆了经典童话的故事形态，并深入表现为对经典童话所负载的"情感结构"的重塑。从18世纪中产阶级伦理到当下个体化社会的历史嬗变，是经典童话转变为黑色气质童话的历史驱力。个人独自面对社会压力与风险催生了童话中的黑暗世界和大女主形象，幸福承诺转变为消费社会的即刻快乐感受导致了童话从书写家庭的幸福转向表达个体的胜利。

关键词　黑色气质　中产阶级　情感结构

Abstract　From the free writing of cyberspace to Hollywood's Animated film, "dark qualitative fairy tale" has become a significant cultural trend. The dark qualitative fairytale subverts the story form of the classic fairy tale, and is deeply expressed as a reshaping of the "structure of feeling" owned by the classic fairy tale. The historical evolution from the middle-class ethics of the 18th century to the current individualized society is the historical drive for the conversion from classic fairy tales to dark qualitative fairy tales. The Individualized Society ask the individual to face the pressure and risk of society by

---

[*]　高翔，西北大学文学院讲师。本文为海南省哲学社会科学基金项目"二十一世纪中国电影全球化叙事经验与策略研究"（批准号：HNSK（ZC）17-24）的阶段性成果。

himself, which cause the dark world and big women in the fairy tales, The transformation of fairy tales writing style from family happiness to the triumph of individuals is because the happiness promise in eighteenth century has turned to instantaneous pleasure feeling in the present consumer society.

Key Words　dark qualitative; middle class; structure of feeling

　　自 19 世纪初《格林童话》塑造出以儿童为阅读主体的童话以来，作为一种经典的文学样式，童话总是致力于丰富奇妙的想象和美好幸福的故事，阐释一种爱与美的美好境界，从而凸显对儿童的价值引领和教化作用。在 20 世纪方兴未艾的迪士尼动画电影中，不仅《白雪公主与七个小矮人》《仙履奇缘》重现了经典童话的美好；即使是安徒生笔下《海的女儿》中为真爱献出生命的美人鱼，通过美的引领，也成为《小美人鱼》中热情主动、追求自我的形象，并最终与王子结成连理，获得了幸福美满的生活。

　　然而，清浅快乐的经典童话，在 21 世纪以来的童话文本中不断被颠覆。在《白雪公主与猎人》中，王后用巫术对整个王国进行黑暗统治，而白雪公主在猎人的熏陶和培养下成为一名冷酷的女战士，与王后在魔法城堡展开大战，而另一部改编自《白雪公主》的电影《白雪公主之魔镜魔镜》也有相似的故事结构。在《爱丽丝梦游仙境》中，爱丽丝为了逃避不幸福的婚姻，在 13 年后重返地下，却发现这里是一个权谋斗争的世界，红色女王是一个专制、残暴的独裁者，而白色女王则是一个无聊、虚伪的厨娘，爱丽丝迷茫徘徊，最终在重新唤起的英雄记忆中回归自我，重整地下世界。而《血红帽》《韩赛尔与格雷特：女巫猎人》① 等电影则是从经典的童话世界里，改写、深挖其黑暗元素，建构出一个阴沉、诡异的黑暗魔幻世界。至于像《潘神的迷宫》这样将现实与童话世界交错的文本，更是以地下世界的奇诡、恐怖，来映照现实世界里的黑暗与血腥，彻底解构了经典童话对"地下世界"的美好想象。

一　黑色气质童话的呈现

　　这一类具有成人视角和强烈黑暗风格的电影，对于传统的童话构成了

---

①　《血红帽》和《韩赛尔与格雷特：女巫猎人》分别改编自格林童话的《小红帽》与《韩赛尔与格蕾特》。

一种风格和叙事手法上的逆转，从而具有了某种"黑暗童话"的意味。然而，此类童话毕竟还有着与传统相若的叙事框架，换言之，它们并未超越"女巫一定得死"的童话结局。与之相比，兴起于新的网络空间之中、并未进入大众文化工业生产的"黑童话"，更具有恐怖惊悚的黑暗效果。"黑童话"的故事多是爱好者自我完成，他们讨厌传统童话故事人物的单纯和结局的美好，选择以残酷的现实逻辑反转童话，书写出与传统童话大相径庭的黑暗结局。以下是网络上流传甚广的一篇《睡美人》的黑童话版本：

> "她将在 20 岁那年被纺锤扎死。"小公主的满月宴会上，不请自来的黑衣女巫冷冷的丢下一句诅咒，便转身离去。
>
> "放心，她只是沉睡。"一位圣洁的仙女说："会有王子的吻将她唤醒。"
>
> 20 岁那年，当纺锤刺破小公主的手指时，她的耳边隐约响起这句话。昏睡的小公主，脸颊微红，双唇含笑。
>
> 许多骑士都想要拯救小公主，但是他们都失败了。直到一百年后，一位英俊年轻的王子从遥远的国度出发，
>
> 他的气度像雄鹰般矫健，他的宝剑上镶满了宝石。人们相信，他就是拯救小公主的天选之人。
>
> 一路上，王子战胜了毒蛇和妖魔，可是，他终究没能战胜邻国公主的微笑。
>
> "请你留下来吧，前方是受到诅咒的国度，太危险了。"邻国公主看到王子疲惫的面容和布满灰尘的铠甲，心痛地说道。
>
> 远方的倾国倾城，永远也比不上眼前的温香软玉。王子累了，为了一个未曾谋面的美丽传说去冒险，还是守着一份唾手可得的幸福，傻子都知道该怎么选择。
>
> 阴暗的城堡里，睡美人突然从梦中惊醒，不知为何，心里难过得厉害。
>
> 猛然发现眼前竟然站着一个披着黑色斗篷的女人。"你是谁？"睡美人问道。
>
> "我是让你陷入沉睡的女巫。"斗篷下传来低沉的声音。"我的王子呢？"

　　"你等不到他了，他没有耐心和信心来拯救你，他迎娶了邻国的一位公主，现在过得很幸福。"

　　公主的眼泪一下子涌了出来："不可能，没有他的吻，我怎么能醒来。"

　　"因为我要让你睁开眼睛，看清这个世界的残忍。"女巫说着，

　　将一件黑色的斗篷丢给公主："穿上它，这个世界已经遗弃了你，你不必再抱有任何软弱的幻想。"

　　公主打量着四周，记忆中繁华美好的城堡已经在一百年的岁月摧残下衰败不堪，

　　冰冷寂静的城堡中蛛网连结，空无一人，只有乌鸦在荒草中的城墙上静静地站立，

　　凝视着这座废都。"你是谁？"公主嘶哑地冲女巫哭喊。

　　女巫的声音突然柔和下来："我就是你将要成为的样子，当你看透了这个世界之后。"

　　说完，她的周身发出光芒，她消失融化在这光芒之中。

　　公主看着手中的斗篷，平静地穿上了它，义无反顾。

　　远方的国度，王子迎娶了邻国的公主。若干年后，王子变成了国王，美丽的王后生下来一个女儿。

　　小公主满月那天，所有的仙女都聚集起来，为小公主祝福，一个穿着黑色斗篷的女巫身影突然闯了进来。

　　"她将在20岁那年被纺锤扎死。"小公主的满月宴会上，不请自来的黑衣女巫冷冷地丢下一句诅咒，便转身离去。

　　在这则黑童话中，故事本身非常简单明晰，全部运用叙述语言，几乎没有任何细节描写，省却了《格林童话》以来童话文本中的那种深厚的文学传统。换言之，这一文本唯一具有的就是故事本身，它的力量全部显现在自身的故事结构之中。尽管故事本身被改写为一个具有宿命色彩的悲剧，但作者无意挖掘这一悲剧的文化意蕴，而只是获得解构本身的趣味性。事实上，在网络空间中流传的黑童话文本，大多是这样短小简单，只追求解构经典——"故事新解"。《白雪公主》中邪恶的王后失败了，王子却挖开了白雪的心脏，只为能够青春永驻；《美女与野兽》中因为一场饥荒，野兽最终咬断了少女的喉咙……在看似有些低幼的文本中，情感和

趣味的表达远远胜过了对文学本身的追求。它们的创作者多为聚集在贴吧等新媒介社区的年轻个体,自发创造这样的故事多是出于一种情感冲动。网络小说写手黑十七在其作品中的一段天启式的语言,颇可以显示这样一种文化心理:

> ——巫婆剥下我的皮缝成一个洋娃娃吧,这样我就可以永远都是他的小女孩儿了……
>
> 我们不要甜到腻的童话。
>
> 我们不要美丽的公主和勇敢的王子。
>
> 我们不要上帝送的愿望。
>
> 我们不要吃不完的面包。
>
> 我们不要怪兽被王子打败。
>
> 我们不要巫婆被火烧死。
>
> 我们不要从此‘过着幸福的日子’……

从具有黑色童话气质的真人电影,再到网络空间中黑童话的流行。以好莱坞为代表的文化工业针对大众口味的流水线生产,与网络空间中年轻群体的自发会聚,构成了对传统经典童话范式进行反转的不同侧面。经典童话在新的时空场域中,具有了越来越多的黑暗质地。如果我们把对于经典童话美学范式的改写,都视为解构真善美融为一体的经典童话的"黑暗"要素的话;那么,这一具有黑暗质地的童话谱系,可以进一步扩大到那些颠覆了经典童话基本精神的作品。尽管这些作品依然具有快乐美好的视角,但却反转了完美无缺的经典童话世界观:怪物打败了王子收获公主芳心的《怪物史莱克》,以姐妹情深解构"幸福地生活在一起"的王子公主这一万年标配的《冰雪奇缘》,都可以列入这一谱系之中。由于它们以戏谑的方式重构了经典童话的美学范式,具有典型的后现代气质,故而被称为后现代文本:"与此同时,认为电影《怪物史莱克》具有后现代色彩,体现了具有后现代意义的电影创意,是多个影评人的共识。"①这一类文本尽管黑色气质较弱,但依然颠覆了经典童话的唯美气质,从这一角度说,

---

① 葛聪敏:《解构"英雄"——西方童话电影主题模式的转型趋向》,《当代电影》2006 年第 6 期。

它们也有黑暗的意味。因此，我将黑色童话、黑童话以及这一类后现代童话统称为黑色气质的童话。事实上，它们之间也是相互渗透、互有关联，并无绝对的标准。但是就对经典童话进行解构而言，它们达到了美学上的一致性。

二　中产阶级的美丽童话

如何看待这一现象，或者说经典的童话模式为何会在当下大众文化场域内得到改写？如果说审美疲劳是一个直接的原因，那么，又是什么样的原因，导致人们不再接受勇敢的王子与美丽单纯的公主幸福地生活在一起的经典叙事？雷蒙德·威廉斯曾用情感结构这一概念，描述一个时代的人共有的文化观念和精神面貌。情感结构来自人们的日常生活经验和感受，并且潜移默化地成为个体的无意识心理结构。但是，这一心理结构并不是稳定的，它随社会历史现实而变化，并且在大众经验和社会主导价值观之间摇摆变化：① 一方面，这一情感结构带有对社会矛盾的想象性解决；另一方面，这一情感结构恰恰又构成了对于社会矛盾的深刻反映。就此而言，情感结构乃是考察一个社会集体观念与大众心理的重要视角，情感结构的变化昭示着社会样态的深刻转变。

而黑色童话在大众文化场域中的传播与流行，显现的恰恰是对经典的情感结构的拒绝。换言之，当经典童话所塑造的情感结构已经脱离了大众经验的时候，人们就难以对它产生心理共鸣。因而，在新的黑色气质童话对经典童话的改写中，我们可以从细微的情感结构，来洞察广泛的社会变迁的内在逻辑。而作为一种寓言性文本，童话比其他文体，对于社会心理有着更具象征意蕴的展现，这也使它更为典型地呈现了威廉斯所说的"情感结构"的变化。

尽管"黑色童话"与"黑童话"以及后现代童话的文本具有各自的特点，但在大多数文本中，从女性视角解构王子与公主美好、平稳的结尾是其共有的特点。如果说在经典童话中，女性形象是以单纯、善良的伦理正当性来获得男性的救赎，从而通向幸福生活的；那么，在 21 世纪好莱坞

---

① 参见赵一凡、张中载、李德恩主编《西方文论关键词》，外语教学与研究出版社，2006，第 433～441 页。

所塑造的"黑色童话"中，面对前所未有的邪恶力量，女性则只有摇身一变，成为精明能干、丝毫不逊色于男子的大女主形象，才能以主动的姿态，把握自己的命运。在这一过程中，女性的道德纯洁性被高超、复杂的社会能力所取代，从而具有了更复杂的意蕴。《白雪公主与猎人》中的白雪公主，不但是坚强勇敢的女战士，还是鼓动人民的革命家。①而与之相对应的是，在网络上流传的黑童话，恰恰显示出新的青年群体对经典童话所描述的幸福图景的心理拒斥，他们不愿相信"从此幸福地生活在一起"的历史可能性，而更愿意通过故事的瞬间爆发力，获得一种黑暗的诗意。而第三类文本，则勾画出更为具象的生活图景。在《怪物史莱克》中，受到诅咒的公主在夜晚会变成一个怪物，这打破了美丽纯洁的经典公主形象，给予了她与史莱克结合的现实可能。而《冰雪奇缘》则削弱了经典的王子与公主的叙事视角，将最后的情感空间留给姐妹两人。整体来看，新的童话类型通过对女性角色的聚焦，来重组对于生活的想象。经典童话中美丽、温柔、纯洁的女性形象借助男性来获取幸福生活的经典模式，不再是为大众广泛认同的"情感结构"；而试图通过建构女性主体形象来重构关乎幸福的"生活政治"的可能性，成为童话结构中隐而不彰的新的心理趋向。

　　正如威廉斯所阐释的，这一情感结构的嬗变，蕴含了深刻的社会历史内容。早期童话的产生，是由浪漫主义文学运动所引领的，这一运动崇慕工业化时代之前淳朴的伦理社会，并且以对传统的发现来建构新的民族意识。②在这一思潮中，民间传说成为童话的直接来源。然而，正如《格林童话》所显现的那样，尽管格林兄弟试图以一种近乎学术的方式，保留《格林童话》中民间传说的朴素故事样态；但是，直到《格林童话》修改到第七版，确立了以儿童为受众的美学风格时，《格林童话》才确立了它的经典地位。③

　　而正是工业化时代的生产力发展，才使得中产阶级家庭的孩子摆脱了冗繁的劳动，真正产生出儿童这一群体。换言之，尽管《格林童话》诞生

---

① 电影中，出现了白雪公主动员民众反抗王后压迫的情节。
② 〔英〕艾瑞克·霍布斯鲍姆：《革命的时代（1789—1848）》，王章辉译，中信出版社，2014，第306～307页。
③ 参见彭懿《格林童话的产生及其版本演变研究》，上海师范大学硕士论文，2008，第44～59页。

于反叛资本主义和工业社会的浪漫主义运动，但恰恰是在对中产阶级的母亲和儿童阅读品味的迎合中，才确定了自身的面貌。而早期的中产阶级，首先具有资本积累时期的韦伯新教伦理式的强烈道德观念，"中产阶级和下层中产阶级文化不再是浪漫主义的。它的基调是节俭和朴素"①。由于男性在商业社会的强大能力和突出优势，使得女性成为家庭的辅助角色。霍布斯鲍姆描述这一时期的家庭时说："男人们将金钱人格化，因为金钱证实了他们统治世界的权力；女人们——由于丈夫的金钱甚至剥夺了她们实际操持家务的满足——则将这个阶级的道德也人格化了，这些道德就是：愚蠢（'做个甜美的女人，谁想聪明就让她去吧'）、没学问、不求实际，理论上不谈性欲、没有资产、受人保护。"② 尽管这时的童话作品中女性建立了儿童视野中（或许也包括中产阶级女性自身）的完美形象，但是，不难发现，经典童话中的女性形象，与霍布斯鲍姆所描述的这一时期的中产阶级女性，有着惊人的相似性。而如果组建合适的家庭就是可以期待的幸福生活的全部，我们也就不难理解，为什么童话中美丽娇弱的公主只能等待王子的救赎来走向幸福。

如果说童话中的女性形象，是中产阶级女性的自我投射；那么，此类形象与幸福相连接的情感结构，就来自中产阶级的幸福观念。在前现代社会，那种关于幸福的言说更多的是在精神和伦理层面上进行，它们更多地与痛苦、牺牲等经验联系在一起，并且多在集体层面上进行言说，缺乏一种个人化的表述。而只有在资本主义和工业社会以后，生产力的发展才使得整体社会克服贫苦、痛苦成为一个可以期待的结果。即是说，人们可以期待一种以物质满足为基础的美好生活，这使得幸福观念的个体化成为一个普遍的后果，"只有在十八世纪，作为人生最高目标的幸福这种波澜壮阔的事业才真正出现。美国的《独立宣言》宣布，幸福是全人类的普遍权力。成为一种权力，而非一种特权，这在幸福史上是一个真正的转折点"③。从普通大众中发展而来的中产阶级，是前所未有的实现了经济—物质成功的大众群体，自然也就建构了关于幸福的观念满足。"家是资产阶级最美满的世界，因为在家里，也只有在家里，资产阶级社会里的一切难题、矛盾方

---

① 〔英〕艾瑞克·霍布斯鲍姆：《革命的时代（1789—1848）》，王章辉译，中信出版社，2014，第 306~307 页。

② 同上书。

③ 〔英〕齐格蒙特·鲍曼：《被围困的社会》，郇建立译，江苏人民出版社，2005，第 137 页。

可置之脑后，似乎已化为无有，一切全部解决。"① 商业和经济活动的功利性和巨大风险，使得家庭成为资产阶级的避风港，也是实现其幸福生活之想象的场域。也就是说，在那一时代，以家庭为单位的中产阶级获得了物质的满足与情感的稳定，从而在这一持续的自我满足的状态中获取长久的幸福感。因此，在童话世界里，王子和公主的结合（组建家庭）才能够建立持久的对于幸福的想象（从此幸福地生活在一起），这正是当时的中产阶级情感结构的反映。

通过对童话中女性与幸福这一经典情感结构的考察，我们才能发现其内在的历史、社会内容。那么，在当下的历史时空中，这一情感结构何以失效，何以出现对经典童话的改写？也就是说，是什么样的情感结构导致童话成了黑暗的？

三　个体化时代的女性重构

这一历史变化首先在于社会空间的变化。对于 18 世纪的中产阶级女性而言，她们被限定在家庭和有限的社交空间之内，通过丈夫的保护来避免一切的社会危险。而对于她们而言，保持伦理的正当性，维护家庭的稳定结构，既是获取幸福的最有效方式，亦是她们面临的唯一挑战。于是，作为对她们的深刻影射，童话中的女性所面临的危险并不具有社会层面的具体含义，而是寓言式的伦理挑战。因此，童话故事总是充斥着精神的、伦理的要素，而摒弃了政治经济学的现实考量。这时童话中的黑暗力量并非现实逻辑所引出的利益反面，而是违背伦理的象征力量。更为重要的是，当残酷的现实利益考量被规避在童话世界之外的时候，这一悖逆伦理的象征力量并不会对主人公构成真正的威胁，而只是她们确认自身伦理合法性的工具而已。换言之，童话中的邪恶力量最终不过是那个美好结尾的注脚而已。这也正是《白雪公主》《灰姑娘》这样的经典童话在气质上如此"光明"的内在逻辑。

在著名的《巫婆一定得死》中，雪登·凯许登教授指出，童话的主题内涵是伦理式的，并且以此来构筑整个故事情节。他用"七宗罪"——虚

---

① 〔英〕艾瑞克·霍布斯鲍姆：《资本的时代（1848—1875）》，张晓华等译，中信出版社，2014，第 269 页。

荣、贪吃、嫉妒、色欲、欺骗、贪婪和懒惰进行概括，并指出，在此意义上，童话对于儿童来说是有意义、可理解的现实空间，它的作用就在于帮助儿童战胜内心的这些伦理缺陷。凯许登是从儿童这一阅读主体的接受角度进行分析的。而将凯许登的分析回归到文本当中，我们可以看到，就童话中的人物而言，童话故事就是个体战胜凯许登所描述的"七宗罪"式的伦理缺陷，确立自身的伦理合法性的过程。在《白雪公主》中，公主战胜的是王后的嫉妒；而在《灰姑娘》中，灰姑娘战胜的是代表懒惰、贪吃、虚荣的两个姐姐。在这一过程中，中产阶级女性温顺贤淑的价值观念，已经以象征的形式得以宣扬。资产阶级妇女"将道德人格化"的历史现实，即是在童话中战胜邪恶力量的心理动因。而事实上，18 世纪的经典童话正是经过中产阶级妇女的价值观的规训，在床头读给她们的孩子们。在这一过程中，中产阶级妇女先是建构了自己，然后以自我的完善形象对孩子进行德育，从而建构资产阶级家庭结构中的稳定伦理。

而如果说 18 世纪以降的稳固的中产阶级家庭观念，已经随着妇女走向社会而彻底改变；那么，更为重要的则是随着个体化社会的发展，当下的家庭已经日益丧失了它的稳定性和价值感。21 世纪从多个层面呈现出一种"个体化社会"，在这个社会中，原子化的个体成为个体的真实处境，而自我管理则是个体唯一的存在方式。"'个体化'指的是，人们身份从'承受者'到'责任者'转型，和使行动者承担完成任务的责任，并对她们行为的后果负责。"① 而贝克所论述的将社会风险彻底转化为个体性问题的"风险社会"，更使得这一自我管理成为一种深刻的现代伦理。"在这些条件下，人们如何生活的情形成为系统矛盾的生涯解决方案。"② 也就是说，面对各种困难和挑战，个体的努力成为了唯一可能，也唯一正义的办法。被动地等待异己力量的救赎至少从伦理上不再被提倡，独立成为了最大的美德。这一时代的"公主"再也不能等待王子的拯救，她们必须自我管理从而将生活的可能性把握在自己的手中。

经典童话在这一历史趋向面前丧失了它的合理性。家庭已经从 18 世纪中产阶级女性唯一的价值空间，转变为今天女性自我管理的一个场域，它已不再具有伦理和价值上的神圣性。因而，当代的童话再也不能作为一种

① 〔英〕齐格蒙特·鲍曼：《流动的现代性》，欧阳景根译，上海三联书店，2002，第 48 页。
② 〔英〕乌尔里希·贝克：《风险社会》，何博闻译，译林出版社，2004，第 137 页。

伦理式的象征世界，它不可避免地将现实生活的逻辑带入其中。在《白雪公主与魔镜魔镜》中，王后从经典文本中的嫉妒的象征物，转变成一个现实生活逻辑之下的筹谋者：正是因为管理王国的不善导致她财政的破产，她才迫不及待地想要诱惑邻国的王子娶了她，而这又构成了她谋害被王子所喜欢的白雪公主的动机。在去象征化的生活逻辑之下，白雪公主丧失了胜利的必然性。因此，她必须成为一个大女主的形象，才能拯救自己甚至乎拯救王子。在这部电影结尾的最后一幕极具象征意义，白雪公主识破了前来献上美丽的苹果毒害自己的王后，露出了胜利者的笑容。在这里，那个经典地将白雪公主所吃的毒苹果磕出的超自然神力，已经从这一现实域中消失，而拯救白雪公主的来自她的狡黠与聪慧。白雪公主把握了自己的命运，成为角逐中的胜利者，她的微笑就具有了一种超越经典文本中单纯形象的丰富意味。这一暧昧的微笑构成了对于现实的深刻隐喻：纯洁善良已经不再是绝对的美德，因为它不能为自我管理的当代个体获取生活的胜利。

　　而与之相对应的，则是经典童话中的纯洁形象，陷入了道德的危险性之中。2015 年好莱坞的《灰姑娘》，是 21 世纪以来少有的力求还原经典文本的真人童话电影。影片在中国公映之后取得了不错的票房和反响。不少人称赞它还原了自己童年的美好记忆，但也有一些人，质疑灰姑娘乃是一个"心机"。他们认为，灰姑娘的胜利，乃是通过其极富策略的安排，欲擒故纵的手法，来获得了王子的欢心。① 但是，"心机女"并不是过错。真正的问题在于，经典童话中以自身的纯情、柔弱的形象取悦于男性以获取拯救力量的 18 世纪中产阶级道德观已经瓦解，在今天，即使是在婚姻和家庭关系中，自我管理不但是得到提倡的原则，更是风险社会中不可逃脱的命运。而当这一经典模式丧失了其价值感从而不再被视为通往幸福的道路时，这一经典模式中的真爱意味就会消解殆尽，演变成为女性获取异己力量支持的功利性策略。在此意义上，单纯的形象构建与功利性的内心考量就会构成对于个体的撕裂，显现出个体的道德可疑。②

　　由此，经典童话中所表现的由纯洁美丽善良的女主人公所关联的"幸福政治学"已经解体。美丽单纯的女主人公不能承担其新的历史主体的想

---

① 在豆瓣社区对于这部电影的影评中，关于灰姑娘这一角色的分析出现了明显的价值分化。

② 当前中国社会"婊"话语的泛滥，是对这一现象的一种极端化的表达。

象，而正义战胜邪恶的伦理必然性也在现实面前失去了天然合法性。换言之，童话的光明褪去，黑暗席卷的过程，即是女性世界从伦理化的家庭被抛入那个充满风险和挑战的现代社会的过程。当原子化个体独立承担着来自社会的种种压力和危险时，危险的世界和膨胀的主体就是解决新的历史矛盾的想象方式。童话中那诡异的难以预料的黑暗与危险，不正象征着现实世界遍布于生活周围的风险吗？大女主的形象，不就是拼命打拼的"女汉子"们的影射吗？当童话从 18 世纪的朴素伦理世界照进当下的现实，当下社会中个体心中的阴影就会在童话的幻想的世界中发酵。

然而，这仅仅是"黑色气质"的第一层含义。除了新的幻象世界前所未有的黑暗，还存在着想象幸福的方式的裂变。经典童话中正义战胜邪恶被直接关联到"王子和公主从此以后幸福地生活在一起"的历史未来，而在新的童话文本中"幸福政治学"还能重新开启吗？即使战胜了前所未有的邪恶力量，关于"幸福"的想象就能成功获取吗？

四　幸福政治的消逝

事实上，在越来越多的黑色气质童话的文本中，都不能激发"王子和公主从此幸福地生活在一起"的生活图景。这在三种文本中都有不同维度的体现。在黑暗童话中，成为战胜邪恶的胜利者，成了最为重要的历史内容。在《白雪公主之魔镜魔镜》中，王后的毒苹果在最后出现，而识破诡计的白雪公主，以历史胜利者的微笑取代了那个经典的将王子和公主凝聚在拥有无限未来的幸福微笑。[①] 换言之，胜利的历史当下解构了那个给出许诺的幸福未来。在最为极端，也最能反映集体心理的黑童话中（因为没有了商业因素），令人印象深刻的是，对于"幸福"毫不留情的厌弃几乎已经成为这些青年个体的情感结构。而在后现代文本中，生活的可能性出现了颠覆性的变化，以至于未来成为无可把握的时间之维。换言之，幸福的承诺再也无法被清晰地给出，而是充满了暧昧、含混的要素。在《冰雪奇缘》中表现为感情的不确定性，而对于《怪物史莱克》来说，公主形象的"暗黑化"粉碎了完美的历史想象，公主与史莱克的生活只有在每一个充满着

---

① 在电影的最后，先是出现了王子和白雪公主在国王主持下的和美幸福画面，然而才出现了王后伪装的婆婆献上苹果，并且最终结尾时，是以白雪公主的特写微笑镜头结束。

具体生活内容的当下才有意义。

在一定程度上，对于幸福的解构本身与社会现实对幻想世界的潜入一起，构成了新世纪童话的"黑暗"内涵。那么，这样一种拒斥"幸福"的意识又是如何在当下的历史情景中被催发的？齐格蒙特·鲍曼论述了幸福观念的历史图谱。18世纪资本主义和工业革命所带来的生产力的大发展，使得人们看到了克服贫穷、痛苦的历史可能，因而使得幸福成为一个普遍性的观念。换言之，幸福发生在历史的期待视野之中，它是一种"延迟满足"。"幸福注定依旧是一个假设和一个期待；它的实现总是离现实还有一定距离的那个诺言。"① 鲍曼特意将幸福与快乐做了对比：快乐是发生在当下的即刻体验，而幸福具有贯通时间与历史的心理潜能。在18世纪到第一次世界大战之前的广阔时间域之内，人们普遍相信可以建构一个美好完善的世界，而历史进步论主导了人们对于时间的想象。在这样的历史时空之中，只要拥有当下生活的丰富与完善，就可以建构对于幸福的想象。经典童话所着力塑造的，正是以中产阶级妇女为视角的幸福观念。

然而，历史告诉我们，这一关乎幸福的期待视野始终没有发生，反而在一战之后连续不断的世界灾难中日趋消亡。② 而作为一种催动历史前进的动力，幸福反而使得社会落入一种不确定性的危险之中。"这使得对幸福的追求成为一种难以实现的、有时令人不安的、通常令人心痛的任务。它导致了永恒的风险。"③ 当那个理想社会始终无法到来时，整体性的对于幸福的期待视野就逐渐沦丧，而这导致了个体观念的深刻变化："我们不再相信，未来是前所未有的幸福的仓库，未来的幸福能使目前的欢乐相形见绌。"④ 而在鲍曼看来，这一转变促使人们在新的历史场域中重新追求幸福，这一新的场域就是消费社会。对于个体而言，满足个人所有的需要本是不可能的；但是，在消费社会中，通过"制造需要—满足需要"这一模式，个体的需要得到了幻想般的实现（或者说，这一需要本身就是幻想）。于是，个体的幸福转换为即刻满足所带来的快乐感受。在消费社会的场域之中，这一"快乐"可以无休无止地进行下去。

---

① 〔英〕齐格蒙特·鲍曼：《被围困的社会》，郇建立译，江苏人民出版社，2005，第138页。
② 参见〔英〕艾瑞克·霍布斯鲍姆《帝国的时代（1875—1914）》，王章辉译，中信出版社，2014，第378～380页。
③ 〔英〕齐格蒙特·鲍曼：《被围困的社会》，第139页。
④ 同上，第141页。

因而，鲍曼指出了这样一个"快乐"取代"幸福"的历史图景：个体不再相信未来历史的许诺，而只愿接受当下即刻的满足。而个体的生活，事实上也成为一个不断展开的新的可能性，不断得到满足的过程。由此，快乐与满足成为通过形式的变化而动态流动的过程。如果说在 18 世纪，中产阶级的稳定的家庭幸福观念乃是应对外部变化、流动世界的情感港湾；那么在当下，个体快乐感受的流动与多变，却恰恰与鲍曼所谓的"流动的现代性"交融一体。"事实上，一旦'终身'幸福被转换为一系列'易得易失'的快乐时，加速新陈代谢似乎就突然成为了理性的箴言。"① 因此，"王子和公主从此幸福地生活在一起"这一情感结构日趋虚无的原因不仅仅在于，饱受消费文化浸染的时代个体已经用当下的"快乐"置换了未来的"幸福"，不再相信这样遥远的、历史性的承诺；更加重要的是，不断在大众文化的场域中体验诸种形式快乐的青年群体，如何能够容忍一个永远变动不居的幸福可能？相反，黑童话中对于经典叙事的纯粹解构，反而成为一个极具征候性的行为。在这一"黑童话"的书写中，在情感驱动之下的年轻个体只追求当下的心理满足（解构他们不喜欢的故事类型），而拒绝任何时间性的延展（文本中深层意义的发酵）。

从自我管理的社会伦理到把握当下的新的时间观念，在两种视野的交错中，经典童话中由美丽天真善良的女性通向永恒之幸福的情感结构才会彻底裂解。在这个意义上，童话之所以成为"黑暗的"不仅仅在于：充满压力和风险的社会使得我们对于奇幻世界的想象浸染了深重的暗黑色调；更是因为当"幸福政治学"从生活中消退的时刻，无法憧憬未来的个体始终面临着不确定性的压迫。即使新的童话主人公们通过重构的主体性战胜了这一危险，但是，无法想象幸福、承诺幸福的个体，始终在充满流动性的当下四处漂流。这一对于个体来说不可解决的不确定性，决定了经典的幻想世界在今日不可避免的朦胧、晦暗色调，那正是对人们把控能力之外的不确定性的深沉隐喻。

---

① 〔英〕齐格蒙特·鲍曼：《被围困的社会》，第 158 页。

时差、误读与颠倒

——张竞《现代中国与"恋爱"的发现》试评

彭英龙[*]

摘要 张竞的日文著作《现代中国与"恋爱"的发现》在中国引起的注意不多。该书以恋爱为线索，将晚清以来西洋的恋爱观念、恋爱书写在中国的接受过程，以及日本在其中的作用作了细致的梳理。其所揭示的一些核心现象可由时差、误读、颠倒来概括。时差是指：以现代文明的价值观为尺度，西洋、日本、中国之间存在时间差，这构成了恋爱受容的大背景。误读是指：文化和社会背景的差异导致中国人对西洋乃至日本的相关观念、作品的接受是有选择的和变形的。颠倒是指：受容的产物则常常是一些难以由时差所暗示的明确、清晰的"时间之尺"来衡量的现象。

关键词 恋爱 西洋 日本 接受 误读

Abstract Zhang Jing's japanese book Modern China and the Discovery of "Love" has not called up much attention in China. It takes "love" as a clue, and provides a careful analysis of the receptive process of western conceptions and writings about love in China from Late Qing, including the role of Japan in it. Some core phenomena which are revealed by this comprehensive book can be generalized by time difference, misreading and confusion. Time difference means: taking values of modern civilization as criterion,

---

* 彭英龙，中山大学中国语言文学系（珠海）副研究员。

there existed time difference between western countries, Japan and China, and this constituted a huge context for love reception. Misreading means: due to its special cultural and social settings, China's acception of western and japanese thoughts and writings was selective and distortive. Confusion means: whereas the outset for reception might be time difference, the products of it were always some complicated phenomena, hard to be measured by a clear time scale-although its existence was suggested by time difference.

Key Words　Love Western Japan Reception Misreading

　　旅日学者张竞的一些关于东亚近现代文化交流的研究已在学界引起一定的关注，但奠定张竞东亚研究之基础的重要著作《现代中国与"恋爱"的发现：西洋的文学冲击与日中文学交流》迄今并未被翻译成中文，其价值也没有得到充分认识。① 张渭涛曾写文章《一位文化越境者的"亚洲"言说：评张竞书评集〈阅读亚洲〉》评论其日语著作，② 他以"文化越境者"指称张竞，可谓确当。张竞的博士生导师芳贺彻是日本著名的比较文学学者，在"和洋比较文学"上造诣颇深。而张竞的博士论文选题又同时与西洋文学、日本文学、中国文学有关，最后改定为《现代中国与"恋爱"的发现》一书。③ 该书与内地学者的同类著作相比不仅早出，还别具特色：它对西洋文学取道日本而影响中国这一过程揭示得更为深入，而即使在不涉及日本之处，也有许多独到的见解。④

　　该书的正副标题都大有深意。正标题为《现代中国与"恋爱"的发现》，"恋爱"而可"发现"，可见张竞并不把"恋爱"看成一个天然存在

---

① 如杨联芬《"恋爱"之发生与现代文学观念变迁》注释中提及"日本相关研究成果"，列出了张竞此书，其依据是曹一帆的硕士论文《五四时期"恋爱自由"讨论的伦理困境》。参见杨联芬《"恋爱"之发生与现代文学观念变迁》，《中国社会科学》2014 年第 1 期。
② 张渭涛：《一位文化越境者的"亚洲"言说：评张竞书评集〈阅读亚洲〉》，《共爱学园前桥国际大学论集》2007 年 3 月。
③ 按：张竞原书的书名为《近代中国と「恋爱」の発见：西洋の衝撃と日中文学交流》。日语的"近代"与中文的"近代"含义有微妙的区别，译成中文时或者仍作"近代"（如竹内好《近代的超克》），或者作"现代"（如柄谷行人《日本现代文学的起源》）。考虑到张竞本书中有"ポスト近代"之类的说法，而中文很难将其译作"后近代"，而只能译为"后现代"，本文将张竞书中的"近代"一律译作"现代"。
④ 如杨联芬《浪漫的中国》选题与张竞著作有重叠之处，但比张竞的著作晚了 20 多年。该书也涉及中日文学、文化交流，但大多依赖二手文献，总的来看，分析不及张著深入。

的事实，而是视之为一种文化的产物。并且，它还跟特定的社会制度关系密切。事实上，张竞的整个研究都是建立在比较文化史、文化演变史这样的视角上的。他在《后记》中写道："但对笔者来说，这个问题并不只是关乎文学，我想把它作为文化变容的过程来把握。""作为文学来探讨固然重要，同时，以恋爱为一个关键词，从现代化过程中中国文化、欧美文化、日本文化等的相互关系、文化身份问题、文化冲突诸面向等侧面来考察，也是我的一个重要目的。"① 张竞在分析中处处留心文学与文化、制度之间的复杂关系，考虑周详，因而颇具深度。

该书的副标题为"西洋的冲击和中日文学交流"（西洋の衝撃と日中文学交流），这点出了"恋爱"之发现的最终影响源是西洋，同时又指明了"日本"在"西洋的冲击"之中的中介作用。已有不少学者指出，近现代中国接受西方影响，很多时候是以东洋日本为媒介，了解这一过程中的曲折，是研究者的一项重大任务。② 在这一方面，张竞有着天然的优势，与此相关的分析也是该书中极有价值的部分。

张竞的研究对象是晚清至民国期间，体现在译介、文学创作、文学批评等当中的"恋爱"观念的变化。整本书涉及的内容相当驳杂，本文不可能全部涉及。我只打算用三个词来概括张竞揭示的某些重要现象，以期让读者意识到此书的价值。这三个词是：时差、误读、颠倒。三者是相关的。"时差"是指以现代化的标准来看，在西洋、日本与中国之间存在着触目惊心的时间差。尽管进化论在当代广受质疑，然而，只要我们认可现代文明具有某些通行的核心标准，就不难观察到，在很长一段时间内，不同国家"达标"程度并不一致，而这一不同步就被晚清以来的中国人解读成了一种"时差"现象（这导致了"先进""落后"这类词语的广泛使用）。"误读"则是指由于社会制度、文化背景等的差异造成的文化、文学接受中的扭曲现象。"误读"与"时差"关系密切："时差"说明了各个国家、各个社会的不同步性，这一不同步正好是滋生形形色色的"误读"的绝佳土壤。"颠倒"则是指在现代化过程中产生的一些难以用简单的"时间之尺"来衡量的现象。如果说，"时差"假定了某种标准的"时间之尺"，我们借此可以

---

① 张竞：《现代中国与"恋爱"的发现》（近代中国と「恋爱」の発見），岩波书店，1995年，第399页。

② 如吴晓东说："在中国现代文坛接受西方文艺思潮的过程中，作为中介的日本是一个值得专门研究的题目。"参见吴晓东《作为"中介"的日本》，《长江学术》2017年第3期。

衡量出甲国比乙国"先进"二十年，或者 A 行为比 B 行为更"落后"和"原始"，"颠倒"就是指一类无法用这种"时间之尺"来简单描述的现象，比如存在这类情形，"前现代"与"后现代"的因子混合在了一起，因而我们在"时间之尺"上不能为它给出一个确切的定位。张竞在其书中对现代中国"恋爱"的发现中的这三类现象都有细致入微的揭示，因而精彩纷呈，读来让人受益良多。

一　时差

张竞用一个连词（中文"与"，日文"と"）将"现代中国"和"'恋爱'的发现"并列，证明"恋爱"的发现不是一个孤立的文学事件，而是跟整个社会、文化的现代转型息息相关。张竞在《后记》中就说，"说起来，'恋爱'是将现代人的身体、性意识以及感情表现置于'现代文明'的管理下的过程。在这一过程中文学与现代的诸制度，毋宁说，构成了共犯关系。"① 可见，"恋爱"是一种跟"现代文明"绑定的价值。而按照现代文明的尺度来衡量，在相当长的时间内，西洋、日本、中国之间都存在巨大的"时差"。在积极引进西洋式"恋爱"观念的人看来，西洋自然代表"先进"，中国则是"落后"的，日本则居于中间位置。这一感受有一定的现实基础。

张竞本人并非完全认同"时差"一词所暗示的先进与落后的固定标准。他在《后记》中说："但笔者并不无条件地认为它就是文明化。"② 对张竞而言，"恋爱"本身是一个带有某种强制性的过程，其结果未必完全导向"文明"。但张竞书中的确有好几处揭示了"时差"现象的存在，特别是在涉及中国、日本对西洋文学、文化的接受状况时。如第四章《来自东方的"西洋"》说："从十九世纪后半叶到二十世纪初，因西洋文学接受导致的日本与中国的文化时差大约为二三十年左右。"③

（一）从古代到现代

如果说，"恋爱"是被发现的，那么，这就自然暗示我们，在古代中

---

① 张竞：《现代中国与"恋爱"的发现》，第 400 页。
② 同上。
③ 张竞：《现代中国与"恋爱"的发现》，第 132 页。

国，男女交往的通常形态并不是现代意义上的"恋爱"。事实上，作为《现代中国与"恋爱"的发现》的前身的张竞的博士论文题目就叫《中国文学中的"情"与"恋爱"：一个比较文化史的研究》（中国文学における「情」と「恋愛」：その比較文化史の研究），其中"情"与"恋爱"是对举的两个概念，在张竞的笔下有古代与现代之别。张竞的另一本书《恋的中国文明史》（恋の中国文明史）也是从这篇博士论文延伸出来的，该书对中国古代的"恋"的形态演变作了梳理，其中甚至有一句话说："原本中国文学中将恋单独分类的意识就极为稀薄，极端地讲，也可以说中国就没有'恋'这样一个分类概念。"① 可见围绕"恋"的观念是有着文化差异的。

从没有"恋爱"到"恋爱"的发现，这一过程是如何展开的呢？张竞著作的前几章就对中国人从拒绝"恋爱"到接受"恋爱"这一过程作了细致的揭示。我们将第一章《交错的视线》与第四章《来自东方的"西洋"》所述情形对比，就可以清晰地感受到中国人对"恋爱"由拒斥到接受的演变过程。

第一章考察了晚清赴欧考察的外交官在了解到西洋的婚恋习俗、男女交往礼仪后的看法。有三个人是张竞的考察重点：刘锡鸿、张德彝、郭嵩焘。三人或顽固或开明，而对西洋风俗竟都或多或少是拒斥的。刘锡鸿、张德彝在下文论"误读"时会谈到，这里仅以郭嵩焘作为例子。在当时西洋诸国，社交性的舞会与恋爱是相关的。郭嵩焘对舞会着笔不多，但张竞成功地捕捉到了他的态度中的自我矛盾。一方面，郭嵩焘从儒学的伦理观出发否定了西洋的这一风俗。《伦敦与巴黎日记》卷八中说："铿伯呞年七十（总督军政）、哈定敦及大太子及俄国公使及太子妃及各公主，各挟所知、相与跳跃而不为非。使中国如此，混乱何如矣！"② 另一方面，西洋舞会的优点又令郭嵩焘感到不可思议，甚至在惊讶中产生了对儒学的观念和文化的些许怀疑。《伦敦与巴黎日记》卷十九又写到舞会，说："西洋风俗，有万不可解者。自外宫门以达内厅，卫士植立，皆有常度，无挽越者。跳舞会动至达旦，嬉游之中，规矩仍自秩然。其诸太子及德国太子，皆与跳舞之列。以中国礼法论之，近于荒矣。而其风教实远胜中国，从未闻越礼犯常，正坐猜嫌计较之私实较少也。"③ 郭嵩焘的这类并不算激烈的记述在

---

① 张竞：《恋的中国文明史》（恋の中国文明史），筑摩书房，1997，第210页。
② 钟叔河、杨坚整理：《郭嵩焘：伦敦与巴黎日记》，岳麓书社，2008，第234页。
③ 张竞：《现代中国与"恋爱"的发现》，第580页。

中国引起了争议，最终导致他被清廷免职。郭嵩焘对中国礼法的刻板性已有所反省，相比于刘锡鸿对西洋风俗的一味批判、张德彝将其只作为"奇闻"来记述要好很多，但也并未主张向西洋学习。

而第四章则描述了完全不同的情景。该章以与谢野晶子的《贞操论》的翻译为中心，探讨"来自东方的'西洋'"。张竞首先指出，"事实上，在现代文学当中，模仿西洋的恋爱一度是现代'自我'觉醒的象征"①。"先于创作上的实践，自由恋爱首先是作为现实问题成为《新青年》同人们关注的重心的。被视为现代文明的象征的自由恋爱的实践是由《新青年》的思想家们提倡的，同时，相关的问题如男女平等、女性教育等也受到了关注。"② 自然，即使在这时，中国仍有许多人对西洋式的恋爱抱有敌意（这在张竞考察的一些笔战中有所体现），但这些话里描述的态度是占主流的。中国人的态度完全符合"时差"的逻辑：西洋比中国先进，因此西洋的许多观念、行为方式都被《新青年》大量引进。这一阶段并不是一步就抵达的，中间仍有林纾的译介等等各种因素作铺垫。然而，可以确定的是，达到这一阶段之后，"时差"的逻辑就主导了许多中国人的行为（生活上的和写作上的）。中国人开始不断地向西方及日本寻求符合现代文明特质的观念、制度、习俗乃至写作技法。

文学与文化密不可分，对"恋爱"的引介和接受自然而然地导致了文学书写的变化。在这一方面，张竞的观察可谓心细如发。如在第十章《纯爱之志向》中，张竞把冯沅君的《旅行》视为"现代文学中最早的成熟的恋爱小说"③。《旅行》中男女同床，却一步也没有越过男女的界限。这与传统文学中《莺莺传》这样的作品区别开来：后者总是过早地涉及性。序章《恋爱发现的前夜》就说："在《莺莺传》这一系谱的小说中，直到相恋，男女之间都几乎没有交往。一见钟情的下一步马上就是密会。而且密会还常常伴随着性的交涉。"④ 造成《旅行》与传统文学的品格的分别的，是"从罗曼蒂克的恋爱中抽离出来的'纯爱'"⑤。《旅行》的主人公追求的是"绝对的爱"，最激烈的肉体接触也只是接吻，而接吻也只是灵魂合一的

---

① 同上书，第130页。
② 同上书，第134页。
③ 同上书，第312页。
④ 张竞：《现代中国与"恋爱"的发现》，第29~30页。
⑤ 同上书，第315页。

象征。

对于接吻、拥抱的含义演变，张竞还作了一个分析。在传统文学中，接吻、拥抱都只是肉欲的表现，并不具有精神性的含义，而在《旅行》中，却成了纯爱的象征。这本身是受了西洋的影响。"在西洋，接吻和拥抱曾经都是宗教仪式的一部分。日常生活中的这类行为，因为整合到了宗教仪式里，而被纯化了，成为令人联想到神秘性、崇高性的东西。这样的肉体的亲密的表现，也就是经过从地上升到天上的过程、又从天上降落到地上的存在。"①

（二）作为中介的日本

假定西洋比日本先进，日本又比中国先进，那么日本就在西洋和中国之间构成一个中继站式的存在。此书多处涉笔于此。取道日本的好处之一是省去了许多消化西洋思想的工夫。如第六章《大众文化中的恋爱接受》说："作为现代的恋爱观被介绍过来的，既有西洋的思想，又有大正日本的言说。前者中有从西洋直接传来的东西，但更多的是以日本为中介介绍到中国的东西。后者当中则以对欧美理论的浅显易懂的解读、或基于欧美理论的评论为主。"② 职是之故，像厨川白村、本间久雄这样的人物才会被中国人重视。另外，取道日本还使许多中国作家以日本作家为学习对象。如第七章《辛苦的模仿历程》说："对他〔张资平〕而言，以日本为中介的西洋文学接受具有两层含义。一是从译成日语的西洋文学受到的影响，一是对同时代的日本文学的阅读经验。"③

但日本在西洋与中国之间的作用是否仅止于此？张竞敏锐地观察到，日本在某种意义上并不仅仅是西洋与中国之间的中继站。有一些案例表明，中日文化传统的某种程度的相似性使得中国接受西洋思想将面临的许多问题，日本在中国之前就已经遭遇了，因而，日本人摸索出来的一些应对方法，对后起的中国就有很大的借鉴作用。如在第四章中，张竞指出，同期中国人也翻译了许多西方人的文章，但都没有产生像与谢野晶子《贞操论》那样巨大的影响。这是因为作为日本人的与谢野晶子的这篇文章，对处在传统文化与西洋文化冲突之中的中国人更加"切身"。此例充分地体现出同

---

① 同上书，第 316～317 页。
② 同上书，第 214 页。
③ 同上书，第 253 页。

处"东洋"的日本对于中国的特殊意义。张竞作了一个细致的分析：

> 与谢野晶子的这一评论在 1910 年代后半段的中国知识阶层中间引起了极大的关注，这绝非偶然。强烈的共鸣与激烈的反拨这两种相对的反应都出现了，这证明这一评论给当时的中国文化的中枢神经造成了强烈的刺激。能在中国达到这一效果的文章也许只能出自日本吧。为何？因为能唤起中国人的强烈关心的评论至少得满足以下两个基本条件。其一是作者应熟悉儒学的伦理观，知晓儒学中男女关系的基本原则。其二是，对西洋的恋爱观也很了解，而且也非常明白持有儒学的道德传统的文化在遭遇西洋的恋爱观时会产生何种冲突，引发哪些争议。简而言之，不只是介绍和赞美西洋，而是必须知道如何消化西洋的思想，并以其击中儒学伦理的软肋。只有满足了这些条件，才能给中国人的精神世界以强烈的冲击。①

与谢野晶子的《贞操论》正好满足了这些要求，因而比原原本本的西洋思想对中国人造成了更大的触动。张竞的这一分析对我们理解日本在中国的现代化进程中的特殊作用极富启发。

（三）吸收与保留

尽管以现代文明的标准，中国和日本、西洋存在时差，按理说，中国本应将日本、西洋的东西全盘接收过来，以建设"先进"文化，但这事实上并未发生。这表明，还有某些因素在阻止简单的"先进—落后"的图式的作用。这就是传统和文化心理的惯性。

第九章《被排斥的恋爱小说——维特式热情的走向》和第十章《纯爱之志向——冯沅君〈旅行〉中描绘的近代恋爱》提供了两种相反的案例：一种尝试不为人接受，另一种尝试得到了赞誉。第九章说："新文学虽说始于对传统的否定，但内在于文化中的文学鉴赏的习惯和偏好并不会在一夜之间完全改变。"② 在郭沫若身上这点体现得格外明显：热情如火的他的诗歌创作受到了颂扬，小说却遭到了冷遇。他在《漂泊三部曲》《行路难》

---

① 张竞：《现代中国与"恋爱"的发现》，第 163 页。
② 张竞：《现代中国与"恋爱"的发现》，第 308 页。

《红瓜》这样的小说中，暴露自己的私生活，公布内心的邪念，情感表达夸张，这一切都跟传统的美学背道而驰，因而读者很难接受。与之相比，冯沅君的《旅行》等小说更为中国人认可。即使作者书写了中国传统中很少被美化的拥抱、接吻，但从总体上看，它文笔节制，情感表达相对温和，与传统美学有着许多相通之处。《旅行》的成功部分原因在于它对西洋恋爱中的要素是有选择地吸收的。它接受了"纯爱"观念，但"这部作品未曾接受的西洋恋爱的要素是女性崇拜"①。这是因为，"从一开始，现代中国就完全没有将女性崇拜思想维持下去的环境。"②

在另一处，张竞还说："出于大致相同的原因，以通奸为题材表现恋爱也没有被接受。罗曼蒂克式恋爱被接受的情况下，与中国文化落差较小的'纯爱'自然比'通奸'远为容易被接受。"③

二　误读

本书包含大量对中外文化碰撞中的误读现象的探讨。有几种原因可以导致误读，如中国和西洋社会、文化背景不同，又如西洋思想常常经过日本传到中国，日本这一中介可能本身就导致了西洋思想的"变容"。序章里就已指出一种重要的误读现象："同样叫做'恋爱'，但对现代初期的中国人来说，西洋的恋爱有两个侧面。其一是欧美人现实生活中的恋爱风俗，其二是文学中描绘的恋爱。二者本来不必是一样的，甚至各自拥有相当不同的特点。但现代初期的中国人却还不能明确地区别它们。"④ 这就是一种误读：在对异文化了解不足的情况下，误以为其文学与生活中体现的观念是一致的。

本书涉及的误读可谓形形色色，以下从风俗、文学作品、思想三个方面分别举一些例子。

（一）风俗

俗话说："眼见为实。"但对各民族文化交流的研究却告诉我们，眼见

---

① 同上书，第328页。
② 同上书，第328～329页。
③ 同上书，第329页。
④ 同上书，第10页。

不一定为实。第一章《交错的视线——奇怪的欧洲恋爱风景》就发现，同样是到西方社会考察，不同的外交官眼中看到的"风景"差别却颇大。如刘锡鸿与张德彝论西洋的结婚习惯，就相差甚远。例如刘锡鸿《英轺私记》第 115 则论西洋的"男女婚配"："其俗女荡而男贞，女有所悦辄问其有妻否，无则狎而约之，男不敢先也"① 张德彝《随使英俄记》却说："英国男女婚配，虽皆自择，然女于二十岁以前，则听父母之命，过此则自主。如男悦于女，女未及二十岁，则请观剧晚酌，以及游乡，皆须母女同请……女过二十岁，则背人私语，相约出游，父母不之禁。"② 张竞对此总结说，刘锡鸿认为西洋人男的尚有操守，女的则淫乱不堪，而张德彝只说女子二十岁以后即可自己决定婚恋之事。③

刘锡鸿的激烈与张德彝的平实、温和恰成对比。但即使是温和的张德彝，其态度也是矛盾的，"职是之故，他将'男女同游，则女前男后'④，坐马车时，也必须女子先上车，男子后上车这类风俗看作西洋的'女尊男卑'的表现，认为西洋文化的引入会给中国传统的男性优先的习惯带来威胁，对此抱有一种无意识的危机感。另外，对妇女自由出入社交界的活动，也表现出一种不安，认为这会从根本上动摇儒学最为重视的'家'的秩序"⑤。这反映出张德彝一方面还固守着儒家的伦理观，一方面又对西洋"女性优先"的风俗充满误解，以为这是女尊男卑的表现。实际上，当时的西洋，女性地位仍然是低下的。这可与第四章对后来西洋的情形的描述进行对比："欧洲文化在更高的维度上被重新认识。所谓的妇女优先也不过是强者要保护后者这种男性的傲慢的产物，在喜欢的女子面前像仆人一般地服侍她这种求婚的仪式也只是为了满足男性的虚荣心的东西。"⑥"不止是文学，妇女解放、争取妇女参政权的运动等政治上的动向也将仪式性的妇女优先的欺骗性暴露出来。"⑦ 如果"妇女优先"这一习俗真的意味着"女尊男卑"，女性平权运动就不会发生了。这里存在一个有趣的误读，这一误读在晚清

① 朱纯、杨坚校点《刘锡鸿 英轺私记 张德彝 随使英俄记》，岳麓书社，2008，第 181 页。
② 同上，第 518 页。
③ 张竞：《现代中国与"恋爱"的发现》，第 50 ~ 51 页。
④ 朱纯、杨坚校点《刘锡鸿 英轺私记 张德彝 随使英俄记》，第 399 页。
⑤ 张竞：《现代中国与"恋爱"的发现》，第 45 ~ 46 页。
⑥ 张竞：《现代中国与"恋爱"的发现》，第 138 页。
⑦ 同上书，第 138 页。

至民国间的中国人当中颇为常见。

(二) 文学作品

易卜生《玩偶之家》的翻译和接受是张竞本书中的一个重点案例。众所周知，易卜生的这部戏剧在中国造成了巨大的影响，引起了热烈的讨论。但是，张竞指出，这种影响在很大程度上是建立在误解之上的。他说，这部戏的主题并不是逃离不幸的婚姻，追求真正的爱情：

> 首先，这部作品并非把不幸的婚姻以及妇女从这种婚姻逃离获得自我解放作为问题。即，它所描述的并不是：世上虽有幸福的婚姻，但挪拉的婚姻是不幸的，因此挪拉毅然与这一不幸婚姻诀别，为追求有爱的婚姻和幸福的家庭而离家出走。易卜生提出的问题毋宁说是现代西洋已经作为普遍价值固着化的婚姻和爱情中的人的存在意义及自我认识的问题。在这一意义上，婚姻这一情境设置本身原本未必是唯一的选择。①

张竞对此作了一个冗长的分析，最后总结说："概而言之，《玩偶之家》并非否定无爱的婚姻，提倡恋爱之重要及建立在恋爱之上的理想的婚姻。毋宁说，它是试图反省罗曼蒂克式恋爱等在现代市民社会中被视为理想的诸种价值的作品。"②

不过，这部戏之在中国产生巨大影响，并不是基于这种相对忠实的解读。首先，译者之一胡适执笔的《易卜生主义》一文就存在几乎是"刻意"的误读："他回避了易卜生提出的爱情与自我的对立这一问题的本质，把郝尔茂看成了中国旧式家庭中的'封建'丈夫，由此将《玩偶之家》当成了描写封建与革新的对立和战争的作品。"③"简而言之，他把《玩偶之家》等易卜生提出的现代资产阶级家庭的问题置换成了近世的封建性的问题，借助易卜生创作的《玩偶之家》，试图揭露中国的'腐败的'封建家庭的不合理性。"④

---

① 同上书，第 167 ~ 168 页。
② 同上书，第 172 页。
③ 张竞：《现代中国与"恋爱"的发现》，第 174 页。
④ 同上，第 175 页。

这一误读也与西洋和东洋之间的时差有关：在西方，作家面对的是一个资产阶级兴起的世界，而在中国，胡适等人面对的却是一个封建因素尚未除尽的、传统的制度尚在顽固延续的世界。于是，胡适等人从他们的需要出发，对易卜生创作的戏剧做出了南辕北辙的解读。①

第六章《大众文化中的"恋爱"接受》论厨川白村的《现代的恋爱观》的翻译，也部分地涉及易卜生戏剧在中国的接受这一问题。张竞说，厨川白村在第五、第六章中提出"挪拉过时了"的说法，其对《玩偶之家》的分析令中国译者难以接受，以至于被完全删除了。厨川白村说，挪拉离家出走，并不是为了逃离无爱的婚姻，而是因为觉悟到恋爱与自我的冲突，即因为"在强大的个人主义面前，恋爱结婚最终都是无意义的空想梦幻"。换言之，易卜生戏剧描写的是"现代人的个人主义思想与恋爱的冲突"。进而，厨川白村主张，挪拉应当通过舍弃自我，"发现以恋爱为基础的婚姻生活的真正意义"，来"充实和实现原本的自我"。显然，厨川白村的易卜生解读与当时中国的语境颇为违悟。因此，译者在做翻译时，有意地作了删除和改写。

（三）思想

第六章《大众文化中的"恋爱"受容——厨川白村与爱伦凯》一方面主张取道日本了解西洋使中国人省了不少工夫，但另一方面又说："经由日本的接受也有弊端。最有代表性的就是因重译导致的用语的混乱。"② 爱伦凯原书中表示"自由性交"的"free love"，被日本人译为"自由恋爱"，而中国的译者也把这几个汉字照搬过来。于是，《妇女杂志》上就刊登了批判"自由恋爱"而提倡"恋爱自由"的评论。这导致了理解上的困难。直到后来厨川白村《恋爱与自由》被翻译过来后，"自由恋爱"的意义才被人理解。③

---

① 可与杨联芬的分析对比："正因如此，《挪拉》一剧最体现冲突的'性别政治'，旅行到中国后，却演变成为青年反抗'家长'专制的个性主义诉求。"（杨联芬：《浪漫的中国》，第 193 页。）并通过其与胡适的仿作《终身大事》的对比，说："很明显，《终身大事》没有从性别的角度对宗法制与父权制的关系进行深入的辨析，而是笼统地将个性主义等同于个人反抗家庭礼教和宗法制度，将个人主义的主题，简化为青年与老年、个人与（父亲）家庭的矛盾。"参见张竞《现代中国与"恋爱"的发现》，第 196 页。

② 张竞：《现代中国与"恋爱"的发现》，第 235 页。

③ 同上书，第 235~236 页。

转译导致的误解只是问题的一个方面。误解的更深层原因是思想家及其引介者面对的社会现实差别甚大。根据张竞的总结："爱伦凯的接受方式也有值得关注的问题。在现代日本，爱伦凯是作为女性运动的先驱而被认识的，在欧美，则被评价为母性尊重说及儿童中心主义教育的提倡者。然而，在中国最初却被作为倡导现代的恋爱的人物来介绍。"① 爱伦凯的思想本身具有多面性，而中国人引介的时候，更看重的是其中最切合当时中国国情的一面。

三 颠倒

张竞此书写到各种各样的"颠倒"。仔细观察的话，不难看出"恋爱的发现"的全程都存在颠倒现象。以下取序章、第八章及终章的三类颠倒现象稍作分析，这三类颠倒分别对应恋爱发现的三个阶段：发现之初；发现之中；发现之终。

（一）恋爱发现之初

有一种颠倒是观念远远超越了现实，或者说，原本存在一种在当下情境下值得追求的价值，但思想上却把这一价值给否定了。第一章《恋爱发现的前夜》的结尾就描述了这样一种颠倒。张竞观察到：

> 中国现代史中有一些非常奇特的现象。即存在这种现象，尽管是刚刚从封建社会解脱出来，有时却没有完全吸收对建设现代社会更有必要、作用更大的思想养分，反而一口气飞向了西洋社会的最为前卫的思想。这与其说是源于思想上的共鸣，不如说是为了将因模仿外国而丧失的自尊心取回来的代偿行为，一种对现实的回绝。何以故？如果以最前卫的思想作为目标，中国便与先进的欧美处于同一立足点，

① 同上书，第233页。对比杨联芬《浪漫的中国》："在中国，她主要以自由主义的恋爱与结婚理论，成为新女性道德的理论偶像，对五四时期恋爱自由和结婚自由思潮的形成，起了决定性作用，以致那个时代追求个性解放的青年，言必称爱伦凯。而在日本，她的母权主义，却深刻影响了二十世纪初日本的妇女解放运动。"［杨联芬：《浪漫的中国》，第307～308页。杨联芬主要参考的是吴俊编译的《东洋文论——日本现代中国文学论》，中白水纪子的文章《〈妇女杂志〉所展开的新性道德论——以爱伦凯为中心》。］

曾经因西洋列强受到重大创伤的民族自尊心就能得到满足。①

这里谈论的是 1907 年 9 月震述（何震）的《女子解放问题》一文。该文认可欧美各国婚姻制度优于中国，但又主张欧美的婚姻制度也有弊端，只有实现了共产主义，妇女解放才是可能的。当时中国的婚姻制度尚在延续古老的那一套作风，作者表述的这一思想显然远远超越了中国的现实，今日读来，竟不免有喜剧之感。

这一颠倒可以说是对现代文明尺度下形成的"时差"局面的一种反抗：当中国人采取了最先锋、最前卫的思想时，它与欧美各国之间的"时差"就立马被抹平。然而，这一抹平往往只是发生在人们的想象中，在现实层面，中国只是一个刚从封建社会解脱出来的国度，生活中处处可见封建社会的痕迹，因为古老传统的惯性并非那么容易克服，相反，它甚至还会一再地反弹。

（二）恋爱发现之中

恋爱发现的过程中也存在颠倒。一个最突出的例子来自第八章《"恋爱"的挫折——郁达夫的〈世纪末〉恋爱》。张竞对郁达夫小说的分析属于全书最具洞察力的段落之列。

《"恋爱"的挫折》提到外来文化接受中的一个问题，并主张，郁达夫的创作在某种意义上可以解读为对这一问题的呈现。张竞说："模仿外来文化的时候，有一个很大的问题。即，模仿总是观念先行的，人们基于这样的观念而进行实践。现代中国人们的苦恼也在于此。他们把所谓'现代'首先作为观念而引入，人们为了实现这一观念，就不得不摸索。榜样虽然有了，文化环境和条件却全然不同。"② 而具体到"恋爱"，这就造成了一个问题：许多人从西方接受了罗曼蒂克式恋爱的观念，却并不具备相应的实践能力。张竞认为，这一"恋爱无能"就构成了郁达夫的许多作品的主题，而这是郁达夫研究中较少为人注意的。

然而这并不是张竞观察最为深刻的地方。张竞将郁达夫的小说置于整个现代化的进程中来考察，认为"恋爱无能"的最令人痛苦之处在于，"不

---

① 张竞：《现代中国与"恋爱"的发现》，第 71~72 页。
② 张竞：《现代中国与"恋爱"的发现》，第 266 页。

只有文化环境这样的外来的阻碍，文化中长成的人本身也是恋爱的障碍"①。郁达夫小说中的主人公尽管在思想、写作乃至言论中追求爱情，在行动中却要么始终徘徊在男女交往的入口，要么跳过恋爱直接陷入了肉体关系。这些都是恋爱无能、恋爱失败的表征，是对主人公信奉的价值的背叛，而导致背叛的重要因素之一，正是主人公自己。

这可以说是现代中国"恋爱"的发现中的一项重要的"颠倒"，郁达夫的小说可以读作其精神征象。然而，郁达夫小说还涉及另外一层颠倒。这与他对世纪末文学的接受有关。这两层颠倒是相关的：恋爱无能导致的重负，恰好由似是而非的"世纪末"纾解了。正因为罗曼蒂克式的恋爱实行起来太难，所以主人公反而陷入世纪末的情绪，追求肉感和生理的满足，把罗曼蒂克式的恋爱否定了。张竞说：

> 当然，世纪末文学的狭窄领域当中，罗曼蒂克式的恋爱也和古典的乐观主义一样被激烈地嘲笑，或者被一笑了之。相反，肉体的、生理的满足被公然呼吁，倒错的、背德的性欲得到了肯定。就像转了一圈又回到同一位置的时钟的指针，穿过了"现代"的世纪末文学有时看起来像是在给封建时代暗送秋波。郁达夫对这样的世纪末思想感到格外亲切，这毫不奇怪。②

所以这就导致了，"虽然出发点完全不一样，郁达夫在世纪末文学和旧时代的文学之间发现了各种各样的表面上的相似，感到深深的共鸣"③。这又造成了进一步的扭结：由于郁达夫的"世纪末"是因恋爱无能导致的，是把某种前现代的因素伪装成后现代的因素，他在作品中不免流露出与纯正的世纪末文学迥然不同的忏悔情绪。这是为脱离现代化进程而忏悔。

（三）恋爱发现之终

末章题为《恋爱小说的末路》，顾名思义，探讨的是"恋爱的发现"全程的终点。但奇妙的是，张竞却告诉我们，正是在这终点之前，中国人写出了最具现代特征的恋爱。他评价《青春之歌》说：

---

① 同上书，第 268~269 页。
② 同上书，第 271~272 页。
③ 同上书，第 272 页。

这部小说中第一次描写了与西洋文学最为接近的恋爱。主人公与恋人同居之后，才感受到真正的恋爱。其间她苦恼，情绪激烈地动荡。这种心理纠葛之前谁都没有写过。……《青春之歌》的主人公因自己身上发生的变化而吃惊。——拥有家庭，却反而陷入了燃烧一般的恋爱。与此相比，起初的纯爱非常幼稚。就这点而言，已无限地接近欧美小说中描写的恋爱。与冯沅君《旅行》、巴金《家》等描述的恋爱全然异质的东西终于得到了表达。①

为何会这样？张竞对此作了一个分析：共产党这一地下组织是完全西洋化、现代化的，其理念是建立在一套西洋的哲学之上的，正是这一因素导致左翼文学的西洋化非常彻底。不用说，我们可以从这一分析中察觉到某种颠倒：假如共产主义曾经一度导致了中国人"描写了与西洋文学最为接近的恋爱"的话，它后来却几乎禁止了对恋爱的书写。于是，也许可以这么说，这一发源于西洋的思想的传播既在中国导致了纯粹现代化的恋爱书写，其后又导致了彻底反现代的恋爱书写的消亡。这就是一种难以用单一的时间之尺来衡量的诡异的"颠倒"。

这一颠倒若与第三章《传统小说的残照——从言情小说到鸳鸯蝴蝶派》的一段文字相对照，就显得更加充满反讽："中国现代的通俗文学的不幸在于它诞生太早。现代文学还尚未成立，通俗文学就先行，这成了它技巧拙劣的原因。日本的大众文学实际上是在大正时才形成的，明治时期只有一个雏形。也就是说，先有'纯文学'的开拓，然后大众文学才登场。但在中国顺序却反了过来。"② 将其与末章对读，我们可以得出一个奇怪的结论：在没有引进西洋式思想时，通俗文学过早的恋爱书写经不起现代文学批评，而当引入了西洋式思想，出现了在某种意义上完全经得起现代文学批评的恋爱书写之后，这种现代的恋爱书写却为西洋式思想本身给中断了。到后来，甚至《青春之歌》也成了批判的对象。

四　小结

以上从时差、误读、颠倒三个方面对张竞此书的一些重要内容作了简

---

① 张竞：《现代中国与"恋爱"的发现》，第 359~360 页。
② 张竞：《现代中国与"恋爱"的发现》，第 127 页。

要的介绍，相信这些介绍已足以揭示其价值。但在结束本文之前，我还想谈谈自己阅读此书后的两点启发。

其一是与现代文学的文类有关。众所周知，现代以来，小说的重要性扶摇直上。因此不难理解，本书分析的文学作品是以小说为主的。然而，对中国现代文学有所了解的人都会意识到，"恋爱"情感的传达常常是以新诗的形式进行的。张竞意识到了其中的问题，在《后记》里写道："以小说为焦点，没有拿诗来分析，这有几个理由。首先，以欧洲十九世纪小说为范本的现代小说作为媒介承担了特殊的功能，第二，现代诗的成立时期比小说更晚，第三，现代诗主要是在形式和语句的层面与旧体诗区别开来，就考察恋的情绪表现的变容而言，尤其是早期的诗歌，不太适合作为材料。"① 这些理由，尤其是第三条，有一定道理，但也有极端之处。事实上，早期新诗对恋情的直抒胸臆的书写在整个中国诗歌史上都是非常独特的。这与张竞书中提到的一点有关：欧洲恋爱小说中常有男女主人公的热烈的表白，而中国人仿写的小说中却要含蓄得多，作者甚至常常只能借助于书信的形式把恋情倾诉出来。张竞对小说情节的这一观察不可谓不细致，而这一观察恰恰可以和早期新诗中那些近乎肉麻的倾诉相对照。当然，后来的新诗风格要隐晦得多，但像穆旦《诗八章》这样的典范作品，书写情感的方式与古代诗词差异甚大，这是否也与现代以来恋爱的发现有关，或者如何将其融入现代恋爱之发现的叙说中去，就是值得进一步探讨的问题。我们甚至可以用作者本人的实践来为将新诗纳入考察范围辩护：张竞的另一本著作《恋的中国文明史》就采取了许多古代诗歌作为材料，由此自然可以延伸出一个问题，即新诗与古代诗歌在恋爱书写方面的异同。

其二则与中日文学的对比有关。张竞凭借此书获得了 1995 年的三得利学艺奖（サントリー学芸賞），诗人大冈信为其写了评语。评语中说，日本古代文学对"恋"的书写极为丰富，这与总体上更为严肃的汉文学形成了对比，二者的区别后来由江户中期的本居宣长理论化了。这也导致了中日现代文学对西洋文学接受的区别：与中国文学不同，日本文学有漫长的歌咏"恋"的传统，因此格外容易接受西洋式的恋爱书写。② 大冈信的这一说

---

① 同上书，第 403 页。
② 参见 https：//www. suntory. co. jp/sfnd/prize_ssah/detail/1995gb3. html。

法与铃木修次《日本文学与中国文学》的判断极为相似，完全可以对着读。[①] 这也为我们理解中日现代文学的异同提供了一个视角。

张竞的研究给我们带来的启发并不只是这两点。现代文学转型是一个极其复杂的过程，它与文化转型、社会转型关系极其密切，研究者在处理之时，往往会有头绪纷杂、线索难以清理之感。张竞从这混乱的转型现场抽取了"恋爱"这条线索，将围绕"恋爱"而展开的观念、制度、文学等各方面的争执条分缕析，并把西洋、日本、中国之间的错综复杂的关系梳理得一清二楚，整本书中精彩的分析几乎俯拾即是，令人叹服。

[①] 尤其可以参看该书的第一章《文学观的差异》和第五章《"风骨"与"物哀"》。见铃木修次《中国文学与日本文学》（中国文学と日本文学），东京书籍料式会社，昭和六十二年。

日本海战电影：面向海洋的文明记忆

李　飞[*]

摘要　海战电影作为一种日本的电影（亚）类型，反映了影像书写者是如何对历史进行记忆的。这种电影类型强化了海洋的文明记忆面向。这种面向在 21 世纪后同海战电影的变奏结合在一起，为军国主义招魂提供了空间。近年来在市场与艺术评价方面均获得成功的海战电影《永远的零》运用电影类型成规，将平庸的恶变成记忆的逻辑，完成了对军国主义的"自然化"。

关键词　日本　海战电影　记忆　《永远的零》

Abstract　The Naval War Film, a Film genres in Japan, reflects how the image writer documents the history by and about in character, has been emphasizing on the memory of marine oriented civilization. Such orientation combined with the variation of sea war movies in the new century, provided chance for the militarism to return. In recent years, Eien no zero, a Naval War Film, has been successful in both market and art evaluation, provide a model of the naval war film that used the genres to transform the mediocre evil into the logic of memory. By analysis the film, the article point out it also made militarism naturalized.

Key Words　Japanese　Naval War film　Memory　Eien no zero

* 李飞，北京大学新媒体研究院博士生。

引　言

以电影为代表的视觉媒介成为多元的社会主体表征与建构历史记忆的场域。在这个场域中，记忆的表征本身不是对事实和基本真理的中性呈现，因为"记忆与其再现涉及身份/民族主义/权力和权威等重要问题"①。作为社会共识生产的文化工业的组成部分，类型电影对特定记忆的处理与形塑，涉及复杂的影像政治与记忆政治。

这种记忆政治在今天全球化背景下被清晰体认出来，尤其是对于日本第二次世界大战的表达。尽管有良知的日本知识分子倡导"战后责任论"②，并将之视为日本在当今时代主体位置坐标的构成部分，然而在大众感知结构中，日本战争片鲜有相关的表达，甚至绝大多数的电影属于"海战电影"。这些"海战电影"强化的是日本"海洋文明"的一面，与日本社会的右翼化相互映照。在日本战败 60 周年上映的《男人们的大和号》试图明修栈道，暗度陈仓：以反战/男性气质的唤询来实现军国主义的借尸还魂；《联合舰队司令长官山本五十六》则形塑了反战/理性却不得不遵从宿命殉国的日本现代海军将领山本五十六的形象。《永远的零》继续在反战基础上发掘被裹挟进战争的零式战机敢死队员最后自愿参加特攻的故事，试图以未来之名重写战争的记忆。这种影像政治表达正如贺桂梅所指出的，"仅仅在指责其'军国主义'、'右翼化'的层面进行，无疑是隔靴搔痒"③。

本文试图跳出这种定型化的窠臼，反思这种影像政治与记忆政治是如何通过"海战电影"这种（亚）类型电影完成对历史记忆的改写的。同时，这个改写的过程，本身并不仅仅是一种电影亚类型的文本生产事实，同时也是一个通过特定社会位置的所谓历史的言说，试图制造一种科耶夫意义上的面向海洋文明的"普遍同质国家"的认同——其遵循的是殖民主义的逻辑。作为海战电影代表的《永远的零》在某种程度上完成了这个目标：该片是 2014 年度日本电影票房冠军，感动无数观众④；在艺术上也蝉联多项日本电影学院奖。这种观影与情感的卷入，也并非简单指认"右翼化"

---

① W. J. T. Mitchell, *Landscape and power*. Chicago：University of Chicago Press，2002，pp. 241－260.
② 相关内容可参见高桥哲哉《战后责任论》，徐曼译，社会科学文献出版社，2008。
③ 贺桂梅：《海战电影与"治愈式民族主义"》，《天涯》2015 年第 6 期。
④ 相关数据与报道可参见 http：//eiga. com/news/20141216/18/。

能解释的，而是需要从其所属的电影类型及其成规的运用，从日本当下的情感结构等层面进行理解。

一　日本"海战电影"的类型记忆

海战电影（The Naval War Film）是以海军为主要题材的战争电影。① 由于日本地理环境以及战时体制原因，造成日本"海战电影"具有一定的暧昧性与含混性："电影中的空军在一般情况下都是海军航空兵，空军形象承继了海军电影的精英崇拜，是军队金字塔的顶尖。"② 这种继承性在于，二战前日军没有独立空军军种，而是分为陆军航空兵和海军航空兵，其中海军航空兵是发展的重中之重。③ 这本身是日本特定历史的产物：华盛顿会议上日本海军主力舰的吨位被限制，大力发展海军航空兵成为日本绕开西方限制暗度陈仓的举措。正是在这样的历史语境中，形成了广义上的海战电影（The Ocean War Film），即强调海战电影呈现的海上作战状态，而非具体的军种的战争形式。④

在日本战争电影题材中，海战电影占据相当大的比重。海战电影提供了一种类型的记忆，强化的是日本作为施米特所言的"海洋文明"的面向。这种类型电影在尝试重塑战争记忆的过程中，不仅传递着日本治愈式民族主义的诉求，同时还通过对日本曾经作为完整主权与西方列强皆认可的"文明国家"强国时代荣光的叩访来重新对日本进行定位与反思，并展望未来。需指出的是，日本海战电影在记忆结构上选择突出与海洋文明紧密相关的海战/空战的记忆，选择性地回避了给邻国带来深重灾难的陆军所代表的野蛮的军国主义扩张——而这是日本应承担的战后责任的主体部分。海战电影的"海军本位"是一种结构性的回避——因为海军直接对抗的是欧美的全球规治，并按照西方帝国治理的逻辑拓展日本的殖民空间，更接近施米特所描绘的英国式的"纯粹海洋性存在"/利维坦⑤——海军舰队以及

① 参见 Jonathan Rayner. *The Naval War Film*：*Genre*，*History*，*National Cinema*. Manchester：Manchester University Press，2007。
② 陆嘉宁：《银幕上的昭和——日本电影的二战创伤叙事》，中国电影出版社，2013，第89页。
③ 胡其道：《日本陆、海军飞机型号名称考证（一）》，《航空史研究》2001年第6期。
④ 在撰写过程中，此处同王飞博士讨论过，并采纳他手稿中的观点，在此表示致谢。参见王飞《永远的零：眼泪的政治学》，未刊稿。
⑤ 〔德〕C. 施米特：《陆地与海洋》，林国基等译，华东师范大学出版社，2006，第52~53页。

搭载在战舰上的飞机是日本"海洋性存在"发展方向的体现。因此，在日本早期海战电影中，海军/航空队而非陆军更多承载着日本军国主义的帝国梦想。1942 年东宝制作并发行的山本嘉次郎执导的黑白片《夏威夷·马来海海战》中，这种帝国梦幻的表达"以出色的特技摄影使评论界和观众为之折服"①。此外，在叙事上该片以一个海军航空兵个体成长的故事勾连了此前日本海军最重要的两次海战大捷——偷袭珍珠港与马来海战。这种主体位置的选择以及影像记忆的方式，一方面是对日本面向海洋的文明国家的确认；另一方面亦是后发的日本帝国遵循欧美所谓文明国家的帝国主义逻辑扩张的结果——这本身是日本现代性的后果。

战后，日本军国主义梦碎，在美军治下，海战电影亦曾出现了基于现代逻辑的反思：1953 年上映的本多猪四郎执导的《太平洋之鹫》，英雄迟暮的山本五十六反对同美国开战，但最后不得不接受与美国对抗到底、为国捐躯的宿命，泰然迎接自己的死亡，而这正如影像中山本的解释："命令别人的孩子去死，现在我也要做好准备，打算自己送命。"在这里，山本对于死本身的高度觉悟，是一个高度理性化的社会中处在国家战争机器中的个人对自身命运的无可奈何。山本的个人命运的悲剧化表征，成为导演在最后字幕部分主旨的阐释："国家与国家拼命的战争到底会产生什么呢？除了破坏什么也不会产生。"② 具有意味的是，在对山本个人与时代/战争悲剧宿命的记忆书写中，《太平洋之鹫》表现的依然是高度的现代理性——而也正是这种高度理性让影像中本身对战争处于消极状态的山本成为了事实上美国海军的悍敌。同时，这种反战本身也没有触及日本侵略的所谓半文明地区与殖民地民众的伤痛，而更倾向于安置日本二战的失败以及失败的个体——个体在国家战争机器面前是无力的，即便是山本这样位高权重者，也逃不掉明知的军国主义牺牲品的悲剧结果。

在朝鲜战争爆发后，美国与日本关系的调整以及冷战格局的变化，使得海战电影中的影像记忆的重点再次发生了变化。同样是对山本五十六的影像记忆书写，《军神山本元帅与联合舰队》（导演：志村敏夫，1956 年）与《山本五十六》（导演：丸山诚治，1968 年）显现出与此前的《太平洋之鹫》不同的面向。《军神山本元帅与联合舰队》是基于个人主义立场对导

---

① 晏妮：《战争的记忆和记忆中的战争——简论日本电影的战争表象》，《当代电影》2015 年第 8 期。

② 贺桂梅：《日本海战电影与"治愈式民族主义"》，《天涯》2015 年第 6 期。

致日本现实政治状况的二战反思。仅在片名上就可以发现影片极力挖掘的是山本的"神性"。影像中，纪实性的影像"客观"展现军神与联合舰队的喋血，结尾山本海葬后的字幕标志着一个诸神已死的失落时代："如果山本元帅还健在的话，也许日本历史不会有'错误'或'道歉'的一页。"对山本五十六与联合舰队封神的影像政治书写，折射出的是对战后日本现实境况的不满，这种不满在美军盟军司令部治下只能犬儒地寄托在一个已经罹难的、敢于直面美国强大力量的军国主义横行时代的海军将领身上——在这种记忆政治中，山本五十六成为日本现实中召唤的一个对抗欧美、赢得"承认"的理性的主体。在 1968 年日本票房第二的《山本五十六》中，三船敏郎饰演的太平洋战争的罪魁祸首山本五十六一副国字脸，慈眉善目，气宇轩昂——山本被作为一个所谓的"理想人"的类型来呈现。在影片开始，山本同船夫打赌他能在船上倒立，一方面展现他赌性与冒险的一面，另一方面也展现了其理性算计，具有极好控制力的一面——而这本身是所谓的"海洋人格"的构成部分。同时，山本作为海军中坚定的"反战派"，顶着急于同德国和意大利结盟的陆军的压力及反战被刺杀的风险。山本的这种"反战"并不是基于和平主义，而是基于对日美势力对比的算计——正如他对准备去国外交流的军官所言，应该去美国见识见识敌手的强大生产能力，这正是资源匮乏的日本的困境所在。因而，一旦日本政局转变到山本不得不同美国对抗之际，他就成了最积极对抗美国的先锋——自杀式的偷袭珍珠港的计划真正的战略意图则是以战促和。日本沉浸在战争狂热之中，山本则提醒他们冷静。影片中这样的叙事使山本成为海军与理性的化身。同时，根据剧情安排，山本穿着色彩泾渭分明的军装，则标志着海洋性与陆地性的较量：山本会见海军航空队少尉木村圭介、同三名陆军军官关于时局对话、在海军会议上反对对美开战、拜会首相、中途岛战败后会见并安抚南云等军官、战败后进行一系列军事部署、马来海战及战后探望伤员等场景中着白色军装——这种白色军装代表着一种面向海洋式的沉稳与理性。而山本在日本踏入战争边缘后同手下对弈一盘心不在焉的棋、部署珍珠港战局及等待战果过程、商议如何营救被困陆军乃至于最后在战斗机上殉职等场景中，山本的军装偏深色或灰色。军装色彩的不同，反映着他的理性被现实的困境缠绕而不能逃脱——这种困扰，来自狂热的"陆地性"对理性"海洋性"的牵绕。无论是海军被牵入战局还是海军对抗美军，或拯救被困的陆军以及山本的殉职等，这些都是理性的重负，是某种宿命/无可奈何的现实/现代性危机。在这种对比之中，面向海洋的、更热爱白色海军军装的山本，最后被日本强大的陆地性的一面牵连并成为最后军国主义牺牲品，"殉职"也是以"陆地性"的形式——身着深色军装手按军刀端坐，同时也暗示着丧失理性控制的军国主义造成的灾难后果是无可避免的。这种叙事朝向的是一个更加务实/理性的现代性——即确认日本是被一个更加发达/理性的美国所打败。

这样的海战电影的影像记忆与记忆政治的逻辑在一直延续：《啊，海军》（1969）、《日本海大海战》（1969 年）、《激动的昭和史》（1970 年）、《太空的武士》（1976 年）、《联合舰队》（1982 年）、《爱与梦飞行》（1995 年）等片见证了日本经济的腾飞、成长为当时世界第二大经济体，以及随后的广场协议对日本的经济洗劫。曾经强国的传统成为了抚慰现实创痛与寄托不可能的军事强国梦想的药剂。同时，日本也对战争进行反思——不是日本的战争责任，而是为什么会从成功走向失败。海军以及与之紧密相连的海军航空队作为日本最为现代/理性的体现，标志着日本自明治维新以来其作为文明国家的崛起，在电影中成为理性与实力的象征——这同日本的海军象征其强国梦密切相关。正是中日甲午海战的胜利以及日俄战争成为其加入西方主导的文明国家体系的仪式，而一战后的巴黎和会上，日本成为国际联盟成员并成为所谓托管帮文明国家的主权国之一，摆脱了半文明国家的命运。① 绝大多数的日本海战电影呈现的是日本这个后发的加入到"文明国家"行列后积极参与到欧美帝国对地球的规治、争夺海权而最后惨败的命运，而海战/空战作为日本最为现代化与文明化的战争形态成了浓墨重彩的部分。二战期间的规治竞争的惨败，强化的是日本对美国治下的认同，承认的是弱肉强食的丛林法则而非正义与和平。

二 "海战电影"的变奏

21 世纪后，海战电影同时也呈现了某种变奏，尤其是日本战败 60 周年以后，海战电影在大众文化中形成重构战争记忆的潮流：《男人们的大和号》（2005）、《没有出口的海》（2006）、《吾为君王》（2007）、《盛夏猎户座》（2009）、《太平洋的奇迹》（2010）、《联合舰队司令长官山本五十六》

---

① 刘禾：《世界秩序与文明等级：全球史研究的新路径》，三联书店，2016，第 43～100 页。

（2011）、《永远的零》（2013）、《日本最长的一天》（2015）等主要是以日本海军（空军）为题材，电影主角主要是与美国太平洋舰队对抗的联合战舰队及神风特攻队。市场成功的几部影片如《男人们的大和号》投资约25亿日元，票房约51亿日元；《永远的零》是2014年度日本本土电影票房冠军，达87.6亿日元，投资仅为18亿日元①，并成功斩获2015年包括最佳影片、最佳摄影、最佳美术、最佳照明等在内的多项日本电影学院奖。这些影片标志了21世纪以来的海战电影的变奏特征。

这种变奏最为突出的特点便是娴熟使用了好莱坞类型电影的叙事成规，而不是局限在"客观"之中。《男人们的大和号》《联合舰队司令长官山本五十六》《永远的零》等都被娴熟放在"寻找"的叙事母题之下，是一个主观的行为。其中，《男人们的大和号》本身包含多重寻找：第一重寻找是影片之中大和号沉没之地的发现，在表现的过程中，镜头娴熟地模仿了《泰坦尼克号》中欧美人寻找到泰坦尼克号的镜头运用；第二重寻找是大和号幸存者内田的养女"寻找"开往大和号的船；第三重寻找是找到另外一个大和号幸存士兵神尾，开启被遗落的关于大和号及士兵的记忆与大和号精神，实现精神层面的寻父。《联合舰队司令长官山本五十六》的这种"寻找"则是围绕着记者真藤（此后的士兵真藤）对山本的采访以及研究来描绘真正的山本，揭示所谓"太平洋战争真相"。"寻找"母题的运用，使得电影中同当年海战主角有千丝万缕联系的寻找者穿过层层迷雾，来体认曾经的日本海军士兵/将领（如山本五十六）的悲剧命运。这种"寻找"母题叙事策略的使用将军国主义的还魂变得"自然"起来。更为重要的是，影片中设置了一个让观众容易移情的位置：在《男人们的大和号》之中是内田的养女，一个坚韧持守信念、温文尔雅的女性；《永远的零》中是宫部久藏的外孙；《联合舰队司令长官山本五十六》中则是跟随质疑山本的总编一起采访的记者；《没有出口的海》中则是并未对美军实施过攻击最后因为台风在日本投降前夕罹难的前棒球运动员并木浩二。这些人的共同特点是同二战中日本的战争责任并没有直接的关联。在《男人们的大和号》和《永远的零》中，生者对死者历史的叩访，是通过当初战争责任的幸存者的讲述实现了记忆的拼图。《男人们的大和号》中是带内田的养女到大和号被击

---

① 相关数据与报道参见《2014年邦画ベスト10、山崎貴監督2作品で171億円!》http://eiga.com/news/20141216/18/。

沉之地的船长——曾经大和号的士兵神尾的讲述；《永远的零》中是宫部久藏的外孙与外孙女为揭开外祖父到底是胆小鬼还是英雄谜底对战争幸存者的访谈；《没有出口的海》则是一个死者留给生者的自述与生命的遗书；《联合舰队司令长官山本五十六》则是记者真藤对这位日本海军战史缩影的个体亲身采访与资料的拼贴呈现。这些海战电影告别了曾经高扬的"客观式"/历史教科书式的叙述，而将历史个体化、生命化。这是宏大历史叙述走向终结之后，面向海洋的文明叙事中的个人主义价值所强调的。

这种变奏之中，反战的政治正确是为最后还未消除军国主义之毒的暧昧的爱国主义服务的。这种爱国主义又和所谓"承认的政治"相关。除了《男人们的大和号》外，其他的参与海战的电影主角均是站在"反战"立场上，在面向未来的面向中肯定了这些主角（山本五十六/宫部久藏）在战争之中的所作所为。《男人们的大和号》之中洋溢的是十五六岁的学生兵的战争狂热——战争本身成为了一种男性气质的试金石，关系着他们能否"被承认"为海军的一员。他们所驾驶的大和号，作为当时世界上最大的战列舰，本身是日本争取承认的符号。《联合舰队司令长官山本五十六》中，山本五十六本人是海军省中反对同德国结盟，反对和美国对抗的中坚分子，然而一旦现实政治决定了不得不和美国为敌，他就采取铤而走险的偷袭珍珠港的措施，这实际上也是迫使美国"承认"日本，达到促和的目的，正如其在接受采访时被问及对最后胜利看法时所言："求和。军队最重要的使命就是结束他所发起的战争。"在这里，海战电影的"反战"是基于现代职业军人的理性算计，是基于一种理性的爱国主义，它同所谓的军国主义具有孪生性：身居高位的山本本人会基于未删节版《我的奋斗》中对日本的描述以及日美军事实力对比抵制三国同盟，反对对美宣战。然而当其所处的科层制度不容反战时，则会被带领到另外一个理性的极端——"反战"的山本会成为疯狂的战争机器中最冷静、疯狂的大脑，力图以战促和。

三　《永远的零》：平庸的恶如何成为记忆的逻辑

这种类似的情形也体现在《永远的零》之中。反战的宫部久藏被认为是缺乏男子气质的"胆小鬼"。这种胆小鬼的指认，在《联合舰队司令长官山本五十六》中体现为军国主义者对山本以及海军省的个人人格层面的指责与贬抑，在《男人们的大和号》中体现为船主们对前往大和号沉没坐标位置的拒绝。这些，共同构成了影片中的遗产继承者需要面对和处理的问题，需要清理死者的历史遗产/债务。因此，电影中设定的当下妥善安放历史遗产/债务的主体位置也成了"自然而然"的了。

这种主体位置本身是基于当下的一种回应，一如《联合舰队司令长官山本五十六》中，山本的价值与意义是通过最后直面战败惨淡事实而投笔从戎的前记者真藤之口说出来："山本将军，自从您战死沙场，已经过了两年四个月；但是，战争结束的方式，却不是您所期望的那种。"这种生者对死者的叩访和反思，赋予了死者某种先知与理性化身的符号意义。在这种叩访中，作为真实的山本同作为记忆主体所阐释描绘的山本呈现出一种张力。相对于之前纪录式呈现的山本五十六形象而言，个体化的主体对死者的叩访，更多是基于当下位置、当下叩访者的情感与选择。《永远的零》则采取的是一个外孙对血统上外祖父历史的找寻，从而牵出了太平洋战场中的日本航空兵。在这样的个体化的历史叩访之中，大历史隐退，所谓历史真相也成了一个个个体的正名，也正是在个体的正名意义上军国主义以男性气质/爱国主义的面貌还魂。需指出的是，在这种探寻之中，军国主义与右翼的历史叙述不是整体性归来，而是以一种去历史化的理想型个体的人格的形态归来。

在这种回归中，汉娜·阿伦特所言的平庸之恶也就成为可以体谅与体认的了。阿伦特提出的所谓的平庸之恶是现代社会分工方式——科层制发展到极致的结果。科层制强调的是命令贯通，各司其职，在科层上传下达的过程中每个层级都有其责任。个体只用负责自身的职责，不用思考人生的意义。在理性化的社会中，科层制事实上造成了工作世界与生活的分离，人成为整个官僚机器中的齿轮，丧失了理性/价值判断与伦理的面向，因此，在这样的逻辑中，大屠杀的运作机制不过就像是工厂一样批量生产死亡，而制造这种骇人大屠杀的人只是虚无主义者，丝毫没有反思与负罪感，这就是平庸之恶。① 如果说《联合舰队司令长官山本五十六》中表现的山本这样身居高位的人都无法逃脱这种平庸之恶的军人的职业责任，在科层制之下最终不得不将价值判断交给政治家，接受自己的宿命，那么《永远的零》《没有出口的海》等影片中的个体就更加渺小，只能成为这种平庸之恶的奴隶。

---

① 参见阿伦特《耶路撒冷的艾希曼》，孙传钊译，吉林人民出版社，2011。

《永远的零》使用寻找的母题来使这个平庸之恶的故事变得更容易被接受，而且"寻找"带有浓厚的模仿奥逊威尔斯的《公民凯恩》的痕迹。三浦春马饰演的佐伯健太郎在考试受挫、外婆去世的背景下获知其肉身意义上的外公另有其人，便开始和姐姐走访幸存的外公的战友，了解其亲外公到底是什么人。在叙事中，宫部久藏被安排成为这种"平庸之恶"的反抗者：尽管是技术上最优秀的海军航空兵，但一旦开战他就凭借高超的技术逃之夭夭，躲在战场安全处，成为被嘲笑的"懦夫"——"帝国海军的耻辱"/"海军第一胆小鬼"。不过，相对于《公民凯恩》最后给出开放式的答案，《永远的零》中寻找本身是对佐伯健太郎血统意义上的外公被污名的历史的清理与"平反"。宫部久藏之所以忍辱负重，承担胆小鬼的污名，是出自对外婆与家庭的爱，是出自活着回去的承诺，这是一种黑格尔意义上的对"主观自由"的追寻与坚持。正是在个人小时代的逻辑上，宫部久藏拒绝了战争机器的召唤。然而，客观自由牵扯着主观自由的实践：大时代战争的齿轮的结构依然不停将反抗者收编吸纳到其位置上。最后，"反战"/消极怠工的宫部久藏由于看见周边战友和没多少训练的新人上战场送死而陷入了绝望，因而参加了特攻队——这是"主观自由"屈从于"客观自由"的结果。在赴难前，他向大石交代照顾身后妻子与家庭后，依然走向了特攻与死亡。这种死亡方式，被叙述成为一种类似于莎士比亚的悲剧。宫部久藏从影片前面部分战争的受害者最后变成战争的参与者，并让人在人性基础上产生对神风特攻队队员绝望的死的同情，而忽视其背后的军国主义国家机器极度理性导致极度不理性/反人类的一面。因此，当影片结尾站在和平的意义上来探讨宫部久藏的意义之际，电影的主创人员狡猾地将战争的机器与炮灰变成了和平到来所必须的。

导致这种状况发生的原因在于历史终结带来的虚无主义与宏大叙事崩解之后道德感的解体，这种平庸之恶不仅没得到反思，反而由于与其他美德的关联而获得了新生，而这种新生本身笼罩着一种迷人的面纱：有时候甚至是打着反思历史虚无主义的旗帜。在《永远的零》中，为司法考试而受挫的外孙在历史虚无的当下对神风特攻队队员的理解以及男性气质的激发。在同学聚餐中，他的同学们各自的表达充斥着历史的虚无："自爆恐怖分子也不光是以前才有的东西"；"自爆恐怖分子与特攻是两码事"；"一样的吧，都是被洗脑了吧"；"不一样，特攻队的目标是航空母舰，而航母是杀伤性武器，和进行无差别袭击的自爆恐怖分子完全不一样"；"为了信念舍弃性命的这种思想在根本性质上是一样的，在外国人看来，特攻和自爆恐怖分子就是一样的，只不过是狂热的爱国主义者"；"我看过特攻队队员的遗书，他们觉得为了国家牺牲生命是很骄傲的，也算是一种英雄主义吧"。这些认知，是日本在美军核威胁面前被迫接受战败现实与意识形态的结果。然而当美国自"9·11"以来的霸权遭到严重挑战之际，这种硬实力与软实力的暴力压制下的"接受"也变得虚无起来。佐伯健太郎的"不不不，你们完全没有理解"，既是对这种合法性话语的拒绝，同时也是一种基于自身血缘传统挖掘的家庭二战史以民间话语/传统的形式对抗同学们"官方话语"/共识的尝试。

结　语

　　日本海战电影结构性地选择了面向海洋的文明记忆的方式来处理所谓的战争的影像记忆。在这背后，一个社会的政治无意识是日本对作为"美国的艺伎盟友"① 定位的不满。这本身是由侵略带来的，美国驻日盟军司令部战后对日本的单独占领，使日本尽管因为冷战原因而逃脱了战后责任，但美国主导的改革使得日本国防军被解散，仅保留自卫权，成为一个不完整主权国家。同时，日本的大国与强国梦想同现实中日本在 2005 年至 2015 年多次努力"入常"折戟沉沙构成某种对照。

　　对此，日本开始从其曾经属于"文明国家"的序列中寻找资源，来重塑一个"酷日本"的历史与记忆。在这种记忆中，西方殖民主义的文明秩序被挪用过来，帮助其逃避对亚洲国家，尤其是对中、朝、韩的战争责任——因为按照欧美全球治理的标准，那些地区是半文明地区，因而日本的侵略有了某种合法性。事实上，日本正是因为参与欧美对世界陆地与海洋的规治中，在对亚洲国家殖民掠夺中同欧美发生激烈碰撞而走向了法西斯道路的，这种"确认"事实上是一种对欧美殖民主义的反认："正是由于日本服从了那套标准而被接纳为文明国家，因此'文明'的标准才一下变成行之有效的普遍标准。"② 海战电影中，对日本海军/空军的强大的渲染，

---

①　该说法可参见涩泽尚子《美国的艺伎盟友：重新想象敌国日本》，油小丽等译，江苏人民出版社，2012。

②　Gerrit W. Gong, *The Standard of Civilization in International Society*. Oxford：Clarendon Press，1984，p. 29.

以及这种面向海洋的文明的记忆，是对地理大发现后欧美列强主导的全球规治与文明体系，以及所谓"文明"标准的确认。这种确认由于冷战的结束而变得紧迫起来，日裔美国人福山的"历史的终结"以及人日益变成"报废的人"（last man）使得"军国主义"以"历史真相"的名义借尸还魂并使之有了某种政治合法性。

海战电影中只是将日本失败归结为更为理性/人道的海军/空军不得不被绑架进了战争之中，遭遇了更为理性化/技术化的美国。这事实上只是对美国占领日本合法性的论述。这种论述是战后日本政治制度与美国治下的政权的合法性的来源，是用殖民主义的强权逻辑来安置日本的失败。这在近些年来海战电影《永远的零》《没有出口的海》《男人们的大和号》等的记忆书写中均有体现。然而这种回忆选择性中，更为现代性的理性化/技术化本身带来的平庸之恶被强化了。《永远的零》《没有出口的海》《男人们的大和号》《联合舰队司令长官山本五十六》等近些年的海战电影，往往通过提供一个战争机器上的螺丝钉角色或螺丝钉化的角色，将人带入特定的位置中，来体认所谓历史的情境。在这个过程中，电影"使自身的媒介性消于无形，让人们误认为对历史获得了直接的体验"①，而那种视角遮蔽的历史面向则被选择性地忽视了。

这些被忽视的面向中包括对中国的侵略以及南京大屠杀。在齐格蒙特·鲍曼看来：科学的理性计算精神、技术的道德中立地位、社会管理的工程化发展到极致就会导致现代大屠杀。按照鲍曼的逻辑，平庸之恶内嵌于现代性之中，大屠杀本身是现代性发展到极致的后果，人成为生产制造的对象。极端理性会堕入极端非理性的一端。为此，鲍曼开出的药方是强调个体在任何情况下承担起自身的道德责任。② 因此，当《永远的零》《男人们的大和号》《没有出口的海》等海战电影采取政治的美学化来装点其面向海洋的文明记忆的时候，作为一种文明社会的回应，我们的电影工业与电影人同样承担着相应的道德责任。

---

① 吴靖：《文化现代性的视觉表达》，北京大学出版社，2012，第 45 页。
② 〔英〕齐格蒙特·鲍曼：《现代性与大屠杀》，杨渝东等译，译林出版社，2002，第 221 ~ 269 页。

《芳华》的"文艺"与"记忆"

肖明华*

摘要 和大多数电影一样，《芳华》也引发了诸多评论。这些评论大多是"网众自娱"型的，而有学理的文化批评却并不多见。这不是电影评论的正常状况。事实上，《芳华》是值得评论的文艺片，具有作为文化记忆的可能。作为文艺片，它做到了在历史与人文之间的徘徊，有以人性控诉历史的悲剧价值。而它对于历史的书写，对特定事件的媒介化，在一定意义上起到了记忆分享的功效。然而，由于电影自身的大众文化特质及相关的社会文化条件等原因所限，其文化记忆的功能并没有发挥好。这就有必要对文化记忆的流通通道展开必要的学理分析和批判性想象。当文化记忆的条件向好时，《芳华》才有可能成为经典文艺片。

关键词 《芳华》 文艺片 文化记忆

———

Abstract Like most movies, *Fanghua* has attracted many comments. Most of these comments are also "self-entertainment" types, but there are few academic cultural criticisms. This is not the normal state of film reviews. In fact, *Fanghua* is a Art film worth commenting on and has the possibility of serving as a cultural memory. As an Art film, it has achieved the wandering between history and humanity, and it has the tragic value of ac-

———

* 肖明华，江西师范大学当代形态文艺学研究中心、文学院副教授，本文系 2017 年度国家社科基金重大招标项目（17ZDA269）、2016 年度江西省高校人文社会科学重点研究基地招标项目（JD16099）的阶段性成果。

cusing history with human nature. And it plays a function of memory sharing in a certain sense for the writing of history and the medialization of specific events. However, due to the limitations of the popular cultural characteristics of the film itself and related social and cultural conditions, the function of its cultural memory has not played a good role. This makes it necessary to carry out the necessary theoretical analysis and critical imagination of the circulation channel of cultural memory. When the conditions for cultural memory are good, *Fanghua* may become a classic art film.

Key Words　*Fang Hua* Art film cultural memory

一

不出意外，电影《芳华》的上映，必定要制造一轮新的影评热潮。而当热潮过去，影评似乎就显得多余。这样的一种批评生态，我们认为并不正常。

诚然，当今的电影业有进入"网众自娱"时代的征兆。其表现的确如有的学人所言，网络大众已然摆脱专家的引导，而实现自主娱乐，他们有自己的影宣层、影销层、影资层、影创层、影众层和影像层。也就是说，如今的电影已然形成了自娱自乐的严密逻辑，好似完全市场体制化了一般。不可否认，这是挡不住的"中国电影新力量"。一定程度上，它意味着文化消费的民主与平等权利在逐渐实现，但是"网众自娱"的时代也有其局限性，比如它往往有引发虚无感的"时限性"，在电影上映前造势，在电影下线后好似一切没有发生。又比如，它往往有"表意的平面性或浅薄性以及美学的轻喜剧性"等不足之处。① 为此，我们有必要在新的境况下，去努力"实现新的跨越各类公众界限的富有艺术公共性的电影公赏力的可能性"②。我们不能完全认同"网众自娱"，让"影众层"代替专门的电影评论，而要尽量在尊重影众层的基础上，对电影展开更为有学理的阐释，以求提升电影的"公赏力"。这应该也是对电影的重视，也是对电影批评的合理期许。基于此，我们选择在电影热点过后，再就电影《芳华》进行一番批评。

---

① 王一川：《中国电影的网众自娱时代——当前中国电影新力量观察》，《当代电影》2015 年第 11 期。
② 王一川：《艺术公赏力——艺术公共性研究》，北京大学出版社，2016，第 593 页。

　　毫无疑问，对电影《芳华》进行批评也是非常合适的，因为它本来就不完全是"轻喜剧性"的大众文化作品，相反，其所具有的悲剧性和可能的"艺术公共性"，使得它具有被学理言说的内在诉求。而由于《芳华》具有文艺片的特点，同时又与特定人群的记忆有关，甚至还有成为"分享的记忆"之可能性，① 我们因此主要选择"文艺与记忆"这一研究范式来展开言说。②

二

　　作为电影的《芳华》，无疑是大众文化。不可否认，它具有商业属性，需要遵循市场的逻辑，特别要考虑消费者的需求。也因此，坊间有传它此前的延期上映是一种"营销策略"。这大抵是不可采信的，但却可以说明，人们已经习惯了电影作为大众文化需要一定的市场运作这一事实。当然，延期上映也的确发挥了一定的广告宣传效应。这是否注定了作为大众文化的《芳华》必定会"成功"呢？

　　其实，作为大众文化的《芳华》也需要"成功"。③ 它因此选择了具有一定隐喻意义的文工团的"内幕"作为表演对象，以满足大众窥视的欲望。人们也的确看到了文工团战士的宿舍内景、训练场景和工作环境。于是乎，众多的美腿在特定时空的舞姿中展示，穿比基尼的身体偶尔也在泳池中瞬间出场，几乎被大众遗忘的战争场面也朦胧再现了，当年时尚奢侈的生活用品甚至一览无余。可以说，保证电影成功的"奇观"在影片里处处呈现，有色彩，有音乐，有场面，有震惊体验，更有青春、怀旧等大众文化的经典主题在影片中的成功"接合"。这样，我们也就可以更好地理解有学者对《芳华》叙事视角的指认了，即"从叙事的视点上来说，《芳华》受原作者严歌苓的影响，采用了穗子的女性视角，但是从整个影像呈现上来看，却更像是冯小刚自己的'男性'视角，其对女性之美的表达，包括选择浴室、

---

① 徐贲：《人以什么理由来记忆》，吉林出版集团有限责任公司，2008，第9页。
② 陶东风：《"文艺与记忆"研究范式及其批评实践》，《文艺研究》2011年第6期。
③ 据报道，《芳华》也的确需要成功。作为东阳美拉2017年最核心的作品，《芳华》需要完成其业绩承诺，否则冯小刚需要自费补偿。参见陶凤《〈芳华〉背后的双面对赌》，《北京商报》2017年9月26日第2版。

泳池这样的空间，分明更像是一个青春期男性的眼光所见"①。为什么电影
《芳华》要选择"视角错位"，其原因恐怕主要就是因为它需要在这种错位
中让影片呈现它所认为大众所需要的"奇观"。可以说，《芳华》始终没有
忘记自身的大众文化属性，也没能摆脱大多数电影所遵循的套路。

　　然而，《芳华》又有自己的追求。它把作为大众文化的电影又拍得有审美
文化的意味，以至我们可以说，它实则具有很强的艺术性，算是一部文艺片。
从美学的角度看，它主要有悲剧美。这种美恐怕是源于它能够"在历史与人
文之间徘徊"②。它似乎很历史理性，在宏大历史叙事的装置里，"新时期"
以前的那段历史即使在特殊的文工团中照例也是幽暗晦明。它表现在：文工
团战友之间勾心斗角，甚至阶层分明，以至出身稍低微的何小萍便成为了斗
争中的牺牲品；"活雷锋"刘峰其实并不崇高，他也有"人性的弱点"，居然
向林丁丁表白，甚至管控不住自己的荷尔蒙。他放弃上军校的原因也不仅仅
是道德情操之故，而是为了不离开林丁丁。至于在战场上不怕牺牲也非因为
军人的崇高，而是想制造英雄故事和音乐，以达到让林丁丁歌唱并想起他的
目的；文工团管理层也并不正义，至少缺乏必要的通达和善良，以至对何小
萍、刘峰的惩罚似乎有"报复"的嫌疑，而非采取教育为主的方法来对待人
民内部矛盾。凡此种种，表明了《芳华》意欲揭示它所理解的历史真相。

　　到了"新时期"，电影中的社会也并不美好，似乎一切都由金钱宰制。
刘峰来海南也是因为要赚钱，在海南遇见的战友也都被塑造成了有钱人、
贵妇人等成功人士形象。这显然也符合大历史的"印象"。然而，非常可贵
的是，电影并没有因此否定"新时期"的价值，毋宁说，它看到了"新时
期"对"旧时期"的"救赎"，这一点是值得肯定的。甚至我们可以说，如
果不是为了凸显"新时期"的积极意义，它恐怕不会把"旧时期""丑
化"，更不会不惜失真地去"丑化"与"旧时期"紧密相关的文工团。或也
因此，作为艺术的《芳华》，它有"新时期""伤痕文艺"的意味。这是其
可贵的历史理性和艺术精神。也正是这一点历史理性和艺术精神，使它显
得很具有人文关怀。它对历史进行了选择性的"曝光"，揭示了其非人性的
"真相"，这样就起到了控诉这段历史的效果。电影中何小萍父亲的遭遇以
及他们父女俩的人伦之情着实令人动容，活雷锋刘峰的遭遇让人叹息，何

① 尹鸿：《这一年，有部电影叫〈芳华〉》，《中国电影报》2017 年 12 月 20 日第 2 版。
② 童庆炳：《在历史与人文之间徘徊》，北京师范大学出版社，2007，第 271～315 页。

小萍自身的人生也让人悲悯。这些都表现出了《芳华》的人文关怀。

而影片结尾以"特殊的"爱情救赎了在"新时期"落魄的刘峰和何小萍二人，他们的爱情不关乎婚姻却也合乎逻辑，关键还超越了那个金钱宰制的社会。《芳华》因此与现实社会形成了必要的张力。而这种张力的存在，是电影的审美超越性和艺术精神所在。简言之，它超越了现实社会的关系图景，有一定的审美现代性反思意味。

《芳华》在"历史与人文之间徘徊"后，最终还是偏向了人文，以至它虽然没有完全歪曲、否定历史，但为了人性的需要，还是特意建构了历史，使得历史的细节出现了不真实。文工团成员的构成、日常交往和他们所表演的"文艺作品"，"活雷锋"刘峰的思想境界和个人遭遇，那场被"模糊再现"的战争场景等，都存在一定程度的不真实。其中原因之一，大概是因为它要让"好人"遭受厄运，以引起人们的悲剧美感。

当然，作为艺术的《芳华》，无疑可以在尊重基本历史事实的前提下，进行必要的发挥，以实现其表达情感和追寻美感的人文旨趣。于是乎，对于它的虚构与修辞，我们认为还是可以理解的。问题是，《芳华》为文工团所唱的这曲悲歌是否太艺术、太审美，以至完全忘记了历史的真实？

三

人们对《芳华》的批评之一就是有关它的真实问题。有评论指出，《芳华》没有真实表现文工团的性质、功能及其内部的人际关系。这应该说是有道理的。但我们不拟就此展开评论，而只提出一个与此相关但更为关键的问题，即我们的历史理性是否具有认知文工团的条件和能力？这的确不是一个简单的问题。窃以为，这牵涉文工团的悲歌是否值得一唱的核心问题。比如，文工团如果是隐喻丛生的文工团，那这样的文工团战士的"芳华"还值得悲悯么？

《芳华》因此需要历史真实。实际上，没有基本的历史真实，电影即使拍得很文艺，但这种文艺恐怕也是经不起历史考验的，很难成为经典。毕竟真是美的前提，甚至真即是美！虽然史家有言，一切历史都是当代史，但我们需要相信的是，即使当代史它也有基本的"事实真理"。① 只是这个

---

① 阿伦特：《过去与未来之间》，王寅丽等译，译林出版社，2011，第 210~246 页。

事实真理需要一套有效的"社会机器"来发现。而这个社会机器如果不工作的话，一个"后真相"的时代就有可能出现。那时，人们只愿意相信他愿意相信的，所谓历史虚无主义，所谓"塔西佗陷阱"恐怕就要降临。① 这是值得我们深思和重视的。

大概由于认知条件所限等原因，我们总是习惯于通过文艺来进入历史。作为文艺片的《芳华》也引发了人们讨论历史的契机，《芳华》的价值或也因此彰显。虽然它有可能在历史真实性上存在疑问，但它毕竟在努力回到历史，算是历史题材的电影。冯小刚曾发微博这样解释自己的创作心路："如果三十岁我可以妥协，退而求其次，因为来日方长；但我已经快六十岁了，借社会新闻里经常使用的一句形容，'一个年过半百的老人'，我就不愿意妥协了，因为时间无多。"② 就这段话来说，冯小刚还是有一定的抗争和情怀。他还是希望把自己认为的真相给呈现出来。虽然这种呈现，有可能因为所让渡的空间有限，而显得不是很理想。但退而求其次，包括《芳华》在内的一些冯小刚的电影还是能够培养影众的历史感。试想，如果没有《芳华》，很多影众将完全没有关于文工团和那场战争的些微记忆。就此而言，《芳华》起到了"分享记忆"的作用，这是值得肯定的。但毫无疑问，任何个人所分享的记忆都可能是一种"集体记忆"，因为每个人的记忆都难免被某种记忆框架所束缚，但任何集体记忆又都是由个体的私人记忆所构成，问题因此就变成了如何突破这一困境？我们认为，其中的途径之一就是形成记忆书写的市场。在有善良交流意愿的前提下，记忆的市场有可能留下那些真实的记忆。有学者指出，"分享的记忆……必须要有自由畅通的渠道让人们分享见证。"③ 这也就是说，分享记忆是必要的，但更为必要的恐怕是有分享记忆的渠道。回到实际看，《芳华》的记忆是否真实一定意义上已然不是最为重要的了，重要的恐怕是，能否让分享记忆的渠道畅通，试想，如果有千千万万的相关记忆分享，那些不真实的分享能够有市场么？我们因此非常认同有学者对《芳华》的评论："《芳华》并不完美，这种不完美有的可能是它所诞生的时代所决定的，比如它不可能将人性的黑暗更多地与那个扭曲的政治环境联系在一起，比如它即便在表现人性的黑暗时依然会有所保留、有所顾忌，以至于人们会感觉到似乎导演在有意

① 潘知常：《谁劫持了我们的美感》，学林出版社，2016，第 25 页。
② 范志忠、张李锐：《〈芳华〉：历史场域的青春话语》，《当代电影》2018 年第 1 期。
③ 徐贲：《人以什么理由来记忆》，吉林出版集团有限责任公司，2008，第 9 页。

无意地'掩饰'和'粉饰'着什么。然而，任何艺术作品，特别是电影这种受到过多政治关心和解读的大众艺术，是不可能超越其时代所划定的框架的。我们不能用它还没有做到什么去要求它，而只能用它是否比其他作品做到更多去判断它。"① 在现有的文化记忆空间里，《芳华》已然做得比其他作品更多了。比如，它并没有像大多数电影那样，将自己定位在娱乐大众的层面，相反，它倒是在试图回应历史，建构大众的当代文化记忆。

四

再回到当下的历史。因为《芳华》，我们还可以再思考的一个问题是：如何从"新时期"到"新时代"？

毋庸置疑，看了《芳华》之后，人们往往有重温"新时期文艺"的感觉。电影也似乎的确控诉了"旧时期"造成的"伤痕"。新时期因此相对而言，在影片中具有一定的救赎功能。但问题是，《芳华》中呈现的"新时期"其实并没有多么新，它照样是人文在失落，甚至其严重性并不亚于"旧时期"。换言之，新时期其实也被《芳华》爆破了。但爆破之后，该如何修复与救赎呢？这显然是一个"新时代"的大历史问题。

《芳华》提出了这个问题，但并没有给我们提供多少想象的空间。影片最后靠文工团的情谊解决现实的艰难问题。对于退伍军人的落魄，对于资本的逻辑等都缺乏有力的批判。这无疑导致了作为艺术的《芳华》不够艺术。我们也就看不到"现实主义的胜利"。有学者非常有勇气地指出，包括《芳华》在内的一些电影，有"将政治故事置换为伦理故事的能力，以及以情感故事想象性地弥合政治创伤的特质"②。作为艺术片的《芳华》，在某种程度上是可以用伦理、情感来实现超越，但在超越之时，还是要把问题所在的社会原因呈现出来，同时，在实施超越时也要再考虑一下可能性与真实性，只有这样才能避免廉价的超越。《芳华》也因此会更有历史感，更有艺术性，并避免沦为一般的青春怀旧电影和"大团圆结局"之作。③ 当然，《芳华》毕竟还是今天这个新时代的大众文化。但即使是大众文化，也有经典之作。

---

① 尹鸿：《这一年，有部电影叫〈芳华〉》，《中国电影报》2017 年 12 月 20 日第 2 版。
② 陈晓云：《选择性记忆与〈芳华〉的叙事策略》，《电影艺术》2018 年第 1 期。
③ 牛家静、吉平：《〈芳华〉：从现实主义小说到青春怀旧电影》，《电影评介》2017 年第 24 期。

　　然而，《芳华》如果要成为经典文艺片，恐怕要等《芳华》具有超越"新时期"的"新时代视野"之后方有可能。这种视野想必一定是对"旧时期"与"新时期"的双重超越。如果《芳华》有这样的历史文化视野，它恐怕就会成为一部更有历史感和艺术感的好作品。当《芳华》有了这样的历史视野之后，"新时代"的伟大艺术也就呈现了。

　　那么，究竟如何可能呢？这里，我们不妨通过两个关键词来作一简要讨论。其一，现代性。《芳华》无疑有新时期文艺的现代性。这是值得肯定的。但是，回到现实，当前社会文化可以用"别现代"来予以概括。所谓"别现代"，是说它是前现代、现代与后现代的杂糅，以至它不属于任何现成的现代性。其中一个重要的原因就是因为"别现代"的社会文化现实之中还有"伪现代"。① 如果我们能够在规范的意义上去除其中的伪现代，继而在现代性的理解方面有基本的共识，同时又有自身的"别现代"性，那么，《芳华》所表现出来的历史理性就是有真实性支持的历史理性。如此，《芳华》对历史的书写及其所表现出来的批判性，就可能不会那么容易遭遇质疑了，《芳华》也可能对历史有更为清晰的呈现，对未来也有更明朗而坚定的想象。若如此，《芳华》便有可能超克新时期而进入新时代。作为新时代的文艺片，它表现出的别现代性应该会得到跨越国界的更多认同。其二，公共领域。《芳华》对记忆的分享，如果没有公共领域，如何可能？《芳华》对历史与现实的书写，要确保真实有效，也需要有保证文化记忆自由流通的公共领域。没有公共领域，《芳华》里的战争场面只能模糊不清。没有公共领域，《芳华》的结尾可能就只能用爱情去救赎刘峰与何小萍的不幸，这样就失去了对文工团作更为具体的社会历史反思的可能。而缺乏这种反思，《芳华》的记忆书写就很难"作为现代性信仰建设的文化记忆"②。而我们对《芳华》的评论甚至都很难有交流之后的基本共识，更严重时，则可能连交流本身都没有可能。就此而言，新时代的文艺片特别需要公共领域的制度性让渡。这大概是包括文艺片《芳华》在内的诸多电影带给我们的启示。

---

① 参见王建疆《别现代：空间遭遇与时代跨越》，中国社会科学出版社，2017。
② 尤西林：《中国当代文化记忆与现代性》，《上海文化》2017 年 2 月号。

流行音乐的情感表征：基于语料库的研究

晏　青[*]

摘要　近年来，情感研究成为热点，甚至在多个学科出现"情感转向"，情感也成为大众美学实践的重要维度。当代情感表征集中于基于技术逻辑的大众传播系统，并呈现机械化、操纵化、消费化等"后情感主义"趋势。作为情感语言的流行音乐的情感表征在不同时期呈现不同特色，包括多媒体化、软件化、社交化的混合表征。本研究构建中国1980年代到2010年代近四十年的歌词语料库，探索流行音乐的情感倾向与创作规律、时间体验与怀旧意蕴、对话模式与情感结构。

关键词　情感　流行音乐　怀旧　对话

Abstract　In recent years, emotional research has become a hot topic, and even "emotional turn" has appeared in many disciplines. Emotion becomes an important perspective of popular aesthetic practice. Contemporary emotional representation focuses on the mass communication system based on technical logic, and presents the trend of "post-emotionalism" such as mechanization, manipulation and consumerism. The emotional representation of popular music as an emotional language presents different characteristics in different periods, including a mixed narrative of mediation and socialization. This study is based on the lyrics construction corpus from the 1980s to the 2010s in China. It explores the emotional orientation and structure of pop-

* 晏青，暨南大学新闻与传播学院副教授。

ular music, time experience and nostalgic meaning, dialogue mode and re-
construction of emotional subject.

Key Words　emotion popular music nostalgia dialogue

关于艺术作品的情感功能的争论几千年前就开始了，柏拉图认为戏剧会唤醒人的激情，打破人们自足的平衡状态。亚里士多德回应柏拉图，认为戏剧通过激发观众的怜悯和恐惧实现净化功能。无论如何，情感表达已成为人文主义讨论的重要维度，情感在不同学科都有突破性的研究，以至于一些学者将其称为"情感转向"。不同时代有不同的情感载体，歌剧、唐诗、宋词、元曲、广播、影视、互联网等艺术形态或媒介形式都曾在不同时代承载情感的演变。在大众文化逻辑中，情感同样具有独特的编码方式与内在意义的系统，及其其独特的文化逻辑、语言系统和表征模式。甚至可以说，基于情感的话语规制形成了一套微妙的、无形而普遍存在的文化动力机制，这种机制的精妙之处在于从个体心理的自我满足、自我奖励中实现身份认同、自我调适和社会规范的实现。

一　情感表征的文化逻辑

情感感知与传播需要在一定的媒介形式下完成。在数字时代，表情符号可以看作是进入人类情感的数字传播形式的一种。① 大众文化是当代情感的一种表征系统，它需要像小说那样讲故事，像诗歌那样营造氛围。区别于传统文艺的个人化情感的小众化生产与传播，它是一种具有叙事能力、空间表现力、交往潜能的文化，同时与社会审查机制、商业资本运作机制相联。大众传播媒介、审查机制与资本诉求等成为一道严密的过滤网，或把"私情"过滤掉，或转换成"共情"，从而将高度个人化的情感融合成新的情感形态，即大众情感。

提及大众媒介逻辑则无法忽视技术要素的贡献。各种技术让当代情感生产与传播成为可能。但是在传统人文主义那里，技术往往被看作情感的"搬运工"，会造成信息超载和过度刺激而被诟病。可事实上，技术表现不

---

① Tan, E. S, *Emotion and the structure of narrative film: Film as an emotion machine*, Routledge, 2013, p. 1.

能简单地被界定为对人类情感行为和形式的异化，它对人类情感有独特的模仿方式，通过增加人的记忆、体验等能力提升人的情感容量或质量。

20世纪晚期以来，在西方发达国家，媒介技术已承担起表现人类情感的重任。留声录音、电影、广播、电视节目、社交网站及其他媒介释放它们传播情感的能量。人们从流行文化接收各种形式的愉悦，不仅有助于我们理解媒介使用的复杂情绪，还有助于理解在快乐体验中如何记忆、支配情感与时间。正如 Byron Reeves 和 Clifford Nass 在《媒介方程：人们如何视电脑、电视和新媒体为真实的人与空间》一文中认为，人们愿意参与媒介的情感表达，包括对虚拟的笑容回之以笑脸，感知到礼貌时更积极主动地与之互动。[①] 它们参与塑造观众对自我、周遭世界的认知。都市情感剧、职场剧等电视节目，青春、历史等题材电影，都具有形塑受众自我情感认知的功能和情感表达模式。比如，不同的电影类型片可以唤醒观众不同的情感。大部分观众在面对某种类型片的时候往往会表现大致相同的情感。比如观众观看喜剧片、灾难片、剧情片往往会产生诸如快乐、怜悯、共情等情感。

除了媒介技术的发展影响情感表达的演变，社会因素也是重要原因。法国政治学家多米尼克·莫伊西在《情感地缘政治学》一书中从情感地缘政治学角度切入，指出 21 世纪是"意识形态的世纪"和"身份的世纪"，[②]"全球化导致的身份问题，为情感的繁荣甚至急速扩张提供了基础"[③]，这为现代社会情感形态考察引入了新视点。无独有偶，社会学者梅斯特罗维奇在《后情感社会》提出"后情感主义"概念，用以取代只关注人类主体的知识和技能而忽视人类赖以生存的情感。作者认为"西方社会学正在进入一个新的发展阶段，在其中合成的、构拟的情感成了被自我、他者和作为整体文化工业普遍操作的基础"[④]，同时断言西方社会已经进入后情感社会。后情感社会不是指情感的消失或终结，而是指情感的社会性转化，情感生活机械化，情感的操纵，它"更为准确地捕捉到了当前混乱、伪善、歇斯

---

① Reeves, B., & Nass, C., The media equation: how people treat computers, television, new media like real people and places, *Computers and Mathematics with Applications*, 5 (33), 1997, p. 128.

② 〔法〕多米尼克·莫伊西：《情感地缘政治学》，新华出版社，2010，第 7 页。

③ 同上书，2010，第 4 页。

④ Stjepan G. Mestrovic, *Postemotional Society*, London: SAGE Publications, 1997, p. xi.

底里、怀旧、反讽、悖谬，以及其他在当代西方社会生活中凡事都过分地
用情感来渲染的状态".① 后情感社会中的情感生产与传播是流行文化的重
要维度。从情感沟通的技术手段来看，情感的沟通方式包括口头沟通、书
面沟通和电子沟通等方式。② 那么，目前最主要的沟通方式是电子沟通，即
集文字、图片、视频、音频等传统媒体和现代媒体传播形式为一体，又融
合了最新的有关互联网、通信、数字媒体、应用软件等技术，而产生的一
种全新的媒体、数字信息生产加工和传播方式。电子媒介沟通中的情感呈
现多媒介化、软件化、社交化等特征。而情感叙事成为大众艺术文本的符
号呈现、整体架构和价值引导的重要元素。

二　作为情感语言的流行音乐

由于音乐被称为"情感的语言"③，是情感的艺术，能够烘托气氛，渲
染情绪，是人类表达和宣泄的途径，是现代情感呈现的重要形式。流行音
乐对听众的情绪状态、个人发展和群体身份建构的贡献颇多。④ 网络音乐作
为仅次于及时通信和搜索引擎的中国互联网网民第三大应用，携带了丰富
的情感信息和意义生产的可能。

计算机音乐情感分析在人机情感交互技术领域研究颇多。音乐作为一
种"情感机器"，其内部的编码规则有着怎样的机制呢? Lenneberg 认为
"对音乐与特定情绪之间的关系的认识早在柏拉图和托勒密的时代就存在，
并且是音乐史上反复出现的主题"⑤。在 15 世纪以前还未发现任何对音乐情
感的影响因素，在 16 世纪发现作曲家能影响音乐的情感含量，他们遵循表
达情绪或者情感特征的词汇发展曲调从而产生歌剧艺术。

历史上的流行音乐主要以"占领"民间的形式而获得大众的青睐，中

---

① Stjepan G. Mestrovic, *Postemotional Society*, London: SAGE Publications, 1997, p. 40.
② Poster M., The Mode ofInformation: Poststructuralism and Social Context. Cambridge: Polity Press. 1990, p. 22.
③ C. C. Pratt, Music as the language of emotion. The Library of Congress, December 1950.
④ HANSEN, C. H. AND HANSEN, R. D, Music and Music Videos, In ZILLMAN, D. AND VOR-DERER, P. (Eds.), Media Entertainment: the psychology of its appeal, Lawrence Erlbaum Associates Publishers, Mahwah NJ, USA, 2000. p. 65.
⑤ Lenneberg H., "Johann Mattheson on affect and rhetoric in music." *Journal of Music Theory*, 2 (1), 1958, pp. 47 – 84.

世纪，吟游诗人和民谣歌手的歌曲就在民间广为流行。工业革命后，真正的民间音乐基本消失了。19世纪90年代的纽约有了世界上第一个自成一体的流行歌曲发行业，在接下来的半个世纪中，它的抒情特色与欧洲轻歌剧结合在一起产生了音乐喜剧或音乐剧。在此期间，非裔美国人已经开始结合复杂的非洲节奏与欧洲和声结构（harmonic structure），创造了本世纪最重要的新音乐风格——爵士乐。20世纪初，流行的音乐风格从欧洲流传到美国。届时起，西方流行音乐一直被美国主导。在20世纪上半叶，流行音乐（与音乐厅的音乐截然不同）的观众群体大大扩展，部分是由于更广泛的技术发展。例如，到1930年，唱片记录已经取代了乐谱作为家庭中音乐的主要来源，从而使没有任何音乐训练的人能够听到流行歌曲。同时，麦克风的使用消除了声乐艺术家对训练声音的需要，这些声音可以穿透更大的音乐空间，使更多声乐技术实现商业化。在20世纪60年代之后，更复杂的摇滚形式被称为Rock，包括迪斯科、朋克和说唱音乐等。这些音乐传播到世界各地，成为各国年轻人追捧的消费品。如今摇滚乐、Hiphop、乡村乐、民谣、爵士乐等多种流行音乐风格并存发展。包括中国在内的大多数国家的流行音乐的发展都可以纳入这条历史脉络和扩张的版图之中。

流行音乐在近十几年里因社交媒体而改变其传播方式、生产格局和接受途径。融合媒体时代各种社区、视频网站成为流行音乐传播、创作的重要平台。如果说MySpace、微博是一个音乐人与粉丝互动，增加粉丝数量的空间，那么像YouTube、Youku则成为音乐人增加粉丝量与发布音乐的地方。后者不仅能检测音乐效果，还是音乐产业可供选择的营销工具。这些新型的平台为流行音乐的情感叙事带来新的特征。流行音乐具有法兰克福学派指摘大众文化产品的种种缺陷与不足，它无法像传统歌剧那样的雍容华贵、典雅庄重，相反，在运用通俗易懂的歌词与形式之中，有许多情感宣泄、歌词粗俗之曲。有学者关于100名年轻人对喜欢和讨厌的音乐进行情感评级的在线调查表明，流行音乐中的情感与高雅音乐对听众来说一样重要。但有些学者认为高雅或古典音乐的情感因素更加明确。然而从总体上看，流行音乐和高雅音乐感受到的情感强度没有差别，都能表达和唤醒强烈情感。[①] Kevin Buhrer、Michael Johns和Scott Stephens三位学者建立"歌

---

① Schubert, E., Emotion in popular music: A psychological perspective. *Volume*!, 10 (1), 2013, pp. 265 - 266.

词实验室"，研究流行音乐的情感。他们选择 Billboard 网站①1970 年到 2014 年每年排行前 100 的歌曲 4500 首歌曲进行分析。比如分析歌词中进攻性、侮辱性的词汇。比如 shit（狗屎）、bullshit（狗屎）、pussy（阴道）、bitch（淫妇）、niggaz（黑鬼）等，这些冒犯性词汇简单、粗暴而强烈地表达了歌者的情感。②

三　基于语料库的情感分析

那么，如何分析流行音乐中的情感表达模式，或许用计算机技术来探测这种情感状况是后情感社会批量化生产模式的应有之义。因为流行音乐作为一种大众文化形式，在押韵、节奏、表达上有模式化现象。马克思便将流行音乐看成是为资本主义制度服务、盲目的标准化的产品，是文化工业的一种表现形式。

情感分析，一般是指利用自然语言处理、文本分析、计算语言学和生物识别，系统地识别、提取、量化和习得的情感状态和主观信息的方法。情绪分析广泛运用于评估和营销。音乐里隐藏着现代文化里富有意义的信息，探索流行音乐可以深入了解其价值。本研究试图立足于中国流行歌曲分析其情感表达，以此考察新时期以来中国流行音乐的情感表达模式。

在研究样本上，选取时间范畴为 1980~2018 年，跨越 1980、1990、2000、2010 年代等四个时间段，分别从百度音乐网站排行前 100 名的流行歌曲。其中歌曲限定为该年代开始传唱的，如果在后面年代中的排行榜中出现，不记为后面年代的样本。比如 1980 年代开始演唱的歌曲《大约在冬季》在 1990 年代排行榜前 100 位，但只将它统计为 1980 年代的样本。每个年代选取 100 首，四个年代共 400 首，形成约 20.2 万字的语料库。

在研究方法上，选择从歌词语料库入手进行语义层面的情感分析。传统的音乐情感分析基于音频，且距今已有 20 多年的历史，有学者认为它无

---

① 公告牌（Billboard）是创办于 1894 年的美国音乐杂志，当时名为"公告牌公告"，内容包含许多音乐种类的介绍与排行榜，是西方权威的音乐网站。其中最重要的排行榜为公告牌单曲榜（Billboard Hot 100）（单曲排行）与 Billboard 200（专辑排行）。

② 根据如下资料整理所得：Team Lyrics Lab. Modern music sentiment analysis. http://michael-johns. github. io/lyrics-lab/#grp-overview。

法准确反映情感的音频特征，情感分析效果不佳。① 而基于歌词构建情感词典的语义学分析，是更有效的情感分析策略。本研究主要运用两种方法：一是情绪分析方法。目前实现了中文分词、中文姓名识别、用户自定义词典。情感分析（Sentiment analysis）的现有方法可以分为三大类：基于知识的技术、统计方法和混合方法。② 本研究选择第一种，基于知识的技术选取各大类词汇，例如快乐、悲伤、害怕和无聊，通过影响类别对文本进行分类。在此利用词频的加权方法以显示其呈现程度与重要性程度。处理中文分词采用 ANSJ 的 Java 包，该包是基于 ICTCLAS（中国科学院计算技术研究所汉语词法分析系统），准确率能达到 96% 以上。另一种是文本分析法，即回到歌词文本，使用 Nvivo 质性分析软件分析不同主题是如何得以抒发的。

（一）情感倾向与社会心理

因为歌曲表现的情感是多种多样的，无法准确归类，采取正面、中性、负面三种情感倾向进行聚类，分别表示积极、平静和消极三种情感倾向的相关性。正面的词汇包括"幸福""欢迎""永远"等，中性词汇包括"祝福""宁静""思念"等，负面词汇包括"孤单""哭""愁""离别""一无所有"等。词频相加，得到不同情感的分布情况（见图 1），由图可发现情感比例排列是：负面 > 正面 > 中性。也就是在高兴或悲伤的时候都更为可能引吭歌唱。四个时间段，正面情感的占比基本相同，负面情绪在 1990 年代比重较大。

从社会影响因素来看，1978 年十一届三中全会确定改革开放国策，为整个国家带来新的希望，这反映在该时期流行音乐的正面情绪偏高，但社会贫富差距、阶层固化等社会转型的中国问题突显，人们感到焦虑与痛苦，此时期兴起的"新潮音乐"便与社会中虚无、浮躁、焦虑、喧嚣的社会心理有着直接关系。正如克尔凯郭尔说，虚无产生出强烈的焦虑。③ 海德格尔所认为的，失去"存在"的"此在"处于沉沦的被抛状态，这是一种茫然

---

① 夏云庆、杨莹、张鹏洲：《基于情感向量空间模型的歌词情感分析》，《中文信息学报》2010 第 1 期。

② Cambria E., Schuller B., Xia Y., & Havasi C., New avenues in opinion mining and sentiment analysis. *IEEE Intelligent Systems*, 28（2），2013，pp. 15 – 21.

③ 转引〔德〕古茨塔夫·勒内·豪克《绝望与信心》，中国社会科学出版社，1992，第 22 页。

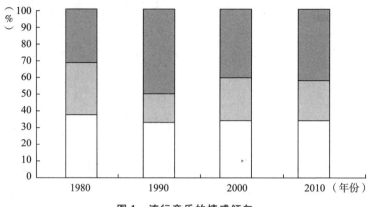

图 1　流行音乐的情感倾向

失据的状态，在精神上表现为烦燥、忧愁、焦虑等。[①] 21 世纪之后，似乎这一切都无法在短时期内得到改观，或者说慢慢适应急剧变化的生活，再加上政府出台的各种文化规制，流行音乐的各种情绪表达趋于平和。流行音乐作为一种大众文化形式是契合社会群体心理的。

从图可知，负面情感占比较高。为什么负面的情绪更可能成为流行歌曲的情感，除了悲伤更让人抒发情感之外，还有可能跟社会的变化与人的心理有关。有人收集 1965~2009 年每年排名前 40、共 1600 多首歌曲发现，从 20 世纪 80 年代开始，人们慢慢更喜欢忧伤的歌曲，并倾向选择小调演奏。其原因在于节奏和大小调对情感的表达都影响深刻。明快色彩的歌曲通常用大调，速度快、节奏感强。而小调演奏的歌曲，即便表达的是欢乐之情，可听来仍有复杂之情。小调为主的流行音乐对忧伤与暧昧不明曲调的演奏获得人们的欣赏，按照谢伦伯格的话讲："生活日趋复杂，于是他们希望他们所消费的东西也同样复杂。"[②] 或许快乐的生活总是相似，而悲伤总是千奇百怪的。

（二）时间感知与情绪分布

感知时间也是一种对世界的把握方式。时间知觉包括对时间的时序（顺序性）和时距（持续性）的感知。音乐是其中一种典型模式。目前较多

---

① 〔德〕海德格尔：《存在与时间》，三联书店，1987，第 216 页。

② Alix Spiegel. Why We're Happy Being Sad：Pop's Emotional Evolution，9/12/2012. http://www.npr.org/2012/09/04/160548025/why-were-happy-being-sad-pops-emotional-evolution

的是从节奏、节拍等时间信息研究时间序列模式。本研究没有从旋律里研究时间感知，而是从歌词中的时间词汇、单首歌曲时长与歌曲字数等切入各时期的时间感知与情绪表达的规律。

首先，音乐形式特征与情感表达。从图2可见，歌词长度与时长并不成正比。1980年代歌词数量少，但单首平均时长较长，呈现较浓厚的抒情意味；2000年代单首时长较短，但歌词量最大，有一种激烈急切表达之情。从这两个数值可见，不同情感类型或风格会影响歌曲时长。其中，影响情感表达的因素是音乐艺术的创新与演变。2000年前后，台湾歌手周杰伦以充满时尚活力、急促的R&B曲风和Hip-Hop说唱形式引发热潮，随后其他唱片公司和歌手的模仿，并很快形成以周杰伦、王力宏、陶喆等一批R&B歌手为代表的新生代，影响该时期的流行乐坛。从总体情况上看，这股潮流影响当时音乐的时长与情感容量。

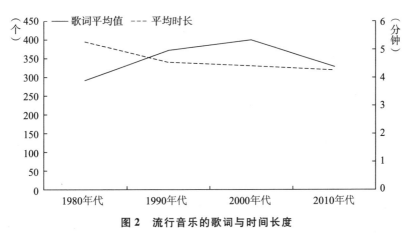

图2 流行音乐的歌词与时间长度

其次，语义层面上的时间感知。通过分词技术，得到各词汇和字出现的频率，笔者从时间类的词汇进行分类与归类，再对各类词频相加。所以得到三种时态归类：过去时态（昨天、从前、已经等）、现在时态（今天、今宵、刚刚等）、未来时态（明天、未来、老了等）。需要说明的是，"了"一词出现频率颇高，共659次。"了"字有几种用法。根据《现代汉语大辞典》的解释有这样几种用法：一是用在动词或形容词后面，表示动作或变化已经完成。二是用在句尾或句中停顿的地方，表示变化或出现新的情况。根据这两种用法，笔者返回歌词文本，具体考察每个出现"了"字所在的语境，遴选出226次表示过去时态。通过相关词汇聚类，数据清洗，得到了三种时态的比例情况（见图3）。很明显，流行歌曲的情感时态可能倾向于对过去的回忆与惆怅，对未来的向往，对现在回避的心态，21世纪以来的歌曲表现更为明显。

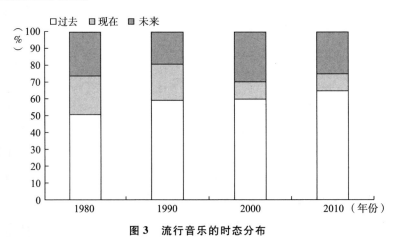

图3　流行音乐的时态分布

作为一种心理机制和情绪功能的怀旧，指向特定的时间和空间，流行音乐，尤其校园民谣中对青春的怀旧隐藏着对现实社会的迷茫与焦虑。"我们的印象具有了社会生活加诸的形式，但以丧失部分实质作为代价。成年人在社会中对自然的渴望，在本质上就是对童年的渴望。"①虽已告别过去，却无时不在逃离当下。在苍白单调的个人生活、社会变迁的焦躁不安中，流行音乐在经验事实和美学实践中呈现独特的美学逻辑。怀旧通过对过去的重构和再创，作为一种"疗伤"或"修复"的手段，已经承担起对人类所遭受伤害的文化救赎功能。②

歌曲的时间除了这三种时态外，还有其他有趣的时间现象，比如歌手对不同季节的偏好也很明显，很显然春天（36%）和冬天（41%）在歌词中体现更为明显。另一个有趣的时间现象是，歌手对一天不同时段的偏好主要集中在夜晚。在选取的歌词中，把一天的清晨、上午、下午和晚上的不同表述，比如夜晚的有深夜、长夜、寒夜、子夜、月亮、星星等。夜晚的时间比例占到85%，出现频率达245次。可见歌手更倾向于在夜晚无眠之时抒发愁绪。

① 〔法〕莫里斯·哈布瓦赫：《论集体记忆》，毕然、郭金华译，上海人民出版社，2003，第87页。
② 赵静蓉：《怀旧文化事件的社会学分析》，《社会学研究》2005年第3期。

（三）对话：言说与无法言说的

接下来通过两种途径分析流行音乐的情感表达模式，一是高频词，对1980年以来的歌曲抽样，也取得各词汇频率呈现情况，其中展现了频率前200的字和词汇（图4）。二是利用Nvivo质化分析软件的文字树、检索等功能进行辅助研究。结合使用这两种方法有以下发现。

首先，情感主题与西方流行音乐趋同。正如前文所论，中国流行音乐深受西方流行音乐影响，影响表现在音乐形式、情感表达方式，以及主题和词汇的使用上。歌词实验室在西方现代音乐情感分析中，对40多年间几千首歌的歌词的名词和形容词频率统计，得出高词频词汇：时间（time）、baby（宝贝）、爱（love）、心（heart）、生命（life）、女孩（girl）、夜晚（night）。① 本研究通过对我国流行音乐高频词汇统计，除了"时间"词频不明显外，其他的高频名词和形容词大抵重合。可见中外流行音乐的主题多集中在爱情、青春、梦想等领域。

图4　各年代歌词样本文字云

其次，情感的二元主体，以及衍生的三元主体及对话模式。由文字云可见，代词高频词主要有"我"（7042次）、"你"（5959次）、"我们"（2254次）、"他"（2236次）、"她"（2011次），平均每首歌出现17.6、14.8、5.6、5.6、5次。这些高频词明显地呈现主体间性的现象。拉康曾提出"主体间性"的概念，并形成社会学、认识论和本体论上的三种不同的主体间性概念，歌词表达的我、你、她三种基本主体及其互动结构是社会

---

① Team Lyrics Lab. Modern music sentiment analysis. http://michaeljohns. github. io/lyrics-lab/#grp-overview.

学意义上的人与人之间关系的主体间性。歌词的主体主要是二元主体结构，即表现出"我"对"你"的情感表达或对话。那么，不同主体的对话处于一种怎样的结构当中，笔者利 Nvivo 的"文字树"功能选择"我"AND"你"模式，逐条阅读，发现"你"是一种抽象的指代，很多时候是作为人称代词，有时也是作为一个抽象客体的代词，比如"祖国"。"我"和"你"的对话模式更多地呈现出复杂的情感表达，可能表现出歌曲前部分赞"你"的"美"或"好"，后半部分是"你"的"狠"或"恨"；也有部分表现出"爱""恨"的交替循环的结构。

结　语

作为情感形式，流行音乐之所以能够流行，除了现代音乐外在形式的易传唱外，实质上还是"节奏化"的大众情感。可以说，流行音乐是深度契合人类情感结构的。数据表明，人的负面情绪更易抒发；它也契合人类的时间观，人总是倾向于夜晚反刍生活，回忆着过往，咏赞着春天。大众化情感也正是如此，在各种模式化、批量化生产中实现情感的大众消费。相对高雅音乐的隐喻性表达，流行音乐以一种更清晰的语义指向、容易上口的旋律等为特征的情感表达系统，负面情感倾向比重较高、沉湎于过去，憧憬着未来、更倾向选择对话的表达模式。现实总是不尽如人意的，令人惆怅的，也是过去与未来任意挤压的对象。"过去总会被合法化"①，代表着希望的未来具有天然的合法性。过去与未来尽管不在场，却关乎根、家园与梦想。吊诡的是，人随着时间失去的，时代又以另一种形式弥补，因为消费社会似乎能够供应一切，"当然也存在着乡愁的大量供应"②。尽管这种"供应"是修辞性的，也是高度仿真的。不过似乎主体不在场，精神便无法落地，一直在飘浮，在数字虚拟之境寻找乌托邦之所。

另外，从微观政治角度来看，流行音乐往往伴随亚文化对主流文化、标准化文化的抵抗，尤其"90"后、"00"后等青少年把对流行音乐的追捧视为个性化实现，从这个逻辑来看，流行音乐突显的是更个性化的情感。

---

① 〔英〕埃里克·霍布斯鲍姆：《史学家》，马俊杰、郭英剑译，上海人民出版社，2002，第 6 页，

② 〔美〕罗兰·罗伯森：《全球化社会理论和全球文化》，梁光严译，上海人民出版社，2000，第 228 页。

但是在法兰克福学派阿多诺看来，流行音乐也是一种标准化、伪个性化，"流行的全部结构都是标准化的"，"音乐标准化的必然关联物是伪个性化"。亚文化实践从逃离标准化到跌入另一个标准化，从个性化诉求到个性化迷思，断面性的、摘取性的研究不足以把脉大众文化的脉络，也无法洞悉文化生产的规律，它往往是扩散式的，与社会方方面面相牵扯，踏入大众文化分析就踏入了各种现象或文本的海洋，或许这正是大众情感分析的复杂性所在。

地域文化视角下的"青龙河诗群"

——以詹福瑞、大解为中心

李文钢*

摘要 当代诗人詹福瑞与大解，同是"青龙河诗群"的重要成员。相同的地域文化氛围，早年共同参与的诗歌活动，为了文学梦想而在重重困难中砥砺前行的相似经历，为两个人的诗歌创作打上了相近的精神底色。他们的诗作，不追求言辞的漂亮，而重内质的醇厚，在表面的差异下有着相似的审美理想，都是根植于故土的"另一种知识"。在他们的诗歌中，有三个贯穿始终的创作特色——虚拟与陈述的交织、自然链接的转喻和落实于现实的想象，为喧哗炫目的当代诗坛，贡献了古朴灵动的独特风格。

关键词 地域文化 青龙河诗群 詹福瑞 大解 诗歌风格

Abstract The famous contemporary poet Zhan Furui and Da Xie are important members of the "Qinglong River Poetry Group". The same regional cultural atmosphere, the poetry activities that participated in the early years, and the similar experiences which have been plagued by difficulties in the literary dreams, have brought a similar spiritual background to the poetry creation of the two poets. Their poems are not pursuing the beauty of words, but the mellowness of internal quality, with similar aesthetic ideals under the sur-

---

* 李文钢，南开大学中国语言文学博士后流动站在站博士后，河北科技师范学院文法学院讲师。本文为河北省 2015 年社科基金项目"'青龙河诗群'的创作特色研究"（项目编号：HB15WX022）之成果。

face differences. In their poems, there are three creative features throughout: the interweaving of virtual and statement, the metonymy of natural links, and the imagination embodied in reality, contributing to the unique style of simplicity and modernity for the dazzling contemporary poetry.

Key Words regional culture Qinglong River poetry group Zhan Fu-rui Da Xie poetry style

詹福瑞与大解,一个是中国国家图书馆前任馆长、古代文学研究领域的著名学者,一个是河北省作协副主席、著名诗人,表面看来,二人属于不同的专业领域,风马牛不相及。但如果我们知道,大解与詹福瑞其实不止是"共饮一河水"、由同一方水土养育的"同乡",更曾在青年时代一起切磋诗艺,共同参加诗歌活动,后来又同样在种种磨难的砥砺中执着地追寻着文学梦想,并且都在新诗创作领域取得了令人赞叹的实绩,我们就一定会认同将他们放在一起论述的合理性。对他们的诗歌创作细加探究,亦不难发现其深层的关联与相似之处。

一 隐在历史深处的"青龙河诗群"

冀东北青龙满族自治县境内青龙河畔的双山子镇,是燕山山脉群山深处的一个"小地方"。但这里,除了不为世人所知的如诗如画般的青山绿水,还隐藏着一个对中国当代文学史而言有着特殊历史价值和意义的文化事件。1970 年代中期,以双山子镇小巫岚乡的几个小山村为中心,一群热爱文学的高中毕业生和下乡知青自发地组成了一个诗人群体,展开了频繁而热烈的诗歌交流活动,因其主要活动地点均位于青龙河沿岸,我们将这一诗人群体称为"青龙河诗群"。这个诗人群体,虽没有明确的共同纲领或宣言,却孕育于相同的地域文化根脉,有着共通的对于诗歌与文学的热爱,参与活动的成员多达数十人。他们不定期地自发开展文学交流活动,劳动间歇的田间地头,午休时光的村边树林,外出购物时的乡间市场,一起开会学习的村会议室,夜半时分的青龙河畔,都成为了他们展开文学交流活动的场所。他们如饥似渴地一起阅读得之不易的书籍,一起坦诚热切地交流用心雕琢的作品,文学的热情就在这些交流的过程中被点燃,文学的血液从此涌动在这些十几岁的少年的身体中,更宏大的梦想也被召唤起来并日益发光。

诗群活动中尤其值得称道的，是他们编辑发行了文学刊物——《幼苗》。这本"民刊"创办于 1973 年，停刊于 1975 年，共出了四期，由詹福瑞、王进勤主编，任克义刻版油印，刊发内容以诗歌为主，大解、张霁星、张树民、吴鸿雁、何杰等诗群骨干成员都是刊物活动的参与者和重要投稿人。《幼苗》第一期只刻印几册，后来影响渐大，最多时一次印制几十册，影响了周边一大批知青的成长，很多人在它的感召下喜欢上了文学创作，这不能不说是中国"文革"时期的文化沙漠上的一个奇迹。在 1970 年代初那样一个物质贫困、政治保守的特殊历史时期，要想创办一份可以自由写作的文学刊物的难度是可想而知的，但在詹福瑞、王进勤的带领下，大解等"青龙河诗群"的成员们，固守着物质的贫乏，却执着地追求着精神的丰富，他们克服了重重困难，让一本"民刊"在几乎不可能生长的"盐碱地"上结出了果实。从纸张、油墨、信封、邮票等在"口粮"中节省下来的物资材料，到每天在繁重的农业劳动之余额外付出的体能，再到乡镇干部"并不支持"的政治压力下的精神负担，在每一个为了这份刊物的"发行"所进行的准备里，我们都可以感受到他们一心克服重重阻力、执着地追寻心中梦想的顽强动力。如巴什拉在《梦想的诗学》一书中所说："世界的宏伟，深深扎根于童年……童年中的植物性力量会在我们身心中持续一生……童年不是回忆，而是最有活力的宝藏。"[1] 詹福瑞和大解共同参与的早期诗歌活动，为他们以后不断向上的文化追求打下了牢固的精神基础。

在一本介绍青龙地方文化的著作中，编著者曾对青龙人的性格做出了这样的概述："青龙人朴实，忠厚，勤劳，坚韧，粗犷，豁达，现实……同时，还有些封闭，执拗，倔强，茫然……所有这些，在社会生活的调色板上调和着，形成了青龙人富有特色的性格。"[2] 作为"土生土长"的青龙人，无论是在詹福瑞和大解的早期诗歌活动中，还是在他们后来享誉诗坛的诗作中，我们同样可以感受到这种朴实倔强、坚韧豁达的精神底色。正是因为具备了这样的精神底色，我们才能理解他们来之不易的成就背后的执着付出。

在 1970 年代那样一个艰辛的岁月里，"青龙河诗群"的成员们想方设

---

① 〔法〕巴什拉：《梦想的诗学》，刘自强译，三联书店，1996，第 129 页。
② 刘玉宗、殷雨安：《青龙满族》，民族出版社，2005，第 2 页。

法淘尽了十里八乡所能找到的所有书籍,文学的滋养浸润着他们的心灵,更激发着他们对现实的不满和更高的向往。为了实现心中的文学理想,出身贫寒的詹福瑞毅然选择了求学之路,他顽强地忍耐着生活中的种种困厄,直至攻克文学博士学位,终于完成了一场精神的马拉松长跑。他曾这样回忆在别人眼中也许应是风光无限的博士研究生生活:"漫长的冬夜,为了抗住寒冷,读书熬夜,也是为了抹掉仨月不知肉味的耻辱,我们从市场上买回鸡皮熬汤,喝得浑身冒汗,也喝出了眼泪。"① 前行路上的艰辛,真是冷暖自知。诗人大解,为了追求自己心中的文学梦想,同样矢志不移。他被保送清华大学水利工程系,毕业后,先后放弃了"县水利局工程师""县长秘书"等几个令人分外眼红的职位,最终选择了"县文联"这样一个似乎要去"养老"的清贫之地,为的只是有更多属于自己的创作时间。2014 年,大解终于凭借其诗集《个人史》中极富特色的诗歌作品,获得了第六届鲁迅文学奖诗歌奖。在他们将一条道"走到底"的人生履历中,再现了青龙人倔强而朴实的性格特征。

"一个少年从干涸的河床头/带着文章走向遥远的都市"②,詹福瑞笔下的这一意象可以看作"青龙河诗群"的多数成员所走过的人生历程的缩影。他们内心所真正依仗的,乃是自己的诗篇与文章,即便他们中的很多人后来也都在不同领域身居"高位",却从未刻意追求功名,而是把自己的文字当作了欲罢不能的安身立命之所。他们在心灵深处真正固执地相信着的,乃是:"当代李白的诗赋如高悬天宇的日月/当代唐玄宗的宫殿终将夷为小小的土丘"。③

并不平坦的人生道路,让他们的写作始终萦绕着质朴的现实关怀精神。后来成为了国内古代文学研究领域著名学者的詹福瑞,将这一根植于故土的现实情怀也带入了他的学术研究之中,就像他说的那样:"中国古代文学研究的对象是历史,研究者的立足点则应该是现实。"④ 学术研究如此,他的诗歌创作也同样如此。在詹福瑞的诗集《岁月深处》中,读者总是可以

---

① 詹福瑞:《〈走向世俗——南朝诗歌思潮〉后记》,见《文质彬彬:序跋与短论集》,紫禁城出版社,2009,第 133 页。
② 詹福瑞:《失去的陶渊明》,见《岁月深处》,人民文学出版社,2011,第 71 页。本文所引詹福瑞诗句均出自该书。
③ 詹福瑞:《谒李白墓》,见《岁月深处》,第 83 页。
④ 詹福瑞:《中国古代文学研究的边缘化问题》,见《文质彬彬:序跋与短论集》,第 194 页。

感知到字里行间毫不矫饰的真情流露，情不自禁地在眼前召唤起一幕幕现实场景，生活气息醇厚而令人感动。在大解很多貌似玄幻神秘、似有仙气缭绕的诗作背后，其实也有着相似的现实情怀，正如他的诗中所言："来自远方的云片正在赶往天堂。/我就不去了。我还有事。/你没见我竖起衣领，缩着脖子，/正在扎根，用生命抵抗这要命的凄凉。"① 那些出现在他的诗中的神秘事物：深埋于地下的"旧人"、很难安静的"鸟群"、正在赶路的"神仙"、暗自移动的群山、悄然弯起的天穹，等等，其实都是他为了抵御现实的凄凉而创造的意象。2011 年《十月》年度诗歌奖授奖词曾如此评价大解的诗歌："他是一个现实主义诗人，又是一个通达了神秘宇宙的超现实主义诗人。"在笔者看来，如果我们把这一评语的语序前后颠倒一下，可能就更准确了："他是一个通达了神秘宇宙的超现实主义诗人，更是一个现实主义诗人。"

有人说"当下中国诗歌的一个特征是饱含反讽（irony）"②，此说不无道理，繁复的技艺、抑郁的情调确乎成为了中国当代诗坛的"主旋律"。而在詹福瑞与大解的笔端，颂歌的基调、质朴的风格，却始终是他们的底色，形成并保持着独属于他们自己的特征。这些特征之所以得以铸成，其实我们总是可以在他们根植的故土找到线索。

二　根植于乡土的"另一种知识"

大解曾在一篇创作谈中如此自述道：

> 我的故乡简直就是神的居所。尤其是我的童年时期，现代文明还没有进入那片深山区，稳定的农耕结构把人们牢牢地固定在土地上。人们依靠基因和传说进行着生命和文化的传承。在那些年代里，生活本身就是神话。我听到的，我看见的，我想象的，可能都不是生活的真相，但却构成了我对真实的向往。后来的事实证明，我越是想接近真实，得到的越是相反，因为总有一些东西让人们无法接近。于是，我把那些神秘的事物，那些笼罩命运的迷雾，转换成精神幻象，通过

---

① 大解：《深秋黄昏，在大洼湿地》，见《个人史》，长江文艺出版社，2013，第 141 页。
② 〔荷兰〕柯雷：《精神与金钱时代的中国诗歌》，张晓红译，北京大学出版社，2017，第 28 页。

具体人物的生死，呈现出故乡的大致轮廓。这样的努力也许不能穿透历史，但至少激活了我个人的记忆，使我在有效的文字通道里，打开时间之门，回到以往的岁月。①

　　这段话不仅道出了青龙地域文化的原始风貌，也解说了其诗歌创作的核心奥秘。

　　詹福瑞、大解相差四岁，先后于1953年、1957年出生于河北省青龙县双山子镇青龙河畔相距仅十余里的两座小山村。这里的自然生活条件与丹纳笔下的古希腊十分相似，就像丹纳在论述希腊雕塑产生的环境原因时所写下的那样：

　　　　小石遍地的山丘上长着零星的葡萄藤，园中长着美丽的果子，山坳里和山坡上种着一些谷物；但供养眼睛，娱乐感官的东西多，给人吃饱肚子，满足肉体需要的东西少。这样一个地方自然产生一批苗条，活泼，生活简单，能吸新鲜空气的山民……这种生活方式绝不会使人头脑迟钝；减少肚子的需要只有增加智力的需要……②

　　深山老林中贫乏的物质条件没有禁锢住詹福瑞、大解的大脑与灵魂，却点燃了他们走出大山的雄心，培养了他们不断向上的坚韧品格。山水环抱的秀美风光，不只供养了他们眼睛的美感，更启发了他们追求智慧的勇气，滋育了他们宽阔健康的情怀。

　　刘勰《文心雕龙》云："若乃山林皋壤，实文思之奥府，略语则阙，详说则繁。然则屈平所以能洞监《风》《骚》之情者，抑亦江山之助乎？"③刘勰所言的"江山之助"，同样也对詹福瑞和大解的诗歌创作产生了深远影响，青龙河流域的风土人情、秀丽风光，实乃孕育了他们相通底色的"文思奥府"。相同的地域文化背景，相似的生活成长环境，也在詹福瑞和大解的内心深处生长出了相似的审美理想，概而言之即是：古朴、灵动、坚韧、神秘。

①　大解：《我的故土——〈长歌〉创作谈》，《河北作家》，2009年第2期。
②　〔法〕丹纳：《艺术哲学》，傅雷译，安徽文艺出版社，1991，第319页。
③　刘勰：《文心雕龙·物色第四十六》，见周振甫《文心雕龙今译》，中华书局，1986，第417页。

　　青龙河畔的典型气候特征是春夏秋冬四季分明，各季的特点迥然不同。"县境内地层古老，构造复杂……山场广阔，地处温带，具有半湿润的气候条件，自然资源十分丰富，具有矿产、林果、山野、旅游四大资源优势。"① 这里，交通闭塞，四周被群山阻隔，曾长期是国家重点扶持的贫困县，物质贫乏到了只能维持基本生存，而秀美的山水风光、古老的神话传说、传统的农耕文化氛围却也因此而得以保存，足以启迪一个诗人的灵性与智慧。古朴而灵动的风格，就在这样的环境中得以孕育。

　　时至今日，在青龙河流域的地方文化中仍保存着一些令人惊奇的传统因子。如，青龙人常常将那些爱搞破坏不听话的孩子称为"蔡伯喈"，却大多并不知道这三个字该如何书写，更不知为何这样称呼，只是代代沿用而已。其实，这一称谓应是源于元曲《琵琶记》中那个忘恩负义的负心郎——蔡伯喈，由这个保存自元代戏剧的称谓里，我们就可以想见青龙的民风之淳朴，历史之悠久，文化之闭塞。自幼生长在这古朴的民风中，养成了他们朴实敦厚的品格，绝不故弄玄虚、争强好胜、炫人耳目。

　　詹福瑞曾说："世界很大，而个人的世界永远很小也很有限，属于我们的只是那些与我们发生关系的山水。而与我们的生活发生关系的山水，肯定已经失去了它的自在属性，变成了我们生活的一部分。"② 大解也曾自述道："我的诗歌创作离不开我的故乡，那山川土地之中蕴藏着无穷的秘密，每深入一步都使我沉迷不已。不管探索的路途有多远，故乡都是我回归和出发的地方。"③ 故乡有山有水的灵动曲折，以及蕴藏在山水之间的神秘感，也渗入了詹福瑞和大解诗歌的骨髓，他们写得最为动人的诗篇，大多以故乡的山水为母题，在他们的诗歌意境中，我们也总是可以反复体味到一层别样的神秘。

　　詹福瑞有一首题为《雨意》的诗，其中有这样一小节描写雨前的风："此时　我伫立街头　听到了大地的震动/一个人正从天际匆匆跑来/他带起的风呼啸着卷过街道/我甚至强烈地接触到了　他急促的呼吸"。大解在一首题为《在旷野》的诗中，也曾如此描写雨前的风："最使我心慌的是/一股旋风也在追我　这个家伙/我好像在哪儿见过　我用手指着它/厉声喝道：

---

① 《青龙满族自治县概况》编写组：《青龙满族自治县概况》，民族出版社，2009，第 22 页。
② 詹福瑞：《不求甚解：读民国古代文学研究十八篇》，中华书局，2008，第 384 页。
③ 大解：《答记者问六篇》，见大解的新浪博客：http://blog. sina. com. cn/s/blog_4046a60c0102 dzjy. html。

呔！不要再追我！它就站住了 随后化解在空气中。"对比詹福瑞和大解这两小节诗中对于"风"的拟人化修辞，我们不难发现他们对神秘自然的相似领悟，以及虚拟与陈述相交织的近似风格。

詹福瑞和大解均出身寒门，在他们的童年时代，青龙河畔这些小山村的民间娱乐活动还十分匮乏，但童年的记忆总是有着不为人知的顽强生命力，甚至可以渗透入一个人一生的情思中。秧歌、"瞎话儿"、乡间小庙，都或多或少地对他们的诗歌创作产生了影响。

"青龙秧歌作为一种独特的民间艺术，是在清朝入关以后，雍正时期传进来的。"[1]逢年过节，每个村都会组建自己的秧歌队走街串户，进行娱乐表演，也会挨家收些红包，可以盈利，算是农闲时节的一种收入。四五十人的秧歌队，有丑、妞、扛、生等角色，但令人印象深刻的，常常是那些丑、生的表演。如："傻小子娶媳妇""花花公子捕蝴蝶"等节目，最为村民喜闻乐见。在那个娱乐匮乏的时代，一个无事可干的小孩子常常可能跟着秧歌队走上一整天，就为了看个热闹。很难说这些秧歌表演，没有对詹福瑞与大解的艺术创作产生影响。看着自己平日里一本正经的乡亲，突然摇身变为了一个又唱又跳的演员，可能不只是痛快，更会形成一个人敢于自娱自乐的精神。

大解诗中的抒情主人公"我"，就常常是一个大智若愚的形象，与秧歌表演"傻小子娶媳妇"中那个表面傻气十足实则充满智慧的"傻小子"颇为相似。这个"我"时常摆出一副格外真诚的姿态，却故意说一些似是而非的"傻话"，并借助这些"傻话"将现实与梦境交融在一起，取得了一种真假难辨、虚实相生的效果。如："把月亮摘掉并非难事，但在天空悬挂一条河流，/至少需要三个钩子，和五个大力士"（《传说》）[2]；"我认识灯的守护神/但是多数人不知道这个秘密 还以为我/跟上苍没有私交 不过是乡里一个凡人"（《西草地》）；"事已至此 我也不必隐瞒了/在一个风清月朗之夜 我曾经看见/西草地上留下了神的脚印"（《有神记》）……这种故作痴癫的语气，真是令人忍俊不禁却又觉得可爱至极，却也由此诞生了观察世界的别样视角，体现了诗人旷远豁达的诗性智慧。

詹福瑞的诗虽然更为朴实，却也能不时闪现出类似的灵动与幽默。如

---

① 中国人民政治协商会议河北省青龙县委员会文史资料研究委员会编：《青龙文史资料·第4辑》，1988，第92页。

② 大解：《传说（组诗）》，《山东文学》2017年第2期。

他这样描写夏日的正午："正午　循着蝉的叫声望过去/小憩的汉子睡在树下/水罐子躺倒着　流出的水/把起伏的鼾声冲出了好远"（《蝉》），被流水冲走的鼾声也是一样的令人觉得痴憨而欢愉。再如这一节描写："端午　爹妈拉我去河里洗百病/冲走一冬的寒气和烟熏火燎/那是我第一次游泳/妈妈穿着红肚兜/抖动成一川的彩绸/爹说　那是他的一面旗帜/我看爹呢　就是河面兴涛作浪的风"（《青龙河》），儿子将爹爹比为"兴涛作浪"的风，既给人胆大包天的叛逆感，却也恰切地表现出了爹爹生龙活虎的精气神。类似的描写，让詹福瑞质朴的诗歌底色绝不至于呆板。

青龙当地，把故事叫做"瞎话儿"，因其常由盲眼的说书人四处播讲。青龙山区的孩子们，从小就是听着从历史深处流传下来的各种"瞎话儿"长大的。这些"瞎话儿"，如《青龙河的传说》《门神的来历》等，多以神话传说和鬼怪故事为主，不仅会留存在孩童们的记忆里，更长久地贮存在他们的血液乃至灵魂里，促动着他们写出了很多以"传说"为母题的诗篇。青龙满族信奉萨满教，相信万物有灵，几乎每个村子，都有一座属于本村的乡间小庙，几乎每家每户，都有一座自己供奉的神仙牌位，逢年过节，总是烧香拜佛。这样的情境，也被复现在了詹福瑞的《三十印象》等诗作中。浸染于这样的民风民俗，对詹福瑞和大解的诗歌创作产生了相似的影响，他们诗歌中虚实相生的灵气乃至"仙气"，或许即隐秘地与此相关。

总之，就像詹福瑞在《村庄》一诗中所写的那样，"我是第一个离开村子的孩子/却永远也不会走出那片土地"，他们的诗歌都是以记忆中永远走不出的乡土为底色，再造出了一个古朴而又充满灵性的诗歌世界。

三　底蕴深厚的质朴修辞

詹福瑞与大解的诗歌，都不追求繁复炫丽的修辞，有一种轻描淡写的谦逊，这在崇尚"有难度的写作"的中国当代诗坛，格外给人以质朴之感。如大解所说："我从来就不在语言锤炼上下功夫。语言是诗歌的皮毛，再漂亮也没用。我现在写作更多的是处理人生经验，也就是生命里积淀的东西，把复杂的经验变成最简单的话语写出来。"① 不追求皮毛的漂亮，而重内质

---

① 大解：《地震后期，回答〈河北青年报〉记者的 8 个提问》，见大解的新浪博客：http://blog. sina. com. cn/s/blog_4046a60c01009cct. html。

的醇厚，是詹福瑞与大解的共同特点。但简单的质朴却绝非不讲究技巧，而是将技巧沉默化，潜藏不露。总体而言，他们的诗歌修辞中，有三个不易察觉却贯穿始终的创作特色：虚拟与陈述的交织、自然链接的转喻和落实于现实的想象。

詹福瑞和大解的诗歌，在修辞上的一个最大特点，就是虚拟与陈述互相交织。詹福瑞曾说："我一直认为人生活在两个世界：现实的世界和虚拟的世界。缺了哪个都不称其为完整的人生。而虚拟的世界就包括了书所创造的世界，此外还有伴随个人一生的精神想象，即弗洛伊德所说的'白日梦'。"① 大解也有类似的表述："在现实和语言的双重的虚构背景下，人的存在变得模糊不清了，真实和虚幻混淆在一起。我的诗歌不是要去澄清它，而是去加深它的浓度，努力展现物理的和精神世界中的全景。"② 在两人的诗歌创作中，经常将陈述的现实世界和虚拟的想象世界相交织在一起，构成一种虚实相生的艺术效果。

让我们分别来看他们的两首短诗。其一是詹福瑞组诗《春之韵》中的第四首《牛》：

> 春天的脚步走得很快/桃花还没有开罢　杏花就凋谢了/一坡的谷子刚刚播下/一坡的高粱就冒出了芽//庄稼院的大门敞开着/人们像蚂蚁般出出进进/虽不能说是行色匆匆/却也很少说话//春天　只有牛的性子是悠闲的/慢条斯理儿地走在田间/像有经验的账房在丈量着土地/回应扬起鞭子的/是缓缓甩起而又缓缓落下的尾巴/但也就在它的尾巴一起一落间/翻耕过一片坡田/播种上一茬种子//牛的叫声也是一声一声的/迟缓而又悠长/那叫声总是让我想到惊蛰/惊蛰时滚过去的春雷//有时它就纹丝不动地卧在田头/像天边一朵淡定的云③

全诗基本上是对农村春忙时节的写实，但读起来却让人觉得韵味十足，核心奥秘即在于，作者在人的"忙"与牛的"闲"之间虚拟出来了一种快与慢的对比。就实际来说，如果人是忙的，牛必然也是跟着忙的，因为人与牛是在一起耕种的。但作者利用牛动作迟缓的特点，通过虚实相生出来

① 詹福瑞：《功利读书与非功利读书》，《光明日报》2007 年 5 月 7 日。
② 大解：《语言的现实》，《诗潮》2005 年第 1 期。
③ 詹福瑞：《春之韵之四·牛》，见《岁月深处》，第 10～11 页。

的这"形色匆匆"的"快"与"慢条斯理"的"慢"之间的映衬对照，就让整个意境多了层次，不只烘托出了春天的生机和活力，更凸显了一种悠然淡定的文人情怀。

再来看大解的一首题为《原野上有几个人》的短诗：

> 原野上有几个人　远远看去/有手指肚那么大　不知在干什么/望不到边的麦田在冬天一片暗绿/有几个人　三个人　是绿中的黑/在其间蠕动//麦田附近没有村庄/这几个人显得孤立　与人群缺少关联/北风吹过他们的时候发出了声响/北风是看不见的风/它从天空经过时空气在颤动//而那几个人　肯定是固执的人/他们不走　不离开　一直在远处/这是一个事件　在如此空荡的/冬日的麦田上 他们的存在让人担心①

在这首诗里，原野上有几个手指肚那么大的人，是实写。而说他们"固执"，说他们的存在是一个"事件"，则显然是虚写。但正是这一虚写，让全诗脱离了平庸，具有了耐人咀嚼的神秘意味。如维特根斯坦所言："世界是怎样的这一点并不神秘，而世界存在着，这一点是神秘的。"② 冬天的麦田里蠕动着的几个人，经作者奇幻的点化之后，真的成为了茫茫宇宙中存在着的一个神秘的大事件。飘忽的虚幻与质朴的写实之间，形成了一种互相缠绕的张力，但又不给人以失真之感，因为他总是能用写实的部分烘托支撑起虚拟的部分，在写实与虚拟之间达成一种平衡。这种平衡能力，其实是一种极为严格的艺术考验，犹如走钢丝一般，稍有不慎，就会显得油滑。但正如大解所说，"你的虚幻的程度就是你生命色彩的丰富程度"③，在艺术中进行的这种冒险也让他们的诗歌在沉重的主题中加入了出人意料的妙趣，是十分值得的。

如诗论家简政珍所说：诗，并非现实的直接反映，而"是现实的文本

---

① 大解：《原野上有几个人》，见《岁月》，上海文艺出版社，2009，第 2 页。本文所引大解诗句除注明者外，均出自其诗集《岁月》和《个人史》。

② 〔奥〕维特根斯坦：《逻辑哲学论》，贺绍甲译，商务印书馆，2009，第 104 页。

③ 大解：《生活的另一面》，见大解的新浪博客：http://blog.sina.com.cn/s/blog_4046a60c01000abq.html。

化，是补足既有的现实"①。詹福瑞和大解的很多诗作，都通过将现实世界与想象世界水乳交融，编织出了一个个虚实相生的艺术世界，重新拆解了我们与世界的关系，赋予我们的生活以更丰富的遐想空间，让我们重新认识了现实，并开始重新思考人生。

詹福瑞和大解的诗歌，在修辞上的第二个突出特点，是善用水到渠成的转喻。关于转喻，学者有着不同的概括和解读。美国学者雅克布逊在《隐喻和换喻的两极》一文中，对于隐喻和转喻（又译换喻）做出的区分最为经典：隐喻注重相似性关系，转喻则侧重毗连性关系。②很多学者以此为基础进行了阐释，如：英国学者伊格尔顿认为，"转喻以相邻的方式将诸因素联系起来（比如，鸟/天空），也因此在我们所认识的迥然不同的事物之间，创造了一种对等性"③；台湾学者简政珍认为，"整体说来，转喻里意象与意象在空间中是并时的比邻，语法句构上是顺时的接续"④。本文所谈的转喻，即以雅各布逊的定义为基础，并综合了上述学者的观点。概括来说，转喻的话语方式虽然并非与隐喻泾渭分明，但它仍有着自己突出的典型特征，即：更注重意象间的前后牵连和前因后果，能用隐约的承接逻辑将不同意象联结在一起，而不仅仅是抓住两者间的相似关系，因而常常显得更为自然贴切、通俗易懂。在詹福瑞与大解的诗行中，经常可以见到这一特征鲜明的语言运转方式。他们的诗中的转喻大多是随着情境的展开自然牵连出来的，而非突兀地生造出来的，在通过转喻自然链接的意象组合之间，还常常因为逻辑的跳转而留有适当的空隙，形成一种连绵浮动、耐人咀嚼的意味，具有了戏剧性的活泼生动。

詹福瑞有一首题为《小名》的诗，是这样结尾的："上小学后　耻于人叫它/如同有人揭起了遮羞的兜兜/只有父母的呼唤　永远那么亲切/成年后往往会唤出满脸的热泪//而如今它已经离开了我/连同我当了半辈子儿子的历史/像孩子一样被爹妈带走/蹦蹦跳跳地跟在了他们的左右"。这里有一个令人印象极为深刻的比喻，说"小名"像"孩子"一样被逝去的爹妈带走，因为除了爹妈之外无人能再叫。这个比喻中虽然也有"像"字，却并非简

① 简政珍：《台湾现代诗美学》，北京大学出版社，2014，第138页。
② 〔美〕罗曼·雅克布逊：《隐喻和换喻的两极》，伍蠡甫、胡经之主编《西方文艺理论名著选编（下卷）》，北京大学出版社，2009，第430页。
③ 〔英〕特里·伊格尔顿：《如何读诗》，陈太胜译，北京大学出版社，2016，第210页。
④ 简政珍：《台湾现代诗美学》，第188页。

单的隐喻，而是承接的"转喻"。比体"小名"与喻体"孩子"在空间上是比邻的，在句法上是接续的，毫无刻意之感，可谓自然天成，因为这个"小名"本来就是"孩子"的"小名"。"小名""孩子""父母"的意象在诗中被转喻关系串联在一起，显得格外亲切。同时，"孩子"是可以被带走的，但"小名"其实是带不走的，两个意象之间的缝隙，又值得读者反复咀嚼品读，带走与带不走之间的意味，正是作者对双亲铭心刻骨的思念。这份思念横亘在转喻的意象间，寓示着作者无法自抑的情感，格外能拨动读者的心弦。

在詹福瑞笔下，类似的转喻手法还有很多经典的例子："岁月像绵绵的老山越走越深/亲人似流水离我们越来越远"（《岁月》）；"小憩的汉子睡在树下/水罐子躺倒着　流出的水/把起伏的鼾声冲出了好远"（《蝉》）；"说燕子牵来了雨丝/似乎是在刻意修辞　而且太尖巧/在我春天的记忆中/的确是在呢喃的叫声中/传来沙沙的雨声……燕子/是把雨织成帘子的梭子"（《燕子》）。相似手法的屡屡出现，说明这已是诗人潜意识中的一种艺术自觉，这种自觉在大解的诗中也有着明显的体现。

比如大解《衣服》一诗的结尾："唉　这些孩子/几年前还待在肚子里/把母亲穿在身上　又厚又温暖/像穿着一件会走路的衣服"，衣服的意象，是承接着穿着母亲的孩子的意象而来，前后的衔接十分自然；再比如《他人》一诗中的诗句："他是一个过客/脱下外衣搭在胳膊上　继续走//命运在他的身体里　像一个包裹/系着解不开的扣。"此处包裹之喻，乃是承接着人在旅途的过客的意象而来的，如果没有了前面人在旅途的情境，后面包裹的这个意象就会显得十分突兀了，也是典型的转喻用法；还有《村庄》一诗中的诗句，"这时雨脚越来越密了/像一群小女孩光着脚丫在跳绳//她们真乖　轻轻跳起/又轻轻落下　不打扰春夜的梦境"，小女孩光脚丫的意象，同样是承接着雨脚的意象顺势牵出，而非生硬的造化；再看《大昭寺》首节中的几行，"唱着赞歌的藏族女子坐在大昭寺的房顶上/排成一排　手拿木板拍打房顶　有节奏地/拍打房顶/整整一个上午她们拍打着三合土用歌声维修寺庙"，歌声与三合土这两个意象间的转换水到渠成，仍是毫无勉强之感的换喻。

这些换喻手法的使用，全部都是本体和喻体先后比邻出现，无需让读者去冥思苦想比喻的意涵，而能直接欣赏意象关联间的智慧和美感。在意象的自然关联和转换过程中，又常常给人以情理之中意料之外的戏剧化感觉，颇耐咀嚼品味。雅各布逊认为："正是换喻手法支配了并且实际上决定着所谓'现实主义'的文学潮流。"① 在詹福瑞和大解的诗中，换喻手法的大量使用，也让他们在灵动的语言和意境中时时表现出了不离现实、不忘现实的质朴本色。

詹福瑞、大解诗歌的第三个突出的修辞特点，是落实于现实的超拔想象。波德莱尔曾有名言，"心里有激情，有忠诚，有罪恶，但惟有想象里才有诗"②，想象力是衡量诗人水准的核心要素之一。应该说，中国当代诗坛是不缺乏想象力的，但问题是，很多花哨的想象完全脱离现实人生，其实不过是空洞的障眼法。詹福瑞和大解的诗歌创作与众不同之处在于，他们的想象是建立在对现实人生进行细致观察的基础之上的，是能够贴切地反映现实特点并落实于现实细节的想象。他们从不刻意营建想象的迷宫，而是将想象紧紧依傍着现实的世界与人生，这种在平常的事物中生发出想象的能力其实最难能可贵。萨特在《什么是文学》一文中说："作家的功能是要使自己的作为能让世人不对世界漠视，不要让世人对周遭所发生的事漠然无知。"③ 詹福瑞和大解落实于现实的诗歌想象，很好地帮助他们做到了这一点，而绝无凌空蹈虚之弊。这样的想象来源于细节而非强加于细节，既切入现实又能将现实调色，以恰到好处的拿捏，创造出了一种"更真实的现实"，从而让人们既能"看见"现实又能"看穿"现实。观察得细致，写实才能精妙可信，想象得出众，虚构才能引人入胜，落实于现实的想象，是他们将诗歌中的虚拟和写实焊接在一起的粘合剂，是他们既触摸现实又超越现实的核心技艺，也是他们的诗歌古朴灵动的独特标识。

詹福瑞的诗，表面看来是以写实为主，其实内里则与大解一样，质朴中跳跃着灵气十足的想象。他的组诗《春之韵》中的第二首《土地》，有这样一段描写："阳坡脸上的雪说化就化/消逝在一个中午/阴坡上的雪/堆积在树坑里/像一群睡卧的绵羊/鞭子一挥就下山了//土地变成了三花脸/似明似暗　有深有浅/斑驳而富于变化/而且一天一个脸/一个方向一个脸"，用极其细致的笔触来描摹春天里积雪的消融过程，没有真实的乡村生活经验

① 〔美〕罗曼·雅克布逊：《隐喻和换喻的两极》，见伍蠡甫、胡经之主编《西方文艺理论名著选编》（下卷），第432页。
② 〔法〕波德莱尔：《论泰奥菲尔·戈蒂耶》，见《波德莱尔美学论文选》，郭宏安译，人民文学出版社，1983，第76页。
③ 〔法〕萨特：《萨特文集·文论卷》，施康强选译，人民文学出版社，2000，第94页。

和细致的观察呈现能力，是绝写不出这般文字的。而诗中将阴坡上成片的积雪，想象为睡卧的绵羊，将泥泞的大地想象成三花脸，又是十分生动形象的写法，想象的延展紧贴表现对象逼真的实际，新颖而不突兀。还有《春天》中的诗句："春天永远是从树上开始的/……/春天是从杨树上飘下来的/有一丝淡淡的新鲜的苦涩/于是风变得湿软湿软/云孤独而又悠闲"，从树上飘下来一个季节的想象，其实也是根植于作者的乡土生活经验和对四季变化的细致观察。可以说，它们都是以记忆中的故土为底色，在绵密的细节回忆里，再造出了一个充满灵性的诗歌世界，实乃根植于故乡家园的童话。

大解的很多诗貌似很玄，但他却总能通过如在目前的生动细节，令人增添了对其所表现内容的信任。如其《闲云》一诗，"从一幅古旧的山水画上"走来的"渔翁"形象，当然是令人难以置信的，但作者却用言之凿凿的细节打破了人们的怀疑，当他写道："由于年代太远　他走到今天/需要三千多双鞋和五十多个身体/期间变幻无数次命运"，三千多双鞋和五十多个身体的确指，令人无可辩驳地相信了诗中的真实，虽然读者也明知这是虚幻的想象。再比如《普陀山的月亮》中的诗句："星星不论大小　一颗只有四两/而月亮却又胖又沉"，四两的确指无疑是作者虚构出来的，但因其想象得实在、具体，同样能让这空想也显得真实、可信。

大解经常能有效利用这种落实于现实的想象力，调动真与假之间的矛盾，在半真半假的调和中来制造一种张力，如："太行山有八个缝隙，供人们出入"（《侠客行》）①；"在春天　超越前人只需要半斤力气/引领来者则需要速度和激情"（《春天里》）；"说实话　摘下一颗星星很容易/但摘下月亮需要咒语和祖传的技能"（《史记》）；"燕山有几万个山头撑住天空/凡是塌陷的地方　必定有灯火/和疲惫的归人"（《燕山赋》）；"我乘人不备溜出了客栈/数了数星星　发现少了一颗/天上可能出事了　我这样想时/远处传来了犬吠和鸡鸣"（《太行游记》）；"把月亮摘掉并非难事，但在天空悬挂一条河流，/至少需要三个钩子，和五个大力士"（《传说》）……这些诗句，都运用了落实于现实的想象技艺，用它真实的细节支撑起了虚拟的想象部分。在这样的真假调和中，还展现出了一种后现代精神，让所谓的"确定"，变得"不确定"，在"嬉戏"中创造新的意义，并在这样的"嬉戏"

---

① 　大解：《侠客行》，《人民文学》2016 年第 1 期。

中重新拆解了我们与世界的关系，赋予我们的生活以更丰富的遐想空间。

弗里德里希在谈及艺术中的幻想时认为："科学对世界的透彻研究在艺术头脑中被感受为对世界的压缩和对隐秘的剥夺，所以后者就以幻想暴力的极度扩张来回应。"① 詹福瑞和大解诗歌中的幻想，也有类似的自觉。就如大解所说："我愿意透过现实，进入生活的背后，把非理性纳入写作伦理。因此，我不可能按照常理出牌。我把事物拆开，通过各个层面逼近或者说还原生活的真相。这其中自然就包含了人性和神性。"② 与大多诗人的不同之处在于，他们在将世界重新神秘化时，用的是明晰而非晦暗的方式，用的是更为温厚的落实于现实的想象艺术，而非暴力化的肆意夸张，因而显得更为质朴动人。

台湾诗人向明曾说："很多人由于误解与迷惑，误以为在精神上装成郁闷难解才是现代诗人，文字上写得晦涩难懂才叫现代诗。"③ 郁闷的情调、晦涩的风格，确乎仍是当下诗坛常见的面貌。而詹福瑞和大解诗歌中这种更为自然质朴的书写方式，无疑为当代诗歌注入了一股清流。李少君认为，"'新诗'完全从外移植引进过来，因而水土不服，无法深入普通中国人的心灵，所以，当代诗歌应该完成其草根化、本土化的进程"④，詹福瑞和大解，这两个从青龙河畔大山深处走出来的"草根"，则用他们古朴而又灵动的独特写法，为当代诗歌的本土化做出了一种可贵的尝试，他们的贡献理应值得我们珍视。

诗人阿多尼斯曾写下这样的诗行："你的童年是小村庄/可是，你走不出它的边际，/无论你远行到何方。"⑤ 詹福瑞和大解，用童年的村庄赋予他们的精神底色，完成了对一个贫寒的小山村的升华，他们同样没有走出童年的小村庄的边际，却也同样抵达了诗歌的远方。

---

① 〔德〕弗里德里希：《现代诗歌的结构》，李双志译，译林出版社，2010，第43页。
② 大解：《答记者问六篇》，见大解的新浪博客：http://blog.sina.com.cn/s/blog_4046a60c0102dzjy.html。
③ 向明：《五十年代现代诗的回顾与省思》，《蓝星诗刊》第15号，1988年4月。
④ 李少君：《如何认识新世纪诗歌》，《星星诗刊·诗歌理论》（下半月）2014年第1期。
⑤ 〔叙〕阿多尼斯：《短章集锦》，见《我的孤独是一座花园：阿多尼斯诗选》，薛庆国选译，译林出版社，2009，第78页。

枚氏父子的行游转型与汉初文士
笔下的地域意象

杨　颖[*]

摘要　枚乘、枚皋父子作为汉初颇具代表性的文士，一方面在文学创作中做出了突出的贡献，另一方面也是汉初士人由藩国游士向帝国文士转型过程中的典型人物。这一文学家族的父子二人在文学创作形式、主题、意象等方面的变化与其行迹履历息息相关；其创作心态伴随活动轨迹的嬗变，直接受到帝国交通网络和区域中心地位变迁的影响；其创作实绩从意象处理到美学追求又体现了汉大赋的发展和汉赋作家精神的转变。

关键词　汉初　枚乘　枚皋　行游转型

Abstract　As representative writers in the early Han Dynasty, Both Meicheng and his son Meigao are typical for the outstanding works and their transformation which turns from state to the empire. Their writings differ on genre, subject and image, which changes with their travel trace. And the differences of their travel trace due to the transition of empire's traffic network and the status of regional center. Both the treatment of image and aesthetic pursuit of their works indicate the change of rhapsody writers' attitude and their works.

---

[*]　杨颖，淮阴师范学院文学院副教授，本文为江苏省高校哲学社会科学基金资助项目"汉代文人流移与文化变迁——以江淮地区为中心"（项目编号：2014SJB657）阶段性成果，并获江苏省品牌专业（PPZY2015C205）经费资助。

Key Words Early Han Dynasty Meicheng Meigao transformation of travel

从先秦漫长的分裂割据到秦汉大一统,交通环境的改变极为深刻。版图的扩大,道路的修缮,馆驿制度的完备以及交通工具的进步带来了多方面的便利,士人的行旅活动也因此发生了深刻的变化。行游路径和范围的变迁改变了士人的天下观,也影响着士人的地域认知。文学作品中的地域意象,恰是这种认知的直观反映。汉初文学中颇具代表性的枚乘、枚皋父子,是汉初一系列转变中的典型人物,也正可以展示行旅这一现实体验和精神世界之间的微妙联系。

一 枚乘父子生平行迹及其特点

中央集权帝国在秦汉的建立和稳固是中国历史上的重要事件,也带来了中国社会从政治体制到思想文化的一系列重要转型。秦祚短暂,汉初文人所面对的,也仍是大转型初期的变迁时代。一般我们提到的生活在汉初的文士,代表性的有陆贾(前240—前170)、枚乘(前209—前140)、邹阳(前206—前129)、庄忌(前188—前105)、司马相如(前179—前118)、枚皋(前153—前106)……除了早年就追随刘邦的陆贾之外,大多数汉初文士都有游移邦国的经历,他们的仕宦生涯较为自由和松散,行旅活动却普遍频繁。大一统帝国交通的种种改变,对于这个流动性较强的群体来说,是现实而又深刻的体验。枚乘父子二人的行旅经历,在这个群体中是有代表性的。

先来看枚乘的行迹。结合《汉书·枚乘传》等文献资料,我们大致可以勾勒出如下的行迹线索:

淮阴(出生—前190)——→吴·广陵(前190—161)——→梁·睢阳(前161—前154)——→弘农(前154)——→淮阴(前154)——→梁·睢阳(前153—前144)——→淮阴(前144—前140)——→长安(前140亡故于道)

纵观枚乘的生平行迹,有以下三个特点:第一,枚乘一生经行停留的路线,大致以直线形式连缀,活动地域转换明显;第二,处于区域中心的郡国都城是明显的重心所在。枚乘在吴国广陵、梁国睢阳停留的时间最长,这两地也是枚乘生平活动的主要舞台;第三,淮阴作为乡里,虽不是枚乘社会活动的主要舞台,却是重要的仕宦变动之间的节点,在枚乘行迹转移中起着明显的过渡作用。

相比于其父，枚皋的生平行迹却呈现出另一幅面貌。其母是枚乘在梁国时所娶的小妾。枚乘离开梁国时，枚皋的母亲不愿跟从，出生在梁国的枚皋也就随母亲留在了梁国。17 岁做梁国郎官，20 岁因遇罪逃亡至长安，上书自陈枚乘之子，得到汉武帝的赏识。枚皋的生平轨迹总体而言比其父简单得多，大致就是从梁国睢阳（前 160—前 141）阶段到长安阶段（前 140—前 106）。但从行迹的角度考虑，他又比父亲要丰富得多。在进入中央之后，他以出使、随侍等名义，去了很多地方。据笔者考证，大致有如下几次重要的行旅：匈奴（前 140）；甘泉、海上、泰山（前 110）；雍、瓠子堤（前 109）；河东（前 107）。除此之外，还多次陪同汉武帝前往三辅离宫馆。枚皋的生平行迹也有相当鲜明的特点：第一，从经行停留的路线来看，目的地直线型的连缀并不突出，而至长安后以都城为中心的辐射性行旅活动则极为显眼；第二，枚皋的行迹变化中，处于区域中心的郡国都城仍然体现其吸引力，但长安作为帝国都城更展现出区域文化中心无可比拟的重要性和资源核心地位；第三，在行程和距离方面，枚皋的活动区域范围与其父相比有了质的飞跃。①

枚氏父子的生平经历以及行游活动轨迹，在汉初文人中是极具代表性的。总体而言，汉初文人，尤其是有藩国经历的群体，在行游方式、范围、地点选择方面也有很多的共性。

首先，在文士的行游地点选择中，地缘因素突出。枚乘地处吴地而仕吴王，枚皋身处睢阳而仕梁，这种选择展现出鲜明的地缘因素。而其他汉初游士初仕之地的选择也大多如此。如庄忌为会稽吴人，故首仕吴王。除了初仕之地的选择外，在文士流移的过程中，地缘因素也相当突出。邹阳来自齐国，而其崭露头角的吴国，与齐国同处东部地区，位置较近；当吴王濞乱象已成后，枚乘、邹阳、庄忌等转投梁国，除了被梁孝王吸引之外，多少也有吴梁接壤，地缘较近的缘故。

---

① 三辅主要宫馆大致在长安周边 200 里左右的范围内。除此之外，甘泉是汉武帝时郊天之所，位于甘泉山（今陕西淳化县），距长安约 200 里；雍是汉武帝时祭祀后土之地，位于汾阴（今山西万荣县），距长安约 400 里；瓠子堤在东郡白马县（今河南滑县），距长安约 1300 里；碣石即碣石山（今山东无棣县），距长安约 2000 里。随公孙弘出使匈奴时，匈奴王庭在龙城东（今蒙古乌兰巴托附近），距长安近 3000 里。上述数字还是依据今日道路估算，就西汉的道路建设和交通条件而言，彼时的实际道路里程不止于此。

　　其次，汉初地方以邦国为依托的区域文化中心在吸纳文士方面作用显著。枚乘、枚皋父子行迹所及的吴国和梁国是汉初相当有代表性的区域中心。凭借邦国在政治、经济等方面的优势成为人才云集之地。而汉初以邦国为基础的区域中心还不止于此。除了吴、梁两国之外，河间国、楚国、淮南国等也都在某个时期呈现出吸纳文士的盛况。前人对此论述已多，此处不再赘言。这些邦国客观上构成了汉初区域文化中心，也是汉初交通网络中的重要节点。

　　需要指出的是，吴、梁、河间、淮南诸国所出现的人才繁盛的情况都在很大程度上依托于具体的诸侯王。吴王刘濞、梁孝王刘武、河间王刘德、淮南王刘安、楚元王刘交都是人才集聚的关键人物，而其志趣爱好也在很大程度上决定了所招揽人才的群体特征。梁园文士以赋名家，河间诸人以儒学见长都是其中典型的例子。但正因为汉初邦国招揽人才的盛况在很大程度上基于具体的诸侯王的能力和兴趣，邦国作为区域文化中心的吸引力容易因为具体诸侯的失势或亡故而发生巨变。吴王濞、淮南王安谋反败亡后的情形便是典型的例子。即便没有这样极端的群体罹祸崩散的情况，以梁国为例，凭借地理和文化的优势，在梁孝王去世之后仍能保持对文士一定程度的吸引力，但其稳定性和吸纳文士的力度仍会呈现明显的下降趋势。随着诸侯国势力的削弱，这一趋势更加普遍和明显。

　　最后，伴随着中央集权的增强，帝都长安在人才吸纳方面优势愈加明显，其交通辐射力亦超绝众城。帝都长安作为政治权力的中心，在人才吸纳方面呈现出邦国都城无法比拟的稳定性和持久性。并且随着中央集权的加强显得愈加强势。西汉早期游士以枚乘为例，虽于梁国悠游甚惬，但成名后景帝招纳，不得不应诏赴任弘农都尉。后因不乐吏事而去职，复游梁国，说明国家威势虽在，但吸引力相对有限，士人的流动也相对自由。但到其子枚皋时，自梁赴长安，便再未回归邦国，彻底完成了由游士到帝国文士的身份转变。

　　当我们从行旅角度考察长安对于文士的意义时，一个明显的印象就是帝都在强势吸纳文士的同时，对文士行旅活动方式、范围所产生的深刻影响。将汉初中央和地方区域中心相比较，邦国都城的辐射力是远远不能和帝都相比较的。枚皋以文士之身，能频繁进行上千公里的行旅，这和长安在西汉交通网络中的核心地位是密不可分的。因为其中心位置，所以通向远地的道路相对畅达，沿途亭驿相对完善，加上行旅活动本身的帝国背景，都大大延伸了以枚皋为代表的帝国文士的行旅能力。枚乘、枚皋父子在行旅活动层次、频率、范围上的差异，也在某种意义上代表了以邦国为中心的游士与帝国文士之间的差异。

总体而言，枚氏父子的行迹，充分体现出汉初中央和藩国两层交通核心的存在和影响。文士受区域地理的影响向附近的藩国都城靠拢，而后又在中央政治的强势作用下向京都集中。士人在不同藩国之间的流移，表面上有先秦游士的漫游余风，但从根本上而言左右藩国政治、经济、文化吸引力的根源还在中央，这是汉初士人行游环境与先秦根本的不同。景、武弱藩举措实施之后，京都对文士而言愈加呈现出藩国所无法比拟的强大而稳定的吸引力。京都作为政治、经济、文化中心的地位、其作为交通网络中心的强大辐射力直接导致了士人行游方式的转型。

二 行旅背景下的文学创作

枚乘存世作品有《七发》（见《文选》）、《谏吴王书》《重谏吴王书》（皆见《汉书》本传及《文选》）、《梁王菟园赋》（见《古文苑》及《艺文类聚》卷六五）、《柳赋》（见《西京杂记》）；存目《临灞池远诀赋》和《笙赋》；另有颇具争议的《枚乘杂诗九首》。在汉代文献中，对枚乘文学创作特色的论述并不多，但从其作品来看，区域意象和地理概念却相当明晰。据笔者统计，在《七发》等作品中，枚乘提及具体地理位置和风土物产的细节共有 21 处，有以下两个特点。

（1）枚乘作品中的区域意象大部分是有明确现实指向的。类似《梁王菟园赋》中用作铺饰的"昆仑"之例极少。在现实指向的区域意象中，先秦诸国的文化印记还有明显的存在，比如"越女齐姬"、"激楚之结风"、"郑、卫之皓乐"，但更多的意象消解了邦国的印记，而以更为具体的地名、山名、景观名甚至物产名的形式出现，"景夷之台""荆山""汝海""灞池""忘忧之馆"，等等，皆是如此。

（2）从地域的角度考察，枚乘作品中所涉及的区域意象和枚乘的生平行迹有密切的关系。枚乘为淮阴人，曾长期仕于吴国、梁国，又曾出使楚国，短暂任职弘农都尉。《七发》创作于枚乘仕于吴国，受命探视楚元王太子之时。而表中所列《七发》中的地域意象有七成来自吴楚之地。其中有自然景观如荆山、曲江之涛，人文景观如楚乐、景夷之台，更有楚苗、笋蒲等地方特产的描述。《梁王菟园赋》《柳赋》都是枚乘在梁国时所作，菟园和忘忧之馆都是梁孝王与文人宴游的具体场所，枚乘行迹所及的区域意象就更为显明。《临灞池远诀赋》今只存目，但题目中的"临灞池"也直接标示了枚乘亲临灞陵的行止，同样和行迹密切相关。

　　枚皋没有传世作品，但对其创作的评价倒是提供了不少线索。《汉书》本传对其创作方式、内容和风格的记载甚为详细，①《西京杂记》亦将枚皋和司马相如进行了对比评价。② 结合史传和评述文字，我们对枚皋的创作有以下几点印象。

　　首先，从创作背景和方式来看，侍从帝王和应制疾作是相当显明的标签。从 20 岁进入中央，受命作《平乐馆赋》开始，枚皋几乎所有的创作都是以文学侍从的身份撰写的，而除了《皇太子生赋》和卫子夫立后时"奏赋以戒终"的作品之外，绝大部分又是陪伴汉武帝巡游期间的创作。用本传的话来说："从行至甘泉、雍、河东，东巡狩，封泰山，塞决河宣房，游观三辅离宫馆，临山泽，弋猎射驭狗马蹴鞠刻镂，上有所感，辄使赋之。"③ 武帝为一代雄主，其在位五十余年，以不亚于秦始皇的精力和热情汲汲于四方巡幸的事业，东行海上，西临祖厉，南望九嶷，北至朔方，其巡幸规模和频率达到了一个新的高峰，为汉代诸帝之冠。在武帝巡行活动中，王业既成之下的称叹夸耀是武帝巡幸的主要情感背景，行途中率领文人作歌以颂是常见的模式。从生平来看，枚皋在武帝身边活跃的时间，从武帝即位一年开始，大约有三十年的时间，正经历了武帝巡游的高峰期。立足于具体的巡行目标，以行途中具体的见闻为背景，受"上有所感，辄使赋之"的诏命推动，是枚皋大量赋作的创作方式。

　　其次，在创作内容方面，与上述创作背景相应和，枚皋作品虽未传世，但其主体内容是可以想象的。一方面，以《河东赋》等西汉巡行赋颂为参考，对行旅活动和行程目的、见闻的纪录以及称颂强国雄主的基本内容框架是可以预见的。另一方面，在汉武帝的巡行诏书中屡有祥瑞异象的记录，如（元封四年十月）诏曰："朕躬祭后土地祇，见光集于灵坛，一夜三烛。幸中都宫，殿上见光。"④ 这些记载于诏书中的祥瑞景象，也很有可能是"上有所感，辄使赋之"的具体内容。

---

①《汉书》卷十一，中华书局，1962 年版，第 2367 页。

②《西京杂记全译》卷三，贵州人民出版社，1993 年版，第 120 页。

③《汉书》，第 2367 页。

④《汉书》，第 195 页。

最后，枚皋本传对其创作特色记述甚明。首先是"为文疾，受诏辄成"①。在高频率的应制作文活动的刺激下，"文章敏疾"成为枚皋的创作特色，如扬雄评论——"军旅之际，戎马之间，飞书驰檄，用枚皋。"② 其次是"其文骫骳，曲随其事，皆得其意，颇诙笑，不甚闲靡"③。骫骳，意为文笔纤曲，言之甚者谓曰委靡无风骨，甚至曲意依从。"曲随其事，皆得其意"固然以才思敏捷为依凭，但缺乏独立的思想和深刻内容也是明显的弱点。这一特点一方面源于行旅应制的创作方式，使得文章缺乏锤炼，如《西京杂记》所谓"疾行无善迹"④，另一方面也取决于枚皋的创作态度。如本传所云枚皋"言为赋乃俳，见视如倡，自悔类倡也。故其赋有诋娸东方朔，又自诋娸"⑤。

总体而言，文学侍从是枚皋的明确定位，应诏为文是其基本创作方式，巡行赋颂是枚作的主要内容，"速而不工"⑥ 是枚皋的基本创作特点。客观而言，虽然枚皋创作数量史载近二百篇，在汉代赋家中首屈一指，甚至曾在历史上与汉赋名家司马相如相提并论，但单一的方式、指定的内容在很大程度上限制了枚作的深度，枚皋无作品流传不能不说和这样工具化甚至俳优视之的创作背景有直接的关系。但另一方面我们也必须肯定，枚皋的大量巡行应制的作品对于行旅题材的开拓是有历史意义的，而这种广闻博见，也伴随着汉代文人在大一统体制下新地理认知乃至天下观的形成。

三 赋作中的地域意象与汉初文士的天下观

枚乘和枚皋父子，在行旅活动的范围、特色方面都有明显的不同，呈现出从藩国游士到帝国文士的转型。但他们行旅活动中的创作有相通之处，也提醒我们注意汉赋作品中夸张铺饰的天下意象有实际的脉络可循，而其中的重要来源就是作家的行旅活动以及建立在行迹之上的见闻。这一点，在其他汉初赋家的作品中也有明确的体现。

---

① 《汉书》，第 2367 页。
② 《西京杂记全译》，第 120 页。
③ 《汉书》，第 2367 页。
④ 《西京杂记全译》，第 120 页。
⑤ 《汉书》，第 2367 页。
⑥ 《梁书》卷三十三，中华书局，1973，第 475 页。

邹阳为齐人，是汉初极为典型的游士。他在《谏吴王书》中自称"历数王之朝"①，然后背淮千里自致于吴，谏吴王濞不成后，又游于梁国，成为梁园赋家中的佼佼者。他的《酒赋》和《几赋》中，同样涉及了吴、梁之地的景观和特产。司马相如是汉初游士中比较特殊的一位，他出生于相对偏远的西土蜀中，早年以赀为郎，成为景帝的武骑常侍，后又游于梁园，得到汉武帝赏识后重新回到中央，成为西汉最具代表性的赋家。他的名作《子虚赋》创作于梁园时期，其中以楚臣子虚、齐人乌有先生的对话形式铺陈了田猎的盛况和二人对各自国家的夸示。司马相如为蜀人，其地战国时属楚国；彼时司马相如所在梁国所居地域恰好有一部分为战国齐国的故地，赋中与"渤澥"对举的"孟诸"便位于梁国都城附近。《子虚赋》以乌有先生之口，夸示齐国物产之丰富，国势之盛大，并且强调其在精神、道义上的优势地位，也从侧面蕴含了司马相如以梁园赋家的身份在作品中对梁国的肯定。从上述分析来看，《子虚赋》中作为主线的齐楚两国的地域选择同样和司马相如的生平行迹有密切的关系。文中同样也提到了大量齐楚之地的自然景观，如果深究的话，《子虚赋》中大量没有点明产地的蘼兰芷若、芎䓖菖蒲、江蓠蘼芜等香草，楩柟豫章、桂椒木兰、橘柚等树木，也都是楚地甚至是相如故乡蜀中的常见景观或名产。

结合上述分析，可以说，以枚乘、邹阳、司马相如为代表的汉初著名赋家作品中涉及的区域意象大部分都有现实指向，并且与作家行迹见闻息息相关。更进一步分析诸人赋作中的现实区域意象，不难发现，战国和西汉初期的邦国印记在区域意象中都还有所表现，但更多的意象虽然还有着明显的地域性，却并不以邦国名称连缀，而是以更为具体的景观、物产出现。这一点，在司马相如《子虚赋》的续作《上林赋》中更加明显。在《上林赋》对苑囿之美和游猎之壮进行全方位的铺叙时，仅提到了作为美女代称的郑女，并在音乐部分涉及了巴、渝、宋、蔡等古国，而对长安附近山、水、宫、观的描述和苑囿物产的铺叙中，邦国的印记彻底隐没了。或者可以这样说，汉初赋家的赋作一方面通过对区域意象的铺陈营造宏大壮美的气势，另一方面也逐渐在铺陈中消解邦国的印记，而呈现出更具大一统色彩的天下观。

在此过程中，有一点是不能忽视的。那就是在作品中出现大量区域意

---

① 《汉书》，第 2340 页。

象并体现出这种转变的几乎无一例外是有着行游背景的文士。在诸如贾谊、孔臧这样直接进入中央的文士的赋作中，我们极少看见频繁出现的区域意象。更进一步来看，汉初那些有行游背景的文士恰恰是汉散体大赋的开创者和奠基人。或者可以这样说，恰恰是汉初有行游经历的文士更早地感受到了大一统的文化影响并将这种感受付诸赋体创作。

在此基础上回过头来看枚乘《七发》这一标志汉大赋体制形成的奠基之作，其意义就不仅仅在于鸿篇巨制的规模、韵散结合的方式、设为问答的结构、铺夸繁复的辞藻，更为重要的是在区域意象的出现和处理中所表现出的立足于行游经历而产生的对大一统的深刻认识和中央集权背景中天下观的形成。内容上的铺陈、形式上的堆叠以及风格上对壮美的追求无不源于这一赋家精神的深刻变迁。用司马相如的话来说："赋家之心，包括宇宙，总览人物。斯乃得之于内，不可得而传。"① 这种赋家之心，正是最能代表汉代大赋气质的内在精神。

---

① 《西京杂记全译》，第 65 页。

图书在版编目（CIP）数据

文化研究. 第 34 辑，2018 年. 秋 / 陶东风，周宪主
编. -- 北京：社会科学文献出版社，2018.12
ISBN 978 - 7 - 5201 - 3690 - 7

Ⅰ. ①文…　Ⅱ. ①陶…②周…　Ⅲ. ①文化研究 - 丛
刊　Ⅳ. ①G0 - 55

中国版本图书馆 CIP 数据核字（2018）第 240268 号

文化研究（第 34 辑）（2018 年·秋）

主　　编／陶东风　周　宪
副 主 编／胡疆锋　周计武

出 版 人／谢寿光
项目统筹／吴　超　宋月华
责任编辑／刘　丹

出　　版／社会科学文献出版社·人文分社（010）59367215
　　　　　地址：北京市北三环中路甲 29 号院华龙大厦　邮编：100029
　　　　　网址：www. ssap. com. cn
发　　行／市场营销中心（010）59367081　59367083
印　　装／三河市龙林印务有限公司

规　　格／开　本：787mm×1092mm　1/16
　　　　　印　张：20　字　数：337 千字
版　　次／2018 年 12 月第 1 版　2018 年 12 月第 1 次印刷
书　　号／ISBN 978 - 7 - 5201 - 3690 - 7
定　　价／79.00 元